A Giulia Anna e Giuseppe Valerio
per il tempo che ho sottratto loro
Massimo Tartamella

A mia moglie Ernesta
Marco Sajeva

A mio padre per avermi
instradato verso l'elettronica
ed a mia moglie Giusy
Benedetto Vassallo

Ai miei genitori che mi hanno regalato
il mio primo ZX81
ed a Flora che ha ispirato
molti dei miei script
Lorenzo Puccio

Springer

Milano
Berlin
Heidelberg
New York
Hong Kong
London
Paris
Tokyo

M. Tartamella
M. Sajeva
B. Vassallo
L. Puccio

Amministrazione avanzata di server Linux

Springer

M. Tartamella
Centro Universitario di Calcolo
Università degli Studi di Palermo, Palermo

M. Sajeva
Visioni - we network
e Lingue Moderne per il Web
Università degli Studi di Palermo, Palermo

B. Vassallo
Facoltà di Architettura
Università degli Studi di Palermo, Palermo

L. Puccio
Centro Universitario di Calcolo
Università degli Studi di Palermo, Palermo

Springer-Verlag Italia
una società del gruppo Springer Science+Business Media

http://www.springer.it

© Springer-Verlag Italia, Milano 2004

ISBN 88-470-0234-6

Riprodotto da copia camera-ready fornita dagli autori
Progetto grafico della copertina: Simona Colombo, Milano

SPIN: 10959619

Prefazione

L'avvento di Linux e la sua crescente popolarità ha portato alla diffusione di numerosi manuali, molti dei quali sono tuttavia spesso difficilmente accessibili per chi si accosta per la prima volta a questo sistema operativo.

Questo manuale vuole invece essere un punto di riferimento pratico, fornendo soluzioni specifiche a problemi comuni; l'approccio diretto e contenuto, supportato da un'impostazione grafica chiara e accattivante, risulta essere estremamente utile sia a chi già si muove con dimestichezza sia a chi affronta per la prima volta Linux.

La pubblicazione del volume rappresenta il primo passo nel mondo dell'Informatica della serie UNITEXT, collana di Springer-Verlag Italia originariamente ideata per il 3+2 in ambito matematico e statistico. La speranza è che questo testo sia presto seguito da altri altrettanto ben congegnati, ma soprattutto che abbia il successo che merita costituendo un valido contributo nella diffusione di Linux laddove non esiste ancora, o è appena abbozzata, una formazione specifica in merito.

Desidero ringraziare gli Autori per avere affidato a Springer-Verlag Italia la pubblicazione di un'opera che per la natura dei temi trattati non rientrava, sino ad oggi, nelle consuete aree di pubblicazione, e per l'entusiasmo con cui hanno seguito ogni fase del progetto.

Approfitto di questo spazio che gli Autori mi hanno cortesemente offerto per ringraziare anche le colleghe dell'Ufficio Marketing e Vendite di Springer-Verlag Italia per la loro collaborazione e Sebastiano Vigna del Dipartimento di Scienze dell'Informazione dell'Università degli Studi di Milano, senza i cui preziosi consigli questo libro non sarebbe mai nato.

Milano, ottobre 2003

Francesca Bonadei
Senior Mathematics Editor
Springer-Verlag Italia

Introduzione

Linux costituisce una vera e propria rivoluzione nella storia dell'informatica. Nell'arco di pochi anni è passato da software amatoriale a progetto della comunità scientifica, per divenire un sistema operativo in grado di competere con le soluzioni offerte dal mercato. Linux si è affermato nelle aziende soprattutto quale sistema operativo per server. In questo ambito, secondo gli analisti dell'IDC (International Data Corporation) già nel 2001 Linux ha conquistato il secondo posto per diffusione, alle spalle della Microsoft, con il 48% di tutte le installazioni nelle piccole e medie imprese. Si prevede che, a medio termine, Linux e le soluzioni Open Source avranno la massima penetrazione di mercato nell'ambito server e mainframe.

L'attuale normativa italiana e le indicazioni della Comunità Europea suggeriscono, per motivi di trasparenza ed economicità, l'adozione dell'Open Source nell'ambito della Pubblica Amministrazione. Oggi Linux è diventato un "must" per l'evoluzione informatica delle aziende; NYSE (New York Stock Exchange), Toyota, Shell, Dreamworks, tanto per citarne alcuni, adottando Linux e l'Open Source hanno abbattuto i costi di gestione e raggiunto obiettivi prima difficilmente perseguibili, incrementando anche la sicurezza globale dei loro sistemi informativi. Padroneggiare tale strumento vuol dire essere dotati di una conoscenza spendibile immediatamente nel mondo del lavoro.

Questo manuale copre tutti gli argomenti chiave inerenti l'amministrazione di server di rete finalizzati alla gestione aziendale in ambito Intranet/Internet/Extranet, fornendo esempi pratici immediatamente utilizzabili. Vengono trattati i concetti di base per guidare l'utente dall'installazione alla configurazione di un server basato su Linux capace di sostituire e/o coesistere con altre piattaforme operative. Inoltre vengono affrontati temi inerenti all'implementazione di firewall, VPN (Virtual Private Network), sistemi proxy ed antivirus al fine di migliorare la sicurezza del sistema informativo.

La distribuzione Linux di riferimento del testo è la **Red Hat 9** ma gli argomenti, gli script e i file di configurazione riportati sono validi anche per le distribuzioni "amatoriali" **Red Hat 7.x, 8.0, Fedora Core 1** (http://fedora.redhat.com) e quelle strettamente commerciali come **Enterprise Linux WS** (WorkStation), **ES** (Enterprise Server) e **AS** (Advanced Server).

All'indirizzo Internet *http://www.proflinux.net* sono riportati i file di configurazione e gli script indicati nel testo.

A chi è destinato questo manuale

Il manuale è dedicato agli amministratori di rete e di sistema (anche neofiti) che desiderino apprendere e/o approfondire la conoscenza del sistema operativo Linux con funzioni specifiche di server applicativo e di sistema integrato per la sicurezza. È richiesta la conoscenza del funzionamento, per grandi linee, dell'architettura di rete basata sui protocolli TCP/IP e pertanto si consiglia la lettura di quanto riportato in Appendice.

Avvertenze

Gli esempi riportati sono stati provati dagli autori. In ogni caso si consiglia il lettore di implementarli prima in ambiente di prova.

Informazioni sul Copyright

1. Le schermate relative al software Red Hat riportate in questo libro, sono state riprodotte su gentile concessione di Red Hat Europe;

2. Microsoft® e Microsoft Windows® sono marchi registrati di Microsoft Inc.;

3. Apple®, AppleTalk®, Macintosh® e MacOS® sono marchi registrati di Apple Computer Inc.;

4. Red Hat® è un marchio registrato di Red Hat inc.;

5. F-PROT® è un marchio registrato di F-SECURE;

6. Intel® è un marchio registrato di Intel Inc.;

7. PartitionMagic® è un marchio registrato di PowerQuest;

8. SUN® è un marchio registrato di SUN Microsystems;

9. Tutti i marchi trattati sono copyright dei rispettivi proprietari.

Argomenti trattatti

1. Installazione di RedHat 9;
2. Processi, File System e comandi di base;
3. Networking su Linux ed utilizzo di ssh;
4. Implementazione di file server SMB, Atalk, NFS;
5. Gestione centralizzata degli utenti con LDAP e NIS;
6. Gestione di servizi DNS (Bind), web (Apache), mail (Sendmail), FTP (Vsftpd), proxy (Squid e Squidguard), webmail (Openwebmail), RAS, X Terminal Server ed implementazione di un motore di ricerca (Htdig);
7. Gestione dei servizi di log (syslog e logrotate);
8. Gestione dei comandi a tempo (cron e anacron);
9. Implementazione di antivirus centralizzato;
10. Gestione di RDBMS con MySQL;
11. Realizzazione di pagine web dinamiche con PHP e MySQL;
12. Automazione dei processi con scripting Bash, Expect ed AWK;
13. Gestione della sicurezza con firewall basati su Netfilter/IPTables, NAT e Portsentry;
14. Reti VPN con trasmissione dati in chiaro e crittografati con ssh;
15. Monitoraggio di sistemi SNMP con MRTG;
16. Implementazione di sistemi IDS con Snort e ACID;
17. Implementazione di bridge/router Linux con routing statico e dinamico (Zebra);
18. Implementazione di cluster scientifici con OpenMosix e di bilanciamento del carico con LVS;
19. Amministrazione di sistema attraverso l'ambiente grafico X e gestione remota con VNC e TightVNC.

Il nostro ambiente di sviluppo: l'Università di Palermo

L'Università degli studi di Palermo ha un'infrastruttura di rete costituita da 72 dorsali di cui: 16 in Gigabit Ethernet su fibra ottica, 13 Fast Ethernet su fibra ottica, 4 Fast Ethernet via ponti ottici, 8 CDN, 17 HDSL e 14 linee ADSL (2 in VPN cifrata).
Sono inoltre disponibili 90 accessi analogici/ISDN per le utenze remote con cui vengono interconnesse anche alcune sedi di Amministrazioni Comunali per servizi di Segreteria Studenti. I server Linux attivi sono circa 90 e servono un bacino di utenza di circa 3500 client.
L'Università accede ad Internet, tramite la rete GARR (Gruppo Armonizzazione Rete per la Ricerca) attraverso una connessione a 34 Mbps in tecnologia ATM finanziata dal MIUR (Ministero Istruzione Università e Ricerca).
La rete universitaria è protetta da un cluster di elaboratori con sistema operativo Linux con funzioni di firewall, IDS (Intrusion Detection System) ed antivirus cen-

tralizzato. Inoltre, è disponibile un cluster di elaboratori che utilizzano, in ambiente Linux, il software OpenMosix per attività di calcolo scientifico.

Un ulteriore cluster di elaboratori basato su LVS (Linux Virtual Server) è utilizzato per il bilanciamento del carico dei servizi web, mail ed antivirus centralizzato.

L'amministrazione dei sistemi e la gestione della rete sono svolte dal Centro Universitario di Calcolo.

Gli autori

Massimo Tartamella

Laureato in Matematica, è dirigente informatico presso il Centro Universitario di Calcolo dell'Università degli Studi di Palermo dove lavora da circa 16 anni. Ha progettato ed implementato le infrastrutture di internetworking dell'Ateneo, i servizi di rete ed i sistemi di sicurezza basati su firewall e IDS. Negli ultimi anni ha curato la migrazione dei servizi di rete verso sistemi Linux. È APM (Access Point Manager) per l'Università di Palermo della rete GARR dalla sua istituzione. È docente di corsi di formazione avanzata per amministratori di rete su temi inerenti l'internetworking, Linux e la sicurezza informatica in ambito universitario (per il personale tecnico/amministrativo) e IFTS (Istruzione e Formazione Tecnica Superiore).

Marco Sajeva

Laureato in Ingegneria, titolare di Visioni, uno studio che si occupa di web development e networking; titolare della cattedra a contratto "Linguaggi avanzati per il Web" del corso di laurea *Lingue Moderne per il Web* dell'Università degli Studi di Palermo; già autore di "*HTML dalle basi al Web Publishing*" edito dal Gruppo Editoriale Infomedia, attualmente in ristampa, ha iniziato l'attività di ricerca e sviluppo sul Web nel 1995 ed attualmente ha al suo attivo svariate pubblicazioni su riviste del settore. È socio ordinario dello IEEE, di ISOC e di AICA, ed ha curato per l'Università degli Studi di Palermo diversi progetti di informatizzazione, tra cui: il "Progetto Socrates (Erasmus)", il Museo di Zoologia Doderlein ed il relativo progetto Web e la realizzazione del portale per la Sezione di Scienze Radiologiche del DI.BI.MEL. Attualmente sta curando per lo stesso Ateneo l'informatizzazione del Settore Cooperazioni Internazionali. Dal 2001 collabora attivamente con la SIAARTI (Società Italiana di Anestesia, Analgesia, Rianimazione e Terapia Intensiva), la SIRM (Società Italiana di Radiologia Medica) e l'AAROI (Associazione Anestesisti Rianimatori Ospedalieri Italiani).

Benedetto Vassallo

Tecnico elettronico, è il sistemista e gestore della rete dati della Facoltà di Architettura dell'Università degli Studi di Palermo. Ne cura la gestione dei server Linux dedicati ai servizi web, mail, dns, rdbms, file e print server. Ha realizzato un sito web interattivo volto a studenti e professori afferenti alla Facoltà per la fruizione di informazioni relative alla didattica e tramite il quale gli studenti possono effettuare l'iscrizione agli esami di profitto. Cura tutti gli aspetti relativi alla sicurezza informatica utilizzando firewall in ambiente Linux. Inoltre, è docente di corsi avanzati per amministratori di rete inerenti Linux, internetworking e sicurezza rivolti al personale tecnico ed amministrativo dell'Università degli Studi di Palermo.

Lorenzo Puccio

Laureando in Ingegneria Elettronica, collabora con il Centro Universitario di Calcolo dal 2002 per l'implementazione di firewall, IDS e cluster per il calcolo intensivo ed il bilanciamento di carico. Ha maturato la sua esperienza in ambito di sicurezza informatica e programmazione presso il "Centro Addestramento e Sperimentazione Artiglieria Contraerei" dell'esercito italiano. È progettista di interfacce ISA (Industry Standard Architecture) di cui cura anche l'implementazione dei relativi driver in ambiente Linux. Ha implementato ed amministra il gateway radioamatoriale che interfaccia i sistemi radio basati su protocollo AX.25 (Air X.25) alla rete ampr.org, per la sezione A.R.I. (Associazione Radioamatori Italiani) di Palermo.

Riconoscimenti e Ringraziamenti

Gli autori desiderano ringraziare:
- Linus Torvalds, ideatore di Linux ed autore e revisore del kernel;
- Richard Stallman, ideatore della Free Software Foundation;
- La Comunità Open Source per il software e la documentazione;
- La RedHat Europe per il supporto e per averci autorizzato a riprodurre il proprio materiale;
- La Dottoressa Francesca Bonadei della Springer-Verlag Italia, per l'insostituibile supporto fornitoci durante la stesura del libro;
- L'Università degli Studi di Palermo, per la "palestra informatica di alto livello" messa a disposizione;
- Il Prof. Maria Tortorici, per avere informatizzato l'Università degli studi di Palermo ideando, avviando e dirigendo, per oltre cinque lustri, il fiore all'occhiello informatico d'Ateneo: il Centro Universitario di Calcolo;
- Il Prof. Ing. Filippo Sorbello, attuale direttore del Centro Universitario di Calcolo, per aver favorito le migrazioni di servizi verso piattaforme di tipo Linux anche quando quest'ultimo non aveva la divulgazione attuale;
- Il Prof. Nicola Giuliano Leone, preside della Facoltà di Architettura, per averne incentivato la crescita dei servizi ITC.

Convenzioni

Consultando il testo, si vedranno alcune parole stampate con caratteri, dimensioni e stili differenti. Abbiamo adottato un metodo sistematico per mettere in evidenza determinate parole; lo stesso stile grafico indica l'appartenenza ad una specifica categoria. I tipi di parole rappresentate in questo modo possono essere:

]# **comando** (digitato da prompt dei comandi di utente *root*)

]$ **comando** (digitato da prompt dei comandi di utente *normale*)

> I comandi di Linux vengono evidenziati così. Questo stile indica che è possibile digitare la parola o la frase nella linea di comando e premere *[Invio]* per eseguirla.
> Per esempio:
> Utilizzare il comando
>]$ **vi nomefile**
> per visualizzare il contenuto di un file chiamato *nomefile*.
> Se il comando ed i suoi parametri dovessero risultare troppo lunghi per stare in una linea, verrà usato il carattere *[\ ]* (*backslash*) per indicare che nella realtà il comando va digitato senza andare a capo.
> Per esempio il comando:
>]# **useradd -u 1100 -g tecnici -c "Mario Rossi" **
> **-d /home/mario -s /bin/bash mario**
> va digitato senza il carattere *[\ ]* e senza andare a capo.

nome del file

> In questo modo verranno rappresentati i nomi dei file, delle directory e dei percorsi.
> Per esempio:
> il file */etc/sysconfig/network* contiene informazioni relative al gateway.

`Testo del file`

> In questo modo verrà rappresentato il testo, contenuto o da inserire nei vari file di configurazione.
> Per esempio:
> Editare il file */etc/sysconfig/network* ed inserirvi le linee seguenti:

```
HOSTNAME=serverlocale.proflinux.net
GATEWAY=192.168.0.1
```

programma o caratteristica saliente

In questo modo verranno rappresentati i nomi dei programmi via via trattati o le caratteristiche salienti di ciò che si sta trattando. Per esempio:
Usare *fdisk* per il partizionamento del disco fisso.
Linux è un sistema *a memoria protetta*.

"pulsante grafico"

Questo stile indica che il testo si trova su un pulsante in una schermata dell'interfaccia grafica e può essere selezionato con un clic del mouse. Per esempio:
Cliccare sul bottone **"Avanti"** per proseguire.

[tasto]

Questo stile indica i tasti della tastiera. Per esempio:
Premere il tasto *[q]* per uscire dall'editor *vi*.
Premere i tasti *[Ctrl]+[Alt]+[Canc]* per riavviare il computer.

periferica di sistema

Con questo stile verranno rappresentate le periferiche di sistema. Per esempio:
Installare il boot loader nel master boot record del disco */dev/hda*.

Indice generale

Prefazione V

Introduzione VII
    A chi è destinato questo manuale VIII
    Avvertenze VIII
    Informazioni sul Copyright VIII
    Argomenti trattatti IX
    Il nostro ambiente di sviluppo: l'Università di Palermo............IX
    Gli autori X
    Riconoscimenti e Ringraziamenti....................................XII
    Convenzioni XIII

1 Le basi 1
    1.1 Il sistema...2
    1.2 Installazione di Linux 3
    1.3 Dischi, Partizioni e RAID 4
    RAID 0 (disk striping)..8
    RAID 1 (disk mirroring)...8
    RAID 0+1 8
    RAID 5 8
    Logical Volume Manager..9
    1.4 Conclusioni 11

2 Installazione di Linux 13
    2.1 Metodi di partizionamento per l'installazione di Linux........14
    Partizione / (radice, in inglese root) 14
    Partizione /boot..14
    Partizione /home...14
    Partizione /var 14
    Partizione swap 14
    Nota su ext3...15
    2.2 Installazione di Red Hat Linux 9 16
    2.3 Conclusioni 44

3 Start-up, processi e utenti...45
    3.1 Processi in fase di avvio..46
    3.2 Gestione degli utenti 49
    3.3 I processi...52
    3.4 L'editor vi 55
    3.5 Gestione dei daemon di sistema...............................59
    3.6 Configurazione del boot loader GRUB.......................61
    3.7 Conclusioni 63

4 Il filesystem 65
    4.1 Organizzazione dei file 66

4.2 Partizionare un disco usando fdisk 69
4.3 Creazione di filesystem ext3, FAT32 e swap 70
4.4 Montaggio di filesystem 71
4.5 Attivazione delle quote disco...74
4.6 Permessi sui file...77
4.7 Modalità SUID, SGID e sticky 80
4.8 Impostazione degli attributi estesi con chattr.......................................83
4.9 Conclusioni..84

5 Gestione di file e directory **85**
5.1 Comandi di navigazione e ricerca nel filesystem..................................86
5.1.1 Ottenere informazioni con man, whatis e apropos 88
5.1.2 Visualizzare il contenuto di una directory con ls 89
5.2 Comandi per la manipolazione dei file e directory 91
5.2.1 Creare file e directory...91
5.3 Comandi per la visualizzazione e combinazione di file..........................94
5.3.1 Creare collegamenti a file e directory 97
5.3.2 Cercare testo all'interno di file con il comando grep 97
5.4 Conclusioni..99

6 Shell, scripting, programmazione, compilazione e pacchetti RPM **101**
6.1 La linea di comando della shell 102
6.2 Personalizzazione della shell 104
6.3 Esecuzione di programmi in background 106
6.4 Uso delle pipes..107
6.5 Le espressioni regolari...108
6.6 Alcuni esempi di programmazione della shell bash................................109
6.6.1 Script per la cancellazione sicura dei file 109
6.6.2 Pattern matching e sostituzione di stringhe 110
6.6.3 Script per la chiusura dei processi..110
6.6.4 Script per l'eliminazione di file..110
6.6.5 Script per l'invio automatico di e-mail agli utenti del sistema 111
6.7 Expect e interazione con i programmi di sistema 112
6.7.1 Automatizzazione di una sessione telnet.......................................113
6.7.2 Riavvio automatico dell'interfaccia di un router Cisco.................114
6.8 Linguaggio AWK per la gestione di file di testo 115
6.8.1 Descrizione dei principali comandi del linguaggio awk................115
6.9 Compilazione di programmi 119
6.10 Automazione dei processi con at e cron 120
6.11 I comandi rpm..122
6.12 Creazione di un pacchetto rpm a partire dal sorgente 124
6.13 Conclusioni..126

7 Server di rete..**127**
7.1 File di base per la connessione in rete 128
7.2 La Secure Shell e i comandi relativi...131
7.3 Il DHCP server 134
7.4 NTP...136

7.5 Il superdaemon xinetd e i wrapper TCP.................................... 138
7.6 Configurazione del server DNS 141
7.7 Configurazione della posta elettronica................................. 147
7.8 Configurazione di procmail per filtrare la posta 149
   7.8.1 Eliminazione di messaggi particolari 149
   7.8.2 Eliminazione di messaggi con allegati indesiderati.............. 150
7.9 Configurazione di fetchmail per recuperare la posta da vari server.... 151
7.10 Impostazione del servizio vacation.................................... 152
7.11 Configurazione di un antivirus centralizzato 153
7.12 Configurazione di SpamAssassin.. 158
7.13 Conclusioni 160

8 Il backup dei dati 161
8.1 Singolo, differenziale o incrementale?................................ 162
8.2 rsync... 163
8.3 tar 164
8.4 dump 166
   8.4.1 Esempio di procedura per il backup automatico................... 168
8.5 Conclusioni 171

9 Gestione centralizzata degli utenti..................................... 173
9.1 Configurazione del server NIS... 174
9.2 Configurazione dei client NIS 178
   9.2.1 Impostazione della home directory degli utenti................. 179
9.3 Creazione di utenti in ambito NIS..................................... 180
9.4 Configurazione di LDAP 181
   9.4.1 LDAP server: slapd 181
   9.4.2 LDAP client.. 184
9.5 PAM.. 186
9.6 Conclusioni 187

10 Condivisione di file e stampanti....................................... 189
10.1 Condivisione tramite NFS... 190
   10.1.1 Configurazione del server NFS 190
   10.1.2 Configurazione del client NFS 192
10.2 Condivisione tramite samba... 193
   10.2.1 Configurazione del server samba 193
   10.2.2 Implementazione di un cestino nelle condivisioni samba 200
   10.2.3 Alcune considerazioni sulle reti Microsoft.................... 202
10.3 Condivisione per reti AppleTalk...................................... 204
10.4 Conclusioni 205

11 I servizi web, FTP e proxy... 207
11.1 Il server web apache 208
11.2 Protezione di parti del sito con username e password................. 212
   11.2.1 Metodo di autenticazione con file DB 212
   11.2.2 Metodo di autenticazione con database MySQL 214
11.3 Configurazione di un servizio di mail via web 216

11.3.1 Configurazione di squirrelmail 216
11.3.2 Configurazione di OpenWebMail 216
11.4 Attivazione di un motore di ricerca per il sito 219
11.5 Configurazione del server proxy squid 220
11.6 Configurazione del server FTP 225
11.7 Configurazioni relative ai log 229
11.8 Conclusioni 232

12 I database relazionali in Linux: MySQL **233**
12.1 Cosa è un database relazionale 234
12.2 Introduzione alla progettazione di un database 236
12.3 Chiavi e tipologie di relazioni 239
12.4 Conclusioni 243

13 Creiamo il primo database in MySQL **245**
13.1 Creiamo il nostro primo database 248
13.2 La creazione della prima tabella 251
13.3 Carichiamo le prime informazioni 254
13.4 Tipologie di campi gestiti da MySQL 259
     13.4.1 Dati di tipo numerico 259
     13.4.2 Dati di tipo alfanumerico 260
     13.4.3 Gestione delle date in MySQL 263
     13.4.4 Considerazioni sulla scelta delle tipologie dei campi 265
13.5 Le tabelle docenti e corsi 267
13.6 Conclusioni 269

14 Query complesse ed amministrazione avanzata di MySQL **271**
14.1 Query complesse 273
14.2 Gestione degli utenti in MySQL 276
14.3 Recupero della password di root in MySQL 278
14.4 Backup dei database 279
14.5 Conclusioni 281

15 PHP e MySQL per Web ed Intranet dinamiche **283**
15.1 Il primo esempio: Salve mondo! 284
15.2 Aggiungiamo contenuti dinamici 287
15.3 Form interattivi 289
15.4 Cicli iterativi, test ed istruzioni condizionali 292
15.5 Interrogazione di MySQL 297
15.6 Popolare un database da web browser 303
15.7 Conclusioni 308

16 Router, bridge, firewall e servizio RAS **309**
16.1 Linux box con funzioni di router 310
16.2 Linux box con funzioni di router dinamico 314
16.3 Linux box con funzioni di bridge 316
16.4 Linux box con funzioni di firewall 318
     16.4.1 Tabella filter 320

16.4.2 Tabella nat 327
16.4.3 Tabella mangle 329
16.5 Attivazione di un server RAS 334
16.6 Conclusioni 336

17 Tunneling IP-IP e monitoraggio della rete **337**
17.1 Configurazione di tunnel per la connessione di Intranet 338
17.2 Configurazione di tunnel per la connessione di Intranet con ssh 340
17.3 Accesso da Internet su Linux box con indirizzi privati 343
17.4 Monitorare il traffico di rete con MRTG 344
17.5 Controllo del traffico di rete con tcpdump 346
17.6 Scansioni di rete con nmap 348
17.7 Proteggersi da scansioni e intrusioni 350
17.8 Uso di Snort per la rilevazione di intrusioni 352
17.8.1 Installazione e configurazione di Snort 353
17.8.2 Installazione e configurazione di ACID 356
17.9 Conclusioni 358

18 X Window e strumenti grafici **359**
18.1 Configurazione del server X 360
18.2 Il daemon X e i Window Manager 362
18.3 Sessioni grafiche multiple 364
18.4 Server XDM e terminali X 366
18.4.1 Configurazione del server XDM 366
18.4.2 Configurazione dei terminali X 367
18.5 Gli strumenti grafici e testuali di redhat-config 368
18.5.1 Configurazione della stampante 368
18.6 Conclusioni 373

19 Controllo remoto del desktop con VNC **375**
19.1 Installazione e configurazione 377
19.2 Utilizzo avanzato ed il protocollo RFB 381
19.3 VNC in sicurezza 384
19.4 VNC server su reti private 386
19.5 Conclusioni 387

20 Cluster Linux: OpenMosix e LVS **389**
20.1 Cluster openMosix 390
20.1.1 Installazione di openMosix 391
20.1.2 Strumenti di amministrazione 391
20.1.3 Configurazione dei nodi di un cluster 393
20.2 Cluster LVS 395
20.2.1 Patch da applicare al kernel 395
20.2.2 I tool ipvs, ipvsadm e keepalived 399
20.2.3 Implementazione pratica di un sistema LVS 400
20.3 Conclusioni 404

Appendice: Elementi di trasmissione dati in ambiente TCP/IP.....................**405**
1 Lo standard de jure ISO/OSI 406
2 Lo standard de facto TCP/IP..410
  2.1 Il livello applicazione 411
  2.2 Il livello Trasporto..421
  2.3 Il livello rete 428
  2.4 Il livello rete 446

Bibliografia...**451**

Indice analitico **455**

1 Le basi

Linux è il frutto dell'immaginazione di Linus Torvalds, uno studente dell'università di Helsinki che, negli anni 90, cominciò a lavorare su un sistema operativo simile a Unix per il suo computer con processore Intel 80386. Ogni sistema operativo è costituito da più programmi, ma il cuore vero e proprio è un insieme di software chiamato "kernel", responsabile della gestione dell'hardware, dell'esecuzione dei programmi, della gestione della memoria e di molti altri servizi. Linus Torvald realizzò un kernel rudimentale e pensò che, condividendo con altri il suo lavoro, lo avrebbe migliorato rapidamente. Nel 1991 annunciò il suo progetto (kernel 0.11) su Usenet e, con l'aiuto di molte altre persone, lo integrò e migliorò con funzionalità aggiuntive. Nel frattempo si registrava anche un'importante crescita del progetto GNU (GNU is Not Unix) al quale si deve la maggior parte del software che ritroviamo ancora oggi nelle varie distribuzioni di Linux. Il codice sorgente del kernel è stato sin dall'inizio disponibile a tutti, ciò ha consentito alla comunità Open Source di migliorarlo costantemente rendendolo sempre più affidabile. La versione del kernel utilizzata in Red Hat 9 è la 2.4.20-8.

In questo capitolo parleremo dell'organizzazione delle memorie di massa e della loro gestione da parte di Linux.

1.1 Il sistema

Anche se Linux è stato sviluppato in ambiente Open Source risulta conforme a POSIX (Portable Operative System Interface for computer enviroments), lo standard per i sistemi Unix-like definiti dall'IEEE (Institute of Electrical and Electronic Engineers) per conto dell'ANSI (American National Standard Institute). POSIX definisce il modo in cui i sistemi UNIX-like devono operare, specificando dettagli come le chiamate al sistema ed alle interfacce.

Linux è un sistema *multiutente* e *multitasking* cioè in grado di gestire più utenti e processi (programmi, applicazioni) contemporaneamente.

Il kernel è progettato in modo flessibile per integrare funzioni aggiuntive (moduli) che possono essere incorporate o caricate all'occorrenza.

Il kernel integra la gestione di svariate funzionalità, tra cui:

- più processori;
- memoria virtuale;
- diversi filesystem anche distribuiti;
- I protocolli TCP/IP e relativo filtering;
- etc.

1.2 Installazione di Linux

Esistono fondamentalmente due modalità:

- installazione che permetta di far coesistere sulla stessa piattaforma hardware due o più sistemi operativi (ad esempio su piattaforme Intel, Linux e Microsoft Windows);
- installazione che vede Linux come unico sistema operativo.

In entrambi i casi è necessario predisporre il sistema al fine di poter effettuare l'installazione. In questo manuale tratteremo solo il caso in cui Linux sia l'unico sistema operativo da installare.

1.3 Dischi, Partizioni e RAID

Nella scelta di un elaboratore da adibire a funzioni di server è importante considerare diversi fattori: la potenza del/i processore/i, la quantità di RAM e soprattutto la velocità di accesso ai dispositivi di memorizzazione di massa. Mentre per i processori e la RAM la scelta è di facile intuizione, per i dischi occorre qualche ulteriore considerazione. La velocità di un hard disk si misura in numero di giri per minuto (*RPM, Revolutions Per Minute*) e tipicamente i dischi possono essere *EIDE (Enhanced Integrated Drive Electronics)* a 7200 RPM o *Ultra Wide SCSI (Small Computer System Interface)* a 15000 RPM. Inoltre i dischi possono essere gestiti da schede *RAID (Redundant Array of Inexpensive Disks)* che garantiscono una maggiore sicurezza/prestazione.

Se i dischi sono *EIDE*, Linux li identifica come */dev/hda (master su canale primario), /dev/hdb (slave su canale primario), /dev/hdc (master su canale secondario), /dev/hdd (slave su canale secondario)*.

Se i dischi sono *SCSI* vengono visti come */dev/sda, /dev/sdb, /dev/sdc, ...*

Un hard disk, sia *EIDE* che *SCSI*, può essere suddiviso in 4 partizioni *primarie*; per superare questo limite, all'interno di una sola partizione *primaria* è possibile creare delle partizioni dette *logiche* o *secondarie*; in questo caso, la partizione *primaria,* ulteriormente suddivisa in partizioni *logiche* o *secondarie,* è detta partizione *estesa.*

I sistemi Windows (95/98/ME/2000/XP) tipicamente possono essere installati solo su partizione *primaria* mentre Linux può essere installato anche su una *secondaria.*

Per esempio */dev/hda1,..., /dev/hda4* sono partizioni primarie; solo una di queste può diventare *estesa* (per esempio */dev/hda4*) e */dev/hda5, .., /dev/hda16* sono le eventuali partizioni *logiche* o *secondarie* (al più 12) che si possono creare.

Da quanto detto ne deriva che in un hard disk possono coesistere fino a un massimo di 15 filesystem (3 sulle partizioni *primarie* e 12 sulle partizioni *logiche* o *secondarie*).

Per capire meglio cosa si intende per partizionamento, vediamo come è fatto un hard disk. È costituito da un insieme di "piatti" rivestiti da una pellicola magnetica posti uno sull'altro a formare una pila denominata "Winchester". Ciascun piatto è organizzato in *tracce* numerate da 0 (quella più interna) a *n* (quella più esterna) come in Fig 1.1. Ogni piatto è magnetizzato su entrambe le superfici, quindi la traccia numero *x* sulla superficie *a* corrisponde alla traccia numero *x* sulla superficie *b* dello stesso piatto. La stessa corrispondenza si ha con le tracce poste sugli altri piatti che compongono la pila (Fig. 1.2). Per tale motivo, l'insieme delle tracce con lo stesso numero forma idealmente un *cilindro* (Fig 1.3). Il cilindro 0 è rappresentato dalla serie di *tracce* più vicina al centro ed, in genere, in questo cilindro vengono memorizzati i dati riservati al sistema (informazioni di boot, tabella delle partizioni, etc.), mentre quelli di competenza dell'utente partono dal cilindro 1 e terminano al cilindro *n*.

In particolare, i primi 512 Byte di un hard disk contengono il settore di boot, denominato *MBR (Master Boot Record)*.

Nel processo di avvio del sistema, la *ROM (Read Only Memory)* del *BIOS (Basic Input/Output System)* attiva il processo di *booting* tramite boot loader, installato nel MBR, che consente di "puntare" al/i sistema/i operativo/i installato/i nelle partizioni. Con la distribuzione Red Hat 9 viene distribuito il boot loader *GRUB (Grand Unified Boot loader)* di cui parleremo in seguito.

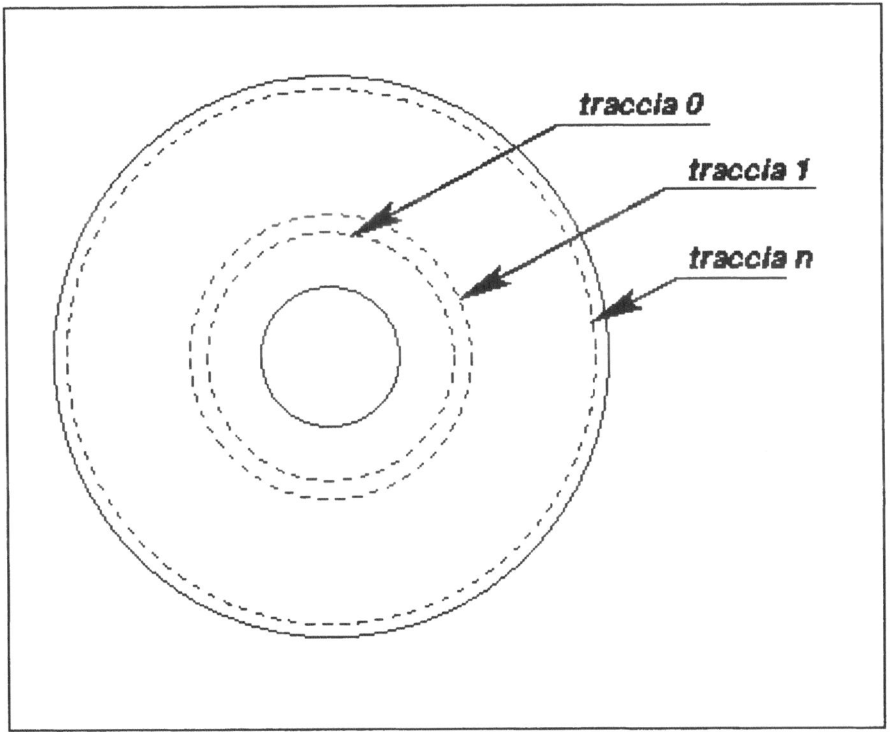

Fig. 1.1 – Disposizione delle tracce sulla superficie del hard disk

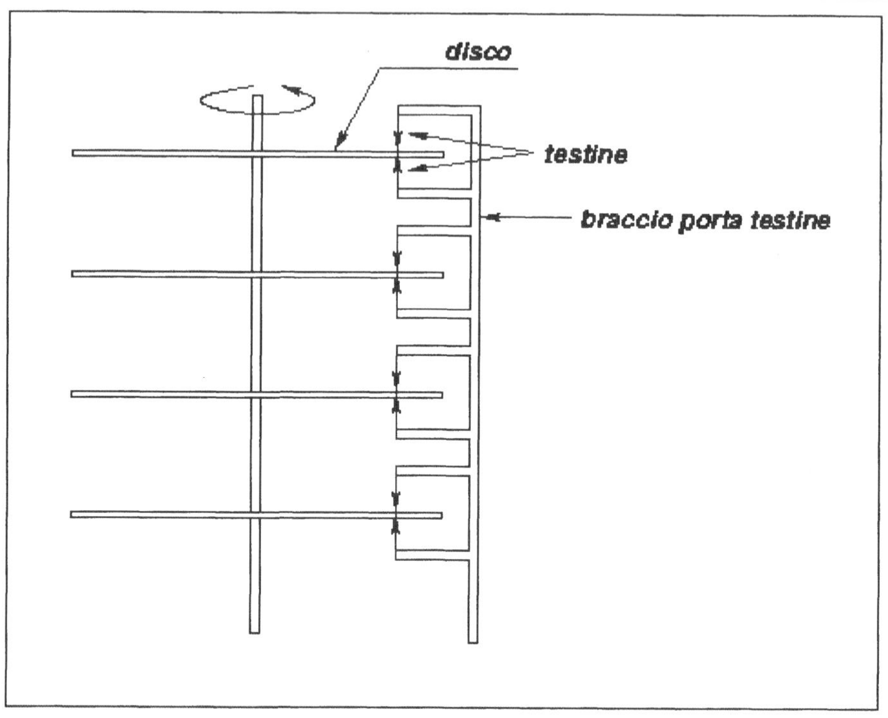

Fig. 1.2 – Schema di funzionamento di un hard disk

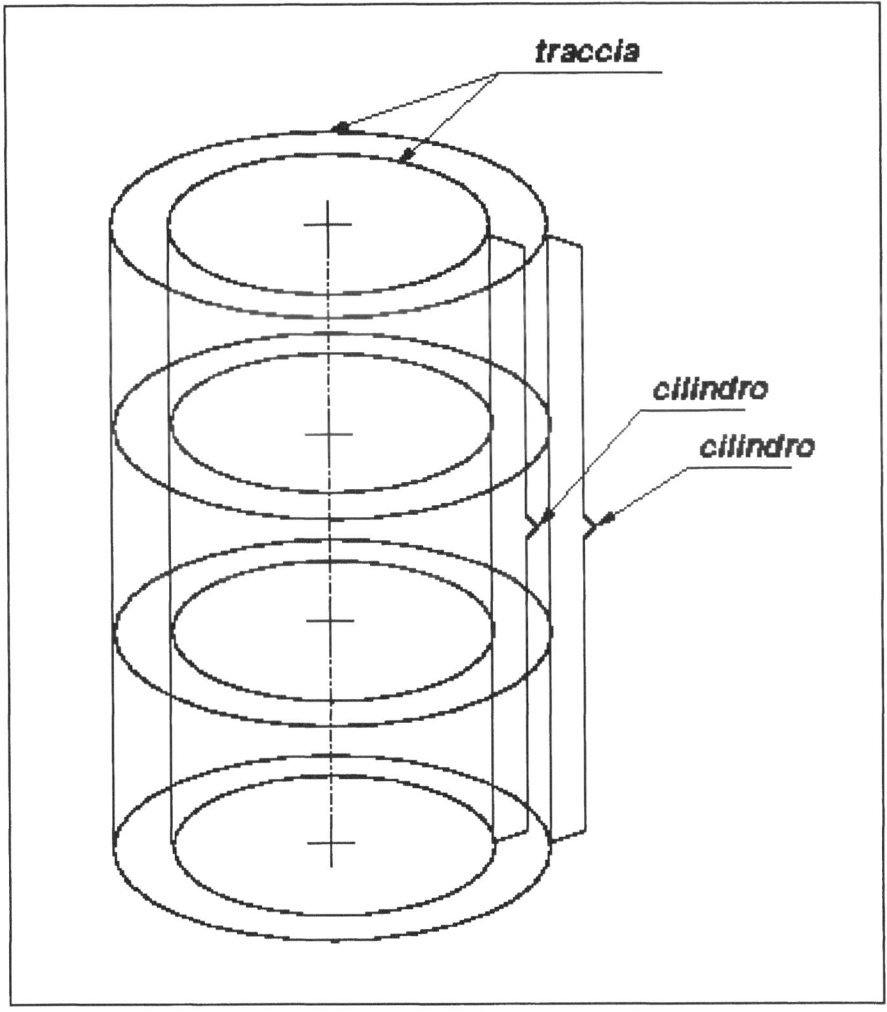

Fig. 1.3 – Disposizione dei cilindri nell'hard disk

Se si dispone di un hard disk con capacità pari a 40 GB, che tipicamente corrisponde a 4866 *cilindri* (da 0 a 4865), si può, ad esempio, creare una prima partizione dal cilindro 1 al cilindro 1275 (9.8 GB), una seconda dal cilindro 1276 al cilindro 4800 (27 GB) ed una terza dal cilindro 4801 al cilindro 4865 (512 MB). In questo modo il sistema vedrà l'hard disk come se fossero tre dischi indipendenti.

Per partizionare un hard disk esistono diversi strumenti come *fips* e *fdisk* disponibili su Linux oppure *Partition Magic* per Windows che offre una modalità più semplice ed immediata.

Per aumentare la sicurezza contro la perdita accidentale dei dati memorizzati su hard disk o anche per migliorare le prestazioni si può usare la tecnologia RAID che può essere implementata via hardware, con una o più schede dedicate allo scopo, o tramite software attraverso degli opportuni emulatori.

Esistono diversi tipi di RAID, di seguito ne esamineremo quattro.

RAID 0 (disk striping)

Fa in modo che il sistema veda una serie di dischi fissi come un unico volume logico la cui capacità totale è pari alla somma dei singoli dischi che compongono la pila; ad esempio, immaginando di avere a disposizione sei dischi da 10 GB ciascuno, questi verrebbero visti dal sistema come un unico volume da 60 GB. Il vantaggio di questa tecnica è l'incremento di prestazioni in termini di velocità, poiché nella memorizzazione di un dato concorrono tutti i dischi che lavorano in parallelo; di contro, lo svantaggio cui si rischia di incorrere è la perdita di tutti i dati nel caso di guasto ad uno dei dischi componenti la pila. La sostituzione del disco difettoso comporterà quindi la successiva formattazione ed inizializzazione del gruppo di dischi in RAID 0.

RAID 1 (disk mirroring)

Fa in modo che il sistema veda due dischi uguali come se fossero uno solo; ad esempio, avendo due dischi da 10 GB il sistema li vede come uno solo di pari capacità. In pratica un hard disk è l'esatta copia dell'altro, in modo che, se uno si dovesse guastare, i dati possono essere recuperati dall'altro.

La ridondanza introdotta da questa tecnica aumenta la sicurezza complessiva dei dati archiviati, al prezzo della perdita del 50% di spazio utile alla memorizzazione.

RAID 0+1

È una tecnica che usa entrambi i sistemi RAID sopra analizzati; ad esempio, avendo a disposizione sei dischi da 10 GB, si possono realizzare due gruppi da tre dischi in RAID 0 e, successivamente, mettere i due volumi risultanti in RAID 1. In questo modo si otterrà uno spazio di memorizzazione pari a 30 GB, ma con il vantaggio che se si danneggia uno o più dischi di un singolo gruppo lo si può sostituire senza perdita di dati.

RAID 5

È sicuramente la tecnica RAID più vantaggiosa per quanto riguarda il rapporto spazio disco utilizzato/risultante, avendo la sicurezza di non perdere i dati nel caso di danneggiamento di un hard disk componente la pila. Per realizzare un volume in modalità RAID 5 occorrono almeno tre dischi di uguale dimensione. Lo spazio disco risultante sarà pari alla somma dello spazio di tutti i dischi meno uno, usato per il controllo di parità; quindi nel caso di tre dischi si avrà una perdita di spazio di memorizzazione pari a 1/3, nel caso di quattro dischi la perdita si riduce a 1/4 dello spazio totale, etc.

Tornando alla configurazione di sei dischi da 10 GB è possibile gestirli in RAID 5 ottenendo uno spazio di memorizzazione pari a 50 GB, ottenendo come risultato la sicurezza dei dati in caso di danneggiamento di uno dei dischi. In questo caso la perdita di spazio è pari a 1/6 dello spazio totale impiegato, e considerando anche la sicurezza, si può affermare che RAID 5 è il sistema migliore per realizzare catene di tipo RAID.

Linux è in grado di creare e gestire volumi logici di tipo RAID 0, RAID 1 e RAID 5 senza l'ausilio di un controller dedicato, ma in emulazione software.

Logical Volume Manager

Con Red Hat Linux 9 è disponibile *LVM (Logical Volume Manager)*, un sistema di gestione flessibile della capacità degli hard disk in grado di organizzarli in volumi logici facilmente ridimensionabili.

LVM può combinare hard disk (*physical volume*) di differente capacità e prestazione in uno o più volumi logici (Fig. 1.4). La partizione */boot* non può essere gestita da LVM.

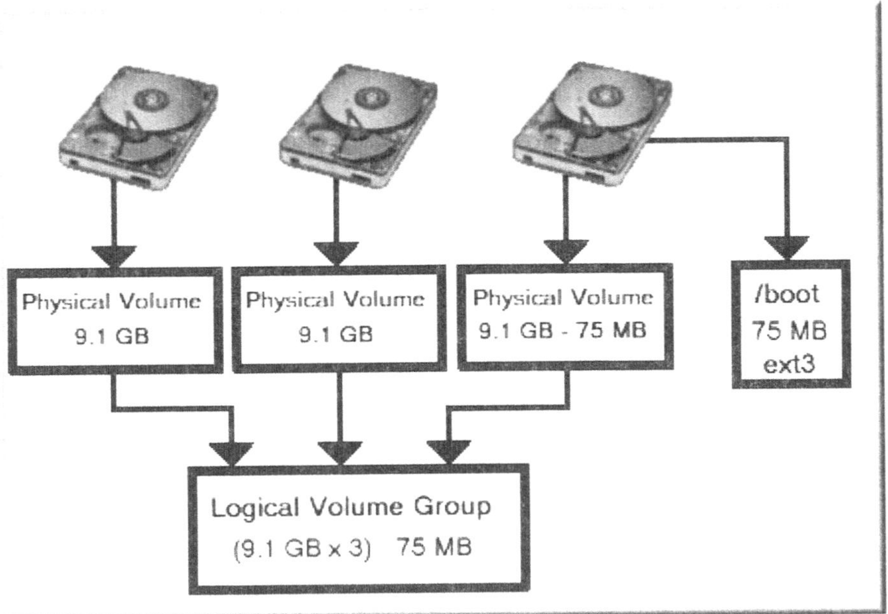

Fig. 1.4 – Gruppo di volumi logici

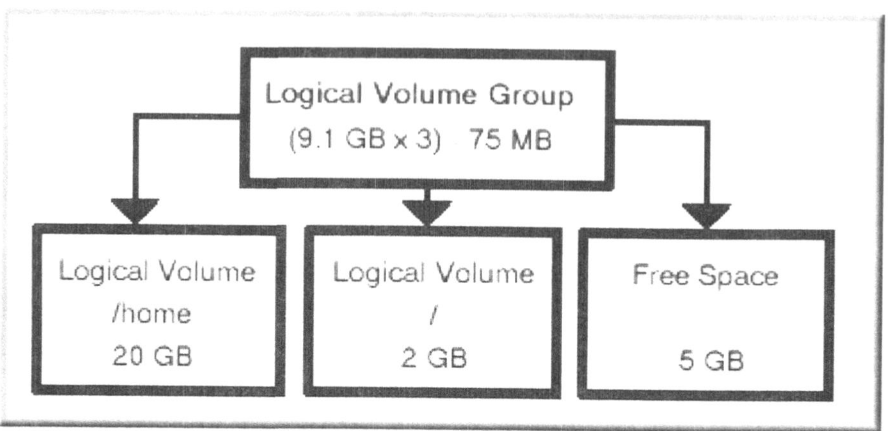

Fig. 1.5 – Volumi logici (partizioni)

Il volume logico (*logical volume group*) può essere, a sua volta, suddiviso in partizioni logiche (*logical volume*, Fig. 1.5) a cui assegnare i mountpoint come /home e /, anche con diversi tipi di filesystem (tipicamente *extended 3*, un filesystem *journaled*). Se i volumi LVM dovessero saturarsi sarebbe possibile aumentarne la capacità attribuendo loro altro spazio libero presso il gruppo di partizioni logiche. LVM consente di espandere il volume logico aggiungendo uno o più hard disk.

1.4 Conclusioni

In questo capitolo si è visto come preparare l'ambiente per installare Linux, cosa è il partizionamento di un hard disk, cosa è una "pila" RAID e come realizzare un disco "flessibile" con LVM.

Nel prossimo capitolo verrà spiegato come installare Linux su un sistema basato sulla famiglia di processori di classe Intel x86.

2 Installazione di Linux

In questo capitolo verrà spiegato come installare una Linux box basata su architettura *x86*. I requisiti minimi per l'installazione di un server con Red Hat Linux 9 sono:

- RAM: 128 MB
- Hard Disk: 20 GB
- CD-ROM drive
- Floppy disk drive
- Scheda Ethernet

I passi da seguire sono i seguenti:

1. Accertarsi che il boot del sistema venga effettuato dal CD-ROM, eventualmente modificando i parametri del *BIOS* per impostarlo come periferica di avvio;

2. Avviare il computer con il CD-ROM n. 1 della distribuzione Linux nel lettore.

2.1 Metodi di partizionamento per l'installazione di Linux

In un'installazione comune sono necessarie almeno due partizioni: una per il sistema operativo / (radice, ovvero origine di tutte le directory in una rappresentazione ad albero) e una denominata *swap*. L'area di *swap* viene utilizzata solo se, durante l'esecuzione di un'applicazione, la memoria RAM dovesse risultare insufficiente. Nel caso di un'installazione per server, è opportuno prevedere l'utilizzo di partizioni separate almeno per / , /boot, /home e /var, oltre alla partizione di *swap*, per evitare che il sistema si blocchi o vada in *crash* in caso di esaurimento dello spazio disco.

Partizione / (radice, in inglese *root*)

La sua dimensione varia a seconda dell'installazione che si intende effettuare. Un'installazione completa richiede circa 4,8 GB e comprende il sistema operativo e tutte le applicazioni presenti nella distribuzione di Red Hat Linux 9, mentre un'installazione minima richiede circa 700 MB.

Partizione /boot

In quest'area disco viene memorizzato il kernel ed i dati relativi al *boot loader*. La dimensione consigliata per questa partizione è di circa 100 MB.

Partizione /home

È l'area del disco preposta alla memorizzazione dei file e delle directory degli utenti. La dimensione di questa partizione varia in base al numero di utenti che si prevede di gestire.

Partizione /var

In quest'area vengono archiviati dati di natura e dimensione variabile, come i file di log, le e-mail, i database, ecc. Si consiglia di attribuire una buona porzione di disco a questa partizione.

Partizione *swap*

La capacità suggerita per l'area di *swap* dovrebbe essere il doppio della memoria RAM disponibile o almeno 32 MB; in ogni caso, l'area di swap non può superare i 2 GB. Esempio: Disponendo di 512 MB di RAM lo spazio swap può variare fra i 32 MB ed i 1024 MB.

Per creare queste partizioni la distribuzione Red Hat Linux offre il programma *Disk Druid*, utilizzabile solo in fase di installazione. In seguito verrà spiegato come usare l'applicazione a linea di comando *fdisk*. Le partizioni del filesystem possono risiedere su uno o più hard disk, o su uno o più volumi logici (LVM).

Nota su ext3

Ext3 è un filesystem di tipo *journaled*, in grado cioè di archiviare le operazioni salienti compiute dalle memorie di massa. In caso di *fault*, il sistema è in grado di ricostruire le informazioni danneggiate utilizzando la tabella generata dal servizio di journaling. È opportuno adottarlo in alternativa ad *ext2*.

2.2 Installazione di Red Hat Linux 9

Di seguito, viene spiegato come installare una distribuzione Red Hat Linux 9.

Dopo l'operazione di avvio dal CD-ROM (o dal dischetto) il sistema mostra la schermata di presentazione con il prompt **boot**:

Fig. 2.1 – Schermata di boot

Per avviare l'installazione in modalità grafica basta premere *[invio]*. Nella schermata che segue, il programma chiede se si vogliono testare i supporti dell'installazione. Nella maggior parte dei casi non è necessario eseguire questa operazione, sebbene sia consigliabile farlo almeno una volta, soprattutto se si tratta di CD-ROM scaricati da Internet e masterizzati. Quindi con il tasto *[TAB]* selezionare *"Test"* oppure *"Skip"* (se si vuole saltare la verifica) e premere *[invio]*. Vengono quindi rilevati la scheda video ed il mouse presenti, e l'installazione continua in modalità grafica.

La prima schermata dà il benvenuto all'utente ed occorre cliccare su *"Next"* per procedere con l'installazione.

Si passa alla schermata di selezione della lingua.

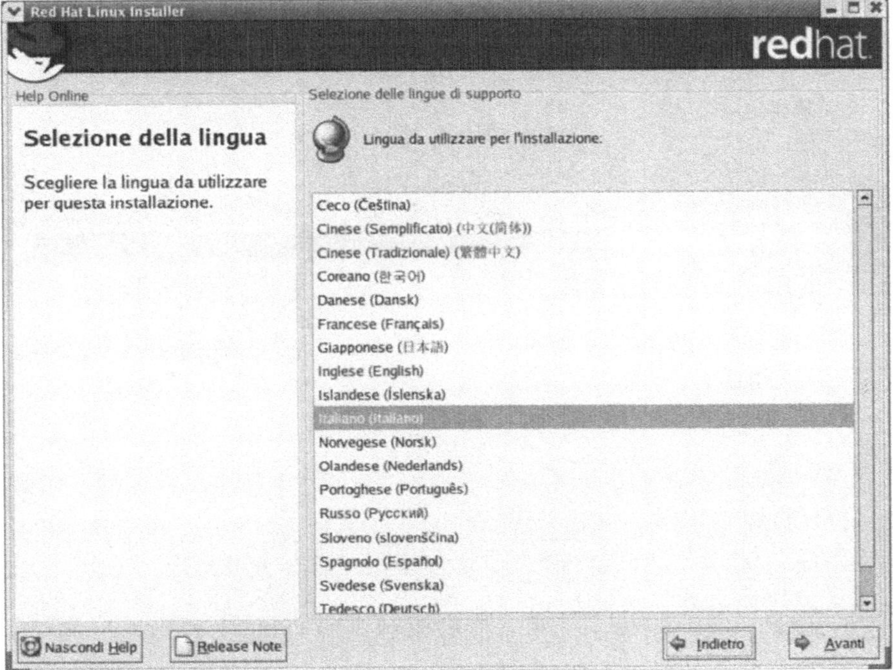

Fig. 2.2 – Selezione della lingua

Selezionare la lingua desiderata e cliccare su *"Avanti"*.

La schermata successiva riguarda la configurazione della tastiera:

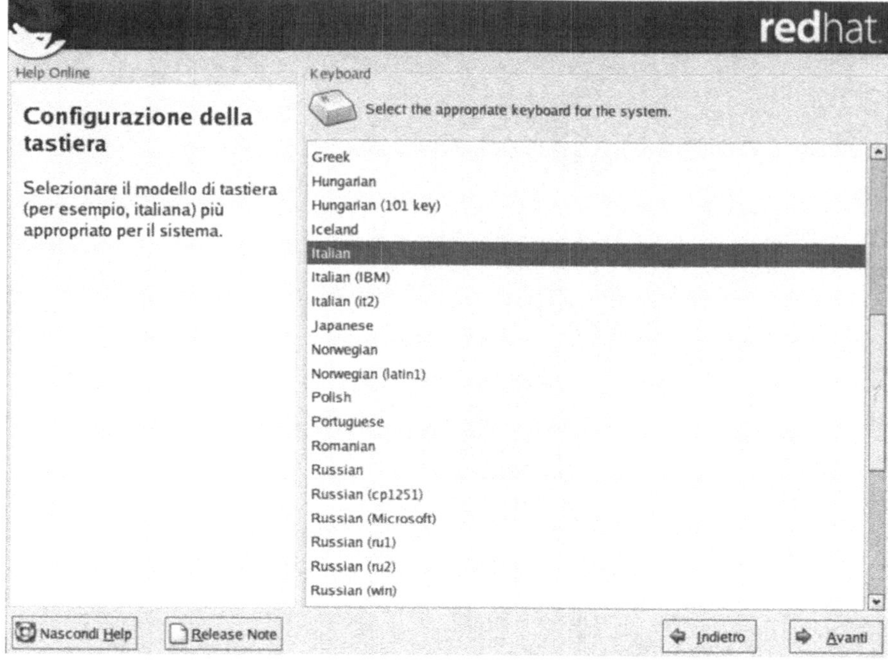

Fig. 2.3 – Selezione del layout di tastiera

Anche qui occorre selezionare il layout di tastiera desiderato e ciccare su *"Avanti"*.

Si passa alla configurazione del mouse:

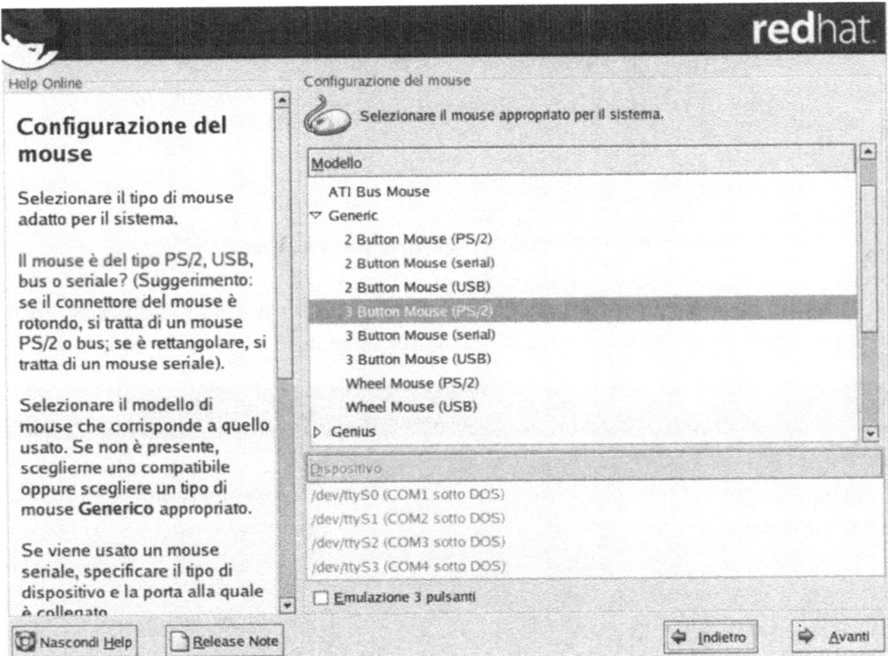

Fig. 2.4 – Configurazione del mouse

Viene chiesto di confermare (o di sceglierne un altro) il mouse rilevato in precedenza. Linux prevede l'utilizzo di un mouse a tre pulsanti; qualora il mouse disponibile sia dotato di soli due pulsanti è opportuno attivare il flag *"Emulazione 3 pulsanti"*. Tale modalità emula il bottone centrale con la pressione congiunta dei due pulsanti effettivi. Se il mouse dispone della rotella centrale si può selezionare *"wheel mouse" PS/2* o *USB* a seconda dell'interfaccia disponibile. Solitamente, in questo tipo di mouse si può premere la rotella come se si trattasse del bottone centrale. In questo caso non è necessario attivare *"Emulazione 3 pulsanti"*. Di seguito, sono illustrati i vari connettori che contraddistinguono il tipo di mouse.

Fig. 2.5 – Tipi di connettore per il mouse

Vengono quindi rilevate eventuali precedenti installazioni Red Hat Linux, ed il sistema chiede se si desidera eseguire un aggiornamento o una nuova installazione.

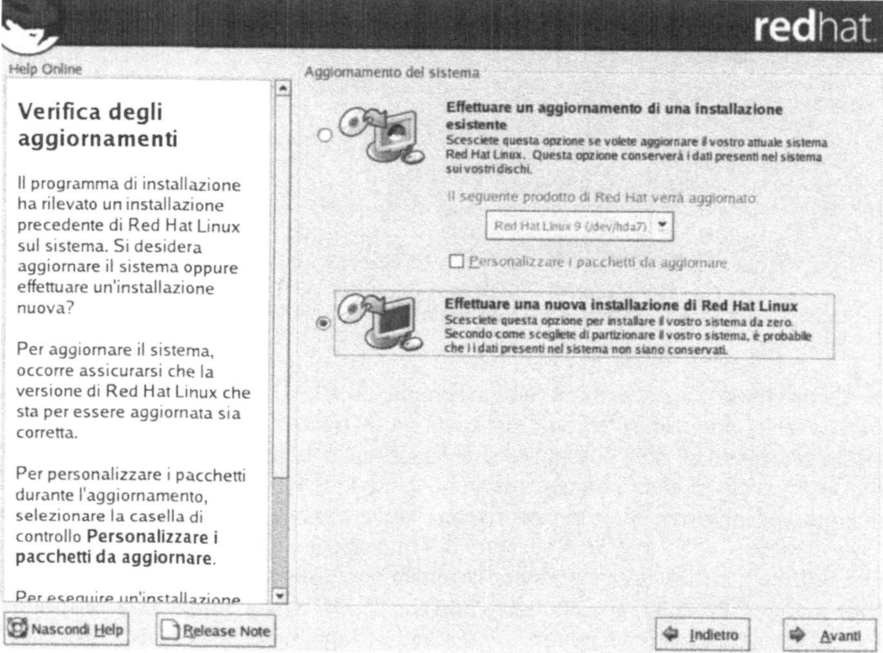

Fig. 2.6 – Aggiornamento o installazione

Nel seguito verrà considerato il caso di una nuova installazione.

Viene quindi richiesto il tipo di installazione che si vuole effettuare:

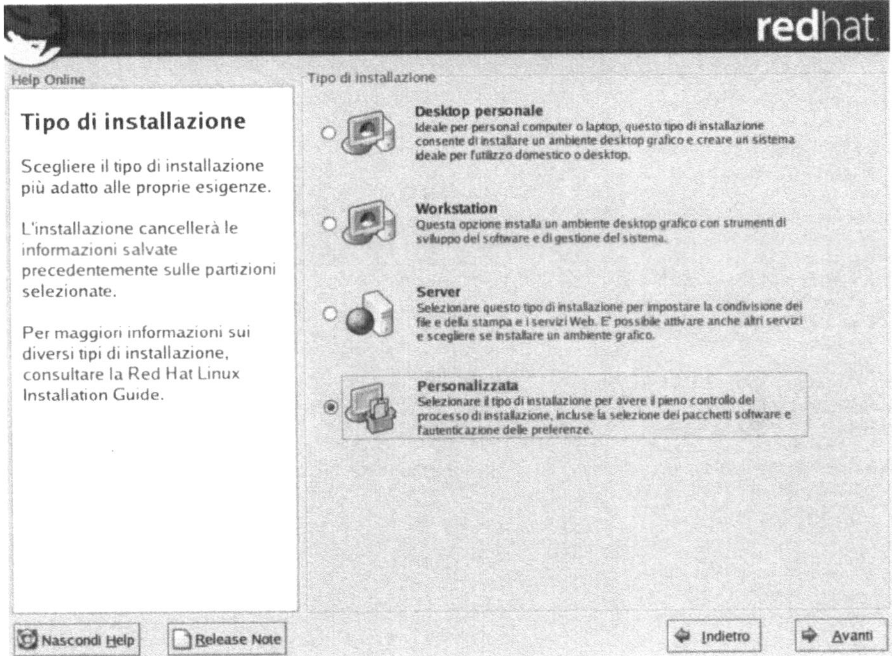

Fig. 2.7 – Scelta del tipo di installazione

Per effettuare un'installazione completa (consigliata per gli scopi didattici di questo libro) scegliere *"Personalizzata"*.

Si passa poi al partizionamento degli hard disk e, quindi, ci si riconduce alle considerazioni fatte precedentemente sulle partizioni e sul RAID.

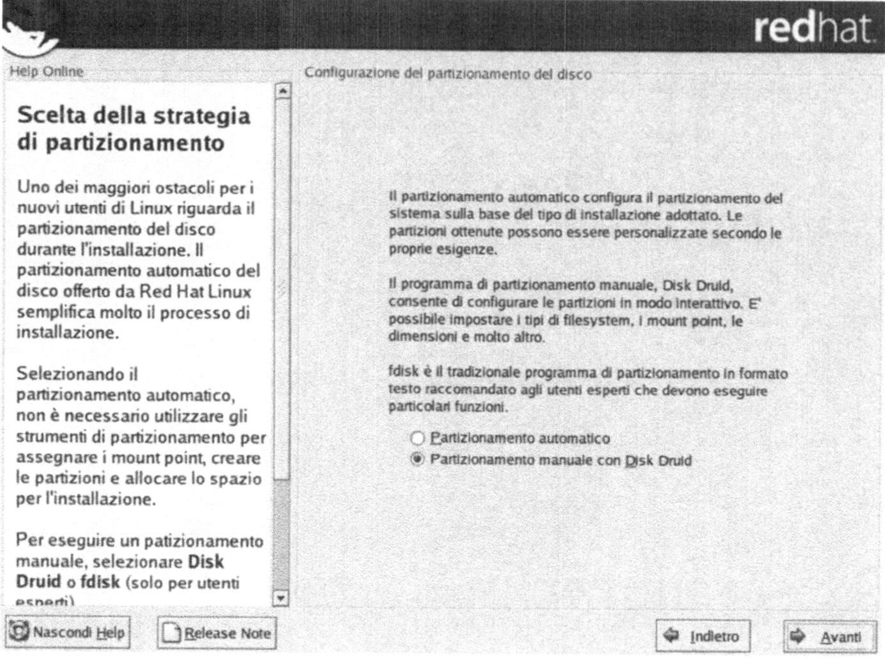

Fig. 2.8 – Scelta del tipo di partizionamento

Si può scegliere fra il partizionamento automatico, che semplifica la procedura di installazione, oppure si può utilizzare *Disk Druid*, un tool per il partizionamento caratterizzato da un'interfaccia grafica intuitiva che permette anche l'assegnazione dei mountpoint (punti di montaggio, vedere capitolo 4).

A titolo di esempio, disponendo di un hard disk EIDE da 38.1 GB, si può procedere come segue:

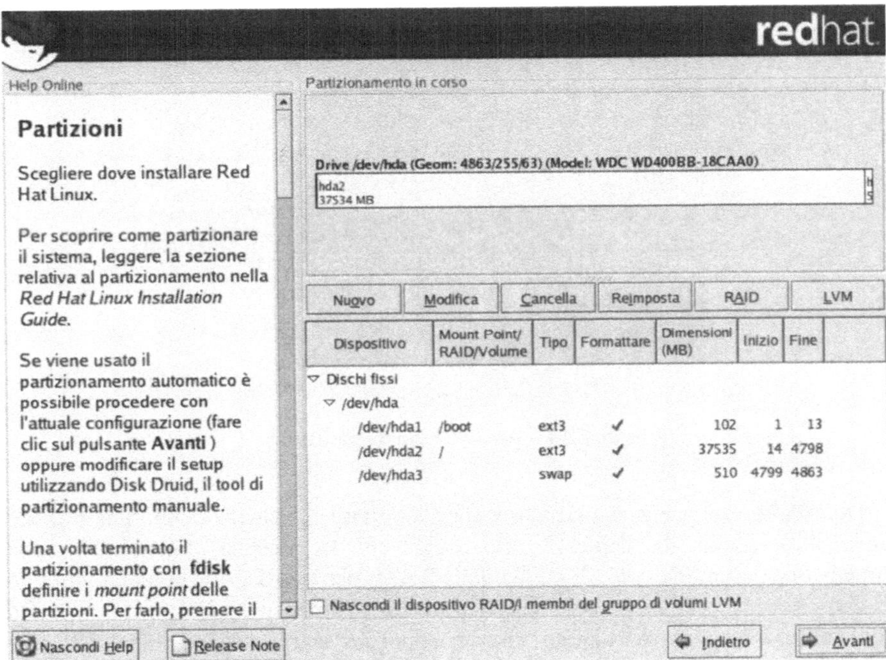

Fig. 2.9 – Partizionamento con *Disk Druid*

Il sistema, tipicamente, lo individua come */dev/hda* e si seleziona **"Nuovo"** per aggiungere una partizione.

Bisogna quindi scegliere le partizioni e le relative capacità di memorizzazione.

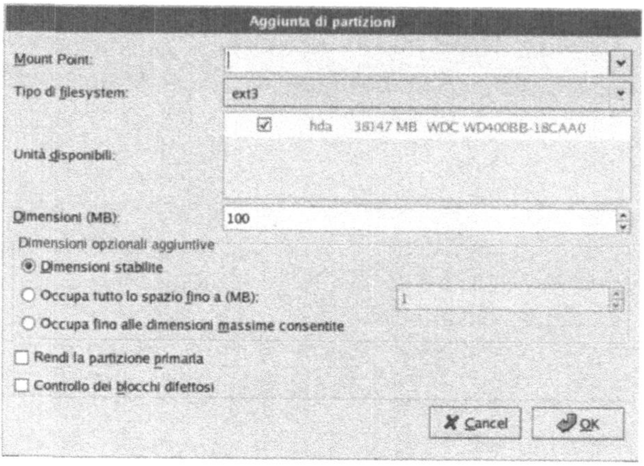

Fig. 2.10 – Aggiunta di una partizione

Definiamo come prima partizione (per facilitare il calcolo dello spazio disco rimanente) quella da dedicare allo *swap* cui si assegna, tipicamente, una dimensione pari a due volte di quella della RAM; per crearla, selezioniamo dal tipo di filesystem la voce *linux swap* ed indichiamo la dimensione. Quindi procediamo alla definizione della partizione */boot*, con filesystem *ext3*, attribuendone una capacità di 100 MB. Infine clicchiamo sul pulsante **"Nuovo"** ed aggiungiamo la partizione / a cui attribuiremo lo spazio disco rimanente, selezionando sempre il tipo di filesystem *ext3*.

A video dovremmo ottenere una schermata simile a quella proposta in Fig. 2.9. Per migliorare il livello di sicurezza, si può assegnare una partizione dedicata agli utenti (*/home*) in modo che i loro dati siano archiviati in questa area separata.

Nel caso di partizioni preesistenti, il sistema avverte che verranno formattate:

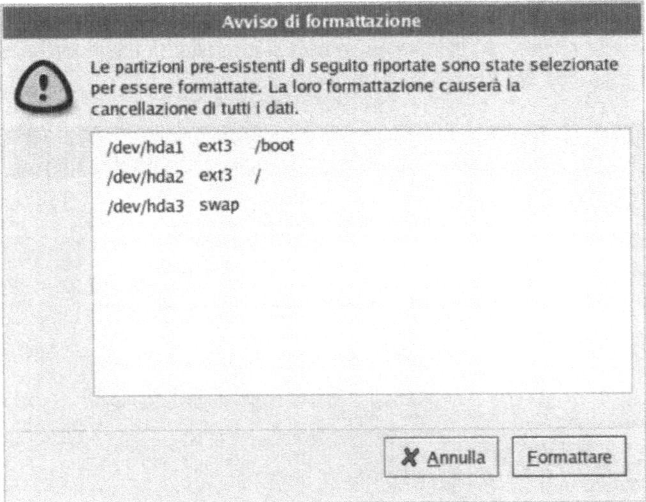

Fig. 2.11 – Avviso di formattazione

Il prossimo passo consiste nell'installare il *boot loader*.

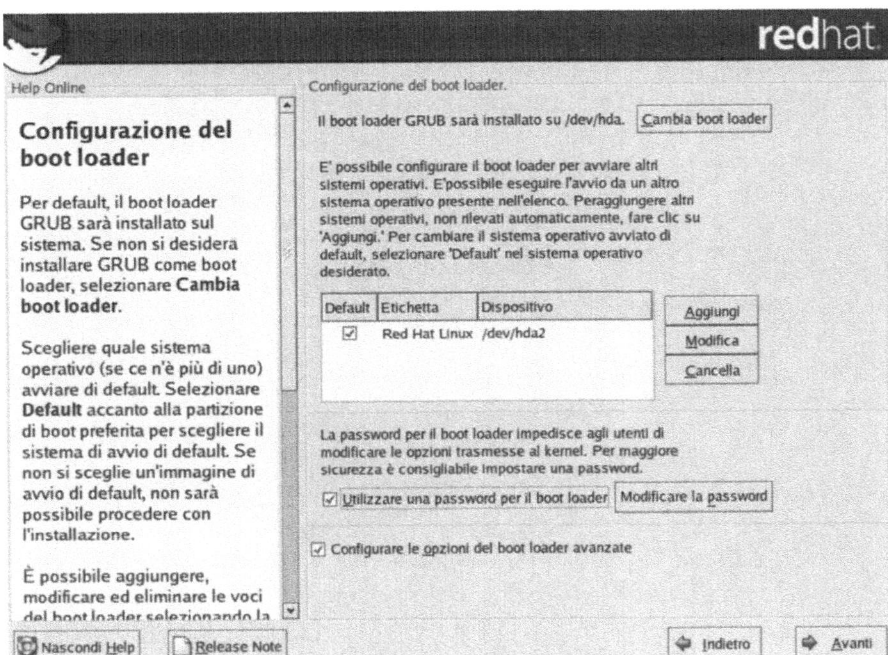

Fig. 2.12 – Installazione del *boot loader*

Si consiglia di usare *GRUB (GRand Unified Boot loader)*.

Il boot loader viene installato nel *Master Boot Record (MBR),* cioè il primo settore del cilindro 0 del primo disco di sistema (tipicamente */dev/hda*).

GRUB consente l'utilizzo di una password per l'avvio del sistema. Ciò consente di aumentarne la sicurezza, in quanto se non si conosce la password non si possono cambiare i parametri del kernel.

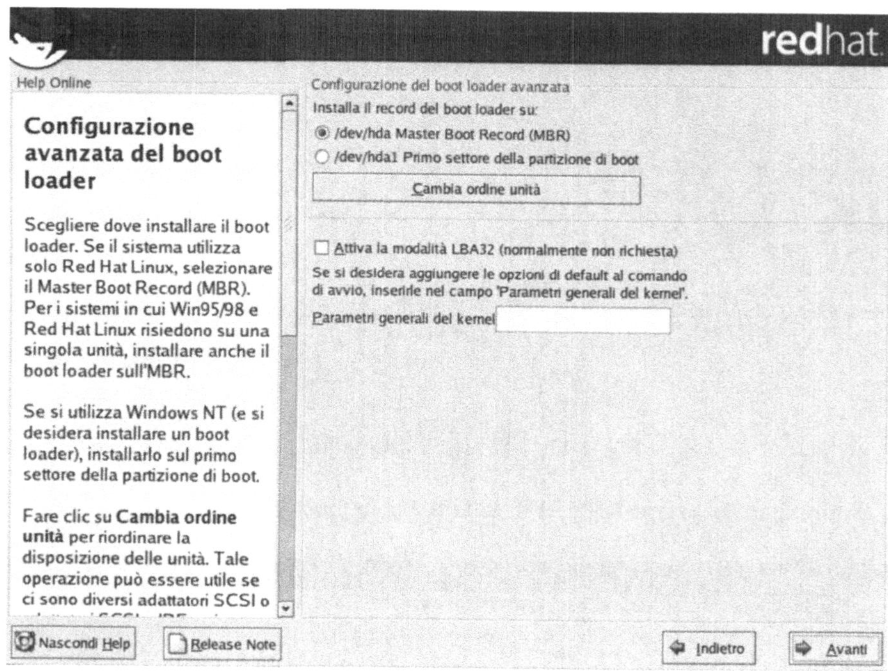

Fig. 2.13 – Opzioni avanzate di GRUB

Si passa poi alla configurazione dell'interfaccia (o delle interfacce) di rete.

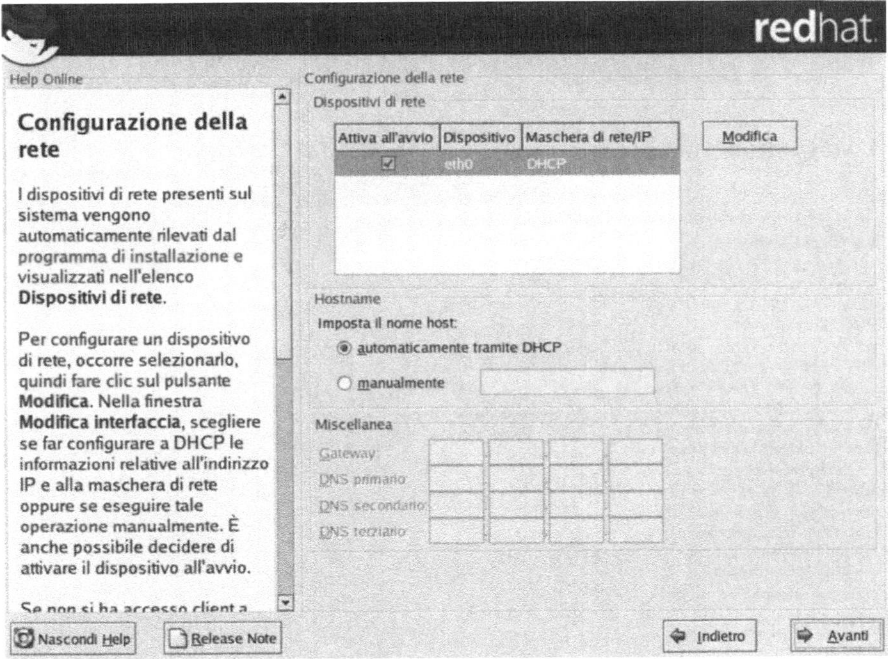

Fig. 2.14 – Configurazione dell'interfaccia di rete

Se nella rete è presente un server *DHCP* (*Dynamic Host Configuration Protocol*), si può passare alla schermata successiva in quanto il sistema riceverà all'avvio tutti i dati necessari. In caso contrario, i parametri di rete possono essere impostati manualmente agendo sul pulsante *"Modifica"*:

Fig. 2.15 – Impostazione manuale dei parametri di rete

Allo stesso modo, per inserire manualmente il nome del sistema, del gateway e dei server *DNS* occorre cliccare sui bottoni appositi.

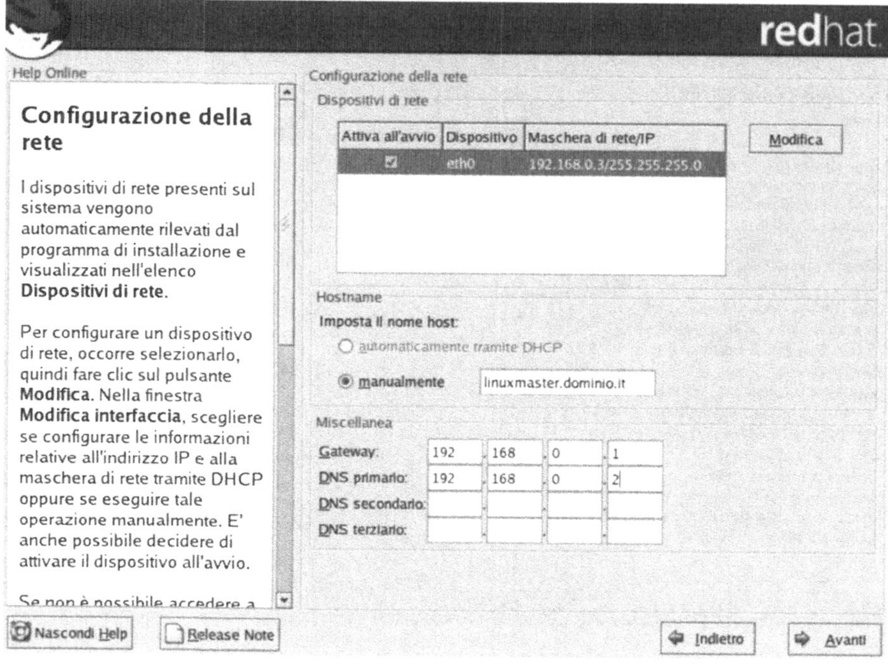

Fig. 2.16 – Impostazione manuale dei parametri di rete

Alla prima installazione è opportuno non configurare il firewall .

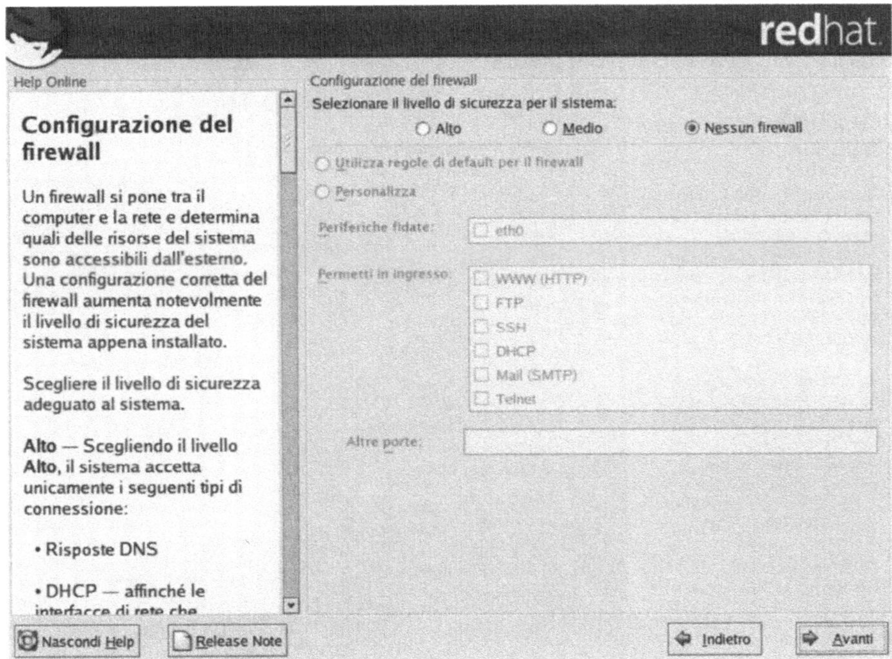

Fig. 2.17 – Configurazione del firewall

Nel capitolo 16 verrà spiegato come configurare un firewall usando *iptables*.

Si passa poi alla selezione delle lingue supportate dal sistema.

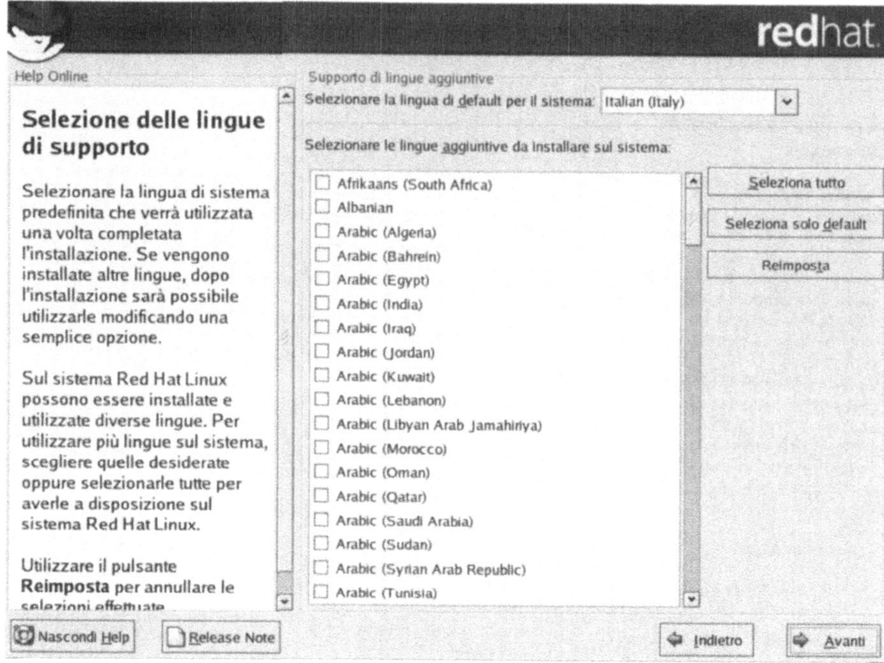

Fig. 2.18 – Configurazione delle lingue aggiuntive

È possibile impostare una lingua di *default* ed altre che possono essere selezionate per la sessione corrente.

Il prossimo passo consiste nel configurare il fuso orario:

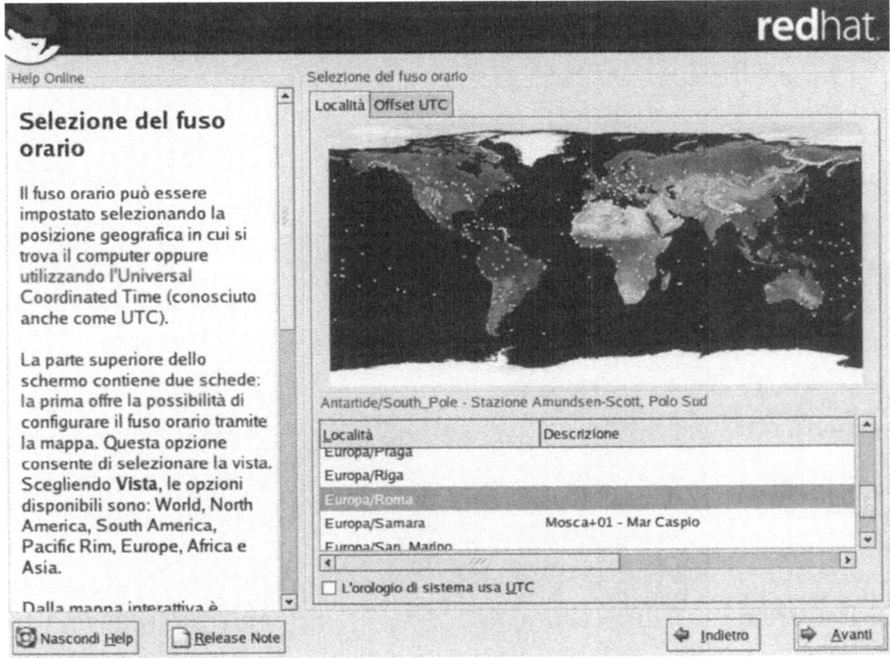

Fig. 2.19 – Impostazione del fuso orario

Nella maggior parte dei casi cliccare su *"Avanti"* perché il sistema è in grado di rilevare le impostazioni corrette.

A questo punto occorre inserire la password dell'utente root, ovvero l'amministratore di sistema.

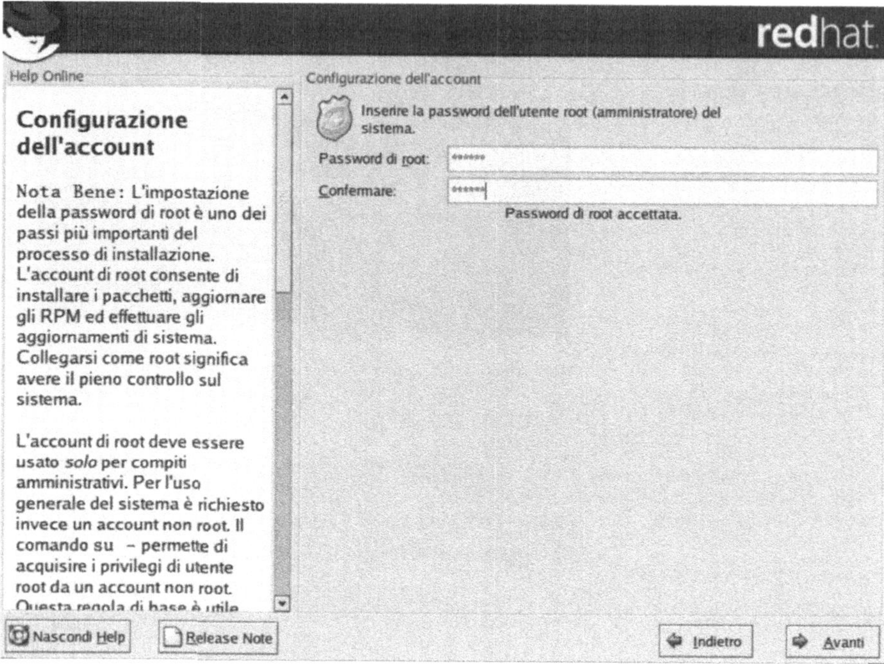

Fig. 2.20 – Inserimento della password dell'utente root

root è il solo utente che ha il controllo completo del sistema.

Si passa poi alla scelta del metodo di autenticazione:

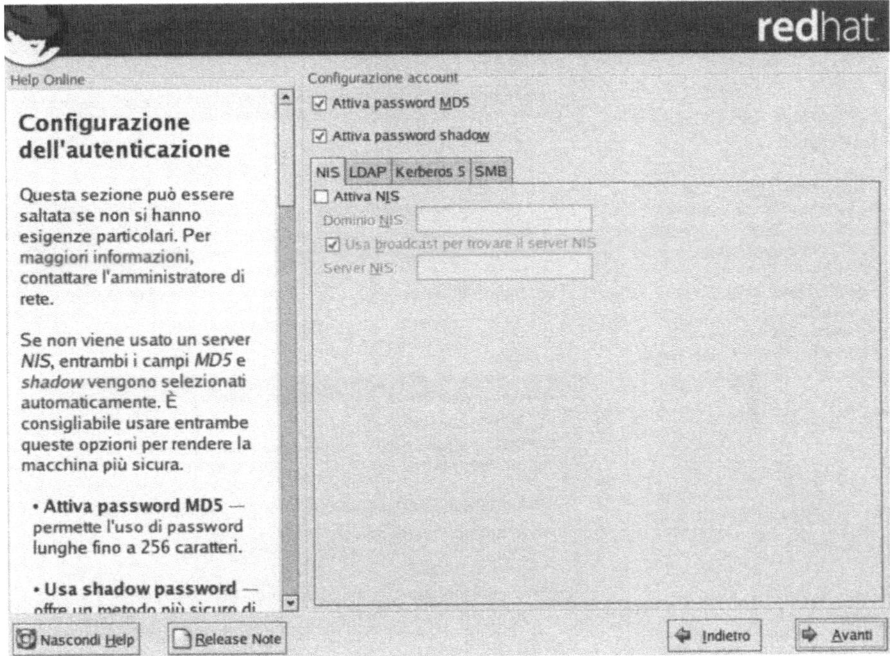

Fig. 2.21 – Scelta del metodo di autenticazione

Tipicamente, si lasciano le impostazioni di default attivate. La codifica *MD5* consente l'adozione di password lunghe fino a 256 caratteri, mentre *shadow* mantiene le informazioni inerenti gli identificativi degli utenti e le relative password su file differenti.

Per attivare la gestione centralizzata degli utenti è necessario fare uso dei protocolli *NIS (Network Information Service)* o *LDAP (Lightweight Directory Access Protocol)* che verranno trattati nel capitolo 9. Tali protocolli consentono di archiviare le informazioni relative agli utenti su uno o più server, cui fanno riferimento tutti i sistemi della rete. Soltanto *root* avrà un account diverso per ogni sistema. Per attivare questo servizio occorre almeno un sistema Linux configurato come server *NIS* o *LDAP*.

Selezione dei pacchetti da installare:

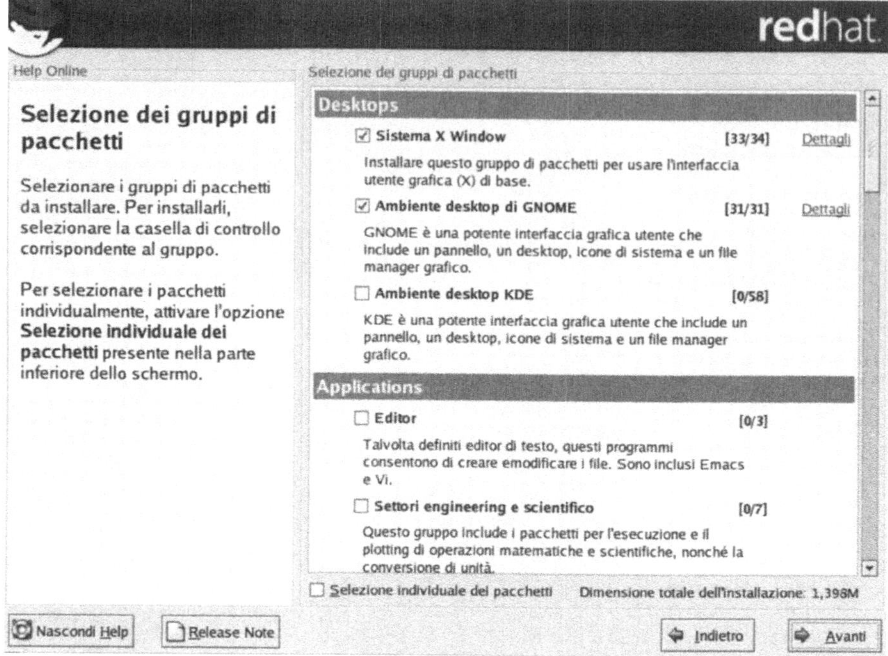

Fig. 2.22 – Scelta dei pacchetti da installare

Bisogna scegliere cosa installare selezionando i gruppi di pacchetti. Cliccando su *"Dettagli"* accanto ad ogni pacchetto è possibile scegliere i singoli componenti:

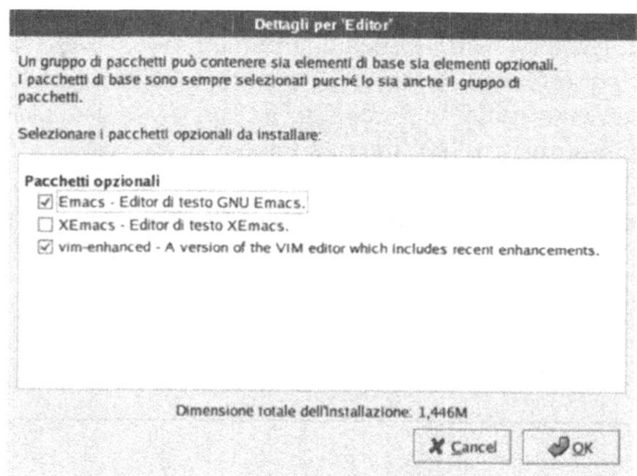

Fig. 2.23 – Scelta dei componenti

È inoltre possibile scegliere manualmente quali pacchetti installare:

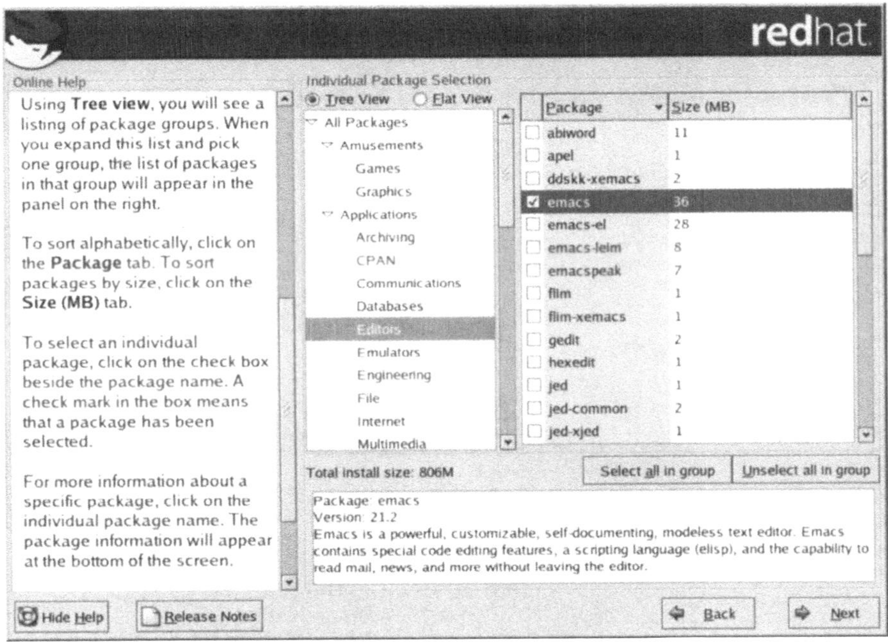

Fig. 2.24 – Selezione individuale dei pacchetti

Per l'installazione completa di Red Hat Linux 9, selezionare in fondo alla finestra la voce *"Tutto"*.

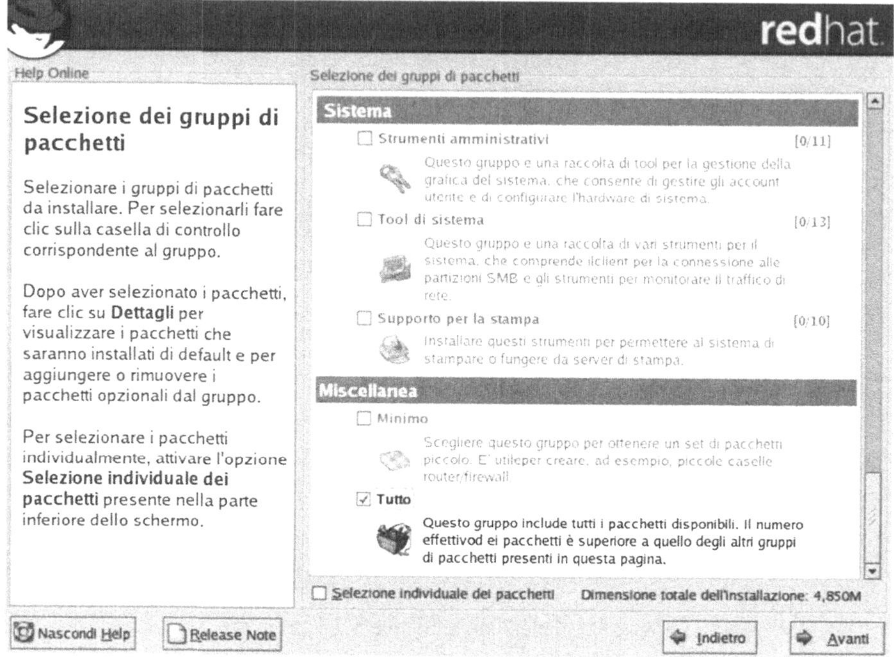

Fig. 2.25 – Selezione dell'installazione completa

L'installazione completa occupa circa 4,8 GB e comprende il sistema operativo e circa 1.400 pacchetti applicativi.

Segue la schermata di avviso:

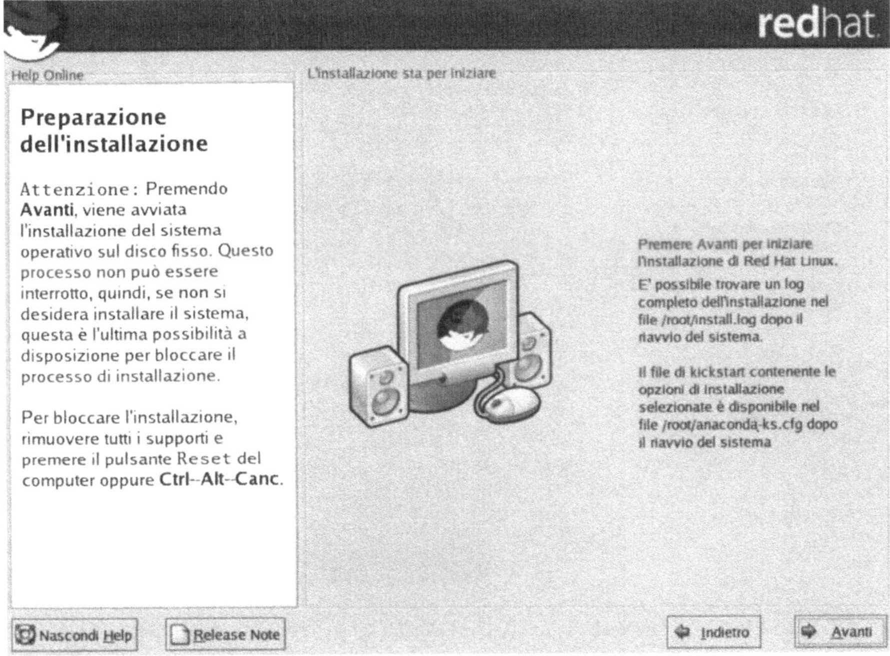

Fig. 2.26 – Schermata di avviso

La fase di preparazione dell'installazione è terminata ed il sistema avverte che, continuando, verranno applicate tutte le scelte fatte in precedenza. Fino a questo momento, infatti, nessuna modifica è stata fatta al sistema e se si spegne o si riavvia si ritroveranno le impostazioni precedenti.

Selezionando invece *"Avanti"* avrà inizio l'installazione.

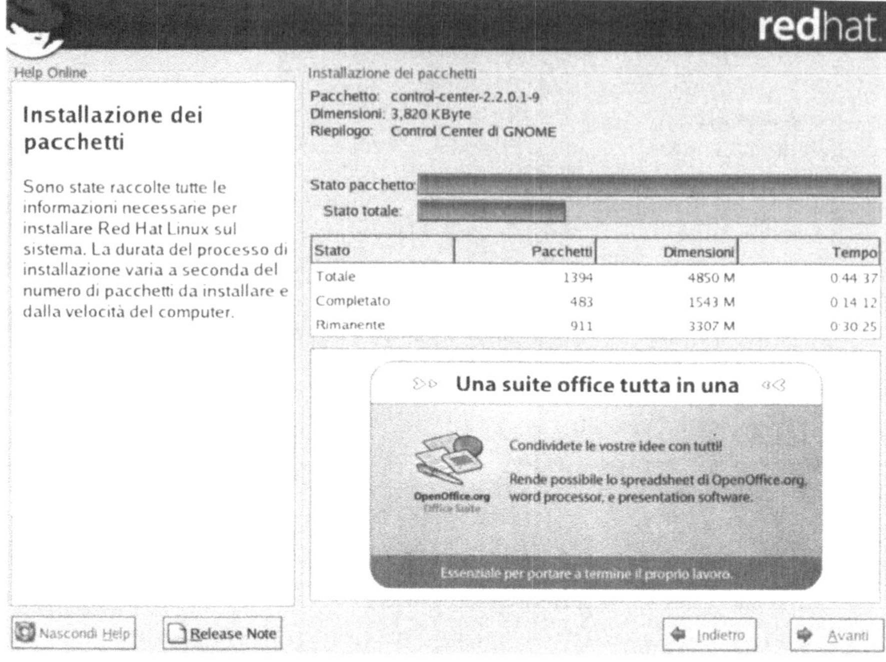

Stato	Pacchetti	Dimensioni	Tempo
Totale	1394	4850 M	0:44:37
Completato	483	1543 M	0:14:12
Rimanente	911	3307 M	0:30:25

Fig. 2.27 – Installazione

Terminata l'installazione, si passa alla fase di configurazione.

Creazione del dischetto di avvio:

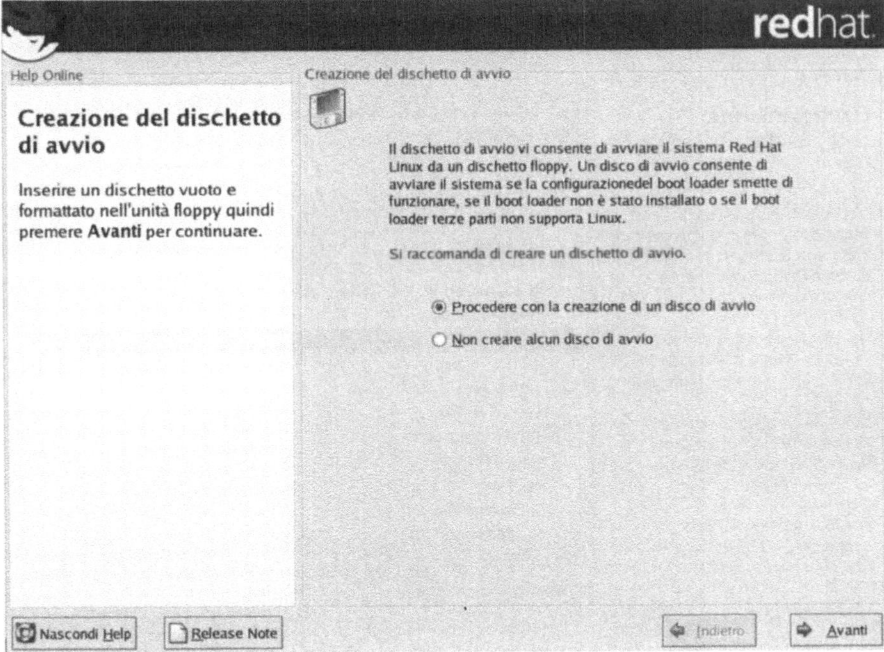

Fig. 2.28 – Creazione del dischetto di avvio

La procedura di creazione di un floppy di avvio consente di avviare il sistema anche quando non è possibile farlo dall'hard disk per qualche problema di configurazione.

Configurazione della scheda video:

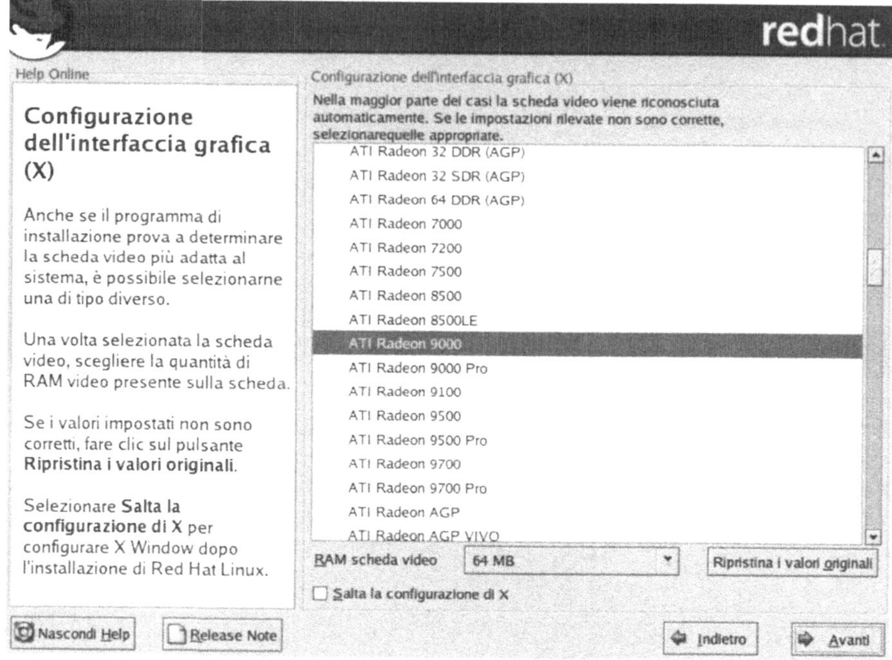

Fig. 2.29 – Configurazione della scheda video

Il sistema tenta di individuare la scheda video installata e chiede conferma all'utente.

Lo stesso vale per il monitor:

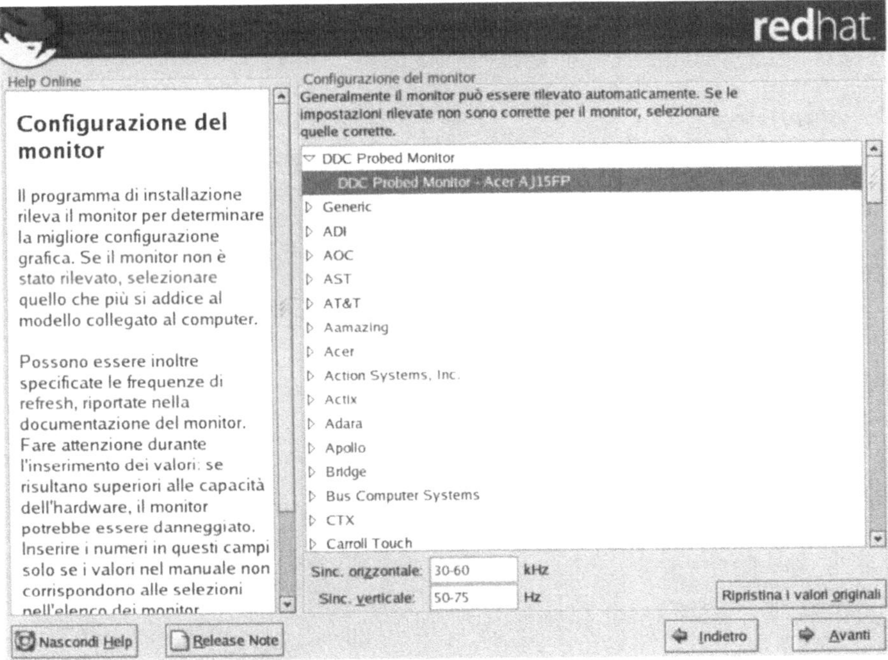

Fig. 2.30 – Configurazione del monitor

Si passa poi alla configurazione dell'interfaccia grafica:

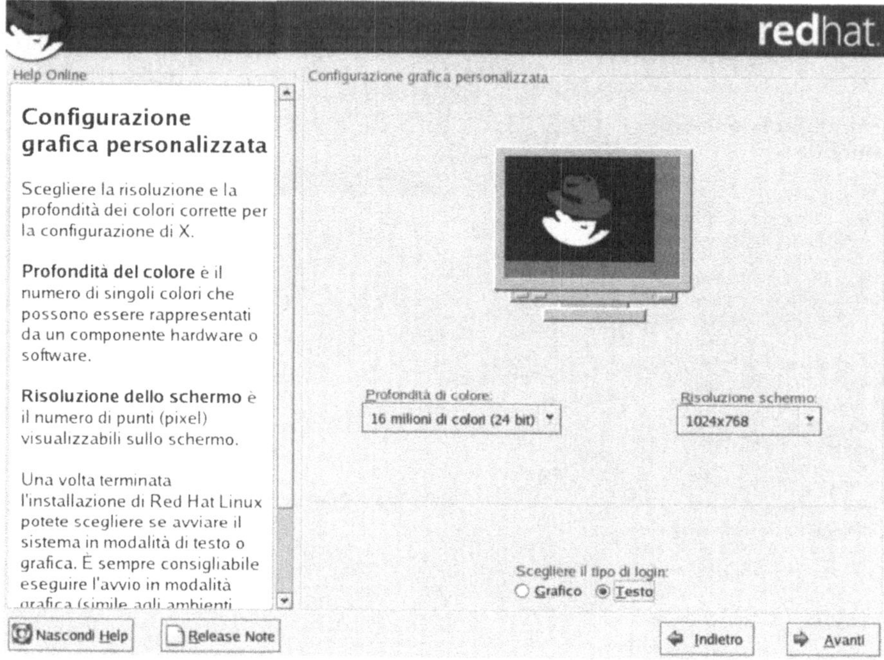

Fig. 2.31 – Configurazione dell'interfaccia grafica

L'utente deve scegliere se utilizzare il sistema, sin dal primo accesso (login), in modalità testuale o grafica. In quest'ultimo caso è necessario impostare la risoluzione di lavoro e la profondità (cioè il numero di colori da gestire) dello schermo. Per la gestione di un server è opportuno attivare la modalità testuale in quanto consente la gestione del sistema anche in condizioni di emergenza; l'interfaccia grafica potrà essere avviata in qualunque momento semplicemente digitando il comando *startx* al prompt di sistema.

A questo punto l'installazione è terminata, ed il sistema è pronto per il primo login.

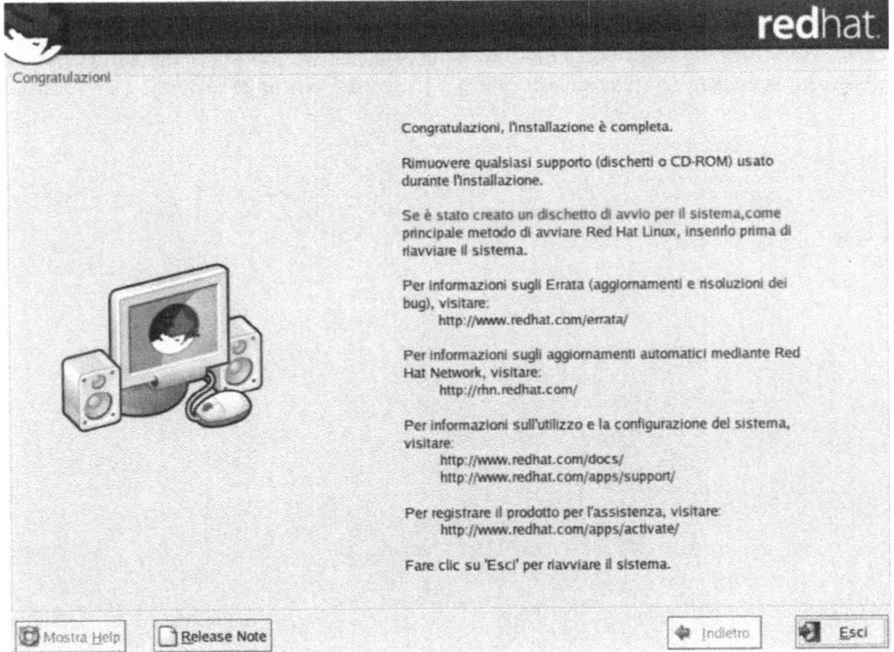

Fig. 2.32 – Installazione completata

Alla fine dell'installazione saranno disponibili un file di log `/tmp/install.log` ed un file denominato `/root/anaconda-ks.cfg`; quest'ultimo permette di ripetere l'installazione con tutte le scelte già effettuate. Questo file è utile nel caso in cui si voglia clonare l'installazione di un server con una particolare configurazione. È sufficiente copiare il file `/root/anaconda-ks.cfg` in un dischetto rinominandolo `ks.cfg`. Quindi si può avviare il nuovo calcolatore con il primo CD-ROM ed al prompt di `boot:` digitare "**linux ks=floppy**".

2.3 Conclusioni

In questo capitolo abbiamo visto come effettuare una installazione completa di Linux Red Hat 9.

Nel prossimo capitolo verrà analizzato il processo di avvio di una Linux box, i *runlevel*, i processi, la creazione di utenti e l'uso dell'editor di testi *vi*.

3 Start-up, processi e utenti

Completata l'installazione, al primo avvio del server compare la schermata del bootloader GRUB con evidenziato "Red Hat Linux (2.4.20-8)", dove 2.4.20-8 indica la versione del kernel.

Premendo il tasto *[Invio]*, o aspettando 10 secondi, il boot-loader carica il kernel in memoria e ne avvia l'esecuzione; sullo schermo vengono visualizzate una serie di informazioni relative al tipo di processore, alla RAM e ai dispositivi di sistema.

In questo capitolo vengono affrontati i temi relativi alla fase di start-up del sistema, i *runlevel*, i processi e la loro attivazione/disattivazione all'avvio e *on-the-fly*, l'editor testuale *vi,* la gestione degli utenti e il file di configurazione di GRUB.

3.1 Processi in fase di avvio

Una volta completata la fase di start-up, il kernel esegue il programma *init* per l'avvio dei processi principali, e precisamente:

* tramite il file `/etc/rc.sysinit`, attiva l'area di swap e controlla il file-system;

* tramite il file `/etc/inittab`, decide se partire in modalità testuale (*runlevel* 3) o grafica (*runlevel* 5) attivando i servizi di pertinenza al runlevel specificato;

* tramite il file `/etc/rc.local`, si impartiscono gli eventuali comandi da inviare al sistema ad ogni riavvio (a prescindere dal *runlevel* 3 o 5 e dai servizi che automaticamente partono in ciascuno di essi).
Le configurazioni di avvio sono posizionate nelle seguenti directory:

```
/etc/init.d

/etc/rc0.d
/etc/rc1.d
/etc/rc2.d
/etc/rc3.d
/etc/rc4.d
/etc/rc5.d
/etc/rc6.d
```

Nel sistema *SysV Init*, il quale è divenuto lo standard in Linux, esistono 7 *runlevel*, e le directory appena citate (nella forma `rc*.d`) contengono le informazioni di avvio per ognuno di essi. La directory `/etc/init.d` contiene gli script di avvio per i servizi di sistema: `/etc/init.d/network` (per l'avvio della rete), `/etc/init.d/named` (per l'attivazione del servizio DNS), `/etc/init.d/sendmail` (per l'attivazione del servizio SMTP), etc.; le directory `/etc/rc*.d` contengono dei collegamenti simbolici agli script di avvio della directory `/etc/init.d` e precisamente, se si vuole che il servizio *xinetd* venga avviato nel runlevel 3, occorre creare il collegamento simbolico `/etc/rc3.d/S45xinetd` (la *S* sta per *Start*, il numero serve per stabilire una successione) che punta al file di avvio `/etc/init.d/xinetd`, mentre se non si vuole che il servizio sia attivato, occorre creare il collegamento `/etc/rc3.d/K45xinetd` (questa volta la *K* sta per *Kill*, il numero serve sempre per la successione).
I *runlevel* determinano particolari stati del sistema:

0   Spegnimento del sistema (da non usare come runlevel di avvio);

1   Modalità singolo utente;

2   Modalità multi utente senza servizio NFS;

3   Modalità multi utente con interfaccia testuale;

4   Modalità non utilizzata;

5   Modalità multiutente con interfaccia grafica (X Window);

6   Riavvio (da non usare come runlevel di avvio).

Il *runlevel* predefinito per l'avvio è indicato nel file */etc/inittab*
che si riporta di seguito.

```
#
# inittab This file describes how the INIT process
# should set up the system in a certain run-level.
#
# Author: Miquel van Smoorenburg,
# <miquels@drinkel.nl.mugnet.org>
# Modified for RHS Linux by Marc Ewing and
# Donnie Barnes
#

# Default runlevel. The runlevels used by RHS are:
# 0 - halt (Do NOT set initdefault to this)
# 1 - Single user mode
# 2 - Multiuser, without NFS
# 3 - Full multiuser mode
# 4 - unused
# 5 - X11
# 6 - reboot (Do NOT set initdefault to this)
#
id:3:initdefault:

# System initialization.
si::sysinit:/etc/rc.d/rc.sysinit

l0:0:wait:/etc/rc.d/rc 0
l1:1:wait:/etc/rc.d/rc 1
l2:2:wait:/etc/rc.d/rc 2
l3:3:wait:/etc/rc.d/rc 3
l4:4:wait:/etc/rc.d/rc 4
l5:5:wait:/etc/rc.d/rc 5
l6:6:wait:/etc/rc.d/rc 6

# Things to run in every runlevel.
ud::once:/sbin/update

# Trap CTRL-ALT-DELETE
ca::ctrlaltdel:/sbin/shutdown -t3 -r now

# When our UPS tells us power has failed, assume we
# have a few minutes of power left.
# Schedule a shutdown for 2 minutes from now.
# This does, of course, assume you have powerd
# installed and your UPS connected and working
# correctly.
pf::powerfail:/sbin/shutdown -f -h +2 "Power Failure; System \
Shutting Down"

# If power was restored before the shutdown kicked in,
# cancel it.
pr:12345:powerokwait:/sbin/shutdown -c "Power Restored; Shutdown \
Cancelled"

# Run gettys in standard runlevels
1:2345:respawn:/sbin/mingetty tty1
```

```
2:2345:respawn:/sbin/mingetty tty2
3:2345:respawn:/sbin/mingetty tty3
4:2345:respawn:/sbin/mingetty tty4
5:2345:respawn:/sbin/mingetty tty5
6:2345:respawn:/sbin/mingetty tty6

# Run xdm in runlevel 5
# xdm is now a separate service
x:5:respawn:/etc/X11/prefdm -nodaemon
```

Il sistema in questo caso si avvia in modalità testuale in quanto il *runlevel* indicato è 3 (`id:3:initdefault:`); se si vuole avviarlo in modalità grafica occorre cambiare il *runlevel* in 5 (`id:5:initdefault:`).
Una volta completato il *runlevel* 3, compare la schermata di *login*:

```
Red Hat Linux release 9 (Shrike)
Kernel 2.4.20-8 on an i686
serverlocale login:
```

dove *serverlocale* è il nome di sistema assegnato in fase di installazione.

Il sistema ora è in attesa che vengano inseriti un nome utente e la relativa password di accesso. Dato che l'unico utente definito in fase di installazione è *root,* alla richiesta di login si scrive:

```
serverlocale login: root
```

Il sistema chiede la password di *root:*

```
Password:
```

Qui si digita la password scelta in fase di installazione che non viene visualizzata sullo schermo (neanche con una stringa di *); se la password digitata è corretta compare il prompt dei comandi:

```
[root@serverlocale root]#
```

Il prompt contiene le seguenti informazioni riportate da sinistra verso destra: il nome utente (*root*), il nome del sistema (*serverlocale*) ed, infine, la directory di lavoro senza il path assoluto (`root`). Al primo login, ogni utente ha acceso diretto alla propria home directory. Il prompt del superutente *root* è caratterizzato dalla presenza del simbolo *[#]*, mentre per tutti gli altri utenti è *[$]*.
Se si vuole passare in modalità grafica occorre dare il comando:

```
]# startx
```

Il ritorno all'ambiente testuale è possibile con la combinazione di tasti da pressare contemporaneamente *[Ctrl]+[Alt]+ [←]*.
Per spegnere il sistema il comando è:

```
]# shutdown -h now
```

3.2 Gestione degli utenti

Non appena si accede al sistema come utente *root* tipicamente occorre creare delle utenze comuni (*account*) che non abbiano quindi gli stessi privilegi di *root*. Alle utenze comuni è possibile anche associare un gruppo di afferenza in modo che, eventualmente, possano condividere dati e programmi. Il comando per creare nuovi utenti è *useradd nomeutente* che, in assenza di parametri, crea l'utente specificato associandogli un gruppo di afferenza (con nome *nomeutente*) e la *home directory*. (`/home/nomeutente`). All'utente definito viene inoltre attribuita la *shell* predefinita (`/bin/bash`) ovvero una interfaccia software tra sistema e utente. Ad esempio con il comando:

```
]# useradd maxtar
```

viene creato l'utente *maxtar* (con relativo riferimento nel file `/etc/passwd`) il gruppo di lavoro *maxtar* (con relativo riferimento nel file `/etc/group`) e la directory di lavoro `/home/maxtar` di sola pertinenza dell'utente. Se si vuole creare un gruppo di afferenza per uno o più utenti, il comando è:

```
]# groupadd netmanagergrp
```

e si possono creare gli utenti specificando anche il gruppo di afferenza:

```
]# useradd -g netmanagergrp -c "Massimo \
Tartamella" -d /home/maxtar -s /bin/bash \
maxtar
```

viene creato l'utente *maxtar* relativo al Sig. Massimo Tartamella afferente al gruppo *netmanagergrp*, con home directory `/home/maxtar` e *shell* `/bin/bash`.
Per assegnare (o cambiare) la password di accesso:

```
]# passwd maxtar
```

che va ad inserire la password cifrata (tipicamente utilizzando l'algoritmo MD5 – *Message Digest 5*) nel file `/etc/shadow` (il quale file è accessibile, in sola lettura, soltanto dall'utente *root*). Sia il nome utente che la password possono essere lunghi fino a 256 caratteri e la password può contenere caratteri speciali come *, #, \, etc. L'utente *root* usa il comando *passwd* per modificare la propria password e anche quella degli utenti, gli utenti comuni usano *passwd* per cambiare solo la propria. Per eliminare l'utente e tutto ciò di sua pertinenza (home directory, posta elettronica, etc.) il comando è:

```
]# userdel -r utente
```

Senza l'opzione *-r* si elimina semplicemente l'utente dai file `/etc/passwd` e `/etc/shadow` . Per modificarne gruppo di afferenza, home directory, etc il comando è:

```
]# usermod [opzioni] utente
```

dove le principali opzioni sono:

```
-d /nuova/home modifica la home directory
-c "nuovi commenti" modifica i commenti
-g nuovo_gruppo  modifica il gruppo di appartenenza
-l nuovo_login modifica il nome di login
-s nuova_shell  modifica la shell
-e data_scadenza  modifica la data di scadenza della password
```

Queste opzioni possono essere usate sia singolarmente che in combinazione; ad esempio:

```
]# usermod -d /home/tarmax -s /sbin/nologin \
-e 2003-12-31 maxtar
```

modifica la home directory, la shell e fa scadere la password il 31 dicembre 2003 per l'utente *maxtar*. Sebbene *usermod* non segnali alcun errore, la directory */home/tarmax* deve essere previamente creata con permessi e proprietario corretti. Per cambiare soltanto la data di scadenza dell'account, si può usare il comando *chage* con l'opzione *-E* seguito dalla nuova data di scadenza nel formato *MM-GG-AAAA* e dal nome utente in questione. Ad esempio volendo far scadere l'account *maxtar* il 31 dicembre 2004, si può usare il comando:

```
]# chage -E 2004-12-31 maxtar
```

Riepilogando, per la gestione degli account vengono utilizzati tre file:

- */etc/passwd*, che contiene le informazioni relative agli account di sistema e alle utenze normali:

```
root:x:0:0:root:/root:/bin/bash
bin:x:1:1:bin:/bin:/sbin/nologin
daemon:x:2:2:daemon:/sbin:/sbin/nologin
...
...
pvm:x:24:24::/usr/share/pvm3:/bin/bash
desktop:x:80:80:desktop:/var/lib/menu/kde:/sbin/nologin
radvd:x:75:75:radvd user:/:/sbin/nologin
maxtar:x:500:504:Massimo Tartamella:/home/max:/bin/bash
marsaj:x:501:501:Marco Sajeva:/home/marsaj:/bin/bash
benvas:x:502:502:Benedetto Vassallo:/home/benvas:/bin/bash
lorpuc:x:503:503:Lorenzo Puccio:/home/lorpuc:/bin/bash
```

ogni riga contiene sette campi delimitati da ":" e precisamente: il nome dell'account, il campo dedicato alla password contrassegnato con il carattere *x* (la password cifrata è memorizzata nel file */etc/shadow*), il numero con cui il sistema identifica l'utente (UID), il numero con cui il sistema identifica il gruppo di afferenza per l'account (GID), un commento sull'account (per un utente si riportano il nome e cognome), la home directory e la *shell* di riferimento; i numeri assegnati agli account di sistema vanno da 0 (utente *root*) a 499 mentre gli account relativi alle utenze normali partono da 500; per assegnare gli stessi privilegi di *root* all'utente *maxtar* è sufficiente cambiare i numeri 500 relativi all'account e al gruppo di afferenza con 0;

- `/etc/group`, che contiene le informazioni relative ai gruppi di afferenza degli account di sistema e alle utenze normali:

```
root:x:0:root
bin:x:1:root,bin,daemon
daemon:x:2:root,bin,daemon
...
...
pvm:x:24:
desktop:x:80:
radvd:x:75:
max:x:500:
marsaj:x:501:
benvas:x:502:
lorpuc:x:503:
netmanagergrp:x:504:
```

ogni riga contiene quattro campi delimitati da ":" e precisamente: il nome del gruppo, il campo dedicato alla password di gruppo contrassegnato con il carattere *x*, il numero con cui il sistema identifica il gruppo e gli eventuali altri utenti che afferiscono al gruppo separati da una ",";

- `/etc/shadow`, che contiene le password relative degli utenti crittografate e l'eventuale data di scadenza dell'account espressa con un numero che indica il numero di giorni a partire dal 1 gennaio 1970:

```
root:$1$VKWzOXN.$YJulgoiU4L3uRGEe/AYOC1:12339:0:99999:7:::
bin:*:12271:0:99999:7:::
daemon:*:12271:0:99999:7:::
...
...
desktop:!!:12271:0:99999:7:::
radvd:!!:12271:0:99999:7:::
maxtar:$1$QRM0sXfx$yBwiW4G85PmtMH1Y37XGF.:12336:0:99999:7:::
marsaj:!!:12345:0:99999:7:::
benvas:!!:12345:0:99999:7:::
lorpuc:!!:12345:0:99999:7:::
```

se all'account non è stata ancora assegnata la password, compare nel campo relativo "*!!*". Per unificare i file `/etc/passwd` e `/etc/shadow` o risepararli, si possono utilizzare rispettivamente i comandi *pwconv* e *pwunconv*.

La correttezza formale e sintattica dei file `/etc/passwd` e `/etc/group`, si verificano con i comandi:

```
]# pwck
]# grpck
```

3.3 I processi

I processi sono entità logiche costituite da un programma in esecuzione che coinvolge risorse fisiche e virtuali (CPU, RAM, filesystem, file, etc.). Ogni processo è identificato da un PID (*Program IDentifier*), cioè un numero intero che lo identifica, e un PPID (Parent PID), sempre un numero intero che identifica il processo "genitore".

Il kernel è il genitore di tutti i processi ed è identificato con il numero 0; segue il processo *init*, identificato con il numero 1 e quindi tutti i processi lanciati da *init*. Quindi tra i processi esiste un rapporto gerarchico di tipo padre (PPID) e figlio (PID). Ad esempio, quando un utente si collega al sistema viene attivato il processo di *shell:* tutti i processi attivati dall'utente avranno come numero di PPID il PID del processo di *shell.*

Per visualizzare i processi del sistema il comando è:

```
]# ps -eafw
```

che produce un output come questo:

```
UID         PID  PPID  C STIME TTY        TIME CMD
root          1     0  0 Oct12 ?      00:00:04 init

...
root         72     1  0 Oct12 ?      00:00:00 [khubd]
root       1565     1  0 Oct12 ?      00:00:00 [eth1]
root       1612     1  0 Oct12 ?      00:00:00 syslogd -m 0
root       1616     1  0 Oct12 ?      00:00:00 klogd -x
rpc        1642     1  0 Oct12 ?      00:00:00 portmap
rpcuser    1661     1  0 Oct12 ?      00:00:00 rpc.statd
root       1765     1  0 Oct12 ?      00:00:00 /usr/sbin/sshd
root       1863     1  0 Oct12 ?      00:00:00 crond
xfs        1995     1  0 Oct12 ?      00:00:00 xfs -droppriv -daemon
root       2004     1  0 Oct12 ?      00:00:00 smbd -D
root       2008     1  0 Oct12 ?      00:00:00 nmbd -D
root       2009  2008  0 Oct12 ?      00:00:00 nmbd -D
daemon     2027     1  0 Oct12 ?      00:00:00 /usr/sbin/atd
root       2041     1  0 Oct12 tty2   00:00:00 /sbin/mingetty tty2
...
root       2045     1  0 Oct12 tty6   00:00:00 /sbin/mingetty tty6
root       2386     1  0 Oct12 ?      00:00:00 cupsd
root       2724     1  0 Oct12 ?      00:00:00 login -- root
root       2725  2724  0 Oct12 tty1   00:00:00 -bash
```

Esaminiamo i significati di ciascuna colonna:

UID è l'*User IDentifier* ovvero il nome dell'utente proprietario del processo;
PID è il numero del processo;
PPID è il numero del processo genitore;
C indica l'utilizzo della CPU;
STIME indica l'istante di avvio del processo;
TTY indica il terminale da cui è stato dato il comando di avvio del processo;
TIME indica il tempo di CPU utilizzato;
CMD indica il comando inviato al sistema.

I processi non sono automaticamente candidati ad ottenere la risorsa CPU e li possiamo ritrovare in uno dei seguenti stati:

Runnable, pronti per essere eseguiti non appena la CPU è disponibile;
Sleeping, in attesa di qualche evento specifico;
Zombie, in attesa di terminare;
Stopped, la sua esecuzione è bloccata.

Per interagire con i processi si utilizzano i segnali, cioè delle richieste di *interrupt*. Ne esistono circa trenta tipi diversi ma i più usati sono:

- quelli inviati da terminale per interrompere o sospendere i processi rispettivamente con la combinazione di tasti *[Ctrl]+[c]* e *[Ctrl]+[z]* subito dopo l'invio del comando;
- quelli inviati mediante il comando *kill* ovvero

```
]# kill -1 n
```

e

```
]# kill -9 n
```

rispettivamente per costringere il processo avente PID *n* a ricaricare la configurazione o per terminarlo definitivamente in maniera distruttiva.

Un'altra modalità di controllo dei processi in esecuzione e delle risorse in utilizzo da parte del sistema è offerta dal comando:

```
]# top
```

```
101 processes: 98 sleeping, 3 running, 0 zombie, 0 stopped
CPU states: 9,3% user, 7,9% system, 0,0% nice, 82,7% idle
Mem: 512636K av, 472548K used, 40088K free, 0K shrd, 31488K buff
Swap: 703976K av, 5416K used, 698560K free 265348K cached

PID    USER PRI NI SIZE  RSS  SHARE STAT %CPU %MEM TIME COMMAND
7762   root 17 -1 66704 16M  2048  R     8,7  3,3 5:49 X
7972   root 15  0 13988 13M  11668 R     5,8  2,7 0:27 kdeinit
10849  root 19  0 1044  1044 776   R     2,1  0,2 0:00 top
8194   root 9   0 62352 60M  41152 S     0,7 12,1 7:48 soffice.bin
1      root 8   0 128   92   76    S     0,0  0,0 0:04 init
2      root 9   0 0     0    0     SW    0,0  0,0 0:00 keventd
```

Il comando *top* mostra una serie di informazioni riguardanti l'uso del processore, della memoria RAM, dello spazio *swap*, in genere, di tutte le risorse utilizzate, oltre a una lista di processi attivi al momento. Tali informazioni vengono di norma rinnovate ogni dieci secondi. Si rimanda al manuale on-line da consultare tramite il comando:

```
]# man top
```

top accetta una serie di comandi interattivi, alcuni dei quali verranno trattati brevemente in seguito:

- per vedere i processi lanciati da un utente specifico, digitare *[u]* seguito dal nome utente;
- per eliminare un processo, digitare *[k]* seguito dal *pid*;
- per aggiornare la schermata, digitare *[Ctrl]+[l]*;
- per cambiare l'intervallo tra gli aggiornamenti, digitare *[s]* seguito dal numero di secondi;
- per cambiare la priorità di un processo (indicata dal parametro *nice*), digitare *[r]* seguito dal PID e dal valore da attribuire alla priorità, compreso tra -20 (priorità alta) e 20 (priorità bassa). L'utente generico può cambiare solo la priorità dei propri processi nell'intervallo fra 0 e 20;
- per uscire dall'applicazione digitare *[q]*.

3.4 L'editor vi

vi (Visual Interactive) è un editor di testi a caratteri ASCII (*American Standard Code for Information Interchange*) e consente la visualizzazione e la modifica dei file di testo.

Per creare un nuovo file, o modificarlo se già preesistente, bisogna dare il comando

```
]# vi nomefile
```

dove `nomefile` è il file da creare o modificare.

Per quanto concerne i movimenti del cursore sulla pagina si possono usare le frecce sulla tastiera relative a *[↑]*, *[↓]*, *[←]* e *[→]*.

Per spostarsi di una intera pagina si possono usare i tasti *[Pag ↑]* e *[Pag ↓]* oppure *[Ctrl]+[B]* e *[Ctrl]+[F]*.

vi consente tre modalità di esecuzione con relativo gruppo di comandi:

- *inserimento*, alla quale si accede premendo uno dei tasti descritti in Tabella 3.1 e dalla quale si esce con il tasto *[Esc]*;
- *generali*, descritti in Tabella 3.2
- *ultima riga*, alla quale si accede premendo il tasto *[Esc]* seguito dal carattere *[:]*; i comandi sono descritti in Tabella 3.3

Tabella 3.1 – Comandi per l'inserimento di testo

comando	consente l'inserimento
i	a partire dal cursore
a	alla destra del cursore
o	sulla riga sotto il cursore
I	a inizio riga
A	a fine riga
O	sulla riga sopra il cursore

Tabella 3.2. – Comandi generali

comando	azione
dd	Elimina l'intera riga dove è posizionato il cursore
dw	Elimina la parola dove è posizionato il cursore
yy	copia in buffer l'intera riga dove è posizionato il cursore
yw	copia in buffer la parola dove è posizionato il cursore
3dd	Elimina 3 righe a partire da dove è posizionato il cursore
3yy	copia in buffer 3 righe a partire da dove è posizionato il cursore
p	inserisce il contenuto del buffer (righe eliminate o copiate) nella riga sotto il cursore
P	inserisce il contenuto del buffer (righe eliminate o copiate) nella riga sopra il cursore
r	consente la sostituzione di un carattere con un altro
cw	posizionando il cursore all'inizio della parola ne consente la sostituzione
c$	sostituisce il resto della linea a partire dal cursore
x	cancella caratteri in avanti
X	cancella caratteri all'indietro
u	"undo", annulla il comando/i precedente/i
$	sposta il cursore a fine linea
h	sposta il cursore al carattere precedente
j	sposta il cursore alla linea successiva
k	sposta il cursore alla linea precedente
l	sposta il cursore al carattere successivo

Tabella 3.3 – Comandi ultima riga

comando	azione
:/stringa	cerca le occorrenze di *stringa* all'interno del file
n	cerca *stringa* successiva all'interno del file
N	cerca *stringa* precedente all'interno del file
:$	va alla fine del file
:34	va alla 34-esima riga del file
:%s/max/tax/g	sostituisce la stringa *max* con la stringa *tax* su tutto il file
:u	u sta per *undo* e annulla il comando precedente
:w [nomefile]	scrive il file corrente (se viene specificato *[nome]* verrà salvato con quel nome)
:e [nomefile]	consente di aprire un altro file per copiarne parti di testo
:e #	per ritornare al file di origine (dopo il comando :e)
:q	consente l'uscita dalla modalità di editing se non sono state fatte modifiche al file
:q!	consente l'uscita dalla modalità di editing anche se sono state fatte modifiche al file senza salvarlo
:x	consente l'uscita dalla modalità di editing salvando le modifiche fatte al file; lo stesso risultato si ottiene con *ZZ*
ZZ	analogo a sopra

Bisogna sempre fare attenzione al "blocco maiuscole" che altera il funzionamento in modalità generali.

Come esercizio sull'utilizzo di *vi*, si propone di controllare il file */etc/hosts*. Con il comando:

```
]# vi /etc/hosts
```

si accede al file in argomento. Può capitare che, durante l'installazione, i dati relativi all'indirizzo IP ed al nome del sistema vengano posti tutti su una sola riga, come nel caso riportato di seguito (il carattere *[#]* a inizio riga, tipicamente in quasi tutti i file di configurazione e di scripting, indica un commento):

```
# Do not remove the following line, or various
# programs that require network functionality
# will fail.
127.0.0.1 localhost.localdomain localhost \
serverlocale.proflinux.net serverlocale
```

Da ciò dipendono eventuali problemi di malfunzionamento del sistema e quindi si suggerisce di riportarlo nella seguente forma:

```
# Do not remove the following line, or various
# programs that require network functionality
# will fail.
127.0.0.1 localhost.localdomain localhost
172.16.1.3 serverlocale.proflinux.net serverlocale
```

3.5 Gestione dei daemon di sistema

La parola *daemon* è stata utilizzata la prima volta negli anni '60 da Mick Bailey del MIT (Massachusset Institute of Technologies). Come riportato dall'Oxford English Dictionary, il termine indica uno "spirito servitore". Un daemon è, infatti, un processo di sistema che svolge delle funzioni specifiche.

Quando il sistema si avvia, vengono attivati tutti i daemon relativi al *runlevel* (tipicamente 3 o 5) indicato nel file `/etc/inittab`.

Il comando per verificare lo stato dei servizi all'avvio nei vari *runlevel* è:

```
]# chkconfig --list | more
```

Nella directory `/etc/init.d` sono memorizzati gli script dei daemon installati sul sistema:

`/etc/init.d/named` è lo script relativo al daemon relativo al DNS;
`/etc/init.d/httpd` è lo script relativo al daemon relativo al web server;
`/etc/init.d/sendmail` è lo script relativo al daemon relativo a SMTP;
....

e così via.

Affinché i suindicati daemon siano attivi ad ogni riavvio del sistema, sia in modalità testuale *(runlevel 3)* che grafica *(runlevel 5),* occorre dare i comandi:

```
]# chkconfig --level 35 named on
]# chkconfig --level 35 httpd on
]# chkconfig --level 35 sendmail on
```

Se invece si vogliono attivare solo nell'ambito del *runlevel* definito in `/etc/inittab,` i comandi sono:

```
]# chkconfig named on
]# chkconfig httpd on
]# chkconfig sendmail on
```

Affinché i servizi non siano attivi all'avvio occorre sostituire *on* con *off.*
Analogamente al comando *chkconfig* si può utilizzare l'utility *setup,* un tool testuale dove si possono impostare diversi parametri di sistema (configurazione di rete, del layout della tastiera, etc.). Nel nostro caso, la successione di comandi deve essere la seguente:

```
]# setup
```

selezionare con i tasti *[↑], [↓]* e con il tasto *[Tab]* la sezione *system services*; con la *barra spaziatrice* selezionare o deselezionare i servizi che rispettivamente si vogliono attivare o disattivare al prossimo riavvio.

Quanto sopra esposto è relativo all'attivazione dei demon all'avvio del sistema. Volendoli gestire *on-the-fly*, riportiamo un esempio facendo riferimento ad un generico script fittizio `/etc/init.d/xyz_daemon` relativo al daemon per l'espletamento del servizio *xyz*; per attivarlo, fermarlo, riavviarlo, controllarne lo status e ricaricarne la configurazione occorre dare rispettivamente i comandi:

```
]# /etc/init.d/xyz_daemon start
]# /etc/init.d/xyz_daemon stop
]# /etc/init.d/xyz_daemon restart
]# /etc/init.d/xyz_daemon status
]# /etc/init.d/xyz_daemon reload
```

Gli stessi comandi sopra elencati si possono dare nella seguente forma:

```
]# service xyz_daemon start
]# service xyz_daemon stop
]# service xyz_daemon restart
]# service xyz_daemon status
]# service xyz_daemon reload
```

Tipicamente si utilizza la prima modalità quando si ricorda parzialmente il nome del servizio e ci si aiuta con il tasto *[Tab]* per completare il comando, come si vedrà successivamente nel capitolo 6.

3.6 Configurazione del boot loader *GRUB*

Esaminiamo il file di configurazione `/boot/grub/grub.conf` riportando i commenti per ogni direttiva e tenendo presente che *GRUB* comincia a contare da 0; `default=0` significa quindi che il sistema operativo abilitato alla partenza di default è il primo della lista, `(hd0,1)` fa riferimento al primo disco (*/dev/hda*) ed alla seconda partizione (*/dev/hda2*) e così via:

```
# Sistema predefinito per l'avvio (Linux)
default=0

# Tempo di attesa in secondi prima di avviare
# il sistema predefinito
timeout=10

# Immagine di avvio
splashimage=(hd0,1)/grub/splash.xpm.gz

# Titolo visualizzato nella schermata di GRUB
title Red Hat Linux (2.4.20-8)

# Posizione della radice dell'albero della directory
#(seconda partizione del primo hard disk)
root (hd0,1)

# Percorso del kernel
kernel /boot/vmlinuz-2.4.20-8 ro root=/dev/hda2

# Percorso dell'immagine di initrd
initrd /boot/initrd-2.4.20-8.img

# se si ha un'altra distribuzione di Linux su altre partizioni,
# copiare le linee da "title" a "initrd" impostando i parametri
# corretti.

# Titolo del secondo sistema operativo
title Windows 98 e XP

# Non viene verificata la radice dell'albero
# della directory
# Il S.O. si trova nella prima partizione
# del primo disco
rootnoverify (hd0,0)

# Necessario per il boot di Windows
chainloader +1
```

GRUB utilizza l'MBR del primo disco e, nel caso sopra indicato, abbiamo fatto riferimento ad una installazione dove è presente anche uno o più sistemi operativi Microsoft Windows.

Se si dovesse smarrire la password dell'utente *root*, è possibile avviare il server in modalità *single user* e poi lanciare il comando *passwd*.

La procedura è la seguente: all'avvio, mentre *GRUB* evidenzia il comando di booting relativo a Linux, digitare *[a]* e scrivere *single*, quindi digitare *[invio]*. Quindi, non appena viene visualizzato il prompt dei comandi *sh-2.05b#* digitare il comando:

```
sh-2.05b# passwd
```

per cambiare la password dell'utente *root*.

Infine, per avviare il server in modalità testuale (*runlevel 3*):

```
sh-2.05b# init 3
```

oppure, per avviarlo in modalità grafica (*runlevel 5*):

```
sh-2.05b# init 5
```

Per forzare la richiesta della password anche in modalità *single user* è necessario inserire nel file `/etc/inittab` subito dopo l'indicazione del *runlevel*:

```
~~:S:wait:/sbin/sulogin
```

Inoltre, sempre nell'ambito dello stesso file, sarebbe opportuno commentare il rigo

```
# ca::ctrlaltdel:/sbin/shutdown -t3 -r now
```

per evitare che, con la combinazione di tasti *[Ctrl]+[Alt]+[Canc]*, il sistema possa essere riavviato involontariamente.

È buona norma, in ogni caso, creare un dischetto di avvio del sistema con il comando:

```
]# mkbootdisk --device /dev/fd0 `uname -r`
```

È inoltre importante fare una copia del MBR sulla partizione con i comandi:

```
]# dd if=/dev/hda of=bootsector.bin bs=512 count=1
```
o
```
]# dd if=/dev/sda of=bootsector.bin bs=512 count=1
```

rispettivamente se si dispone di hard disk EIDE o SCSI, oppure su floppy disk con il comando:

```
]# dd if=/dev/sda of=/dev/fd0 bs=512 count=1
```

Per il ripristino del MBR da hard disk EIDE (è evidente la differenza se SCSI) il comando è:

```
]# dd if=bootsector.bin of=/dev/hda
```

mentre da floppy disk è:

```
]# dd if=/dev/fd0 of=/dev/hda bs=512 count=1
```

3.7 Conclusioni

In questo capitolo si è analizzato cosa sono i processi ed i daemon, come si attivano all'avvio e come si gestiscono. Si è visto, inoltre, come accedere al sistema come utente *root* e come modificare i file */etc/hosts* ed */etc/inittab* per assicurarne un corretto funzionamento. Sono state descritte le modalità per aggiungere al sistema nuovi utenti e i file e comandi che intervengono in tale operazione. Infine è stato descritto il file di configurazione del boot loader *GRUB*. Nel prossimo capitolo verrà esaminato il filesystem di Linux.

4 Il filesystem

Un filesystem, in generale, si occupa della organizzazione dei dati sui supporti fisici di memorizzazione e precisamente:

- consente l'assegnazione di nomi ai file e li archivia in una gerarchia di directory;
- individua un file o una directory sul supporto fisico;
- adatta il modello logico dei dati al supporto fisico;
- ripristina i dati in seguito ad un crash di sistema (filesystem di tipo *journaled*)

In questo capitolo tratteremo l'organizzazione di file e directory, e come gestirne i permessi di accesso. La formattazione delle partizioni, ove non si è specificato altro, è fatta in ext3, journaled filesystem di default di Red Hat Linux 9. La funzionalità journaled consente, in caso di recovery, l'esame e il ripristino dei soli file "aperti" al momento del crash.

4.1 Organizzazione dei file

Esiste uno standard denominato *FHS* (*Filesystem Hierarchy Standard*) che descrive la disposizione dei file e delle directory su sistemi di tipo UNIX-like. Il filesystem ricalca una rappresentazione ad albero la cui origine è la directory radice (in inglese, *root directory*), cui ci si riferisce con il simbolo /, e continua verso il basso con un numero arbitrario di sottodirectory. Si riporta in Fig. 4.1 la rappresentazione del filesystem di Linux per la distribuzione trattata.

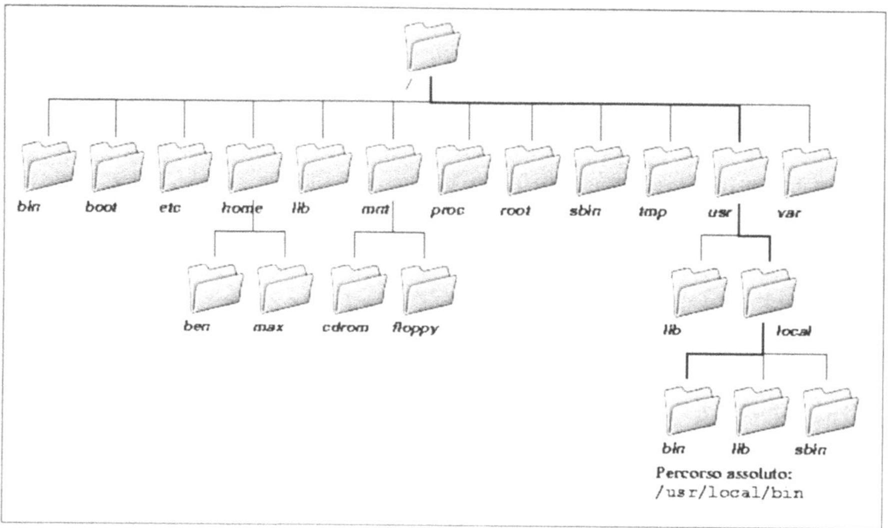

Fig. 4.1 – Struttura ad albero della directory

Di seguito, sono elencate le directory standard di Linux e descritto brevemente il loro contenuto:

/bin   eseguibili necessari all'avvio del sistema ed accessibili agli utenti;

/boot   kernel e file di configurazione di GRUB;

/dev   file necessari per accedere ai dispositivi (dischi, stampanti, modem etc.), cioè i puntatori ai componenti hardware ed alle periferiche di sistema che ne consentono il controllo da parte delle applicazioni;

/etc   file di configurazione;

/home   le directory accessibili dagli utenti. Ogni utente può disporre di una propria directory ed accedervi in lettura e scrittura, senza interferire con gli altri utenti presenti nello stesso sistema;

/lib   librerie di sistema e moduli del kernel;

/mnt   mountpoint ai filesystem, cioè directory vuote utilizzate per accedere come *punto di montaggio* ad altri filesystem;

/proc   è un filesystem virtuale non allocato sul disco. Viene utilizzato per ottenere informazioni sullo stato del sistema e per interagire direttamente con il kernel. Cambiando il contenuto di alcuni file posti in */proc* o in sue sottodirectory, è possibile modificare al volo la configurazione del sistema, processi inclusi;

/root   è la home directory dell'utente *root*;

/sbin   eseguibili necessari per l'avvio del sistema non accessibili agli utenti;

/tftpboot   configurazioni e sistemi operativi di router e switch trasferibili utilizzando il protocollo *TFTP* (*Trivial File Transfer Protocol*);

/tmp   file temporanei. Il contenuto di questa directory è cancellato ad ogni riavvio del sistema;

/usr   programmi, documentazione e librerie. Al suo interno esistono ulteriori gerarchie:

> **/usr/X11R6**   sistema grafico X Window.
>
> **/usr/bin**   eseguibili non necessari al sistema ed accessibili dagli utenti.
>
> **/usr/games**   giochi e programmi educativi;
>
> **/usr/include**   file header necessari per la compilazione di applicazioni;
>
> **/usr/lib**   librerie utente;
>
> **/usr/local**   gerarchia "locale" dove installare i programmi compilati localmente; al suo interno si trovano ulteriori directory `bin`, `sbin`, `lib`, `include`;
>
> **/usr/sbin**   programmi destinati all'utente *root* non necessari al sistema;
>
> **/usr/share**   dati indipendenti dall'architettura hardware, tipicamente documentazione sul software installato;
>
> **/usr/src**   sorgenti degli applicativi da compilare.

/var   dati eterogenei per tipologia e dimensione (code di stampa, posta degli utenti, log etc.); va opportunamente dimensionata.

Si può fare riferimento ad un file o ad una directory descrivendone il *path* assoluto, cioè fornendo una rappresentazione della posizione a partire dalla directory radice (/). Se si vuole fare riferimento alla directory `root`, quale home directory dell'utente *root* il suo *path* assoluto è `/root`; se al suo interno viene creata una directory chiamata `docs`, il path assoluto è `/root/docs`. Analogamente, il file di nome `file1` all'interno della directory `docs` viene individuato dal *path* assoluto `/root/docs/file1`.

Il filesystem non prevede limitazioni di nidificazione, ma un nome di file non può superare i 255 caratteri, mentre il *path* assoluto non può superare i 1023 caratteri.

Per ottenere un elenco delle partizioni con i relativi filesystem montati e il loro utilizzo in termini di capacità, il comando è:

```
]# df -h
Filesystem          Dimens. Usati Disp. Uso% Montato su
/dev/hda2             14G    13G   208M  99%  /
none                 283M     0    283M   0%  /dev/shm
/dev/hda1            100M    50M    50M   50%  /boot
/dev/hda6             14G    13G   208M  99%  /home
```

dove `/dev/shm` fa riferimento alla metà della *RAM* disponibile sul sistema e comunque le informazioni sono ottenute dal file `/etc/fstab`

```
none        /dev/shm tmpfs defaults                     0 0
/dev/hda2   /        ext3  defaults                     1 1
/dev/hda1   /boot    ext3  defaults                     1 2
/dev/hda6   /home    ext3  defaults,usrquota,grpquota   1 2
```

i numeri al quinto e sesto campo determinano rispettivamente il coinvolgimento (1) o meno (0) del comando *dump* nel fare il *backup* e la successione della verifica del filesystem all'avvio (1 è la prima partizione verificata 2 le altre partizioni).
Per conoscere lo spazio disco occupato da una singola directory, il comando è:

```
]# du -sh directory
```

Infine, per conoscere la dimensione dei singoli file e sottodirectory:

```
]# du -sh *
```

e metterli in ordine di dimensione

```
]# du -sh * | sort -rn
```

e selezionarne solo solo quelli con capacità in Mbyte

```
]# du -sh * | sort -rn | grep M
```

4.2 Partizionare un disco usando *fdisk*

Supponendo di aver installato nel sistema un nuovo hard disk, ad esempio */dev/hdb*, per creare le partizioni, occorre digitare il comando:

```
]# fdisk /dev/hdb
```

Per visualizzare eventuali partizioni esistenti, bisogna digitare il tasto *[p]*, mentre per creare una nuova partizione bisogna digitare *[n]*.

Il programma chiede il tipo di partizione da creare, se primaria o logica, ed il numero da assegnare alla partizione; se non esistono altre partizioni si può assegnare il numero 1, altrimenti bisogna usare il primo numero disponibile.

Bisogna poi impostare il numero del cilindro di inizio (di default viene proposto il primo cilindro libero) ed il numero del cilindro di fine della partizione (di default viene proposto l'ultimo cilindro libero disponibile). Se si vogliono accettare i valori proposti dal programma basta digitare *[Invio]*. Per personalizzare le dimensioni occorre:

impostare un numero diverso per i cilindri di inizio e fine partizione oppure, una volta definito il cilindro di inizio, stabilire la dimensione della partizione digitando *+xxxM*, dove *xxx* è il numero in MB che si vuole usare come capacità per la partizione.

La partizione creata di default è di tipo *linux native*, identificata con il numero esadecimale *83*; la partizione di tipo *linux swap* ha numero *82*; una partizione *FAT* ha numero *6*; una partizione *FAT32* ha numero *B*; una partizione estesa può avere codice *5* o *F*. Le partizioni logiche create all'interno della partizione estesa saranno visibili dai sistemi operativi Windows, solo in quest'ultimo caso.

Per cambiare il tipo di filesystem si deve digitare *[t]* seguito dal numero della partizione ed infine dal codice esadecimale del filesystem desiderato. Per visualizzare l'elenco dei filesystem supportati bisogna digitare *[l]* ed inserire il codice del tipo desiderato. Per visualizzare le partizioni definite, premere il tasto *[p]*.

Per cancellare una partizione premere il tasto *[d]* seguito dal numero della partizione da eliminare.

Una volta create tutte le partizioni desiderate, per salvare i cambiamenti usare il tasto *[w]*, altrimenti *[q]*.

4.3 Creazione di filesystem ext3, FAT32 e swap

Considerando di avere partizionato il disco */dev/hdb* in */dev/hdb1* per ospitare il filesystem ext3, */dev/hdb2* per ospitare il filesystem FAT32 e */dev/hdb3* per estendere l'attuale area di *swap* procediamo nel relativo ordine.
Nel primo caso, per creare un filesystem di tipo ext3 il comando è:

```
]# mkfs -t ext3 /dev/hdb1
```

Se si omette "*-t ext3*" viene invece creato per default un filesystem di tipo *ext2* che non è di tipo journaled.
Per creare un filesystem di tipo *FAT32* bisogna specificare, oltre al tipo di filesystem, anche la dimensione della FAT, come nell'esempio seguente:

```
]# mkfs -t vfat -F 32 /dev/hdb2
```

Se viene omessa l'opzione *-F* il comando cercherà di creare un filesystem di tipo *FAT12* o *FAT16*.
Se infine si vuole creare una ulteriore partizione di *swap* è possibile farlo con il comando:

```
]# mkswap /dev/hdb3
]# swapon /dev/hdb3
```

Supponendo che */dev/hda2* sia la partizione di *swap* preesistente, volendola utilizzare insieme alla partizione di *swap* appena creata il comando è:

```
]# swapon /dev/hda2 /dev/hdb3
```

In questo modo il sistema utilizzerà prima l'area di *swap* in */dev/hda2* e, quando questa sarà piena, l'area di *swap* continuerà su */dev/hdb3*.
Se invece si vuole utilizzare lo *swap* su file, è necessario dapprima creare il file con il comando:

```
]# dd if=/dev/zero of=swapfile bs=1024 count=8192
```

in questo esempio viene creato un file da 8 MB con block size da 1024 byte.
Una volta creato il file si può impostare lo *swap* con i comandi:

```
]# mkswap swapfile 8192
]# sync
]# swapon swapfile
```

Si noti che lo *swap* su file è più lento di quello su partizione dedicata.

4.4 Montaggio di filesystem

Ogni filesystem, sia esso su partizioni che su dispositivi come CD-ROM, pen drive, etc., per poter essere utilizzato deve prima essere *"montato"*, ossia occorre collegarlo all'albero del filesystem in un preciso *mountpoint* (Fig. 4.2). Il *mountpoint* è una directory vuota predisposta allo scopo.

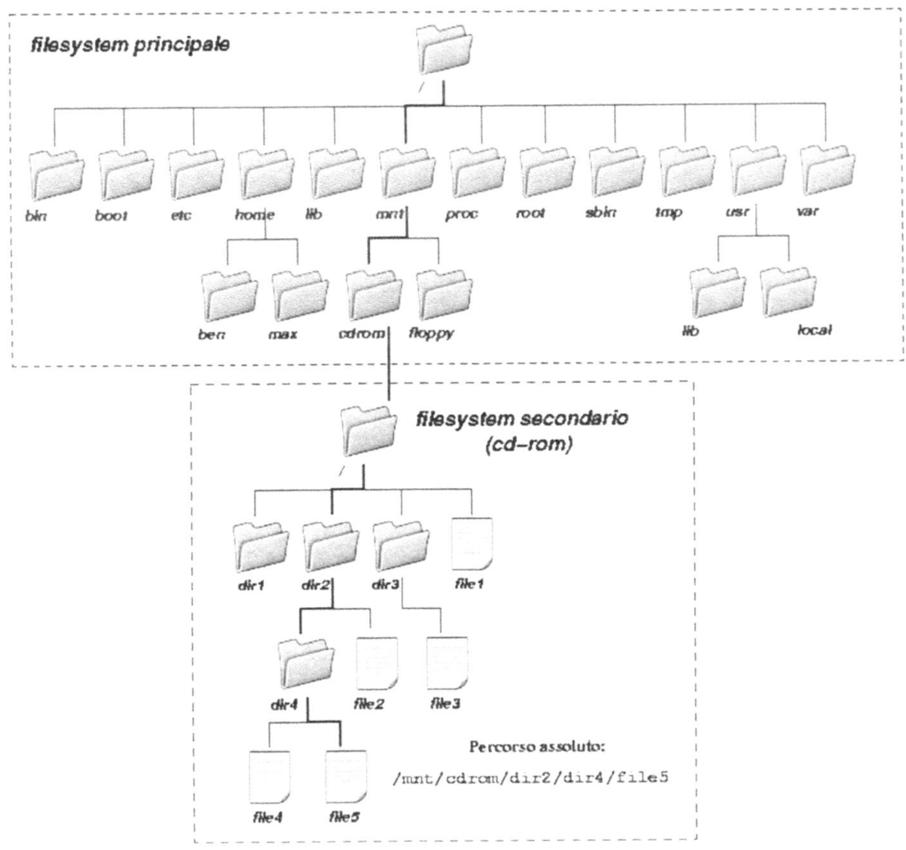

Fig. 4.2 – Esempio di montaggio di un filesystem

Relativamente ai filesystem del paragrafo precedente (ext3 per la partizione `/dev/hdb1` e FAT32 per la partizione `/dev/hdb2`) per poterli montare creiamo dapprima i *mountpoint* con

```
]# mkdir /mnt/disk2_linux
]# mkdir /mnt/disk2_windows
```

poi montiamo le partizioni in *ext3* e *FAT32* rispettivamente con

```
]# mount /dev/hdb1 /mnt/disk2_linux
]# mount /dev/hdb2 /mnt/disk2_windows
```

Per montare il CD-ROM e il floppy disk:

```
]# mount /dev/cdrom /mnt/cdrom
]# mount /dev/fd0 /mnt/floppy
```

Per visualizzare i filesystem montati il comando è

```
]# mount
/dev/hda3 on / type ext3 (rw)
none on /proc type proc (rw)
/dev/hdb1 on /mnt/disk2_linux type ext3 (rw)
/dev/hdb2 on /mnt/disk2_windows type vfat (rw)
/dev/cdrom on /mnt/cdrom type iso9660 (ro)
/dev/fd0 on /mnt/floppy type vfat (rw)
```

Al termine dell'utilizzo, si ritorna sulla propria home directory (per non trovarsi sulle directory montate) e si smontano le periferiche con i comandi:

```
]# cd
]# umount /dev/hdb1
]# umount /dev/hdb2
]# umount /dev/cdrom
]# umount /dev/fd0
```

Per il CD-ROM, è possibile smontarlo ed espellerlo con

```
]# eject
```

Linux consente anche il montaggio di file immagine di tipo ISO9660 (CD-ROM) e di renderli fruibili come un dispositivo fisico. Ipotizzando di disporre di un qualsivoglia CD-ROM, creiamone il file immagine */path/file.iso* con il comando (il CD-ROM può anche non essere montato):

```
]# dd if=/dev/cdrom of=/path/file.iso
```

Creiamo poi il *mountpoint*

```
]# mkdir /mnt/image
```

e dopo montiamo il file immagine sul *mountpoint*

```
]# mount -o loop /path/file.iso /mnt/image
```

A questo punto vi si può accedere come se fosse un dispositivo fisico in sola lettura (come un CD- ROM a tutti gli effetti).

Questo può tornare molto utile quando si vuole implementare un *file server* (*ftp server, smb server, etc.*) e si vuole ottimizzare lo spazio disco: il file immagine, pur essendo disponibile per la masterizzazione, risulta accessibile come una comune directory.

Se si vuole che le suindicate partizioni debbano essere montate e disponibili ad ogni avvio del sistema, occorre inserire nel file */etc/fstab* le seguenti direttive:

```
/dev/hdb1            /mnt/disk2_linux    ext3      defaults 0 0
/dev/hdb2            /mnt/disk2_windows  vfat      defaults 0 0
/path/file.iso       /mnt/image          iso9660   auto,ro,loop 0 0
```

Per il montaggio dell'immagine ISO al riavvio avremmo potuto scegliere di inserire il comando relativo nel file */etc/rc.local*:

```
mount -o loop /path/file.iso /mnt/image &
```

dove il carattere *[&]* consente di lanciare il comando in *background* e non attende l'esito dell'esecuzione. Per creare l'immagine ISO di una directory presistente */path/prova*, è sufficiente digitare il comando:

```
]# mkisofs -r -l -o file.iso /path/prova
```

4.5 Attivazione delle quote *disco*

La gestione delle *quote disco* è utile per regolarizzare la fruizione dello spazio disco assegnato agli utenti per evitare che, solo alcuni, possano utilizzarlo a scapito di altri. Ad esempio, avendo a disposizione una sola partizione montata come radice (/), potrebbe accadere che qualche utente monopolizzi lo spazio disco disponibile con la conseguente instabilità del sistema. Per gestire correttamente tale evenienza occorre anzitutto che la directory `/home` stia su una partizione separata da / ed attivare le *quote disco*: attraverso la limitazione del numero di file oppure in termini di numero di blocchi da 1 KByte. Usando la prima modalità verrebbe imposto all'utente un numero massimo di file, indipendentemente dalla loro dimensione, oltre il quale non sarebbe più consentita la memorizzazione su disco; questa modalità non sempre è efficace in quanto un utente potrebbe avere pochi file di grandi dimensioni e di fatto saturare il disco oppure tanti piccoli file ed essere obbligato a cancellarne alcuni anche se in realtà non occupano molto spazio. Negli esempi che seguono prenderemo in considerazione la limitazione in termini di blocchi da 1 KByte: i programmi che intervengono sono *quotaon*, *quotaoff*, *edquota*, *quota*, *repquota*, e *quotacheck*.

Il primo passo consiste nello specificare, nel file `/etc/fstab`, quali filesystem devono adottare le quote per utenti e gruppi. A tal proposito inseriamo nel campo *opzioni* la voce *usrquota* o *grpquota* per la directory `/home`:

```
/dev/hda2    /        ext3    defaults                       1 1
/dev/hda1    /boot    ext3    defaults                       1 2
/dev/hda6    /home    ext3    defaults,usrquota,grpquota     1 2
```

Dopo creiamo i file `aquota.user` e `aquota.group` nella radice del filesystem in questione:

```
]# cd /home
]# touch aquota.user aquota.group
]# chmod 600 aquota.*
```

e lanciamo quindi il programma

```
]# /sbin/quotacheck -avugm
```

dove:
- *-a* controlla tutti i filesystem con le quote attive;
- *-v* fornisce dettagli sulle operazioni in esecuzione (*verbose*);
- *-u* controlla le quote utente;
- *-g* controlla le quote gruppo;
- *-m* rimonta il filesystem controllato.

Questo comando potrebbe essere inserito in un sistema di automazione temporizzata (*crontab)* per tenere aggiornati i dati relativi alle quote disco.

Per specificare le quote disco per i singoli utenti occorre lanciare il programma *edquota*. Questo comando permette di modificare i file `aquota.user` e `aquo-`

ta.group utilizzando l'editor *vi*. Supponendo di voler attivare le quote disco per l'utente *benvas* limitandone lo spazio disco a 30 Mbyte si procede come segue:

```
]# edquota -u benvas
```

che apre l'editor *vi* e mostra l'output seguente:

```
Disk quotas for user benvas (uid 502):
Filesystem          blocks    soft hard inodes soft hard
/dev/hdb1           6452         0    0    511    0    0
```

L'utente *benvas* occupa attualmente 6452 blocchi da 1 KByte, quindi 6,4 MByte di spazio disco e possiede 511 file.

I campi *soft* e *hard* entrano in gioco coinvolgendo o meno un *periodo di grazia* (periodo in cui l'utente può superare le limitazioni imposte dalla quota disco) per l'utente e precisamente:

-    se non si imposta alcun periodo di *grazia* il campo *hard* non è necessario e il campo *soft* indica il limite massimo a disposizione dell'utente:

```
Disk quotas for user benvas (uid 502):
Filesystem blocks soft     hard   inodes soft hard
/dev/hda6   6452 30000        0      511    0    0
```

-    se si imposta un periodo di *grazia* pari a 7 giorni con il comando:

```
]# edquota -t
Grace period before enforcing soft limits for users:
Time units may be: days, hours, minutes, or seconds
Filesystem Block grace period Inode grace period
/dev/hda6          7days                7days
```

il campo *hard* è necessario e quindi:

```
]# edquota -u benvas
Disk quotas for user benvas (uid 500):
Filesystem blocks soft     hard   inodes soft hard
/dev/hda6   6452 28000    30000      511    0    0
```

È possibile attivare le quote per gruppi di afferenza di utenti con:

```
]# edquota -g gruppo
```

e in questo caso i ragionamenti fatti in precedenza varranno per il gruppo di afferenza piuttosto che per il singolo utente. In questo caso però un singolo utente afferente al gruppo potrebbe occupare tutto lo spazio a disposizione.

È possibile applicare i criteri stabiliti per un utente (*benvas*) a una serie o a tutti gli utenti; ad esempio con il comando:

```
]# edquota -up benvas maxtar marsaj lorpuc
```

si applicano agli account *maxtar*, *marsaj* e *lorpuc* i criteri stabiliti per *benvas*; l'estensione a tutti gli account del sistema si ottiene con:

```
]# edquota -p benvas `awk -F: '$3 > 499 {print $1}' \
/etc/passwd`
```

che applica i criteri stabiliti per l'utente *benvas* a tutti gli account con numero identificativo di utente (*UID*) superiore a 499. Questo comando potrebbe essere inserito in un sistema di automazione temporizzata (*crontab*) in modo da applicare i criteri di quota disco ad eventuali nuovi utenti.

Per ottenere rapporti riguardanti lo spazio disco utilizzato:

```
]# repquota -a
```

che mostra un output simile al seguente:

```
*** Report for user quotas on device /dev/hda6
Block grace time: 7days; Inode grace time: 7days
Block limits File limits
User used soft hard grace used soft hard grace
---------------------------------------------------------
root      --     56    0      0           9    0          0
benvas    --   6452 28000  30000        511    0          0
maxtar    --   3412 28000  30000        415    0          0
marsaj    --     64 28000  30000         15    0          0
lorpuc    --     64 28000  30000         15    0          0
```

4.6 Permessi sui file

Un sistema multiutente necessita di una soluzione per la protezione dei file e per garantire la sicurezza e la privacy delle attività degli utenti così come quella del sistema stesso.

Analizziamo il contenuto di una directory con il comando:

```
]# ls -la
```

```
drwxr-x---   17 root  root  4096 Nov 23 02:43 .
drwxr-xr-x   21 root  root  4096 Nov 23 00:07 ..
drwxr-xr-x    2 root  root  4096 Nov 14 00:13 cartella
-rw-r--r--    2 root  root     0 Nov 14 00:10 nomefile
lrwxrwxrwx    1 root  root     4 Nov 23 01:55 link -> nomefile
```

Sulla prima colonna vengono visualizzati i permessi su file e directory espressi da dieci combinazioni di lettere e segni -. La prima lettera può variare come segue:

- **-** indica un file comune
- **d** indica una directory
- **c** indica un *character special file* (esempio: `/dev/ttyS0`)
- **p** indica un *named pipe*
- **s** indica un file *socket* (esempio: `/tmp/.zebra`)
- **l** indica un link simbolico (esempio `/etc/grub.conf`)

Le ulteriori lettere, prese a gruppi di tre, rappresentano rispettivamente i permessi del file o della directory attribuiti all'utente *(user)* ovvero al proprietario del file, al gruppo *(group)* di afferenza dell'utente e agli altri utenti *(others)* ovvero al resto degli utenti. Per chi proviene dal mondo Microsoft Windows può sembrare strano che un file, ad esempio, debba avere il permesso di di *eXecute (x)* per essere eseguito come un programma oppure che debba avere il permesso di *Write (w)* per essere modificato o *Read (r)* per essere semplicemente letto.

Per modificare i permessi su file e directory si usa il comando *chmod* (*CHange MODe*) con le combinazioni numeriche presentate nella Tabella 4.1.

Tabella 4.1 – Permessi sui file

numero ottale	numero binario	permesso	descrizione
0	000	---	Nessuna autorizzazione
1	001	--x	Esecuzione
2	010	-w-	Scrittura
3	011	-wx	Scrittura, Esecuzione
4	100	r--	Lettura
5	101	r-x	Lettura, Esecuzione
6	110	rw-	Lettura, Scrittura
7	111	rwx	Lettura, Scrittura, Esecuzione

Volendo rendere il file *nomefile* leggibile, non scrivibile ed eseguibile *(r-x, ovvero in binario 101 e in ottale 5)* solo per l'utente quindi solo per la prima terna (di conseguenza le altre terne saranno --- ovvero *000* in binario e *0* in ottale sia per il gruppo che per il resto degli utenti) si deve digitare:

```
]# chmod 500 nomefile
```

o, analogamente

```
]# chmod u+rx nomefile
```

la seconda forma può risultare più semplice da ricordare perché indica mnemonicamente l'utente *(u)* e i permessi relativi *(rx)*.

Volendo rendere il file *nomefile* leggibile, scrivibile ed eseguibile *(rwx, 111, 7)* per l'utente, il gruppo e gli altri (quindi tutti, *all*) il comando è:

```
]# chmod 777 nomefile
```

oppure

```
]# chmod ugo+rxw nomefile
```

o, anche

```
]# chmod a+rxw nomefile
```

Per visualizzare il cambiamento effettuato:

```
]# ls -l nomefile

-rwxrwxrwx 1 root root 0 Nov 14 00:39 nomefile
```

Per togliere il permesso di eseguibilità a proprietario *(rx-, 110, 6)*, gruppo *(rx-, 110, 6)* di afferenza e "resto del mondo" *(rx-, 110, 6)* la forma è la seguente:

```
]# chmod 666 nomefile
```

oppure

```
]# chmod ugo-x nomefile
```

Analogamente per la sola directory *cartella*

```
]# chmod 666 cartella
```

oppure

```
]# chmod ugo-x cartella
```

e per la directory *cartella* e per tutti i file e directory in essa contenuti (*R* sta per *recursive*):

```
]# chmod -R 666 cartella
```

oppure

```
]# chmod -R ugo-x cartella
```

Abbiamo visto che file e directory hanno sempre un proprietario (*user*) e un gruppo (*group*) di afferenza: per cambiare solo il proprietario oppure proprietario e gruppo di afferenza si usa il comando `chown` (*CHange OWNer*):

```
]# chown nuovoproprietario nomefile
]# chown nuovoproprietario.nuovogruppo nomefile
```

mentre per cambiare solo il gruppo di afferenza si usa il comando `chgrp` (*CHange GRouP*):

```
]# chgrp nuovogruppo nomefile
```

Analogamente per le sole directory ed anche per tutti i file e directory in esse contenuti (con *-R*) i comandi per la directory di nome *cartella* sono:

```
]# chown nuovoproprietario cartella
]# chown -R nuovoproprietario cartella

]# chown nuovoproprietario.nuovogruppo cartella
]# chown -R nuovoproprietario.nuovogruppo cartella
```

Per cambiare solo il gruppo di afferenza:

```
]# chgrp nuovogruppo cartella
]# chgrp -R nuovogruppo cartella
```

4.7 Modalità SUID, SGID e sticky

A ciascun file o directory è possibile assegnare un permesso speciale e precisamente: *SUID (Set User Identification)*, *SGID (Set Group ID)* e *sticky* (letteralmente *appiccicoso*).

SUID, è valida per i file di proprietà di un utente; se si imposta questa modalità ad un file eseguibile, chiunque esegue questo file ottiene gli stessi permessi dell'utente proprietario del file. Ne segue che, se l'utente proprietario del file è *root*, chiunque esegue quel file, ottiene i suoi privilegi (limitatamente all'esecuzione del file), quindi i file con questa modalità impostata potrebbero diventare un problema per la sicurezza.

Per trovare tutti i file con impostato *SUID* il comando e:

```
]# find / -perm +u+s
```

Un esempio di programma SUID è `/bin/ping`:

```
]# ls -la /bin/ping
```

```
-rwsr-xr-x    1 root      root        28628 25 gen   2003 /bin/ping
```

e si nota il carattere *s* nella prima terzina.
Se il file `/bin/ping` non fosse eseguibile si avrebbe:

```
-rwSr-xr-x    1 root      root        28628 25 gen   2003 /bin/ping
```

e si nota *S* nella prima terzina.
Per impostare la modalità *SUID* al programma `/bin/programma` che ha di per se modalità ottale *755*

```
]# chmod 4755 /bin/programma
```

oppure

```
]# chmod u+s /bin/programma
```

Per disattivarla

```
]# chmod 0755 /bin/programma
```

oppure

```
]# chmod u-s /bin/programma
```

SGID, ha le stesse funzionalità di *SUID*, applicata però al gruppo piuttosto che all'utente. Assume una funzionalità importante quando è applicata a una directory e cioè tutti i file creati dentro la directory appartengono al gruppo di afferenza della directory.

Per trovare tutti i file e le directory con impostato *SUID* il comando e:

```
]# find / -perm +g+s
```

Un esempio di directory SGID è `/var/mailman`:

```
]# ls -la /var | grep mailman
```

```
drwxrwsr-x   19 root      mailman      4096  7 ago 06:35 mailman
```

e si nota il carattere *s* nella seconda terzina.
Per impostare la modalità *SGID* alla directory `/home/cartella` che ha di per se modalità ottale *755*

```
]# chmod 2755 /home/cartella
```

oppure

```
]# chmod g+s /home/cartella
```

Per disattivarla

```
]# chmod 0755 /home/cartella
```

oppure

```
]# chmod g-s /home/cartella
```

Infine la modalità *sticky* applicata alla directory consente la cancellazione dei file solo ai legittimi proprietari.
Un esempio di directory *sticky bit* è `/tmp`:

```
]# ls -la / | grep tmp
```

```
drwxrwsrwt   19 root      root      4096  7 ago 06:35 tmp
```

e si nota il carattere *t* nella terza terzina.

Per impostare la modalità *sticky*, nel caso di `/home/cartella`, con permessi ottali *777* il comando è:

```
]# chmod 1777 /home/cartella
```

oppure

```
]# chmod o+t /home/cartella
```

Per disattivarla

```
]# chmod 0755 /home/cartella
```

oppure

```
]# chmod o-t /home/cartella
```

Si è detto che le modalità *SUID* può compromettere la sicurezza del sistema e pertanto si consiglia di trovare i file eseguibili con tali privilegi e ridurne al minimo la quantità.

Esempio pratico: gli utenti *max* e *ben* devono afferire allo stesso gruppo *amministrazione*, devono poter scrivere nella directory */home/maxbengrp* e ogni file che scrivono deve appartenere al gruppo (*SGID*) e possono cancellare solo i propri file; i comandi da dare sono i seguenti:

```
]# useradd max          (crea l'utente max)
]# useradd ben          (crea l'utente ben)
]# groupadd amministrazione   (crea il gruppo amministrazione)
]# usermod -G amministrazione max   (cambia gruppo a max)
]# usermod -G amministrazione ben   (cambia gruppo a ben)
]# mkdir /home/maxbengrp   (crea la directory /home/maxbengrp)
]# chgrp amministrazione /home/maxbengrp   (cambia gruppo)
]# chmod 770 /home/maxbengrp   (non consente ad altri di accedervi)
]# chmod g+s /home/maxbengrp   (imposta SGID)
]# chmod o+t /home/maxbengrp   (imposta sticky bit)
```

4.8 Impostazione degli attributi estesi con chattr

Oltre ai permessi esaminati finora, esiste la possibilità di impostare ulteriori attributi a file e directory attraverso il comando *chattr* (*Change ATTRibute*). Si fa presente che il segno "+" imposta l'attributo, mentre il segno "-" lo rimuove; ad esempio il comando:

```
]# chattr +a file
```

fa in modo che il file può essere aperto in scrittura solo in modalità *append* e cioè l'eventuale testo può solo essere aggiunto in coda al file; il file inoltre non può essere cancellato, nemmeno dall'utente *root*. Ovviamente, se l'utente *root* deve cancellare il file, digiterà prima il comando:

```
]# chattr -a file
```

e quindi potrà cancellarlo.
Il comando:

```
]# chattr +c file
```

fa in modo che il file venga compresso automaticamente dal kernel prima di essere scritto sul disco. Aprendo il file in lettura, i dati vengono decompressi prima di essere resi disponibili; ultimate le modifiche sul file, i dati vengono nuovamente compressi prima di essere scritti sul disco.
Il comando:

```
]# chattr +i file
```

rende il file immutabile, cioè non è possibile alterarlo, cancellaro, rinominarlo e non può essere creato alcun link allo stesso.
Con il comando:

```
]# chattr +d file
```

il file non viene considerato dal programma *dump* nelle procedure di backup.
Il comando:

```
]# chattr +u file
```

fa in modo che, quando il file viene cancellato, il suo contenuto venga salvato. In questo caso è possibile ottenerne il ripristino.
Per rendere irrecuperabile un file, il comando è:

```
]# chattr +s file
```

che, quando il file viene cancellato, ne azzera i blocchi sul disco.

4.9 Conclusioni

In questo capitolo sono stati trattati i temi relativi al filesystem di Linux, alla creazione di partizioni, alla loro formattazione e al loro montaggio permanente e on-the-fly per consentirne la gestione. È stata anche trattata la gestione di immagini ISO9660 di CD-ROM e directory create con il comando *dd* e *mkisofs*. È stato affrontato il tema sulla gestione delle quote disco e dei permessi di file e directory. Nel prossimo capitolo verranno introdotti altri comandi fondamentali di Linux.

5 Gestione di file e directory

In questo capitolo si offre una panoramica sui comandi di fondamentale importanza per spostarsi nel filesystem, individuare, copiare e rimuovere file e directory, visualizzare file e combinarli tra loro, utilizzare i caratteri jolly, etc.

La selezione è stata effettuata sulla base dei comandi e delle opzioni degli stessi più utilizzati nella gestione del sistema. Ogni comando riceve i dati dal dispositivo di standard input (*stdin*), normalmente la tastiera e ne invia i risultati al dispositivo di output (*stdout*), normalmente il video. Se si verifica un errore nella esecuzione del comando o nella sintassi del comando stesso interviene il dispositivo standard relativo agli errori (*stderr*) e, di default, appare anche in video. *stdin*, *stdout* e *stderr* possono essere reindirizzati su file (con gli operatori > e >>).

Per ulteriori informazioni sulle funzionalità e sui parametri relativi ai comandi si rimanda ai manuali in linea richiamabili con:

```
]# man comando
```

5.1 Comandi di navigazione e ricerca nel filesystem

Il comando *cd* (*change directory*) consente lo spostamento tra le directory del filesystem. Ad esempio, per spostarsi sulla directory `/usr/bin`

```
]# cd /usr/bin
```

per risalire di un livello (*/usr*):

```
]# cd ..
```

per risalire di due livelli (*/*):

```
]# cd ../..
```

per andare direttamente sulla propria home directory:

```
]# cd
```

per andare sulla home directory di *utente*

```
]# cd ~utente
```

per tornare sulla directory dove ci si trovava immediatamente prima

```
]# cd -
```

Per capire su quale directory ci si trova si usa il comando *pwd* (*Print Working Directory*):

```
]# pwd
```

Il comando *find* consente la ricerca di file e directory sul filesystem.
Ad esempio per trovare il file *file1* nell'intero filesystem / digitare:

```
]# find / -name file1
```

Il comando *find* può trovare file nell'ambito di una certa data, specificando anche un intervallo di tempo. Per esempio per trovare i programmi sotto la directory `/usr/bin` che non sono stati usati negli ultimi 100 giorni digitare

```
]# find /usr/bin -type f -atime +100
```

mentre per cercare file creati o modificati entro un giorno, nella directory `/home/ben` digitare

```
]# find /home/ben -type f -mtime -1
```

Il comando *find* accetta caratteri speciali *(wildcards)*; per esempio, si può usare *find* per trovare tutti i file con suffisso *.c* all'interno della directory `/usr` digitando

```
]# find /usr -name *.c
```

Per restringere la ricerca di *find* al filesystem corrente, ignorando eventuali partizioni removibili montate (CD-ROM, pen-drive, etc.) si utilizza anche l'opzione *–xdev*:

```
]# find /usr -name *.c -xdev
```

Inoltre può eseguire dei comandi sui file individuati nella sua ricerca; ad esempio

```
]# find /src -name *.c -exec chmod g+w {} \;
```

Il suindicato comando cerca i file con suffisso *.c* all'interno della directory `/usr` e, man mano che li trova, esegue (`-exec`) sugli stessi (`{} \;`) il comando `chmod g+w`

Il comando *whereis* mostra la locazione del file e della eventuale relativa pagina di manuale. Ad esempio il comando

```
]# whereis find
/usr/bin/find /usr/share/man/man1/find.1.gz
```

mostra che il comando *find* si trova in `/usr/bin`, mentre la pagina di manuale si trova in `/usr/share/man/man1`. Le directory di pertinenza di *whereis* sono: `/bin`, `/usr/bin`, `/usr/local/bin`, `/lib`, `/usr/lib`, `/usr/local/lib`, `/usr/man` e `/usr/local/man`.

Se *whereis* non riesce a trovare ciò che è stato richiesto ritorna una stringa nulla; ad esempio:

```
]# whereis pippo
pippo:
```

Con il comando *locate*, tramite l'utilizzo di un database di nomi di file e posizioni all'interno del filesystem, si riducono i tempi di ricerca. Per utilizzarlo occorre prima creare il database con il comando

```
]# updatedb
```

e rilanciarlo ad ogni modifica del filesystem (rinomina, cancellazione o spostamento di un file). Una volta creato o aggiornato il database, se si vuole conoscere le localizzazioni all'interno del filesystem dei i file PostScript (con suffisso *.ps*) si utilizza il comando

```
]# locate *.ps
```

5.1.1 Ottenere informazioni con man, whatis e apropos

Molti comandi e applicazioni Linux offrono un aiuto in linea se seguiti da *"?"* o da *"--help"* sulla linea di comando. Se non si conosce l'effetto di un comando si possono utilizzare *man* o *whatis*:

Ad esempio, per vedere a cosa serve *whereis* e i relativi parametri, si può usare il comando

```
]# man whereis
```

```
NAME
 whereis - locate the binary, source, and manual page files
for a command

SYNOPSIS
 whereis [ -bmsu ] [ -BMS directory...  -f ] filename ...

DESCRIPTION
 whereis locates source/binary  and  manuals
...
```

Se siamo interessati a conoscere solamente a che serve un determinato comando si può utilizzare *whatis*; così come per *locate*, occorre prima costruire o aggiornare il suo database con il comando:

```
]# makewhatis
```

Dopo, per ottenere informazioni sul tipo di oputput offerto dal comando *whereis*:

```
]# whatis whereis
```

```
whereis (1)- locate the binary, source, and manual
page files for a command
```

Quanto visto in precedenza vale per i comandi di cui si conosce il nome; ma se si vuole fare qualcosa e non si sa come si chiama il programma adatto si può fare riferimento ad *apropos*. Ad esempio, volendo trovare la localizzazione di un file e non ricordando il nome del/i comando/i preposti alla ricerca di un file, si può utilizzare:

```
]# apropos search
apropos (1) - search the whatis database for strings
...
find (1) - search for files in a directory hierarchy
...
whatis (1) - search the whatis database for complete words.
```

La lista di comandi riportata è sempre ricavata dal database di *whatis*.

5.1.2 Visualizzare il contenuto di una directory con ls

Il comando *ls* (list directory) è uno dei comandi più usati in Linux. Nella sua forma più semplice, visualizza il contenuto della directory corrente. Questo comando ha, probabilmente, il maggior numero di opzioni di qualunque altro programma. La sua forma più semplice è:

```
]# ls
anaconda.cfg            Desktop         Install.log
Mail
```

Per capire se si tratta di file o directory si usa l'opzione *-F*:

```
]# ls -F
anaconda.cfg            Desktop/        install.log
Mail/
```

In questo modo le directory vengono visualizzate con un carattere "/" alla fine del nome, mentre i file eseguibili hanno un asterisco (*) alla fine del nome. Per avere una lista di file e directory (senza considerare i file e le directory nascosti, ovvero quelli che che iniziano con un ".") completa di proprietà, proprietario e gruppo di afferenza:

```
]# ls -l
-rw-r--r-- 1 root root    4542    dic 26 13:55 anaconda.cfg
drwx------ 3 root root    4096    feb 14 19:50 Desktop
-rw-r--r-- 1 root root    37569   dic 26 13:54 install.log
drwxr-xr-x 2 root root    4096    feb 14 23:55 Mail
```

Il suindicato output si ottiene anche con il comando *ll* (alias di *ls –l*)

```
]# ll
-rw-r--r-- 1 root root    4542    dic 26 13:55 anaconda.cfg
drwx------ 3 root root    4096    feb 14 19:50 Desktop
-rw-r--r-- 1 root root    37569   dic 26 13:54 install.log
drwxr-xr-x 2 root root    4096    feb 14 23:55 Mail
```

Per avere una lista completa di file e directory, comprensiva cioè anche dei file e directory nascoste:

```
]# ls -la
drwxr-x--- 13 root root 4096    feb 14 23:55 .
drwxr-xr-x 2 root root  4096    feb 14 23:53 ..
-rw-r--r-- 1 root root  4542    dic 26 13:55 anaconda.cfg
drwx------ 3 root root  4096    feb 14 19:50 Desktop
-rw-r--r-- 1 root root  37569   dic 26 13:54 install.log
drwxr-xr-x 2 root root  4096    feb 14 23:55 Mail
```

Per avere un elenco in ordine di modifica

```
]# ls -lat
-rw-r--r-- 1 root root   4542    dic 26 13:55 anaconda.cfg
-rw-r--r-- 1 root root   37569   dic 26 13:54 install.log
drwxr-x--- 13 root root  4096    feb 14 23:55 .
drwxr-xr-x 2 root root   4096    feb 14 23:55 Mail
drwxr-xr-x 2 root root   4096    feb 14 23:53 ..
drwx------ 3 root root   4096    feb 14 19:50 Desktop
```

Dopo le proprietà precedentemente esaminate per utente proprietario, gruppo di afferenza e altri, se si tratta di un file viene indicato il numero 1, utente, gruppo, dimensione in byte e *timestamp* (data dell'ultima modifica); se si tratta di directory viene indicato il numero di file e directory in essa contenuti, utente, gruppo, la dimensione della *entry "directory"* in blocchi da 4096 byte o multipli di esso e *timestamp*. Il comando supporta anche le *wildcards*, per esempio:

```
]# ls *.sh
test.sh
cappero.sh
...
```

individua tutti file con suffisso *.sh*, mentre

```
]# ls ??st.sh
test.sh
rost.sh
...
```

individua tutti file terminano con *st.sh* e con una qualsiasi *coppia (??)* di lettere o numeri all'inizio del file.

Ogni oggetto memorizzato sul disco occupa almeno un *inode*, ovvero un blocco fisico del disco; gli inode sono numerati da 0 (il primo blocco del primo cilindro della partizione) a *n* (l'ultimo blocco dell'ultimo cilindro della partizione). Attraverso il numero di inode il sistema individua l'allocazione su disco di file e directory. Per visualizzare anche gli *inode* il comando è:

```
]# ls -li
278378 -rw-r--r-- 1 root root   4542    dic 26 13:55 anaconda.cfg
654448 drwx------ 3 root root   4096    feb 14 19:50 Desktop
278386 -rw-r--r-- 1 root root   37569   dic 26 13:54 install.log
277443 drwxr-xr-x 2 root root   4096    feb 14 23:55 Mail
```

e i numeri degli *inode* sono visualizzati sulla prima colonna.

5.2 Comandi per la manipolazione dei file e directory

In questa sezione verrà spiegato come creare, copiare, cancellare e spostare file e directory, come eseguire delle ricerche di stringhe all'interno e come comprimerli e decomprimerli.

5.2.1 Creare file e directory

Per creare un file vuoto (dimensione 0 byte) si possono usare i comandi *touch* e >:

```
]# touch file1
]# >file2
```

e per verificarne la creazione

```
]# ll file*
-rw-r--r-- 1 root root 0 feb 16 02:18 file1
-rw-r--r-- 1 root root 0 feb 16 02:20 file2
```

touch può modificare anche la data e l'ora di ultima modifica (*timestamp*) di file e directory; ad esempio:

```
]# touch file2
]# ll file2
-rw-r--r-- 1 root root 0 feb 16 02:27 file2
```

e il file ha un *timestamp* relativo al momento in cui è stato inviato il comando; per impostare una data e un'ora fissati, per esempio 25 dicembre 1999:

```
]# touch -t 9912250000 file2
]# ll file*
-rw-r--r-- 1 root root 0 feb 16 02:18 file1
-rw-r--r-- 1 root root 0 dic 25 1999  file2
```

Per creare la directory vuota *cartella1* si utilizza il comando *mkdir*:

```
]# mkdir cartella1
```

Per creare tante directory vuote con un solo comando:

```
]# mkdir cartella1 cartella2 cartella3
```

Per creare la sottodirectory *subcartella1* nell'ambito della directory esistente *cartella1*:

```
]# mkdir cartella1/subcartella1
```

Infine è possibile creare un'intera gerarchia di directory usando l'opzione *-p* (*parent*):

```
]# mkdir -p cartella1/subcartella1/subsubcartella1
```

Se nel percorso indicato una o più directory adiacenti esistono già, vengono create solo le directory mancanti per arrivare al punto più basso del *path*; nel caso che non esistesse alcuna directory vengono create tutte ex-novo. Per cambiare *timestamp* alla directory *cartella*:

```
]# touch -t 9912250000 cartella
```

Per cancellare file e directory si utilizza il comando *rm (ReMove)*: ha delle opzioni e deve essere usato con cautela; per cancellare il file *file1* e directory *cartella* senza chiedere conferma (opzione *-f* ovvero *force*):

```
]# rm -f file1
]# rm -rf cartella
```

Per cancellare uno o più file si può usare uno dei seguenti comandi:

```
]# rm file1 file2 file3
]# rm file*
```

In questo modo il comando chiederà conferma prima di cancellare ogni file; con l'opzione *-f* non viene richiesta alcuna conferma.

Per rinominare o spostare file e directory all'interno del filesystem si utilizza il comando *mv (MoVe)*. Volendo rinominare il file *file1* in *file2* e la directory *cartella1* in *cartella2* rispettivamente si utilizzano i comandi:

```
]# mv file1 file2
]# mv cartella1 cartella2
```

Volendo spostare file e directory, allo stesso modo:

```
]# mv /home/ben/file* /home/ben/docs
]# mv /home/ben/docs /home/cartellacondivisa
```

spostano rispettivamente tutti i file che cominciano con `file` dalla *home* dell'utente *ben* nella relativa sottodirectory `docs` e tutta la directory `/home/ben/doc` all'interno di `/home/cartellacondivisa`.

Il comando *cp* (*copy*) è usato per copiare file o directory rispettivamente con i comandi:

```
]# cp file1 file2
]# cp -r cartella1 cartella2
```

dove l'opzione *r* (*recursive*) consente la copia delle directory eventualmente in essa nidificate; se si vuole anche preservare permessi e proprietà si utilizza l'opzione *p*:

```
]# cp -p file1 file2
]# cp -rp cartella1 cartella2
```

5.3 Comandi per la visualizzazione e combinazione di file

Se occorre visualizzare file molto lunghi in termini di righe, si utilizzano tipicamente i comandi *more* e *less*: essi fanno parte di una famiglia di comandi Linux, chiamati *pagers*, che consentono la visualizzandone del file una videata per volta. Per visualizzare il file *filelungo* con il comando *more*:

```
]# more filelungo
```

e si scorre usando il tasto *[invio]* per visualizzarlo rigo dopo rigo o la *barra spaziatrice* per sfogliare il documento videata dopo videata; con il comando *less:*

```
]# less filelungo
```

per scorrere il file secondo modalità analoghe a quelle dell'editor di testi *vi*.
Anche il comando *man* usa *less* come *pager*. Per la visualizzazione di file compressi (con estensione *.gz*) si usa *zless*.

Due ulteriori programmi per la visualizzazione di file sono *head* e *tail* che non rientrano nella categoria dei *pagers* ma sono molto utili per avere immediato accesso rispettivamente alle prime o alle ultime righe di un file; se utilizzati con l'opzione *-n* stampano rispettivamente le prime *n* righe e le ultime *n* righe di un file. Esempi di utilizzo: per visualizzare le prime due righe del file *file1*:

```
]# head -2 file1
==> file1 <==
primo rigo di file1
secondo rigo di file1
```

Oppure, per visualizzare le prime due righe dei file *file1 e file2*:

```
]# head -2 file*
==> file1 <==
primo rigo di file1
secondo rigo di file1

==> file2 <==
primo rigo di file2
secondo rigo di file2
```

Il comando *tail* segue la stessa sintassi di *head* ma è particolarmente utile per leggere in tempo reale ciò che viene aggiunto in coda ai file, per esempio nei file di log che si trovano in */var/log*. Ad esempio

```
]# tail -f /var/log/maillog
```

mostra in tempo reale ciò che viene aggiunto alla fine del file */var/log/maillog*. Per uscire dalla visualizzazione con *tail* occorre digitare *[Ctrl]+[c]*.

Anche il comando *cat* (*conCATenate file*) è usato per visualizzare il contenuto di uno o più file. Un esempio di utilizzo del comando *cat* è il seguente:

```
]# cat file1
primo rigo di file1
secondo rigo di file1
terzo rigo di file1
```

con l'opzione *-n* (*number*) numera le righe:

```
]# cat -n file1
1 primo rigo di file1
2 secondo rigo di file1
3 terzo rigo di file1
```

Se si utilizza con più file, ne mette in successione gli output; ad esempio se il contenuto di `file2` è:

```
primo rigo di file2
secondo rigo di file2
terzo rigo di file2
```

allora

```
]# cat -n file1 file2
1 primo rigo di file1
2 secondo rigo di file1
3 terzo rigo di file1
4 primo rigo di file2
5 secondo rigo di file2
6 terzo rigo del file2
```

Lo stesso risultato si ottiene con:

```
]# cat -n file*
```

Utilizzando l'operatore di redirezione dello *stdout* (>) si può creare il terzo file `file3.txt` nel seguente modo:

```
]# cat file1 file2 > file3
```

e controllarne la creazione con:

```
]# ll file*
-rw-r--r-- 1 root root 101     feb 15 18:59 file1
-rw-r--r-- 1 root root 58      feb 15 19:04 file2
-rw-r--r-- 1 root root 159     feb 15 19:24 file3
```

Se invece si vuole accodare il risultato a un file preesistente si usa l'operatore di redirezione ">>":

```
]# cat file1 >> file2
```

Per controllare il risultato usare:

```
]# cat file2
primo rigo di file2
secondo rigo di file2
terzo rigo di file2
primo rigo di file1
secondo rigo di file1
terzo rigo di file1
```

Infine, con *cat* è anche possibile creare file:

```
]# cat > file4
primo rigo di file4
secondo rigo di file4
terzo rigo di file4
[Ctrl]+[D]
```

I comandi *cat*, *head* e *tail* possono visualizzare anche file binari.
Analogamente a *cat*, il comando *tac* visualizza i file a partire dall'ultimo rigo:

```
]# tac file4
terzo rigo di file4
secondo rigo di file4
primo rigo di file4
```

Potrebbe anche essere utile "fondere" due o più file per colonne; in questo caso
si utilizza il comando *paste*:

```
]# paste file1 file2
primo rigo di file1      primo rigo di file2
secondo rigo di file1    secondo rigo di file2
terzo rigo di file1      terzo rigo di file2
```

con un carattere, in questo caso @:

```
]# paste -d'@' file1 file2
primo rigo di file1@primo rigo di file2
secondo rigo di file1@secondo rigo di file2
terzo rigo di file1@terzo rigo di file2
```

e infine per scambiare righe e cololnne

```
]# paste -s file1 file2
primo rigo di file1      secondo rigo di file1    terzo rigo di file1
primo rigo di file2      secondo rigo di file2    terzo rigo di file2
```

5.3.1 Creare collegamenti a file e directory

Per creare collegamenti a file e directory preesistenti si utilizza il comando *ln* (*LiNk*). Esistono due tipi di collegamento:

- *fisico,* che agisce a livello fisico sul disco collegando l'*inode* del file reale con il collegamento;
- *simbolico*, che agisce solo sul nome del file.

Per il collegamento *fisico* a *file1* il comando è:

```
]# ln file1 filelink
]# ls -li file*
312131 -rw-r--r-- 2 root root 101 feb 15 18:59 file1
312131 -rw-r--r-- 2 root root 101 feb 15 18:59 filelink
```

Come si vede, i due file sono assolutamente identici, tanto che è praticamente impossibile distinguere il file "reale" da quello ottenuto con *ln*. Se il file di partenza viene modificato o rinominato, il collegamento continua a persistere.

Ci si accorge che uno dei due file è un collegamento all'altro perché condividono lo stesso *inode* (opzione *–i*). Per il collegamento *simbolico* a *file1* il comando è:

```
]# ln -s file1 filelink
]# ll file*
-rw-r--r-- 1 root root 101 feb 15 18:59 file1
lrwxrwxrwx 1 root root   9 feb 16 23:34 filelink -> file1
```

In questo caso il collegamento è facilmente individuabile perche contraddistinto la l come primo carattere sulla stringa delle proprietà. Se si modifica *file1* le modifiche saranno visibili anche su *filelink* ma se si rinomina *file1* il collegamento non funzionerà più, poiché il link *simbolico* è legato solo al nome del file.

5.3.2 Cercare testo all'interno di file con il comando grep

Il comando *grep* è usato per cercare stringhe di testo all'interno di uno o più file.

Per esempio, volendo selezionare dal file /var/log/messages tutte le righe che iniziano con la stringa "*Dec*", il comando è:

```
]# grep ^Dec /var/log/messages
```

per selezionare tutte le righe che contengono la parola "*initialized*" il comando è:

```
]# grep initialized /var/log/messages
```

per selezionare tutte le righe che contengono lindirizzo IP *172.16.1.5* il comando è:

```
]# grep "172.16.1.5" /var/log/messages
```

per selezionare tutte le righe che contengono numeri il comando è:

```
]# grep [0-9] /var/log/messages
```

per estendere la selezione a tutti i file contenuti anche nelle eventuali sottodirectory (con *-r* ovvero *recursive*), il comando è:

```
]# grep oggetto_della_selezione -r /var/log/*
```

5.4 Conclusioni

In questo capitolo sono stati analizzati i comandi di Linux più frequente usati per navigare e cercare file e directory all'interno del filesystem come cercare le stringhe all'interno dei file, come visualizzare il contenuto delle directory e dei file come creare, spostare, copiare, rinominare e cancellare file e directory e come crearne collegamenti.

Nel prossimo capitolo introdurremo la *shell* cioè l'interfaccia utente testuale che consente di interagire con il sistema operativo.

6 Shell, scripting, programmazione, compilazione e pacchetti RPM

La shell è un'interfaccia software tra utente e sistema operativo e ne consente il controllo tramite linea di comando. La shell fa riferimento a *variabili d'ambiente* che utilizza per funzioni specifiche e per la personalizzazione da parte dell'utente, inoltre offre un linguaggio di programmazione per l'automazione dei processi. La distribuzione Linux Red Hat 9 utilizza di default *bash* (*Bourne Again SHell*); in questo capitolo ne tratteremo alcune funzioni attraverso esempi di scripting.

6.1 La linea di comando della shell

La shell riceve i comandi ed i dati dall'interfaccia definita *Standard Input* (stdin) e li restituisce elaborati all'interfaccia *Standard Output* (stdout). Di fatto, l'interfaccia *stdin* è di solito la tastiera, mentre l'output standard avviene a video; pertanto, quando si avvia un programma da linea di comando, la shell lo interpreta restituendo l'output sul video (*stdout*). La shell può anche ricevere in input dati provenienti da un file o dall'output di un altro comando; per esempio è possibile ridirigere lo *stdout* del comando *ls* nel file *file1* nel modo seguente:

```
]# ls > file1
```

Il segno *[>]* è chiamato operatore di ridirezione del *stdout*, mentre il segno *[<]* è chiamato operatore di ridirezione del *stdin*; con il comando:

```
]# mail lorenzo@proflinux.net < file_di_testo
```

il testo contenuto in *file1* viene preso come *stdin* da inviare allo *stdout* come *nuovofile* piuttosto che essere visualizzato a video.

Oltre a *stdin* e *stdout* esiste anche lo *standard error (stderr)* cui i programmi inviano eventuali messaggi d'errore. Come *stdout* anche per *stderr* il video è la periferica di default. A *stdin*, *stdout* e *stderr* sono assegnati rispettivamente i numeri 0, 1 e 2; ad esempio, se il file `file1` non esiste:

```
]# ls file1
ls: file1: No such file or directory
```

per ridirigere tale messaggio di errore sul file `error`:

```
]# ls file1 2>error
```

Relativamente al file `error`:

- se non esiste, viene creato;
- se esiste, viene sovrascritto;
- se non lo si vuole sovrascrivere, si usa l'operatore di *append* *[>>]*:

```
]# ls file1 2>>error
```

end of file (*fine file*) *[<<]* è l'operatore usato per segnalare, durante la lettura del *stdin*, la fine di "invio dati"; per esempio volendo creare il file `file1` con il comando *cat* e chiuderne la lettura del *stdin* con il carattere *[.]* (può essere usato un qualsiasi carattere o stringa):

```
]# cat >file1 <<.
> prima linea di testo
> seconda linea di testo
> terza linea di testo
> .
]# cat file1
prima linea di testo
seconda linea di testo
terza linea di testo
```

In mancanza della direttiva *[<<.]*, la combinazione di tasti da utilizzare per la chiusura del file è *[Ctrl]+[D]*.

Tutti i comandi inviati vengono registrati dalla shell ed è possibile recuperarli, per un reinvio o per la modifica, usando i tasti a *[↑]* e *[↓]*. Più semplicemente, per dare nuovamente l'ultimo comando lanciato si usa il cosidetto comando *bangbang*:

```
]# !!
```

Per inviare l'ultimo comando che, ad esempio, comincia con *sh* (*shutdown –h now*) si digita:

```
]# !sh
```

e si avvierà il processo di spegnimento della Linux box.

6.2 Personalizzazione della shell

Ad ogni utente è associata una *shell*, con un proprio *ambiente* (*environment*) di lavoro caratterizzato da un insieme di variabili (*variabili d'ambiente*). Per la shell *bash* (il cui eseguibile è /bin/bash) le variabili d'ambiente predefinite si trovano nel file /etc/profile.

La visualizzazione delle variabili d'ambiente si ottiene con:

```
]# env
...
PATH=/usr/local/sbin:/usr/local/bin:/sbin:/bin:/usr/sbin:\
/usr/bin:/usr/X11R6/bin:/root/bin
HOME=/root
SHELL=/bin/bash
TERM=xterm
...
```

Tra le variabili d'ambiente è opportuno ricordare: *PATH* che indica alla *shell* le directory in cui cercare i programmi eseguibili; *HOME* che indica la home directory dell'utente; *SHELL* che indica il tipo di shell adottata; *TERM*, che indica il tipo di terminale, etc. Le impostazioni della *shell* valide per tutti gli utenti di sistema sono indicate nel file /etc/profile; ciascun utente può personalizzarle tramite il file .bash_profile localizzato nella propria *home directory*. La shell consente anche di richiamare i comandi attraverso nomi alternativi (alias) e, in questo caso, intervengono, a livello globale, il file /etc/bashrc e, a livello di ciascun utente, il file .bashrc nella relativa home directory. Un esempio di file .bashrc può essere il seguente:

```
# .bashrc

# User specific aliases and functions

alias rm='rm -i'
alias cp='cp -i'
alias mv='mv -i'
alias ll='ls -l'
alias lal='ls -al'
alias lat='ls -lat'
alias sr='ssh root@remoto.proflinux.net'

# Source global definitions
if [ -f /etc/bashrc ]; then
. /etc/bashrc
fi
```

Nel file /etc/bashrc ed eventualmente in .bashrc interviene il parametro *u-mask*; di default è presente solo in /etc/bashrc ed ha valore ottale *022* e serve a determinare le proprietà di default relative alla creazione di directory (con complemento a *777*) e file (con complemento a *666*) da parte dell'utente. Il significato del parametro u-mask è intuitivo, infatti comporta un semplice calcolo eseguito da parte del sistema. Quando si crea una directory con *umask=022*, il sistema esegue il seguente calcolo:

$$
\begin{array}{r}
777- \\
\underline{022=} \\
755
\end{array}
$$

ovvero crea la cartella con proprietà *755*; esempio:

```
]# mkdir cartella
]# ll
drwxr-xr-x 2 root root  4096  feb 14 23:55 cartella
```

Quando si crea un file con *umask=022*, il sistema esegue questo calcolo:

$$
\begin{array}{r}
666- \\
\underline{022=} \\
644
\end{array}
$$

ovvero crea il file con proprietà *644*; esempio:

```
]# touch file1
]# ll file1
-rw-r--r-- 2 root root  4096  feb 14 23:56 file1
```

Se l'utente generico non vuole adottare la umask di default, può personalizzarla e impostarla, per esempio, a *222*:

```
]$ umask 222
```

Per rendere permanente questa impostazione occorre inserire

```
umask 222
```

nel file *.bashrc* nella sua home directory.

6.3 Esecuzione di programmi in background

Nell'esecuzione di un comando o di una applicazione si hanno due alternative: attenderne il risultato on line, ed avere il *prompt* dei comandi "impegnato" fino alla completa esecuzione del programma stesso, o eseguirlo in *background*, ed avere il *prompt* dei comandi "libero", cioè disponibile a ricevere un nuovo comando.

Un modo semplice per eseguire un programma in *background* è quello di aggiungere il carattere *[&]* a fine riga, ad esempio:

```
]# tar -czf /backup/home.tar.gz /home &
[1] 1085
]#
```

Il sistema mostra il *PID (1085)* del comando in esecuzione ed è pronto ad accettarne uno nuovo. Terminata l'esecuzione si riceve il messaggio:

```
[1]+ Done tar -czf /backup/home.tar.gz /home
```

Se nel comando suindicato si omette il carattere *[&]* a fine riga, si può ottenere lo stesso risultato (durante l'esecuzione del comando) con:

[Ctrl]+[Z]

e

```
]# bg
```

dove *bg* sta per *background*. Per riprenderne il controllo a terminale:

```
]# fg
```

dove *fg* sta per *foreground*.

Naturalmente le esecuzioni in background possono essere ripetute per diversi comandi e/o applicazioni e, per avere un elenco di programmi in attesa di essere eseguiti, si utilizza il comando:

```
]# jobs
[1]-  Stopped                 tar cf etc.tar etc
[2]+  Stopped                 tar cf home.tar home
```

Per riprendere, ad esempio, la prima e la seconda esecuzione previamente bloccate con *[Ctrl]+[Z]*, rispettivamente si utilizza:

```
]# %1
]# %2
```

6.4 Uso delle *pipes*

È stato visto precedentemente come re-instradare lo *stdout* di un programma in un file e come utilizzarlo come *stdin* per un altro programma.

Si può ottenere lo stesso risultato senza l'ausilio di un file temporaneo usando il carattere *pipe [|]* per "legare" più comandi insieme, facendo sì che l'output del primo venga inviato al secondo, etc. Di seguito, vengono illustrati alcuni esempi di utilizzo di *pipe*:

```
]# ls | lpr
]# env | grep TERM
]# cat file1 | wc | mail -s "FILE1" utente@proflinux.net
```

Il primo comando manda in stampa (*lpr*) la lista del contenuto della directory corrente (*ls*); il secondo visualizza le variabili di ambiente che contengono la stringa *TERM*; il terzo invia il contenuto di `file1` al programma *wc*, il quale ne conta righe, parole e caratteri e li invia attraverso comando *mail* a *utente@proflinux.net* con oggetto "*FILE1*".

6.5 Le espressioni regolari

Le espressioni regolari sono modelli che usano una speciale sintassi per la ricerca di stringhe di testo. La più semplice delle espressioni regolari è il carattere *[*]* che significa "qualunque carattere in qualunque posizione". Vediamo altre espressioni regolari:

[?] o *[.]* indica un singolo carattere
*[xxx]*o *[x-x]* indica un carattere in una serie di caratteri
^modello indica *modello* all'inizio di una riga
$modello indica *modello* alla fine di una riga

Questi sono solo alcuni esempi di espressioni regolari. Ad esempio, se si vuole l'elenco di tutti i file con suffisso *.txt* si può usare:

```
]# ls *.txt
test14.txt file96.txt datalog.txt datebook.txt pippo67.txt
```

mentre se si cercano i nomi di file con almeno un numero, si può usare:

```
]# ls *0* *1* *2* *3* *4* *5* *6* *7* *8* *9*
08100097.db file96.txt message.76
08100097.db file96.txt message.76
test14.txt backup001 log.111597
```

Come si può notare, questo comando ha provocato la visualizzazione di duplicati; per evitarli si può usare:

```
]# ls *[0-9]*
08100097.db file96.txt message.76
test14.txt backup001 log.111597
```

che mostra tutti i file il cui nome contiene dei numeri. Se si cerca un elenco di file il cui nome inizia con un numero o termina con un numero si utilizza rispettivamente:

```
]# ls [0-9]*
]# ls *[0-9]
```

Se si desidera ottenere l'elenco dei file i cui nomi contengono caratteri speciali come "?", basta aggiungere un *backslash* come carattere di *escape*, ad esempio:

```
]# ls *\?*
test?.txt
```

6.6 Alcuni esempi di programmazione della shell *bash*

Diamo alcuni esempi di scripting *bash* finalizzati all'utilizzo avanzato della shell. Gli script riportati sono facilmente personalizzabili ed adattabili alle proprie esigenze.

6.6.1 Script per la cancellazione sicura dei file

Nel file che segue, chiamato *srm*, viene implementata una tecnica per la cancellazione *sicura* dei file.

```
]# vi srm
```

```
#!/bin/bash
# srm - Programma per la cancellazione sicura di file
# usa la cartella nascosta .cestino
# tratto da uno script di Bill Ball

mkdir $HOME/.cestino 2>/dev/null
opzioni=no
cancella=no
svuota=no
lista=no
while getopts "csal" opzioni; do
case "$opzioni" in
c ) /bin/echo "eliminazione: \c" $2 $3 $4 $5 ; cancella=si ;;
s ) /bin/echo "svuotamento del cestino..." ; svuota=si ;;
a ) /bin/echo "srm script"
/bin/echo "srm -c[ancella] -s[vuota] -a[iuto] -l[ista] file1-4" ;;
l ) /bin/echo "Il cestino contiene:" ; lista=si ;;
esac
done
if [ $cancella = si ]
then
mv $2 $3 $4 $5 $HOME/.cestino
/bin/echo "srm terminato."
fi
if [ $svuota = si ]
then
/bin/echo "svuoto il cestino? \c"
read risposta
case "$risposta" in
s) rm -fr $HOME/.cestino/* ; /bin/echo "Svuotamento terminato" ;;
n) /bin/echo "Svuotamento annullato." ;;
esac
fi
if [ $lista = si ]
then
ls -l $HOME/.cestino
fi
```

Una volta creato il file *srm* bisogna renderlo eseguibile con il comando:

```
]# chmod 755 srm
```

La prima linea (`#!/bin/bash`) definisce l'interprete dei comandi utilizzato. Lo script crea una directory chiamata `.cestino` nella *home directory* dell'utente che lo lancia e, a seconda dell'opzione data nella linea di comando, sposta i file indicati in questa directory (`-c`), la svuota (`-s`), ne elenca il contenuto (`-l`) e mostra un breve aiuto (`-a`).

6.6.2 Pattern matching e sostituzione di stringhe

Di seguito mostriamo un esempio di script *bash* per la sostituzione della stringa *ben* con la stringa *max* in tutti file con estensione *.txt*:

```
#!/bin/bash
find . -name \*.txt | while read a; do
mv $a $a.change;
sed -e 's/ben/max/g' $a.change >$a ;
done
rm -f *.change
```

6.6.3 Script per la chiusura dei processi

Il seguente script consente la chiusura di tutti i processi attivi relativi a *httpd*:

```
#!/bin/bash
ps ax | grep httpd | awk '{print $1}' | xargs kill -9
```

Lo stesso obiettivo si raggiunge con:

]# killall httpd

6.6.4 Script per l'eliminazione di file

Questo script consente l'eliminazione di tutti i file che contengono *tar* in una gerarchia di directory a partire da quella corrente `[ . ]`:

```
#!/bin/bash
find . | grep 'tar' | xargs rm
```

Nella scrittura di script bash sono di fondamentale importanza gli apici sia dritti che rovesciati; questi ultimi possono essere digitati premendo i tasti *[AltGr]+[']*.

6.6.5 Script per l'invio automatico di e-mail agli utenti del sistema

Un ultimo esempio è offerto dal seguente script utile per inviare un messaggio e-mail a tutti gli utenti del sistema:

```
#!/bin/sh
HOST=`hostname`
if (($(#@)!=2))
then
  echo "Uso: mailall <file-mail> <oggetto>"
  echo "Invia un'e-mail a tutti gli utenti di sistema"
  exit
fi
for i in `awk -F : '$3 > 499 { print $1}' /etc/passwd`
do
        mail -s "$2" $i < $1
        echo Mail inviata a $i@$HOST
done
```

Lo script si aspetta che vengano specificati nella linea di comando il nome di un file da cui leggere il contenuto dell'e-mail ed il suo oggetto. Quindi estrae dal file */etc/passwd* i nomi degli utenti con *uid* superiore a 499 ed invia loro l'e-mail con il messaggio contenuto nel file *messaggio*. Dopo aver salvato il file *mailall* ed assegnatogli il permesso di eseguibilità, per lanciarlo il comando è:

]# ./mailall messaggio oggetto

6.7 *Expect* e interazione con i programmi di sistema

Expect è un linguaggio di programmazione impiegabile per l'interazione e l'automatizzazione di varie applicazioni; in pratica consente la creazione di script utili per passare valori e controllare la corretta esecuzione di un applicazione in maniera del tutto automatica. Si tratta di uno strumento fondamentale per l'amministratore di sistema che può rendere automatici anche processi complessi. Descriviamone alcuni comandi fondamentali:

- la caratterizzazione degli script *expect*

  ```
  #!/usr/bin/expect
  ```

  predispone il sistema all'utilizzo di *expect*;

- la direttiva *expect*

  ```
  expect $timeout { espressione } "valore"
  ```

  permette al sistema di attendere "*valore*" prima di proseguire lo script; se "*valore*" non si presenta entro *$timeout* viene eseguita *espressione*;

- la direttiva *set*

  ```
  set variabile "valore"
  ```

  imposta il "*valore*" nella variabile;

- la direttiva *spawn*

  ```
  spawn applicazione parametri
  ```

  consente l'interazione con l'applicazione obiettivo dello script expect;

- la direttiva *send*

  ```
  send "valore\r"
  ```

  permette di inviare una stringa all'applicazione;

- la direttiva *interact*

  ```
  interact
  ```

  permette l'interazione con la sessione attiva.

Negli esempi che seguono vedremo come impiegare *expect* per l'amministrazione e l'automatizzazione dei servizi di rete.

6.7.1 Automatizzazione di una sessione *telnet*

Con il seguente script si automatizza la procedura di *telnet* verso un sistema remoto con l'invio automatico di *username* e *password*.
Creiamo dapprima un file chiamato `autotelnet` ed impostiamone i permessi di eseguibilità:

```
]# touch autotelnet
]# chmod 700 autotelnet
]# vi autotelnet
```

quindi, inseriamo all'interno del file il seguente codice:

```
#!/usr/bin/expect
#
#
# ------------ Configurazione Principale ------------
set host "172.16.1.1"
set port "23"
set username "pippo"
set password "pluto
#
set timeout 10
spawn /usr/bin/telnet $host $port
expect $timeout {
exit
} "login:"
send "$username\r"
expect "Password:"
send "$password\r"
interact
```

eseguendo lo script si avrà il seguente risultato:

```
]# autotelnet
spawn /usr/bin/telnet 172.16.1.1 23
Trying 172.16.1.1...
Connected to 172.16.1.1.
Escape character is '^]'.
Red Hat Linux release 9 (Shrike)
Kernel 2.4.20-8 on an i686
login: pippo
Password:
Last login: Tue Dec 17 14:08:05 from 172.16.1.202
You have new mail.
[pippo@proflinux.net pippo]$
```

6.7.2 Riavvio automatico dell'interfaccia di un router Cisco

Expect consente anche di realizzare uno script per il riavvio automatico dell'interfaccia fast ethernet di un router Cisco. Creiamo un file chiamato `autostart` ed impostiamo i permessi di eseguibilità:

```
]# touch autostart
]# chmod 700 autostart
]# vi autostart
```

quindi, inseriamo all'interno del file il seguente codice:

```
#!/usr/bin/expect
#
#
# ------------ Configurazione Principale ------------
set host "172.16.1.1"
set port "23"
set password1 "abababab"
set password "cdcdcdcdc"
set timeout 10
spawn /usr/bin/telnet $host $port
expect $timeout {
exit
} "Password:"
send "$password1\r"
expect "router>"
send "ena\r"
expect "word:"
send "$password\r"
expect "router#"
send "conf t\r"
expect "router(config)#"
send "interface fastethernet 0/1\r"
expect "router(config-if)#"
send "shut\r"
expect "router(config-if)#"
send "no shut\r"
expect "router(config-if)#"
send "exit\r"
expect "router(config)#"
send "exit\r"
expect "router#"
send "exit\r"
exit
```

Eseguendo lo script:

```
]# autostart
```

si ottiene il riavvio dell'interfaccia Fast Ethernet 0/1 del router Cisco con indirizzo IP 172.16.1.1.

6.8 Linguaggio AWK per la gestione di file di testo

AWK è un linguaggio di programmazione orientato alla gestione dei file di testo che contengono dati organizzati in campi, cioè file di testo dove elenchi di valori sono separati da un indicatore (in generale, il carattere di tabulazione o la virgola). In questo paragrafo utilizzeremo *AWK* per realizzare degli script che gestiscano i log di sistema.

6.8.1 Descrizione dei principali comandi del linguaggio awk

Le istruzioni che interagiscono con lo *stdout* sono:

- **print**: visualizza una stringa sullo *stdout* con la seguente sintassi:

```
print "Il sole è alto \n"
```

  visualizza a video la stringa

  Il sole è alto

- **printf**: visualizza una stringa formattata sullo *stdout* con la seguente sintassi:

```
stringa="192.168.1.1"
printf "l'indirizzo ip è : %s ",stringa
```

  visualizza a video la stringa

  l'indirizzo ip è : 192.168.1.1

Le variabili proprietarie per la formattazione di una stringa sono:

Tabella 6.1 – Variabili di awk

simbolo	corrispondenza
%%	stampa il segno di percentuale
%c	stampa il carattere ASCII corrispondente al numero dato
%s	stampa una stringa
%d, %i	stampa un numero intero con segno in base 10
%o	stampa un numero intero senza segno in ottale
%x	stampa un numero intero senza segno in esadecimale
%X	stampa come %x, ma con l'uso di lettere maiuscole
%e	stampa un numero a virgola mobile, in notazione scientifica
%E	stampa come %e, ma con l'uso della lettera E maiuscola
%f	stampa un numero a virgola mobile, in notazione decimale fissa
%g	stampa un numero a virgola mobile, secondo la notazione di %e o %f
%G	stampa come %g, ma con l'uso della lettera E maiuscola (se applicabile)

Gli operatori di formattazione sono:

Tabella 6.2 – Operatori di awk

operatore	significato
\\	\
\"	"
\/	/
\a	<BEL>
\b	<BS>
\f	<FF>
\n	<LF>
\r	<CR>
\t	<HAT>
\v	<VT>
\nnn	il valore ottale nnn

È necessario osservare che le istruzioni destinate allo *stdout* possono essere inviate a un file. Nell'esempio che segue vengono descritti i soliti operatori di ridirezione *[>]*, che rinvia l'output su file riscrivendone l'eventuale contenuto, e *[>>]* che aggiunge l'output in coda al file:

```
print "Hello World"  > /percorso/file

print "Hello World"  >> /percorso/file
```

Le istruzioni che gestiscono stringhe e array sono:

- **sprintf**, utilizzato per combinare un valore ed una stringa alfanumerica:

```
stringa="100"
outstring=sprintf("oggi stringa vale %s",stringa)
```

  la variabile *outstring* assume come valore "oggi stringa vale 100".

- **Split**, divide una stringa in un array. La stringa passata al comando viene divisa in funzione del separatore:

```
stringa="oggi-sono-andato-a-fare-la-spesa"
split(stringa,a,"-")
```

  come risultato i campi dell'*array* contengono i seguenti dati:

```
a[1]="oggi"
a[2]="sono"
a[3]="andato"
a[4]="a"
a[5]="fare"
a[6]="la"
a[7]="spesa"
```

Istruzioni speciali:

- **system**(*stringa*), invia una stringa (comando) alla shell *bash*; l'esempio che segue invia l'istruzione *ps* alla shell tramite *awk*:

  istruzione="ps";
  system(istruzione);

Struttura di controllo:

- **if**, è un costrutto che consente la definizione di condizioni e controlli sull'esecuzione del flusso dello script; di seguito viene riportata una struttura d'esempio:

```
if ( stringa  == "pippo" ) {
......
}
else {
......
}
```

è importante notare che, la presenza della condizione "(*stringa == "pippo"*)", determina la risposta del costrutto. La condizione *else* è opzionale.

Interazione con la shell:

È possibile passare parametri esterni ad uno script *awk* in maniera analoga ad uno script di shell; tali parametri possono essere gestiti all'interno come variabili *$0,$1,$2,...,$N* essendo *$0* una variabile che contiene l'intera sequenza dei parametri inviati, mentre *$1 $2* variabili che contengono ogni singolo parametro. *awk*, inoltre, consente di gestire le variabili d'ambiente come *$PATH*, etc. La struttura di uno script *awk* tipico è costituita da due componenti fondamentali:

- l'interprete dei comandi *"awk"* che indica al sistema il linguaggio di programmazione utilizzato nelle istruzioni che seguono;
- una sequenza ordinata di istruzioni con eventuali costrutti e funzioni.

Nello script che segue, dedicato all'analisi di un file di log, viene evidenziata la struttura tipo di un programma in *awk*.
Supponiamo di voler ottenere una forma più leggibile del file di log `log.txt` nel quale sono contenute stringhe del tipo:

```
Aug 23 17:32:07 fw2 kernel: allert: IN=eth1 PHYSIN=eth0 OUT=eth1
PHYSOUT=eth2 SRC=192.168.1.1
DST=192.1168.215.6  LEN=679  TOS=0x00  PREC=0x00  TTL=62  ID=579  DF
PROTO=TCP SPT=57901 DPT=25 WINDOW=5840 RES=0x00 ACK PSH URGP=0
```

Lo script che segue effettua le seguenti operazioni:

1. analizza il file *log.txt*;
2. determina l'indirizzo IP dal campo 11;
3. se al campo 9 trova un pacchetto in uscita (OUT=eth1) visualizza un avviso.

```
#!/bin/bash
more log.txt | awk '{
split($11,a,"=")
if ( $9=="OUT=eth1") {
        printf "Attenzione il server %s  sta inviando informazioni al-
l'esterno! \n",a[2]
}
}'
```

È importante osservare come il comando *"more log.txt | "* venga utilizzato per inviare le informazioni sotto forma di parametri allo script *awk*.

In questa sezione si è voluto introdurre le funzioni di un linguaggio di programmazione presente nelle principali distribuzioni Linux. Per un eventuale approfondimento si rimanda alla URL: *http://www.fsf.org/manual/gawk-3.1.1/gawk.html*

6.9 Compilazione di programmi

L'Open Source è caratterizzato dal rendere disponibile i sorgenti di ogni programma, cioè il codice nativo realizzato dai programmatori; di conseguenza è possibile scaricarli, compilarli ed installarli sul proprio sistema, eventualmente personalizzandoli. Supponiamo di disporre del programma *utility.xy* in un formato archivio *.tar.gz* (o *.tgz*) o *.tar.bz2*; per espanderlo procediamo rispettivamente in uno dei seguenti modi:

```
]# tar xzf utility.x.y.tar.gz
]# tar xjf utility.x.y.tar.bz2
```

Come risultato, viene creata la directory chiamata `utility.x.y` all'interno della directory corrente, per visualizzarne il contenuto digitiamo il comando:

```
]# ll
```

Di norma, sarà disponibile un file denominato `configure` che, una volta eseguito, rileva un insieme di dati utili sulla configurazione del sistema per la compilazione; per avviare la compilazione generalmente si procede come segue:

```
]# ./configure
]# make
]# make install
```

La notazione `[./]` consente di non riscrivere tutto il *path* relativo al file `configure`. Se nella directory `utility.x.y` manca il file `configure` si procede con i soli comandi *make*. In entrambe i casi, tutte le procedure per la compilazione sono contenute all'interno del file `Makefile`. Se l'operazione viene svolta da utenti diversi da *root*, potrebbe essere necessario l'intervento dell'utente *root* per eseguire il comando *make install*, pertanto la successione di comandi da inviare è:

```
]$ ./configure
]$ make
]$ su
Password:
]# make install
]# [Ctrl]+[D]
]$
```

6.10 Automazione dei processi con *at* e *cron*

È possibile eseguire un comando o uno script ad un orario prefissato oppure ad intervalli regolari; nel primo caso si usa il comando *at* e nel secondo *cron*. Di seguito, illustreremo alcuni esempi di utilizzo pratico.

Per impartire il comando autostart alle ore 17:30 dalla directory /cartella è sufficiente digitare:

```
]# at 17:30
at> /cartella/autostart
at>[Ctrl]+[D]
```

si ottiene lo stesso risultato con:

```
]# at 1730
```

nell'ipotesi di dover impartire il comando al trascorrere di 60 minuti, si può utilizzare la modalità:

```
]# at now +60min
```

Altre modalità sono:

```
]# at 4pm +2 days
```

esegue il comando alle 16 di dopodomani, mentre:

```
]# at 1720 08/14/2004
```

esegue il comando alle 17.20 del 14/08/2004.

Il comando *atq* elenca i lavori in attesa di essere eseguiti, mentre il comando *atrm numero_lavoro* rimuove dalla coda il processo indicato.

at è molto utile, ad esempio, per scaricare da ftp (File Transfer Protocol) server con accesso anonimo immagini ISO:

```
]# at +1min
at> wget ftp://ftp.server.net/path/immagine.iso
at> [Ctrl]+[D]
```

cron consente l'esecuzione di comandi, procedure e script ad intervalli di tempo regolari. Per l'utilizzo di *cron* occorre editare un'apposita tabella, chiamata *crontab*, nella quale vengono inseriti gli script e i comandi da eseguire allo scadere degli intervalli di tempo prefissati. Ogni utente dispone di una propria *crontab* tramite cui aggiungere, modificare processi e orari di esecuzione. L'utente *root* può controllare, modificare o cancellare tutte le *crontab* di sistema con il comando:

```
]# crontab -u utente -e
```

Il file */etc/crontab* contiene un elenco di procedure che vengono eseguite dal sistema. L'output generato dalle procedure eseguite da *crontab* viene inviato via e-mail all'utente che le ha definte. Per editare la *crontab* il comando è

```
]# crontab -e
```

e si segue la modalità di inserimento testo tipica dell'editor *vi*. La sintassi è:

minuti   ore   giorno_del_mese   mese   giorno_della_settimana   comando

I giorni della settimana sono numerati da 0 (domenica) a 6 (sabato). Volendo automatizzare l'esecuzione del comando `/cartella/autostart` ogni giorno della settimana alle 17 e 30 per tutto l'anno, occorre inserire:

```
30 17 * * * /cartella/autostart
```

I campi possono essere distanziati fra loro indifferentemente con un carattere *<SPAZIO>* o *<TAB>*. Per eseguire operazioni ad intervalli di tempo regolari, come ad esempio aggiornare l'orario del sistema tramite *ntp* ogni sei ore, si può usare la seguente forma:

```
00 */6 * * * /usr/sbin/ntpdate -u time.ien.it
```

Allo stesso modo si può inserire la forma */n in un altro campo, nel qual caso il numero *n* corrisponderà a minuti, giorni, mesi, etc.

Il programma cron fa anche riferimento alle seguenti directory: `/etc/cron.hourly`, `/etc/cron.daily`, `/etc/cron.weekly` e `/etc/cron.monthly` dove possiamo spostare gli script di cui si desidera l'esecuzione rispettivamente ogni ora, giorno, settimana e mese. Nel file `/etc/crontab` sono indicati gli orari cui si fa riferimento:

```
SHELL=/bin/bash
PATH=/sbin:/bin:/usr/sbin:/usr/bin
MAILTO=root
HOME=/

# run-parts
01 * * * * root run-parts /etc/cron.hourly
02 4 * * * root run-parts /etc/cron.daily
22 4 * * 0 root run-parts /etc/cron.weekly
42 4 1 * * root run-parts /etc/cron.monthly
```

6.11 I comandi *rpm*

Per l'organizzazione del software Linux, la Red Hat Inc. ha inventato il formato RPM (RedHat Package Manager) adottato ormai anche da molte altre distribuzioni di Linux. Il formato *rpm* comprende package binari già compilati (per *i386*, etc.) o codice sorgente (*src*) che occorre ricompilare sul sistema. Il comando per la gestione di package *rpm* è:

```
]# rpm -opzioni
```

Riportiamo le opzioni principali:

```
]# rpm -qa
```

visualizza l'elenco di tutti i pacchetti rpm installati in macchina (*Query All*);

```
]# rpm -qa | grep samba
```

visualizza l'elenco dei package **.rpm* relativi a *samba.*

```
]# rpm -qa | grep ^sa
```

visualizza l'elenco dei package **.rpm* che cominciano con con la stringa `[sa]`;

```
]# rpm -qi samba
```

offre informazioni sul pacchetto samba (*Information*);

```
]# rpm -ql samba
```

offre informazioni su tutti i file installati inerenti samba (*List*);

```
]# rpm -qc samba
```

offre informazioni sui file di configurazione (*Configuration*);

```
]# rpm -qd samba
```

offre informazioni sulla documentazione (*Documentation*)

```
]# rpm -ivh nome_pkg.rpm
```

installa (*Install*) il package binario o sorgente *nome_pkg.rpm*;

```
]# rpm -U nome_pkg.rpm
```

aggiorna (*Update*) il package binario o sorgente *nome_pkg.rpm* senza modificarne i file di configurazione;

```
]# rpm -e nome_pkg.rpm
```

cancella (*Erase*) il package binario o sorgente *nome_pkg.rpm*;
Se si dispone del package in formato sorgente e la piattaforma hardware è *i386* compatibile occorre inviare i seguenti comandi:

```
]# rpmbuild --rebuild nome_pkg.src.rpm
]# rpm -ivh /usr/src/redhat/RPMS/i386/nome_pkg.rpm
```

oppure

```
]# rpmbuild --recompile nome_pkg.src.rpm
]# rpmbuild --bb /usr/src/redhat/SPECS/nome_pkg.spec
]# rpm -ivh /usr/src/redhat/RPMS/i386/nome_pkg.rpm
```

Per verificare la correttezza di un file rpm, prima di procedere all'installazione (per esempio, se il pacchetto è stato scaricato da Internet):

```
]# rpm --checksig --nogpg pacchetto.rpm
```

In caso di danneggiamento del database rpm, per esempio a causa di un'installazione non riuscita, è necessario ricostruirlo con il comando:

```
]# rpm --rebuilddb
```

6.12 Creazione di un pacchetto *rpm* a partire dal sorgente

I file *rpm* non sono disponibili per tutti gli applicativi, pertanto può risultare utile creare il package rpm di un applicativo distribuito solo in formato sorgente al fine di facilitarne il processo di installazione e gestione. In ambiente Red Hat questa operazione risulta molto semplice e richiede pochi passi.

Supponendo, ad esempio, di voler creare un file rpm a partire dai sorgenti dell'applicazione *snort* si procederà come segue:

Prima di tutto è necessario scaricare il file sorgente:

```
]# wget http://www.snort.org/dl/snort-2.0.0.tar.gz
```

Quindi, il file va copiato all'interno della directory */usr/src/redhat/SOURCES*:

```
]# cp snort-2.0.0.tar.gz /usr/src/redhat/SOURCES
```

Per decomprimere il sorgente si utilizza il comando:

```
]# tar xzf snort-2.0.0.tar.gz
```

È necessario controllare se all'interno della directory appena creata esiste il file *snort.spec*; in caso affermativo, copiare tale file all'interno della directory */usr/src/redhat/SPECS*, altrimenti bisogna crearlo.

I file con estensione *.spec* contengono le *specifiche* per la creazione del file binario; è dunque necessario inserire alcune informazioni fondamentali tra cui la procedura per la compilazione e l'installazione.

Segue un esempio di creazione di un file di specifiche:

```
]# vi /usr/src/redhat/SPECS/snort.spec
```

```
%define prefix /usr
# Con questa direttiva viene specificata la posizione
# da cui applicare # i file compilati

# Vengono inseriti alcuni dati tecnici sul software
# che viene preparato, questi verranno archiviati sul
# database dei file rpm installati
Summary: Intrusion Detection System
Name: snort
Version: 2.0.0
Release: 1
Copyright: GNU General Public Licence
URL: http://www.snort.org/
Packager: Lorenzo Puccio <lorenzo@unipa.it>
Group: Applications/System
Source0:http://www.snort.org/dl/snort-%{version}.tar.gz
BuildRoot: /var/tmp/%name-%{PACKAGE_VERSION}-root
Docdir: %{prefix}/doc
Provides: %{name}-%{version}

%description
Intrusion Detection System Utility
```

```
# Con questa direttiva viene proprio descritta la
# procedura di preparazione e costruzione delle
# configurazioni
%build
tar xfz /usr/src/redhat/SOURCES/snort-%{version}.tar.gz
CFLAGS="${RPM_OPT_FLAGS}" snort-2.0.0/configure

%install
mkdir -p ${RPM_BUILD_ROOT}/{sbin,%{_mandir}/man8,etc/rc.d/init.d}
BUILD_ROOT=${RPM_BUILD_ROOT}
MANDIR=${RPM_BUILD_ROOT}/%{_mandir}/man8 make install

%clean
rm -rf $RPM_BUILD_DIR/%{name}
rm -rf $RPM_BUILD_ROOT


%files
%defattr(-,root,root)
%config /etc/rc.d/init.d/snortd
##* created for version 2.0.0 by lorenzo@unipa.it
```

Una volta salvato il file di specifiche, si può procedere alla creazione del file rpm vero e proprio.

```
]# cd /usr/src/redhat
]# rpmbuild -bb SPECS/snort.spec
```

A questo punto partirà la compilazione e verrà creato il file rpm. Completata la procedura, il file creato si trova all'interno della directory */usr/src/redhat/RPMS/xxx*, dove *xxx* indica il tipo di architettura per la quale il file è stato compilato (ad esempio *i386*).
Infine, per installare il pacchetto è sufficiente digitare il comando:

```
]# rpm -ivh /usr/src/redhat/RPMS/i386/snort-2.0.0-\
redhat.i386.rpm
```

6.13 Conclusioni

In questo capitolo è stato introdotto il concetto di shell e delle variabili di ambiente e dello scripting in ambiente *bash, expect e awk* e della loro automazione a tempo con i comandi *at* e *cron*. Si è affrontato il tema della compilazione dei programmi disponibili con codice sorgente e come installare nuovi programmi in formato *rpm* sia binari che in codice sorgente.

Nel prossimo capitolo introdurremo i servizi di rete quali DNS, SMTP, SSH, etc.

7 Server di rete

In questo capitolo tratteremo l'assegnazione di nomi e indirizzi IP alle interfacce di rete e la configurazione dei servizi di rete quali ssh, dhcp, ntp, xinetd (telnet, POP, IMAP, etc.), dns e sendmail.
Inizieremo ad affrontare anche il tema della sicurezza con l'attivazione dei *wrapper TCP*, la configurazione di *procmail* e di soluzioni antivirus e anti spam.

7.1 File di base per la connessione in rete

Affinché la connessione in rete avvenga con successo è opportuno configurare correttamente i seguenti file:

```
/etc/hosts
/etc/resolv.conf
/etc/sysconfig/network
/etc/sysconfig/network-scripts/ifcfg-eth0
```

Il file */etc/hosts* riveste un ruolo rilevante per l'avvio dei daemon perché il sistema deve fare riferimento al proprio indirizzo di loopback ed al proprio nome (nel nostro caso *serverlocale.proflinux.net*). La configurazione di questo file è la seguente:

```
127.0.0.1 localhost.localdomain localhost
172.16.1.3 serverlocale.proflinux.net serverlocale
```

Nel file */etc/resolv.conf* sono invece memorizzati gli indirizzi IP dei server DNS da contattare (nel nostro esempio 172.16.1.22 e 172.16.1.3) per la risoluzione dei nomi Internet. La configurazione di questo file è la seguente:

```
search proflinux.net
nameserver 172.16.1.22
nameserver 172.16.1.3
```

Nella directory */etc/sysconfig* sono memorizzate diverse informazioni relative ai servizi di rete e precisamente:

- il file */etc/sysconfig/network* contiene il nome a dominio del sistema ed il gateway di default;
- il file */etc/sysconfig/network-scripts/ifcfg-eth0* contiene e le informazioni su indirizzo IP, maschera di rete, broadcast e attivazione all'avvio o meno della scheda di rete.

Si riporta, di seguito, il contenuto di questi file:

File */etc/sysconfig/network*:

```
NETWORKING=yes
HOSTNAME=serverlocale.proflinux.net
GATEWAY=172.16.1.1
```

File `/etc/sysconfig/network-scripts/ifcfg-eth0`

```
DEVICE=eth0
BOOTPROTO=static
BROADCAST=172.16.1.255
IPADDR=172.16.1.3
NETMASK=255.255.255.0
NETWORK=172.16.1.0
ONBOOT=yes
```

Se il server dispone di una seconda interfaccia di rete allora troveremo il file `/etc/sysconfig/network-scripts/ifcfg-eth1` con, ad esempio, la seguente configurazione:

```
DEVICE=eth1
BOOTPROTO=static
BROADCAST=172.16.2.255
IPADDR=172.16.2.5
NETMASK=255.255.255.0
NETWORK=172.16.2.0
ONBOOT=yes
```

Se si desidera aggiungere un altro indirizzo IP alla scheda di rete *eth0*, allora occorre creare il file `/etc/sysconfig/network-scripts/ifcfg-eth0:0`, ad esempio nel seguente modo:

```
DEVICE=eth0:0
BOOTPROTO=static
BROADCAST=172.16.3.255
IPADDR=172.16.3.5
NETMASK=255.255.255.0
NETWORK=172.16.3.0
ONBOOT=yes
```

Questa operazione si può effettuare più volte avendo cura di creare e nominare i file *ifcfg-eth0:1, ifcfg-eth0:2* e così via.
Se si vuole assegnare ad una scheda di rete un *range* di indirizzi IP (fino a 254) occorre creare il file
`/etc/sysconfig/network-scripts/ifcfg-eth0-range0` ed inserire:

```
IPADDR_START=172.16.1.2
IPADDR_END=192.168.1.254
CLONENUM_START=0
ONBOOT=yes
```

Per rendere effettivi i cambiamenti occorre far riavviare il servizio *network* tramite il comando:

```
]# service network restart
```

Per verificare le impostazioni della scheda numero *x* il comando è

```
]# ifconfig ethx
```

Senza specificare alcuna scheda, *ifconfig* mostra in output la configurazione di tutte le interfacce di rete in funzione, mentre, se si specifica un'interfaccia (ad esempio *eth0*) mostra solo la configurazione dell'interfaccia specificata.

ifconfig serve anche per assegnare immediatamente un indirizzo IP all'interfaccia di rete (tale assegnazione viene persa se si fa ripartire il servizio *network* o il sistema). Per esempio se si desidera assegnare a *eth0* anche l'indirizzo ip *192.168.1.1* con maschera *255.255.255.0* si utilizza il comando:

```
]# ifconfig eth0:0 192.168.1.1 netmask 255.255.255.0
```

Se si desidera che la Linux box funzioni da *router,* ovvero faccia transitare i pacchetti di dati da un'interfaccia all'altra, occorre inserire nel file `/etc/sysctl.conf` la seguente direttiva:

```
net.ipv4.ip_forward=1
```
(il default è 0).

oppure aggiungere al file `/etc/sysconfig/network` la seguente direttiva:

```
FORWARD_ipv4=YES
```

oppure lanciare il comando:

```
]# echo "1" > /proc/sys/net/ipv4/ip_forward
```

Quest'ultimo però non rende permanente l'impostazione, quindi se si riavvia il server o il servizio *network* bisogna ricordarsi di lanciarlo nuovamente.
La funzionalità della rete va provata con il comando:

```
]# ping 172.16.1.1
```

dove *172.16.1.1* è il router di default (che, tipicamente, dovrebbe essere sempre in funzione). Se la risposta è del tipo:

```
PING 172.16.1.1 (172.16.1.1) 56(84) bytes of data.
64 bytes from 172.16.1.1: icmp_seq=1 ttl=128 time=0.566 ms
64 bytes from 172.16.1.1: icmp_seq=2 ttl=128 time=0.543 ms

--- 172.16.1.1 ping statistics ---
2 packets transmitted, 2 received, 0% packet loss, time 999ms
rtt min/avg/max/mdev = 0.543/0.554/0.566/0.026 ms
```

allora la Linux box è in rete; in caso contrario occorre ricontrollare i file (o il cablaggio e gli switch). Alcune utili opzioni del comando ping vengono proposti in Appendice.

7.2 La *Secure Shell* e i comandi relativi

I comandi *ssh* e *scp* sono fondamentali per l'amministratore e consentono, rispettivamente, di prendere il controllo di un sistema remoto (in emulazione di terminale *VTxxx*) e di trasferire file tra un sistema e un altro utilizzando in entrambi i casi una connessione cifrata. La sintassi dei comandi per la sessione in emulazione di terminale è:

```
]# ssh remoto.proflinux.net
```

mentre per il trasferimento di file:

```
]# scp /dir/nome.file remoto.proflinux.net:/etc
```

oppure

```
]# scp remoto.proflinux.net:/etc/nome.file .
```

Nel primo caso per copiare il file */dir/nome.file* dal proprio sistema nella directory */etc* del sistema *remoto.proflinux.net* (si sarebbe potuto utilizzare anche l'indirizzo numerico), e nel secondo caso per copiare il file */etc/nome.file* dal sistema *remoto.proflinux.net* alla directory in cui ci si trova al momento di dare il comando (*[.]* indica la directory corrente).

In tutti e tre i casi viene richiesta la password di *root* del sistema *remoto.proflinux.net* in quanto il comando è stato impartito dall'utente *root* del sistema locale.

Se si desidera accedere al sistema *remoto.proflinux.net* con una utenza diversa da *root* (per esempio *ben*), allora la sintassi dei comandi, per la sessione in emulazione di terminale è:

```
]# ssh ben@remoto.proflinux.net
```

oppure

```
]# ssh remoto.proflinux.net -l ben
```

mentre, per copiare o ricevere file:

```
]# scp /dir/nome.file ben@remoto.proflinux.net:/etc
```

oppure

```
]# scp ben@remoto.proflinux.net:/etc/nome.file .
```

In tutti e quattro i casi viene richiesta la password dell'utente *ben* del sistema *remoto.proflinux.net*.

Bisogna notare che, nel caso del comando *scp,* quando si omette la directory di destinazione remota lasciando solo il carattere ":", come nel seguente caso

```
]# scp /dir/nome.file ben@remoto.proflinux.net:
```

si intende copiare il file */dir/nome.file* dal sistema locale, nella home directory dell'utente *ben (~ben* ovvero */home/ben*) sul sistema *remoto.proflinux.net*.

Se l'utente *ben* del sistema locale vuole accedere ad un sistema remoto del quale è amministratore senza dover digitare ogni volta la password di *root*, deve generare delle apposite chiavi crittografiche basate sull'algoritmo di cifratura RSA (inventato nel 1978 da R.Rivest, A.Shamir e L.Adleman). Il procedimento è il seguente: sul sistema locale *ben* si impartisce il seguente comando:

```
]$ ssh-keygen -t rsa
```

che crea due chiavi: una pubblica (`/home/ben/.ssh/id_rsa.pub`) ed una privata (`/home/ben/.ssh/id_rsa`).

Successivamente si copia il file `/home/ben/.ssh/id_rsa.pub` sul sistema remoto:

```
]$ scp ~/.ssh/id_rsa.pub root@remoto.proflinux.net:
root@remoto.proflinux.net's password:
```

quindi, si esegue una normale connessione ssh al server remoto:

```
]$ ssh root@remoto.proflinux.net
root@remoto.proflinux.net's password:
```

Infine, è necessario inserire il contenuto del file `id_rsa.pub` nel file `/root/.ssh/authorized_keys` avendo cura di non sovrascrivere l'eventuale contenuto di quest'ultimo:

```
]# cat id_rsa.pub >> ~/.ssh/authorized_keys
```

Per finire si può cancellare il file `id_rsa.pub`:

```
]# rm -f id_rsa.pub
```

A questo punto, l'utente *ben* può disconnettersi ed alla prossima connessione effettuata con *ssh* o *scp* non verrà più richiesta la password, ottenendo un risultato simile al seguente:

```
[ben@locale ben]$ ssh root@remoto.proflinux.net
Last login: Thu Oct 23 08:32:14 from locale.proflinux.net
[root@remoto root]#
```

È da notare che se, dopo aver impostato il login sullo scambio di chiavi, viene cambiata la password del sistema remoto è ancora possibile accedere senza la richiesta di password.

ssh può risultare utile anche per lanciare un singolo comando sul sistema remoto. Ad esempio:

```
]# ssh remoto.proflinux.net ls -la /home
```

che, come risultato, mostra il contenuto della directory */home* sul sistema remoto.

7.3 Il DHCP server

Il DHCP server consente di assegnare dinamicamente indirizzi IP ai computer collegati in rete locale che ne fanno richiesta. Se, a titolo di esempio, disponiamo di 100 stazioni di lavoro (anche con sistemi operativi eterogenei) connesse alla rete *172.16.22.128/25* e risulta necessario che, non appena accese, venga loro assegnato un indirizzo IP compreso tra 150 e 250 con gateway *172.16.22.129* e DNS *172.16.1.22* e *172.16.1.3* presso il dominio *proflinux.net*, risulta sufficiente procedere alla seguente configurazione: occorre copiare il file `/usr/share/doc/dhcp-3.0p11/dhcpd.conf.sample` in `/etc/dhcpd.conf` con il seguente comando:

```
]#cp   /usr/share/doc/dhcp-3.0p11/dhcpd.conf.sample   \
/etc/dhcpd.conf
```

quindi si modifica `/etc/dhcpd.conf` come segue:

```
subnet 172.16.22.128 netmask 255.255.255.128
# Il server deve far parte della rete
{
range 172.16.22.150 172.16.22.250;
# una settimana in secondi
default-lease-time 604800;
# un mese in secondi
max-lease-time 2592000;
# maschera di rete
option subnet-mask 255.255.255.128;
# broadcast sulla rete
option broadcast-address 172.16.22.255;
# router di riferimento
option routers 172.16.22.129;
# WINS di riferimento
option netbios-name-servers 172.16.1.49;
# NTP server di riferimento
option ntp-servers 172.16.1.17;
# I DNS di riferimento separati da virgola
option domain-name-servers 172.16.1.22, 172.16.1.3;
# dominio di riferimento
option domain-name "proflinux.net";
}
# aggiornamento DNS
ddns-update-style none;
# per assegnare un indirizzo preciso ad un computer con un
# determinato MAC address
host ibmmax {
hardware ethernet 00:00:34:98:34:11;
fixed-address 172.16.1.157; }
```

Naturalmente occorre far partire il servizio con

```
]# service dhcpd start
```

Per avviare il servizio automaticamente al prossimo avvio il comando è:

```
]# chkconfig dhcpd on
```

Le informazioni sugli indirizzi IP assegnati sono disponibili presso il file */var/lib/dhcp/dhcpd.leases*. Il protocollo di trasporto utilizzato è l'UDP: la porta 67 *(bootps)* è utilizzata dal server mentre la porta 68 *(bootpc)* è utilizzata dai client. Se le schede di rete sono più di una e si vuole utilizzare il DHCP solo per la scheda *eth0*, allora bisogna specificarlo nel file */etc/sysconfig/dhcpd* con il parametro:

```
DHCPDARGS=eth0
```

Se la macchina Linux riceve un indirizzo IP da un DHCP server, allora il file */etc/sysconfig/network-scripts/ifcfg-eth0* dovrà avere la seguente configurazione:

```
DEVICE=eth0
BOOTPROTO=dhcp
ONBOOT=yes
```

7.4 NTP

Affinché gli orologi delle varie stazioni di lavoro siano sincronizzati occorre riferirsi ad un server in grado di offrire la data e l'ora in modo preciso. Ciò risulta molto importante perché gli eventi vengano registrati in modo corretto nei file di log.

In Italia l'Istituto Galileo Ferraris di Torino che funziona da NTP (Network Time Protocol) server e risponde all'indirizzo IP *time.ien.it (193.204.114.223)*. Affinché una *Linux box* connessa ad Internet funga da NTP server occorre scrivere nel file */etc/ntp.conf* la seguente configurazione:

```
logfile /var/log/xntpd
driftfile /etc/ntp/ntp.drift
statsdir /var/log/ntpstats/

statistics loopstats peerstats clockstats
filegen loopstats file loopstats type day enable
filegen peerstats file peerstats type day enable
filegen clockstats file clockstats type day enable

# Serventi
server 127.127.1.0
fudge 127.127.1.0 stratum 0
# NTP SERVER time.ien.it (193.204.114.223)
server time.ien.it
fudge time.ien.it stratum 0
```

Occorre attendere da 15 a 30 minuti affinché il servizio sia operativo poiché il nuovo server deve allinearsi con il servente (nel nostro caso *time.ien.it*) per acquisire l'ora esatta. Per provare da un client la funzionalità del NTP server il comando è:

```
]# ntpdate -u indirizzo.del.server.ntp
```

Tutti i client della rete potranno aggiornare il proprio orario riferendosi al server precedentemente configurato (supponiamo con indirizzo IP *172.16.1.5*), oppure al solito server che risponde indirizzo Internet *time.ien.it (193.204.114.223)* con il comando:

```
]# ntpdate -u 172.16.1.5
```

nel primo caso,

```
]# ntpdate -u 193.204.114.233
```

nel secondo caso.

Tipicamente, per essere certi che il proprio sistema connesso ad Internet abbia sempre l'ora esatta, occorre creare il file */etc/cron.hourly/aggiorna.orario* nel seguente modo:

```
#!/bin/bash
```

```
/usr/sbin/ntpdate -u 193.204.114.233 > /dev/null
```

dove >*/dev/null* sopprime la visualizzazione di un eventuale output e tipicamente si utilizza negli script di shell. Infine occorre ricordarsi di impostare al file l'eseguibilità:

```
]# chmod +x /etc/cron.hourly/aggiorna.orario
```

ed in questo modo si può essere certi che l'orario del sistema sarà aggiornato ogni ora. In alternativa, se si vuole che l'ora venga aggiornata ogni giorno, settimana o mese basta copiare rispettivamente il file *aggiorna.orario* precedentemente creato nelle directory */etc/cron.daily, /etc/cron.weekly* e */etc/cron.monthly*.

7.5 Il superdaemon *xinetd* e i *wrapper TCP*

Subito dopo l'installazione di un sistema, alcuni daemon sono configurati per avviarsi automaticamente (per es. *sshd*), mentre altri vanno attivati manualmente (per es. *httpd*). Il daemon *xinetd* gestisce più processi quali ad esempio *telnetd, tftpd, ipop3d* e *imapd* per citare i principali. Contrariamente ai daemon comuni che sono stand-alone ovvero autonomi, *xinetd* gestisce più daemon e per questa ragione viene chiamato *superdaemon*. Tutti i servizi gestiti da *xinetd* si trovano nella directory */etc/xinetd.d/*.

È possibile attivare e disattivare i servizi gestiti da *xinetd* usando il comando *chkconfig*; per sesempio se si desidera attivare il servizio *telnet* si può usare il comando:

```
]# chkconfig telnet on
```

che fa partire immediatamente il servizio senza dover riavviare *xinetd*.
Per disattivare il servizio il comando è:

```
]# chkconfig telnet off
```

Lo stesso dicasi per tutti gli altri servizi gestiti da *xinetd*. È possibile, inoltre, attivare e disattivare i servizi seguendo un'altra modalità. Per esempio, volendo abilitare il servizio *POP3* per permettere agli utenti di scaricare la propria posta elettronica si può editare il file `/etc/xinetd.d/ipop3` e modificarlo come segue:

```
# default: off
# description: The POP3 service allows remote users to access \
#              their mail using an POP3 client such as Netscape \
#              Communicator, mutt, or fetchmail.
service pop3
{
     disable= no
     socket_type              = stream
     wait                     = no
     user                     = root
     server                   = /usr/sbin/ipop3d
     log_on_success += HOST DURATION
     log_on_failure += HOST
}
```

In questo caso occorre far ripartire il servizio *xinetd* con il comando:

```
]# /etc/init.d/xinetd restart
```

oppure

```
]# service xinetd restart
```

Lo stesso vale per i servizi *telnet*, *IMAP*, *TFTP* e tutti gli altri servizi gestiti da *xinetd*. Oltre ad abilitare o disabilitare i servizi gestiti da *xinetd*, è possibile impostare un intervallo di tempo durante il quale il servizio deve essere attivato. Ad esempio, se si vuole erogare il servizio di *telnet* dalle 8.00 alle 23.00 occorre impostare il file `/etc/xinetd.d/telnet` nel seguente modo:

```
service telnet
{
     flags             = REUSE
     socket_type       = stream
     wait              = no
     user              = root
     server            = /usr/sbin/in.telnetd
     log_on_failure      += USERID
access_times          = 8:00-23:00
disable               = no
}
```

Sia *xinetd,* con tutti i suoi servizi, che daemon stand-alone come *sshd, sendmail, portmap,* etc. fanno riferimento ai cosiddetti *wrapper TCP* ovvero al daemon *tcpd.* L'idea alla base dei wrapper TCP è che le richieste del client alle applicazioni del server sono *"wrapped"* (inglobate) da un servizio di autenticazione. Quando un client chiede di accedere a un daemon che usa i wrapper TCP, il *tcpd* si frappone tra client e server, applica le direttive di controllo dell'accesso e scompare per alleggerire la comunicazione client/server. La funzionalità dei wrapper TCP è fornita da *libwrap.a,* una libreria con la quale i servizi di rete, quali *xinetd, sshd, sendmail* e *portmap,* sono compilati.

L'autorizzazione a contattare determinati daemon viene concessa o negata in base al contenuto dei file `/etc/hosts.allow` e `/etc/hosts.deny`: se sono vuoti tutti i servizi eventualmente attivati sul server saranno disponibili per qualunque macchina della rete. Se, per esempio, si vuole rendere il server fruibile solo dai client con indirizzo *172.16.x.y,* occorre agire sui file: `/etc/hosts.allow` inserendo la riga

```
ALL: 172.16.
```

ed in `/etc/hosts.deny` inserendo la riga

```
ALL: ALL
```

oppure si può editare solamente il file */etc/hosts.allow* per ottenere lo stesso risultato:

```
ALL: 172.16. : ALLOW
ALL: ALL: DENY
```

Una tipica configurazione di `/etc/hosts.allow` potrebbe essere la seguente:

```
sshd, ipop3d,imapd: ALL : ALLOW
ALL : 172.16. : ALLOW
nfsd : 172.17.1.18, 172.27.1.18 : ALLOW

in.telnetd : ALL: spawn (safe_finger -l @ | /usr/sbin/mail -s %d \
%h root) & : DENY
```

```
in.tftpd  : ALL: twist /bin/echo TFTP non è consentito provenendo\
dal sistema %h : DENY

ALL: ALL: DENY
```

Che in sostanza indica:

- Tutte le macchine della rete possono accedere in ssh e scaricare la posta con POP3 e IMAP;
- Tutte le macchine della rete appartenenti alla rete IP *172.16.0.0/16* possono accedere a tutti i servizi attivati;
- Le directory eventualmente messe a disposizione da questa macchina per essere agganciate via NFS sono rese fruibili solo alle macchine con indirizzo IP *172.17.1.18* e *172.27.1.18*.
- Il telnet è vietato a tutti ed il sistema manda una mail a *root* con l'indirizzo IP o il nome mnemonico del client che tenta il collegamento;
- Se un client prova ad accedere in TFTP, il sistema risponde con un messaggio di testo.

Dopo ogni modifica, non occorre far ripartire alcun servizio per rileggere le regole descritte in */etc/hosts.allow* e */etc/hosts.deny* in quanto *tcpd* è invocato ogni volta che una macchina cerca di stabilire una connessione con il server.

Nota bene che i nomi dei daemon, nel caso dei servizi di *xinetd* si possono ottenere editando il relativo file di controllo: nel caso di *telnet*, per esempio, il daemon è *in.telnetd*.

7.6 Configurazione del server *DNS*

Il servizio DNS (*Domain Name Service*) consente di tradurre gli indirizzi mnemonici (*FQDN, Full Qualified Domain Name,* per esempio *www.proflinux.net*) in indirizzi IP (per esempio *172.16.1.5*). Per ogni dominio occorrono almeno due server DNS, uno primario e l'altro secondario.

Cominciamo con la configurazione del server DNS primario per *proflinux.net* il cui nome FQDN è *server.proflinux.net* e il cui indirizzo IP è *172.16.1.5*.
I file inclusi nella distribuzione sono:

- */etc/named.conf*
- */var/named/named.ca*
- */var/named/named.local*
- */var/named/localhost.zone.*

Tra questi l'unico file che occorre modificare è */etc/named.conf* di cui riportiamo la configurazione di default:

```
// generated by named-bootconf.pl

options {
        directory "/var/named";
        /*
         *If there is a firewall between you and nameservers you want
         * to talk to, you might need to uncomment the query-source
         * directive below.  Previous versions of BIND always asked
         * questions using port 53, but BIND 8.1 uses an unprivileged
         * port by default.
         */
        // query-source address * port 53;
};

//
// a caching only nameserver config
//
controls {
        inet 127.0.0.1 allow { localhost; } keys { rndckey; };
};
zone "." IN {
        type hint;
        file "named.ca";
};

zone "localhost" IN {
        type master;
        file "localhost.zone";
        allow-update { none; };
};

zone "0.0.127.in-addr.arpa" IN {
        type master;
        file "named.local";
        allow-update { none; };
};

include "/etc/rndc.key";
```

Il file `/etc/named.conf` può avere la seguente configurazione:

```
options {
directory "/var/named";
};

// I commenti si scrivono così

controls {
inet 127.0.0.1 allow { localhost; } keys { rndckey; };
};
zone "." IN {
type hint;
file "named.ca";
};

zone "localhost" IN {
type master;
file "localhost.zone";
allow-update { none; };
};

zone "0.0.127.in-addr.arpa" IN {
type master;
file "named.local";
allow-update { none; };
};

zone "proflinux.net" IN {
type master;
file "proflinux.zone";
allow-update { none; };
};

zone "1.16.172.in-addr.arpa" IN {
type master;
file "proflinux.reverse";
allow-update { none; };
};

include "/etc/rndc.key";
```

Come si evince dal suindicato file, nella directory `/var/named` vanno poi creati i file `proflinux.zone`, per la risoluzione da indirizzo mnemonico a numerico IP, e `proflinux.reverse`, per la risoluzione inversa da numerico IP a mnemonico. Questi file devono essere di proprietà di *named* e gruppo *named* (quindi se si agisce come utente *root*, non bisogna dimenticare di dare il comando *chown named.named proflinux.zone proflinux.reverse*). Si precisa che `proflinux.zone` e `proflinux.reverse` sono nomi di fantasia e quindi non obbligatori.

Le istruzioni che commentiamo sono le seguenti:

```
directory /var/named;

zone "1.16.172.in-addr.arpa " {
type master;
file "proflinux.reverse";
};

zone "proflinux.net" {
type master;
file "proflinux.zone";
};
```

La directory di lavoro è */var/named*; quanto concerne la risoluzione da numero IP a nome mnemonico si trova nel file */var/named/proflinux.reverse* (notare la scrittura inversa dei numeri della rete *1.16.172.in-addr.arpa*) e ciò che è relativo alla risoluzione da nome mnemonico a numero IP si trova nel file */var/named/proflinux.zone*

Di seguito un esempio di */var/named/proflinux.zone*

```
;; # AUTHORITATIVE DATA FOR: PROFLINUX.NET. #
;; # DOMINIO DI PROVA #
;; ###########################################
;
$TTL 14400
@ IN SOA server.proflinux.net. root.server.proflinux.net. (
                2003081300 ;FILE VERSION #
                86400 ;REFRESH = 1 giorno
                3600 ;RETRY = 1 ora
                604800 ;EXPIRE = 7 giorni
                86400 ;MINIMUM TTL = 1 giorno
                )
;;
;; AUTHORITATIVE NAME SERVERS FOR THIS DOMAIN: TTL 5 DAYS
;;
@               IN      NS              server
@               IN      NS              dnssecondary
@               IN      A               172.16.1.5
@               IN      MX      0       server
@               IN      MX      10      presariomax
;;
;; STANDARD STUFF:
;; Define Mail Box for a responsible person, and
;; make sure "localhost" is known in this domain.
;;
root            IN      MB      server
localhost       IN      A       127.0.0.1
loopback-host           IN      CNAME   localhost
loopback        IN      CNAME   localhost
loghost         IN      CNAME   localhost
server                  IN      A       172.16.1.5
                        IN      MX 10   server
                        IN      MX 20   pc1

dnssecondary IN         A       172.16.1.6
```

```
mail          IN     CNAME    server
pop           IN     CNAME    server
www           IN     CNAME    server

pc1           IN     A        172.16.1.1
              IN     MX 10    pc1
www2          IN     CNAME    pc2


presariomax   IN     A        172.16.1.3
```

Alla   precedente   configurazione   tipicamente   si   associa   il   file
/var/named/proflinux.reverse

```
;; # AUTHORITATIVE DATA FOR: 1.16.172.IN-ADDR.ARPA. #
;; # DOMINIO DI PROVA #
;; ##################################################
;
$TTL 14400
@ IN SOA server.proflinux.net. root.server.proflinux.net. (
                2003081300 ;FILE VERSION #
                86400 ;REFRESH = 1 giorno
                3600 ;RETRY = 1 ora
                604800 ;EXPIRE = 7 giorni
                86400 ;MINIMUM TTL = 1 giorno
                )

;;
;; AUTHORITATIVE NAME SERVERS FOR THIS DOMAIN: TTL is 5 days.
;;
@           IN     NS       server.proflinux.net.
;;
;; ##########################################################
;; # HOST REVERSE ADDRESSES ON THIS NETWORK: #
;; ##########################################################
;
1           IN     PTR      pc1.proflinux.net.
3           IN     PTR      presariomax.proflinux.net.
5           IN     PTR      server.proflinux.net.
6           IN     PTR      dnssecondary.proflinux.net.
```

Osservazioni sugli statement visti nei due precedenti file:

- *"@"* indica che lo *Start of Authority* coincide con il nome del dominio.
- *"IN"* indica una *"Name server Class"* che usata con i record *A, PTR* e *CNAME* mappa gli indirizzi mnemonici in numerici e viceversa.
- *"SOA"* (*Start of Authority*) indica che i nomi indicati successivamente definiscono il nome della macchina che funge da *name server* (server.proflinux.net) e l'indirizzo di posta elettronica del responsabile per il dominio (root.server.proflinux.net (nota che la solita "@" qui viene sostituita con un punto).
- *2003081300 ;FILE VERSION #* indica la versione del file ed indica anno 2003, mese 08, giorno 13, e modifica durante il giorno 00; questo numero deve essere modificato ogni volta che si fa una modifica sui file di configurazione.
- *86400 ;REFRESH = 1 giorno* indica il tempo in secondi che un DNS secondario deve aspettare prima di aggiornare la zona relativa al dominio.

- *3600 ;RETRY = 1 ora* indica il tempo in secondi che un DNS secondario aspetta se il refresh non è andato a buon fine.
- *604800 ;EXPIRE = 7 giorni* indica il tempo in secondi dopo il quale il DNS secondario cessa di interrogare il primario.
- *86400 ;MINIMUM TTL = 1 giorno* indica il tempo di validità di quanto è memorizzato in *cache*.
- *NS* è l'acronimo di *nameserver*.
- *CNAME* significa *canonical name* e serve per assegnare un nome alias (nel nostro caso gli alias di *server* sono *mail, pop* e *www*).
- *A* è il record che precede un indirizzo IP.
- *MX* sta per *mail exchanger* ed indica quale macchina dovrà ricevere la posta elettronica indirizzata a *utente@proflinux.net*; 0 indica massima priorità per ricevere la posta, i numeri superiori si utilizzano per eventuali altri mail server che possono ricevere la posta in caso di indisponibilità momentanea del server con priorità più bassa. Questo record, quando è associato ad una qualsiasi macchina del dominio, deve assolutamente precedere il record *CNAME* perché altrimenti il servizi DNS non funziona.
- *PTR*, si trova nel file di configurazione */var/named/proflinux.reverse* e serve per la risoluzione da indirizzo IP a nome mnemonico.

Per vedere se il servizio funziona occorre puntare a se stessi come *nameserver* e questa indicazione va posta nel file */etc/resolv.conf* nel seguente modo:

```
search proflinux.net
nameserver 172.16.1.5
```

Il servizio DNS riparte con il comando:

```
]# service named restart
```

Per quanto riguarda l'impostazione di un dns secondario per lo stesso dominio, il file */etc/named.conf* sulla macchina che funge da dns secondario (diversa da quella che funge da dns primario), può essere scritto nel seguente modo:

```
options {
directory "/var/named";
};

// I commenti si scrivono così

controls {
inet 127.0.0.1 allow { localhost; } keys { rndckey; };
};
zone "." IN {
type hint;
file "named.ca";
};

zone "localhost" IN {
type master;
file "localhost.zone";
allow-update { none; };
```

```
};

zone "0.0.127.in-addr.arpa" IN {
type master;
file "named.local";
allow-update { none; };
};

zone "proflinux.net" IN {
type slave;
file "backup/proflinux.zone";
masters { 172.16.1.5; };
};

zone "1.16.172.in-addr.arpa" IN {
type slave;
file "backup/proflinux.reverse";
masters { 172.16.1.5; };
};

include "/etc/rndc.key";
```

I file *proflinux.zone* e *proflinux.reverse* vengono scritti nella directory */var/named/backup* sulla base di quanto viene fornito dal dns primario. Il servizio deve ripartire con il comando:

]# service named restart

Per verificare che il file */etc/named.conf* sia sintatticamente corretto si usa il comando:

]# named-checkconf /etc/named.conf

Infine, per verificare la sintassi dei file relativi alle zone (*proflinux.zone* e *proflinux.reverse*) i comandi sono

**]# named-checkzone proflinux.net \
/var/named/proflinux.zone**

e

**]# named-checkzone 1.16.172.in-addr.arpa \
/var/named/proflinux.reverse**

7.7 Configurazione della posta elettronica

Tutti i principali file di configurazione per l'inoltro della posta elettronica si trovano nella directory `/etc/mail` e precisamente, per far funzionare correttamente il programma *sendmail* occorre seguire la seguente procedura: editare il file `/etc/mail/local-host-names` e inserirvi il nome o i nomi relativi alla macchina per cui si intende ricevere posta elettronica, per esempio:

```
server.proflinux.net
www.proflinux.net
mail.proflinux.net
mbox.proflinux.net
proflinux.net
```

Naturalmente questi nomi devono essere inseriti nel DNS come visto in precedenza. Supponendo, quindi, che tale macchina sia il server *SMTP* di riferimento per la rete *172.16.1.0/24* allora nel file `/etc/mail/access` occorre inserire la riga:

```
172.16.1      RELAY
```

Nel file `/etc/mail/sendmail.mc` è necessario inserire il commento "*dnl*" a inizio riga nel seguente modo:

```
dnl DAEMON_OPTIONS(`Port=smtp,Addr=127.0.0.1, Name=MTA')
```

La riga si trova nella parte finale del file.

Se il server dispone di più di un'interfaccia di rete, o di una sola interfaccia di rete con più di un indirizzo IP (ad esempio *172.16.1.5* e *172.16.1.17*) e si desidera che *sendmail* ascolti sulla porta 25 di un solo indirizzo IP oltre che sull'indirizzo locale *127.0.0.1*, si deve duplicare la riga nel modo seguente:

```
DAEMON_OPTIONS(`Port=smtp,Addr=127.0.0.1, Name=MTA')
DAEMON_OPTIONS(`Port=smtp,Addr=172.16.1.5, Name=MTA')
```

Occorre successivamente dare il comando:

```
]# make -C /etc/mail
```

Infine bisogna far ripartire *sendmail* con il comando:

```
]# service sendmail restart
```

Per la gestione degli alias, il file di configurazione relativo si chiama `/etc/aliases`. Al fine di far ricevere la posta indirizzata a *tartamella@proflinux.net* e *massimo.tartamella@proflinux.net* all'utente *max* occorre inserire le linee:

```
tartamella:            max
massimo.tartamella:    max
```

Oppure, supponendo di organizzare una lista di distribuzione denominata *"utenti"* per lo scambio di mail tra i componenti occorre inserire la riga:

```
utenti:        reno@tin.it,sar,pul,vas@lab.proflinux.net,pia,max
```

Gli utenti *sar, pul, pia, lidia* e *max* fanno parte del mail server locale, gli altri stanno su altri mail server. Occorre poi ricostruire il database con il comando:

```
]# newaliases
```

Non occorre riavviare *sendmail*.
Se il server di posta elettronica, per qualche ragione, non dovesse essere disponibile, potrebbe essere utile disporre di un server di backup.
I server di mail vanno indicati innanzitutto nel DNS con la seguente direttiva:

```
@    IN    MX    0       server.proflinux.net.
@    IN    MX    10      presariomax.proflinux.net.
```

la quale indica che, normalmente, la posta per *proflinux.net* è ricevuta da *server.proflinux.net*; se questo non è raggiungibile, viene consegnata a *presariomax.proflinux.net*. Per ottenere questo risultato occorre andare in *presariomax.proflinux.net* nella directory `/etc/mail` e creare il file `relay-domains` (non viene creato di default nella installazione di Linux) dove va inserita la riga:

```
proflinux.net
```

Bisogna quindi riavviare *sendmail* con:

```
]# service sendmail restart
```

Sulla macchina *server.proflinux.net*, prima di riavviare *sendmail*, per recuperare tutte le e-mail indirizzate agli utenti di *proflinux.net* e memorizzate dal secondo mail server *presariomax.proflinux.net*, occorre lanciare lo script *etrn.pl* con il seguente comando:

```
]# etrn.pl -wd presariomax.proflinux.net \
proflinux.net
```

Il file si può prelevare all'indirizzo Internet *http://www.sendmail.org* ed è opportuno copiarlo nella directory `/sbin` e darne l'eseguibilità con il comando

```
]# chmod +x /sbin/etrn.pl
```

7.8 Configurazione di *procmail* per filtrare la posta

Procmail è il *processore di mail* al quale *sendmail* passa la posta elettronica ricevuta per consegnarla all'utente finale (*nomeutente*): di default questa viene accodata nel file */var/spool/mail/nomeutente* oppure nel file */home/nomeutente/mail/mbox*; se non esiste alcun messaggio, nell'uno o nell'altro caso, i file vengono creati ex-novo.

Oltre a consegnare la mail, *procmail* può essere configurato per stabilire regole di filtraggio generali (valide per tutti gli utenti), agendo sul file */etc/procmailrc*, oppure personalizzate, a cura di ciascun utente, da inserire nel file */home/nomeutente/.procmailrc*; entrambi i file non esistono di default.

Le regole di filtraggio sono denominate *recipe* e cominciano con "*:0*"; esse vanno inserite in uno dei file sopra indicati (o in entrambi) seguendo una determinata logica sequenziale e, quando una mail soddisfa un criterio specificato in una recipe, quelle successive non vengono esaminate.

In questa sede faremo riferimento a due configurazioni valide a livello generale ma che possono essere implementate anche a livello di singolo utente.

7.8.1 Eliminazione di messaggi particolari

Supponendo di non voler ricevere mail provenienti da domini o utenti particolari, o che contengano parole particolari nell'oggetto, configuriamo il file */etc/procmailrc* nel seguente modo:

```
#MAILDIR=$HOME/mail              # Da usare nel caso la posta
                                 # sia consegnata
# in /home/utente/mail
#DEFAULT=$MAILDIR/mbox           # File in cui consegnare
# la posta
#LOGFILE=$MAILDIR/from           # Eventuale file di log
#LOCKFILE=$HOME/.lockmail        # Eventuale file di lock
PATH=/bin:/usr/bin:/usr/local/bin:/usr/sbin:.
SHELL=/bin/bash

# Se si usa una configurazione particolarmente lunga
# togliere il commento alla riga seguente
# ed eventualmente aggiustare la dimensione
# del buffer
#LINEBUF=8192                    # Usa un buffer di riga di 8 KB

:0                               # Tutti i messaggi provenienti
* ^From.*@dominio.bloccato.it*   # da questo dominio
/dev/null                        # vengono eliminati

:0                               # Tutto ciò che arriva da
* ^From.*utente@spammer.com*     # questo indirizzo
/dev/null                        # viene eliminato

:0                               # Tutto ciò che arriva
* ^From.*altroutente@*           # da 'altroutente', qualunque
                                 # sia il dominio e qualunque sia
```

```
                                        # la stringa che precede
                                        # 'altroutente'
/dev/null                               # viene eliminato

:0
* ^Subject:.*(parola1|parola2)*         # Se l'oggetto contiene una o
                                        # più di queste parole
/dev/null                               # elimina la mail
```

Nel caso in cui la posta venisse consegnata in */home/nomeutente/mail/mbox* bisogna togliere il commento alle prime quattro linee del file.

Le prime due recipe possono essere implementate anche attraverso il file */etc/mail/access*, e precisamente inserendovi le seguenti direttive:

```
@dominio.bloccato.it           DISCARD
utente@spammer.com             DISCARD
```

7.8.2 Eliminazione di messaggi con allegati indesiderati

Supponendo di non voler ricevere mail contenenti allegati con estensione *.exe*, *.com* e *.bat*, possiamo inserire nel file */etc/procmailrc* le seguenti recipe:

```
:0 B                                 #Controlla il Body della mail
* Content-Disposition..attachment.   # Se c'è un allegato
* filename=.*\.(exe|com|bat).        # con una di queste estensioni
{
:0 Ec
/dev/null                            # Elimina la mail
:0 h                                 # invia una mail al mittente
| (formail -rI"Precedence: junk" \
-A"From: postmaster@proflinux.net" ;\
echo "Per ragioni di sicurezza non e' possibile inoltrare messaggi
contenenti allegati con estensione exe, com, e bat, pertanto tali
messaggi vengono eliminati." ; \
echo "Si prega di non rispondere a questo messaggio in quanto e'
stato inviato automaticamente dal sistema." ; \
echo "Cordiali Saluti. Postmaster proflinux.net"; \
) | $SENDMAIL -oi -t
}
```

Con la configurazione sopra indicata, quando *procmail* interviene nella consegna della mail contenente uno o più allegati fra quelli specificati, la elimina (inviandola a /dev/null) ed invia una mail informativa al mittente.

Negli esempi proposti, la posta indesiderata viene eliminata completamente; per memorizzarne una copia (oppure in caso di configurazione utente si vuole conservare a parte la posta proveniente da un certo utente o dominio), è possibile farlo sostituendo */dev/null* con, ad esempio, *$HOME/mail_bloccata* che può essere interrogato con il comando:

```
]# mail -f $HOME/mail_bloccata
```

7.9 Configurazione di *fetchmail* per recuperare la posta da vari server

Può risultare necessario per un'organizzazione non permanentemente collegata ad Internet prelevare a tempo ed automaticamente la posta memorizzata presso mail server esterni. Questo lavoro può essere svolto dal programma *fetchmail*. Occorre scrivere nella propria home directory il file `.fetchmailrc` che contiene ad esempio

```
poll pop3.proflinux.net proto pop3 user "utente" pass "password"
```

oppure

```
poll imap4.proflinux.net proto imap user "utente" pass "password"
```

Quindi bisogna eseguire il comando

]$ fetchmail

Questa esecuzione potrà essere automatizzata, per esempio ogni 30 minuti nel seguente modo:
(ricordiamo che la sequenza in crontab è *minuti   ore   giorno_del_mese   mese   giorno_della_settimana   comando*)

]$ crontab -e

ed inserire quanto segue:

```
30 * * * *    /usr/bin/fetchmail
```

inserendo uno spazio con il tasto *[TAB]* fra l'ultimo asterisco e l'inizio del comando.

7.10 Impostazione del servizio *vacation*

Capita ogni tanto di non potere leggere le proprie mail per un periodo di tempo. Se si vuole rispondere con un messaggio di cortesia ai propri interlocutori elettronici si può usare il programma *vacation*.

Occorre scaricare *vacation.x.y.z.rpm* da *www.rpmfind.net* ed installarlo con il comando:

```
]# rpm -ivh vacation.x.y.z
```

Una volta eseguita l'operazione, andare nella propria home directory e scrivere il file denominato */home/nomeutente/.forward* (attenzione al punto davanti) e scrivere:

```
\nomeutente, "|vacation nomeutente"
```

Quindi bisogna riportare il messaggio di cortesia all'interno del file */home/nomeutente/.vacation.msg*:

```
Sono in vacanza,
la vostra mail riguardante $SUBJECT sarà letta al mio ritorno.
Saluti!
```

Infine, in merito al file */home/nomeutente/.forward*, può essere utile ricevere un SMS ogni volta che si riceve una mail, tramite il proprio provider telefonico. Se si attiva il servizio con numero di telefono *5555444333@provider.telefonico.it*, il file in argomento deve contenere la seguente direttiva:

```
\nomeutente, 5555444333@provider.telefonico.it
```

7.11 Configurazione di un antivirus centralizzato

Un antivirus centralizzato consente di aumentare sensibilmente la sicurezza del proprio network e dei sistemi gestiti. Di seguito, mostreremo come tramite l'utilizzo di un antivirus per Linux ed la modifica al file di configurazione di *sendmail*, sia possibile implementare un sistema di antivirus per la posta elettronica. Nell'esempio viene utilizzato *f-prot* (http://www.f-prot.com), ma è possibile implementare lo stesso sistema con qualsiasi altro antivirus. Prima di procedere con la configurazione dell'antivirus, è opportuno descrivere il principio di funzionamento di *sendmail*.

Una mail presa in consegna da *sendmail* viene registrata temporaneamente nella directory `/var/spool/mqueue` come una coppia di file chiamati `qf*` e `df*`. Successivamente una procedura di *sendmail* prende la mail dalla directory di queue e la inoltra a *procmail* che, come visto precedentemente, ha il compito di consegnarla al destinatario finale.
La procedura che descriveremo, interviene a questo livello, ricevendo la mail da *sendmail* ed effettuando un controllo con l'antivirus prima di consegnarla al destinatario. Praticamente l'antivirus si inserisce tra *sendmail* e *procmail*.

Pertanto, bisogna specificare nel file `/etc/mail/sendmail.cf` una directory temporanea (nell'esempio di seguito riportato verrà utilizzata la directory `/var/spool/antivir`) e la procedura da eseguire per la consegna.

Si consiglia di effettuare una copia di backup del file originale ed un'altra copia che servirà per la configurazione di un secondo *sendmail*:

```
]# cp /etc/mail/sendmail.cf \
/etc/mail/sendmail.cf.backup

]# cp /etc/mail/sendmail.cf \
/etc/mail/sendmail.cf.orig
```

Di seguito, riportiamo le modifiche da apportare al file `/etc/mail/sendmail.cf`:
Bisogna inserire alla voce "*RULESET 0*" la seguente stringa che specifica il *mailer* da utilizzare per la consegna della posta:

```
R$*          $#floramail $@$1 $:$1 initial parsing
```

Bisogna fare molta attenzione che tra *R$** e *$#....* ci sia almeno una tabulazione. Occorre poi definire la procedura che si occupa del controllo della posta, quindi, a tal proposito, inseriamo alla voce "*MAILER DEFINITION*" la seguente stringa:

```
Mfloramail, P=/usr/local/mail/floramail, F=ClADFMSPhu, S=0, R=0,
T=DNS/RFC822/X-Unix,
A=floramail $h $f $u $i
```

che identifica la procedura che prenderà in consegna la posta. Va modificata anche la struttura dell'header del messaggio in modo che vengano inserite informazioni in merito al sistema che ha effettuato la consegna ed il controllo della posta.

Quindi, si inserisce alla voce "*Format Header*" la seguente stringa:

```
HX-FLORAMAIL-AntiVirus: This e-mail has been scanned for viruses \
on host: $j
```

Nota bene: fare attenzione alla posizione occupata nella struttura dell'header. Di seguito, si riporta uno stralcio:

```
H?P?Return-Path: <$g>
HReceived: $?sfrom $s $.$?_($?s$|from $.$_)
$.by $j ($v/$Z)$?r with $r$. id $i$?u
for $u; $|;
$.$b
HX-FLORAMAIL-AntiVirus: This e-mail has been scanned for viruses \
on host: $j
H?D?Resent-Date: $a
H?D?Date: $a
H?F?Resent-From: $?x$x <$g>$|$g$.
H?F?From: $?x$x <$g>$|$g$.
H?x?Full-Name: $x
# HPosted-Date: $a
# H?l?Received-Date: $b
H?M?Resent-Message-Id: <$t.$i@$j>
H?M?Message-Id: <$t.$i@$j>
```

Bisogna infine definire la directory nella quale verranno depositate le varie e-mail in transito. Modifichiamo la "queue directory" come segue:

```
#O QueueDirectory=/var/spool/mqueue
O QueueDirectory=/var/spool/antivir
```

Una volta completata la serie di modifiche necessarie alla configurazione del file */etc/mail/sendmail.cf* bisogna apportare le modificare al file */etc/mail/sendmail.cf.orig*.
Sostituiamo la "queue directory" come segue:

```
# queue directory
#O QueueDirectory=/var/spool/mqueue
O QueueDirectory=/var/spool/checkedmail
```

Riassumendo, è stato creato un file di configurazione di *sendmail* chiamato */etc/mail/sendmail.cf*, in cui è stata definita la procedura che si occuperà del controllo delle e-mail ed un secondo file di configurazione chiamato */etc/mail/sendmail.cf.orig* che servirà per la procedura di consegna della posta.

Si riporta di seguito la struttura del mailer */usr/local/mail/floramail* definito nel file */etc/sendmail.cf*, necessario a notificare agli script che seguiranno le informazioni relative alla mail in transito:

```
#!/bin/bash
LOCALDIR=/usr/local/mail
echo $1 $2 $3 $4 >> "$LOCALDIR/mailstatus"
sleep 10
```

Lo script che segue, chiamato *floramail.main* si può mettere, ad esempio nella directory */usr/local/mail* precedentemente creata per l'occasione.
Di fatto, lo script cattura le informazioni da un file temporaneo (*/usr/local/mail/mailstatus*) e le passa ad un secondo script che controlla il contenuto della mail.

```
#!/bin/bash
ANTIVIRUSDIR="/usr/local/f-prot"
LOCALDIR="/usr/local/mail"
tail -n 0 -f $LOCALDIR/mailstatus | awk '{
split($1,dest,"<")
split(dest[2],desti,">")
destinatario = sprintf("%s%s",dest[1],desti[1])
tmp = sprintf("/auto/mail/floramail.scan \
%s %s %s%s" ,destinatario,$2,$3,$4)
system(tmp)
}'
```

Lo script principale */usr/local/mail/floramail.scan* è il vero e proprio sistema di controllo della posta. Il principio di funzionamento è descritto di seguito: effettuato un controllo sul mittente della mail, se il campo risulta vuoto il sistema sposta la mail nel cestino (*/usr/local/mail/cestino*), altrimenti, fatto un backup, ne viene ricostruita la struttura aggiungendo gli header (presenti nel file *qf**) e viene effettuato un controllo con l'antivirus.
Se la mail non risulta infetta da virus, viene spostata nella directory */var/spool/checkedmail* su cui agisce un secondo daemon *sendmail* che si occupa della consegna. Le eventuali e-mail infette da virus vengono spostate in una directory di quarantena.

```
#!/bin/bash
ANTIVIRUSDIR="/usr/local/f-prot"
MAILDIR="/var/spool/antivir"
DESTDIR="/var/spool/checkedmail"
LOCALDIR="/usr/local/mail"
if [ $4="" ]
then
mv "$MAILDIR/df$3" "$LOCALDIR/cestino"
mv "$MAILDIR/qf$3" "$LOCALDIR/cestino"
mv "$MAILDIR/xf$3" "$LOCALDIR/cestino"
fi
filescan="$MAILDIR/qf$4"
datafile="$MAILDIR/df$4"
cp "$MAILDIR/df$4" "$LOCALDIR/backup"
cp "$MAILDIR/qf$4" "$LOCALDIR/backup"
cp "$MAILDIR/xf$4" "$LOCALDIR/backup"
more $filescan | grep "boundary" > $MAILDIR/tmp1.$4
```

```
cat tmp $MAILDIR/tmp1.$4 tmp2 "df$4" > \
$MAILDIR/floratest.$4
$ANTIVIRUSDIR/f-prot $MAILDIR/floratest.$4 - \
report="$MAILDIR/$4.status"
if more "$MAILDIR/$4.status" | grep "No viruses"
then
rm $MAILDIR/floratest.$4
rm $MAILDIR/$4.status
rm tmp1.$4
mv "$MAILDIR/df$4" $DESTDIR
mv "$MAILDIR/qf$4" $DESTDIR
mv "$MAILDIR/xf$4" $DESTDIR
else
rm $MAILDIR/floratest.$4
rm $MAILDIR/$4.status
rm $MAILDIR/tmp1.$4
echo "Subject: Attenzione Notifica: hai ricevuto un \
VIRUS da $2" > tmp4.$4
echo "Subject: Attenzione Notifica: hai inviato un \
VIRUS a $3" > tmp5.$4
echo "Subject: VIRUS rilevato da $2 verso $3" > \
tmp6.$4
echo "Num. Rif. $4" > tmp1.$4
cat tmp5.$4 $LOCALDIR/notifica tmp1.$4 > tmp7.$4
cat tmp4.$4 $LOCALDIR/notifica tmp1.$4 > tmp8.$4
sendmail -fantivirus@proflinux.net < tmp6.$4
# Ricevuto
sendmail -fantivirus@proflinux.net $3 < tmp8.$4
# Inviato
sendmail -fantivirus@proflinux.net $2 < tmp7.$4
mv "$MAILDIR/df$4" "$LOCALDIR/quarantena"
mv "$MAILDIR/qf$4" "$LOCALDIR/quarantena"
mv "$MAILDIR/xf$4" "$LOCALDIR/quarantena"
rm -f *.$4
fi
```

All'interno dello script proposto, sono presenti una serie di comandi per la ricostruzione dell'header della mail.

Di seguito, sono riportati i file *tmp* e *tmp2* utilizzati nello script:

file *tmp*:

```
From lorenzo@proflinux.net Sun Apr 21 20:12:19 2002
Received: from there (IDENT:fJ/KDh0tu+X8@xxx.yyy [127.153.125.51])
by proflinux.net (8.11.6/8.11.2) with SMTP id g3LIBL727814
for <lorenzo@proflinux.net>; Sun, 21 Apr 2002 20:11:21 +0200
Message-Id: <200204211811.g3LIBL727814@proflinux.net>
From: Lorenzo Puccio <lorenzo@proflinux.net>
To: lorenzo@proflinux.net
Subject: Fwd: A script can make
Date: Sun, 21 Apr 2002 20:12:19 +0200
X-Mailer: KMail [version 1.3.1]
MIME-Version: 1.0
Content-Type: Multipart/Mixed;
```

file *tmp2*:

```
Status: RO
X-Status: O
```

Per avviare l'antivirus occorre eseguire i seguenti comandi:

```
]# service sendmail start (o restart)
]# /usr/local/mail/floramail.main & \
>/dev/tty9 </dev/tty9
```

Nel secondo comando:

- >/dev/tty9, fa in modo che l'eventuale output venga direzionato verso un terminale che non esiste (/dev/tty9);
- </dev/tty9, fa in modo che l'applicazione aspetti l'input da un terminale che non esiste e quindi, anche abbandonando la sessione corrente, il daemon floramail.main continui a funzionare.

Poi si avvia il daemon il sendmail originale con

```
]# /usr/sbin/sendmail -C/etc/mail/sendmail.cf.orig \
-q5m
```

Per far eseguire i comandi ad ogni riavvio, si possono inserire gli ultimi due nel file */etc/rc.local*

7.12 Configurazione di *SpamAssassin*

SpamAssassin è un modulo che identifica e-mail cosiddette di "*spam*" (ovvero e-mail inviate per scopi pubblicitari non sempre del tutto leciti); tramite l'utilizzo di opportune regole, l'applicativo identifica la qualità della e-mail analizzandone il testo contenuto e la struttura dell'header. Per attivare *SpamAssassin* per tutti gli utenti occorre creare il file `/etc/procmailrc` ed inserire il comando

```
INCLUDERC=/etc/mail/spamassassin/spamassassin-default.rc
```

Se lo si vuole attivare per singolo utente il comando va messo nel file `~/.procmailrc` nella *home directory* dell'utente.
Non appena *SpamAssassin* è in funzione ed intercetta la prima mail, il programma crea nella home directory dell'utente destinatario il file di configurazione `~/.spamassassin/user_prefs` di cui riportiamo un esempio:

```
# SpamAssassin user preferences file. See
# 'perldoc Mail::SpamAssassin::Conf'
# for details of what can be tweaked.
###############################################################################

# How many hits before a mail is considered spam.
# required_hits 5

# Whitelist and blacklist addresses are now file-glob-style
# patterns, so "friend@somewhere.com", "*@isp.com",
# or "*.domain.net" will all work.
# whitelist_from someone@somewhere.com

# Add your own customised scores for some tests below.
# The default scores are
# read from the installed spamassassin rules files,
# but you can override them here.
# To see the list of tests and their default scores, go to
# http://spamassassin.org/tests.html .
#
# score SYMBOLIC_TEST_NAME n.nn

# Speakers of Asian languages, like Chinese, Japanese and Korean,
# will almost definitely want to uncomment the following lines.
# They will switch off some rules that detect 8-bit characters,
# which commonly trigger on mails using CJK character sets, or
# that assume a western-style charset is in use.
#
# score HEADER_8BITS 0
# score HTML_COMMENT_8BITS 0
# score SUBJ_FULL_OF_8BITS 0
# score UPPERCASE_25_50 0
# score UPPERCASE_50_75 0
# score UPPERCASE_75_100 0
```

In questo file è possibile personalizzare il punteggio che individua il livello di *spam*, la lista di utenze che eventualmente sono esonerate ed il punteggio da attribuire alle varie regole presenti. Di default, tutte le personalizzazioni sono commentate.

Se si vuole, ad esempio, controllare le e-mail che superano i 250 KB il file
/etc/mail/spamassassin/spamassassin-default.rc si deve scrivere nel
seguente modo:

```
DROPPRIVS=yes
:0fw
* < 256000

| /usr/bin/spamassassin -P

:0e
{
EXITCODE=$?
}
```

In questo caso le e-mail che superano i 256K vengono controllate da Spamassassin
che ne verificherà il contenuto.
Le e-mail che via via vengono identificate come spam vengo marcare sul Subject
con la stringa *[SPAM]*.

7.13 Conclusioni

In questo capitolo è stato spiegato come impostare un server di rete sia per una rete locale, sia per applicazioni Internet quali server DNS e posta elettronica sempre prestando attenzione al tema della sicurezza.

Nel prossimo capitolo saranno illustrate alcune tecniche per eseguire un backup dei dati contenuti nel server. Vedremo le principali tecniche di backup e sarà inoltre proposto uno script per facilitarne l'automazione.

8 Il backup dei dati

La sicurezza dei dati è un argomento al quale un buon amministratore di sistema deve prestare la massima attenzione. Anche se si è fatto il possibile per proteggere i dati contro il guasto di un disco, ad esempio implementando una pila *RAID* di tipo 1 o 5, non si può mai essere sicuri di aver fatto abbastanza; potrebbero infatti guastarsi due o più dischi, nel qual caso la catena *RAID* non è più sufficiente a proteggere i dati. È buona norma eseguire periodicamente un backup di tutti i dati contenuti nel server, comprese le configurazioni dei vari servizi. Sarebbe meglio se tale backup risiedesse su un server diverso in modo che, se dovesse essere impossibile rimettere in funzione il server principale, i dati sarebbero comunque al sicuro sul secondo server. Se il server di backup fosse una copia speculare del principale, in caso di guasto si potrebbe addirittura effettuarne la sostituzione senza troppe difficoltà, aumentando l'up-time totale del sistema informatico.

8.1 Singolo, differenziale o incrementale?

Il backup è una procedura che, a differenza della semplice copia, mantiene inalterate tutte le proprietà dei file; fra i vari tipi di backup, occorre verificare i vantaggi e gli svantaggi per poi scegliere le strategie più consone alle proprie esigenze. Il backup singolo (o *full*) permette di salvare i dati presenti sul disco per poterli poi ripristinare esattamente come all'origine. Questo tipo di backup, può essere utile per quelle parti del sistema che cambiano raramente, come ad esempio la directory di sistema `/usr`, il cui contenuto rimane praticamente invariato a meno che non si installino o rimuovano programmi.

Per le parti del sistema che cambiano frequentemente, come ad esempio le directory `/home` e `/var` che contengono, rispettivamente, i file su cui lavorano gli utenti e la loro posta, un tale sistema di backup può non essere idoneo, anche se eseguito una volta al giorno, poiché tra un backup e il successivo, si avrebbero ripetizioni di file che non sono cambiati, quindi lo spazio occupato dal backup ed il tempo necessario ad eseguirlo risulterebbero eccessivi. In questo caso si può scegliere fra backup di tipo *differenziale* o *incrementale*. Entrambi vanno eseguiti sempre dopo un backup *full*, in modo che avendo un punto di riferimento sicuro, si può eseguire il backup soltanto dei file che sono cambiati e non dell'intero contenuto del disco. La differenza fra questi due tipi di backup sta nel fatto che eseguendo un backup differenziale si possono ripristinare i dati sempre al momento dell'ultimo salvataggio effettuato perdendo tutte le modifiche ed i cambiamenti precedenti. Ad esempio, si ipotizzi la seguente situazione:

- il giorno 1 alle 23.59 viene eseguito il backup *full*;
- ogni giorno alle ore 23.59 viene eseguito un backup *differenziale*;
- il giorno 10 alle ore 12.00 si verifica un evento tale da richiedere il ripristino dei dati.

A questo punto, eseguendo la procedura di ripristino, l'unica soluzione possibile è quella di recuperare la situazione esistente il giorno 9 alle ore 23.59. Questa soluzione può essere accettabile in caso di catastrofe, ma se, per esempio, il giorno 10 alle 12.00 un utente si accorge che il giorno 5 ha cancellato per errore un file creato il giorno 3 e di cui ha assolutamente bisogno, questo tipo di backup non offre alcuna soluzione.

Utilizzando invece il backup *incrementale* è possibile ricostruire la situazione esistente al momento di ogni singolo backup. Per l'utente in questione è possibile, ad esempio, ripristinare il backup full (ovviamente su un altro server), poi i backup dei giorni 2, 3 e 4 per recuperare il file. In Linux esistono diversi strumenti per effettuare il backup dei dati, di seguito si esamineremo i principali.

8.2 rsync

Il programma *rsync* serve per tenere allineate ed aggiornate due directory e può essere considerato fra gli strumenti che consentono di eseguire un backup *full* o *differenziale*. Immaginando di voler replicare la directory /home del server sulla directory /mnt/backup/home montata in *NFS*[1] e messa a disposizione da un altro sistema Linux, il comando da impartire è:

```
]# rsync -rogpa --delete /home/ /mnt/backup/home/
```

In questo modo, se la directory /mnt/backup/home risulta vuota, l'intero contenuto di /home viene copiato in essa, altrimenti vengono copiati solo i file presenti in /home che sono più nuovi di quelli presenti in /mnt/backup/home, e gli eventuali file esistenti in /mnt/backup/home che non esistono in /home vengono cancellati. Da ciò si deduce che *rsync* è in grado di eseguire backup di tipo *full* o *differenziali*. Le opzioni usate in questo esempio sono di seguito descritte:

-r, recursive	=	esamina le directory ricorsivamente;
-o, owner	=	mantiene l'*id* dell'utente proprietario (*uid*);
-g, group	=	mantiene l'*id* del gruppo proprietario (*gid*);
-p, perms	=	mantiene i permessi;
-a, archive	=	modalità archivio;
--delete	=	cancella dalla directory di destinazione ciò che non è presente nella directory sorgente.

Con l'opzione *-e* è possibile usare un *protocollo di trasporto* esterno, come ad esempio *ssh* in modo da far viaggiare i dati crittografati e quindi non intercettabili:

```
]# rsync -rogpa -e ssh --delete /home/ \
172.16.1.73:/backup/home/
```

Questo è utile quando per connettere i due server è necessario far transitare i dati attraverso la rete pubblica (Internet). Naturalmente, per la prosecuzione del comando, verrà richiesta la password dell'utente che ha richiesto il login (nel nostro esempio *root*).

---

[1] Vedere capitolo 10

8.3 tar

Il comando *tar* (*tape archiver*) ha lo scopo di creare un archivio contenuto in un solo file, eventualmente compresso, partendo da un file o da una directory. Per creare un archivio, ad esempio della directory `/home/directory` il comando è:

```
]# tar cf /backup/directory.tar /home/directory
```

In questo modo verrà creato il file `/backup/directory.tar` che conterrà al suo interno tutte le informazioni necessarie per ricostruire la directory `/home/directory` e tutto ciò che conteneva all'istante in cui è stato lanciato il comando. In questo modo l'archivio non viene compresso, cioè il file archivio manterrà le stesse dimensioni dei sorgenti. Esiste la possibilità di comprimere gli archivi creati usando gli algoritmi di compressione *gzip* o *bzip2*, quest'ultimo ha il vantaggio di avere un miglior rapporto di compressione, e quindi i file creati risultano leggermente più piccoli. Per creare archivi compressi rispettivamente con *gzip* e *bzip2* i comandi sono:

```
]# tar czf /backup/directory.tar.gz /home/ben
]# tar cjf /backup/directory.tar.bz2 /home/ben
```

Esiste la possibilità di creare archivi differenziali, cioè archivi di directory di cui viene fatto il backup periodicamente e quindi si preferisce ogni volta aggiungere all'archivio solo i file nuovi o modificati dopo il backup precedente. Se si usa questo metodo non si possono creare archivi compressi; è inoltre possibile preservare il percorso originale con l'opzione *-P*; il comando per creare o aggiornare un archivio incrementale è:

```
]# tar Puf /backup/directory.tar /home/ben
```

Tramite l'opzione *-v* (*verbose*) viene visualizza sullo schermo la lista dei file che *tar* sta elaborando:

```
]# tar Pvuf /backup/directory.tar /home/ben
```

Per decomprimere gli archivi e quindi ricostruire la directory originale a partire dalla directory corrente il comando è:

```
]# tar xf /backup/directory.tar
```

Il comando provvederà alla creazione di una directory `home` contenente la directory nella posizione corrente. Se il file era compresso con *gzip* o *bzip2* lo si può decomprimere rispettivamente con:

```
]# tar xzf /backup/directory.tar.gz
]# tar xjf /backup/directory.tar.bz2
```

L'opzione $-P$ si può usare sia in fase di compressione che di decompressione dell'archivio:

```
]# tar Pxf /backup/directory.tar
]# tar Pxzf /backup/directory.tar.gz
]# tar Pxjf /backup/directory.tar.bz2
```

Anche con *tar* si possono creare backup *full* o *differenziali*.

8.4 dump

Il programma *dump* è stato creato per eseguire backup di tipo *full* o *incrementali*. A tale scopo prevede 10 *livelli* distinti per consentire il backup di un filesystem: il livello 0 corrisponde al *full*, e cioè viene fatto il backup dell'intero filesystem, mentre i livelli superiori servono per fare il backup di quei file che sono cambiati dall'ultimo backup di livello inferiore. Per fare un esempio, si pensi alla situazione descritta all'inizio del capitolo nella quale l'utente aveva perso un file, e che qui riportiamo adattata a *dump*.

* Il giorno 1 ore 23.59 viene eseguito il backup di livello 0 (*full*).
* Il giorno 2 ore 23.59 viene eseguito il backup di livello 1.
* Il giorno 3 ore 23.59 viene eseguito il backup di livello 2.
* ......
* Il giorno 8 ore 23.59 viene eseguito il backup di livello 9.

Per come riportato precedentemente, il giorno 2 viene eseguito il backup di quei file che sono cambiati dall'ultima volta che è stato realizzato un backup di livello inferiore all'1, quindi vengono presi in considerazione tutti i file nuovi o modificati dopo il giorno 1 alle 23.59 (data del backup di livello 0). Il giorno 3 viene fatto il backup di quei file che sono cambiati dall'ultima volta che è stato fatto un backup di livello inferiore al 2, quindi vengono presi in considerazione tutti i file nuovi o modificati dopo il giorno 2 alle 23.59 (data del backup di livello 1) e così via. Quindi nel caso dell'utente che ha perso il file, si può partire dal backup di livello 0 e ripristinare fino al giorno precedente la cancellazione per recuperarlo.

Dump lavora in questa modalità modo soltanto nel caso di backup di interi filesystem, quindi se si vuole realizzare il backup incrementale di `/home`, è necessario che questa risieda su una partizione separata, altrimenti è possibile utilizzare *dump* solo con il livello 0. Supponendo di voler utilizzare *dump* per effettuare il backup di `/home`, i comandi da utilizzare sono:

```
]# dump -0auj -f /mnt/backup/home0.bak /home
```

Le opzioni principali sono:

-0	livello del backup.
-a, auto-size	ignora i calcoli relativi alla dimensione del nastro (*dump* è nato principalmente per eseguire backup su unità a nastro).
-u, update	aggiorna il file `/etc/dumpdates` dopo aver eseguito un backup con successo
-j	comprime l'output usando *bzip2*
-f	specifica il file di destinazione

Il nome del file `/mnt/backup/home0.bak` è `solo indicativo`, infatti si può scegliere un nome qualsiasi per il file di destinazione, purché si faccia in modo che i backup di livello superiore usino un nome diverso da quelli di livello inferiore; ad esempio, per fare il backup di livello 1 si può usare il comando:

```
]# dump -1auj -f /mnt/backup/home1.bak /home
```

mentre per il livello 2 si può usare:

```
]# dump -2auj -f /mnt/backup/home2.bak /home
```

e così via.

Per ripristinare un backup eseguito con *dump* si usa *restore*, con l'opzione *-i* che permette di interagire con il programma e recuperare solo alcuni file. Considerando l'esempio precedente, è possibile usare *restore* nel modo seguente:

```
]# cd /home
]# restore -if /mnt/backup/home0.bak
restore > cd utente
restore > ls
restore > add file_cancellato
restore > extract
You have not read any volume yet.
Unless you know wich volume your file(s) are on you
should start with the last volume and work toward the
firts.
Specify next volume # (none if no more volumes): 1
restoring ./utente/file_cancellato
set owner/mode for '.'? [yn] y
restore > quit
]#
```

Questa modalità consente di recuperare la versione del file di cui era stato fatto il backup di livello 0, quindi sarebbe opportuno cercare lo stesso file anche negli archivi successivi in modo da essere sicuri di consegnare all'utente l'ultima versione disponibile prima della cancellazione.

Se invece c'è stato un evento catastrofico e occorre ripristinare tutto, si può usare *restore* con l'opzione *-r* (*rebuild*) per ricostruire l'intero filesystem, come nell'esempio seguente, supponendo di voler ricostruire /home nel disco /dev/hdb1:

```
]# mkfs -t ext3 /dev/hdb1
]# mount /dev/hdb1 /home
]# cd /home
]# restore -rf /mnt/backup/home0.bak
]# restore -rf /mnt/backup/home1.bak
]# restore -rf /mnt/backup/home2.bak
 . . . . .
```

Il *restore* di livello 0 lascerà nella radice del filesystem in questione un file chiamato `restoresymtable`, necessario per passare informazioni ai *restore* di livello successivo; quando l'ultimo *restore* avrà terminato con successo, il file verrà rimosso automaticamente.

8.4.1 Esempio di procedura per il backup automatico

Di seguito viene riportato uno script per l'automatizzazione del backup usando *dump*. Lo script controlla se è montata una directory condivisa in *NFS* da un altro server su cui fare il backup; se questa risulta montata viene effettuato il backup e poi smontata, altrimenti prova a montarla, se l'operazione riesce esegue il backup e poi la smonta, oppure, se non riesce a montare l'unità, manda un avviso all'amministratore. Lo script imposta inoltre il livello di *dump* in base al giorno del mese, ed in particolare ogni giorno 1 fa il backup *full*, e poi dal giorno 2 in poi fa il backup di livello corrispondente al giorno; se il giorno del mese è maggiore di 9, sottrae 10 per determinare il livello da impostare in *dump*. La directory esportata in *NFS* dal secondo server contiene due sottodirectory: una chiamata `full` e l'altra chiamata `incremental`, ognuna delle quali dovrà contenere i rispettivi backup. Quando un backup *full* viene eseguito con successo, tutti i file della directory `incremental` vengono cancellati.

```
#!/bin/bash
# controlla se la directory dove fare il backup è montata
MNT=0
# se è montata imposta la variabile MNT a 1
if  mount | grep backup > /dev/null; then
    MNT=1

# altrimenti, se riesci a montarla, imposta la variabile MNT a 1
elif  mount  -t  nfs  -o  rw  server2:/storage/backup/www  /mnt/backup;
then
    MNT=1
# Se non era montata e non sei riuscito a montarla, imposta MNT a 0
else
    MNT=0
fi

# Se MNT=1 esegui questa parte
if [  "$MNT"  -eq 1 ]  ; then

    # Impostazione iniziale delle variabili
    LEV=0
    FULL=0

    # recupera il giorno del mese
    NUM=`date | awk -F " " ' { print $3 }'

    # Imposta il livello di dump uguale al giorno del mese
    LEV=$NUM

    # Elenco delle directory di cui fare il backup
    DIR=("/home" "/var" "/usr/local" "/var/www")

    # Nomi dei file per ogni directory di cui si fa il backup
    FBK=(home var usr_loc www)

    # Imposta directory di default dove scrivere i file di backup
    DEF_DBK="/mnt/backup/incremental"

    # Se oggi è il giorno 1 bisogna fare il backup full
    # imposta FULL=1, directory dove scrivere=full, livello di
dump=0
```

```bash
if [ "$NUM" -eq 1 ] ; then
   FULL=1
   DBK="/mnt/backup/full"
   NUM="full"
   LEV=0

# Se oggi è il giorno 2 imposta il livello di dump a 1
elif [ "$NUM" -eq 2 ] ; then
   LEV=1

# Se oggi è il 31 imposta il livello di dump a 9
elif [ "$NUM" -eq 31 ] ; then
   LEV=9
fi

# Se non occorre un backup full imposta
# la directory dove scrivere a quella di default (incremental)
if [ "$FULL" -eq 0 ] ; then
   DBK=$DEF_DBK

   # Se il giorno del mese è minore di 10
   # aggiungi uno 0 al nome del file
   if [ "$NUM" -lt 10 ] ; then
      NUM=0$NUM
   fi

   # Se il livello impostato precedentemente
   # è maggiore di 9 sottrai 10 fino a quando
   # ottieni un numero compreso fra 0 e 9
   while [ "$LEV" -gt 9 ] ; do
      LEV=$((LEV-10))
   done

   # Se il numero ottenuto precedentemente
   # è 0 imposta il livello 9 in dump
   if [ "$LEV" -eq 0 ] ; then
      LEV=9
   fi
fi

# Esegui il backup di tutte le directory
# elencate in DBK chiamando il rispettivo file
# come elencato in FBK aggiungendo il giorno
# del mese (o la parola "full") al nome del file
# seguita dall'estensione ".bak"
# Esempio: per la directory /home giorno 1 crea
# un file chiamato "home_full.bak", il giorno 2
# crea un file chiamato "home_02.bak" etc.
for i in 0 1 2 3  ; do
   FILE="${FBK[$i]}"_"$NUM".bak
   dump -$((LEV))auj -f $DBK/$FILE ${DIR[$i]}
done

# Se hai fatto un backup full
# includi anche la directory /etc
if [ "$FULL" -eq 1 ] ; then
   dump -0aj -f $DBK/etc_full.bak /etc
fi

# se hai eseguito un backup full
# cancella i vecchi incrementali
```

```
if [ $FULL -eq 1 ] ; then
rm -vf $DEF_DBK/*.bak
fi

#Quando hai finito smonta la directory
umount /mnt/backup

# Se non hai potuto montare la directory, segnalalo
else
   echo "Directory non montata - Backup fallito" ;
fi
exit 0
```

Una volta salvato lo script, ad esempio in */usr/local/sbin/backup*, ed a-vendo assegnati i permessi di eseguibilità, si può aggiungere in *crontab* una linea in modo da farlo eseguire ogni giorno alle 23.55.

]# cp backup /usr/local/sbin
]# chmod 750 /usr/local/sbin/backup
]# crontab -e

ed usando la modalità tipica di *vi* inserire la linea seguente:

```
55 23 * * * /usr/local/sbin/backup
```

Affinché lo script venga eseguito con successo occorre che sia possibile montare la directory dove effettuare il backup, altrimenti, se si prova ad eseguirlo verrà vi-sualizzato l'errore seguente:

```
Directory non montata - Backup fallito
```

8.5 Conclusioni

In questo capitolo è stato affrontato il tema inerente il backup ed il successivo ripristino dei dati contenuti nel server, introducendo alcune tecniche volte alla tutela dei dati. Sono state prese in considerazione le tecniche più diffuse per effettuare un backup dei dati ed è stato proposto uno script per automatizzare il backup incrementale usando *dump*.

Nel prossimo capitolo verranno introdotti alcuni metodi di gestione centralizzata degli utenti noti come *NIS* e *LDAP*.

9 Gestione centralizzata degli utenti

In una rete aziendale un utente può avere accesso a più servizi, posta elettronica, accesso a file e directory, database, etc., semplicemente inserendo l'accoppiata (denominata *account*) *username* e *password* con la quale il sistema lo identifica.

Raramente tutti i servizi, a cui l'utente ha accesso, sono erogati dalla stessa Linux box e ciò comporta un lavoro capillare per l'amministratore di sistema che deve gestire gli account in maniera distribuita. Per centralizzarli possono essere utilizzati due servizi: *NIS* (*Network Information Service*), sviluppato da SUN Microsystem agli inizi degli anni 80, e *LDAP* (*Lightweight Directory Access Protocol*). Le Linux box che aderiscono, in qualità di client NIS o LDAP a uno dei due servizi sopra citati, consentono all'utente di accedere ai vari sistemi utilizzando sempre lo stesso account indipendentemente dal sistema dal quale ci si collega.

Con un ulteriore accorgimento è possibile trasferire lo stesso profilo utente (stessa home directory, stessa shell, etc.) su qualsiasi Linux box.

In questo capitolo vedremo come configurare i servizi, lato server e client, di *NIS* (valido solo per sistemi Linux e UNIX-like) e *LDAP* (valido per la maggior parte dei sistemi operativi).

9.1 Configurazione del server NIS

I tool necessari alla configurazione di NIS sono *ypserv*, *ypbind* e *yppasswd,* tutti compresi nella distribuzione Red Hat 9: il suffisso *yp* sta ad indicare Yellow Pages (pagine gialle), un altro modo per riferirsi al servizio NIS.

Il primo passo consiste nell'impostare un dominio NIS di riferimento, denominato, ad esempio *nisproflinux* (possibilmente un nome diverso dal dominio DNS), su tutte le Linux box (server e client) che devono afferire al servizio NIS; con il comando:

```
]# domainname -y nisproflinux
```

si accede al dominio NIS *nisproflinux*; per rendere permanente l'afferenza è necessario inserire la direttiva

```
NISDOMAIN=nisproflinux
```

nel file `/etc/sysconfig/network`.

Dopo bisogna stabilire quali file di sistema, che intervengono nella gestione degli account, devono essere disponibili ai client: nel file `/var/yp/Makefile`, nella direttiva *all:* sono indicate le *"mappe"* che i client NIS possono importare dal server per la gestione degli account; dalla direttiva *all:* bisogna rimuovere le mappe che non si desidera esportare; si riporta di seguito un esempio:

```
all: passwd group hosts rpc services netid protocols mail
# netgrp shadow publickey networks ethers bootparams printcap
# amd.home auto.master auto.home auto.local passwd.adjunct
# timezone locale netmasks
```

se non si vuole esportare la mappa di `/etc/aliases`, relativa al file che contiene gli alias degli indirizzi di posta elettronica, occorre rimuovere *"mail"*. Inoltre, nello stesso file impostiamo le direttive (posizionate all'inizio del file):

```
MINUID=1000
MINGID=1000
```

Con queste impostazioni indichiamo che tutti gli utenti e tutti i gruppi che hanno UID e GID maggiore o uguale a 1000 verranno esportati da NIS; le altre utenze, a partire da quella dell'utente *root* (con UID e GID pari a 0) fino a quella identificata con UID e GID pari a 999, vengono considerate solo "locali"; anche sulle Linux box con funzioni di NIS client, tutti gli account a partire dall'utente *root* fino a quelli identificati con UID e GID pari a 999 saranno visti come propri del sistema locale.

Si procede poi alla configurazione del file `/var/yp/securenets` per definire le reti e/o i singoli sistemi che hanno il permesso di contattare il server NIS; per esempio, volendo dare questo permesso alla rete *172.16.121.0/24* e alle Linux box con indirizzo IP *172.16.1.10* e *172.16.1.74*:

```
#
...
...
#
# Always allow access for localhost
255.0.0.0 127.0.0.0

# This line gives access to everybody. PLEASE ADJUST!
# 0.0.0.0 0.0.0.0 (di default non è commentata)
# per garantire l'accesso alla rete
255.255.255.0 172.16.121.0
# per garantire l'accesso al singolo sistema si può usare sia
# la parola 'host' sia la maschera di sottorete '255.255.255.255'
255.255.255.255 172.16.1.10
host 172.16.1.74
```

Nel file `/etc/ypserv.conf` è necessario inserire gli indirizzi IP dei client NIS che, oltre al permesso precedentemente indicato, possono richiedere una o più mappe fra quelle esportate dal server:

```
# The following, when uncommented, will give you
# shadow like passwords.
# Note that it will not work if you have slave NIS
# servers in your
# network that do not run the same server as you.
# Host        : Map          : Security    : Passwd_mangle
#
# *                  : passwd.byname       : port        : yes
# *                  : passwd.byuid        : port        : yes
172.16.1.74          : passwd.byname       : port        : yes
172.16.1.74          : group.byname        : port        : yes
172.16.121.10        : mail.aliases        : port        : yes
172.16.121.10        : passwd.byuid        : port        : yes
```

Nel file sopra indicato si specificano client e mappe di competenza: per esempio al client *172.16.1.74* è consentito l'import delle mappe relative a `/etc/passwd` e `/etc/group`; al client *172.16.121.10* è consentito l'import delle mappe relative a `/etc/aliases` e `/etc/passwd`.

Nel caso del file `/etc/passwd`, i nomi utente e le relative password stanno in un unico file e le mappe si chiamano passwd.byname (ordinate per nome utente) e passwd.byuid (ordinate per UID) e possono essere usate indifferentemente.

Infine   si   attiva   il   servizio   *ypserv*   con

```
]# service ypserv start
```

Affichè il servizio NIS venga attivato al prossimo riavvio del server, sia in runlevel 3 che 5:

```
]# chkconfig --level 35 ypserv on
```

NIS (e anche NFS) utilizzano come servizio sottostante il daemon RPC (Remote Procedure Call), di SUN Microsystem, implementato col nome di *portmap*, attivo all'avvio di una Linux box per default ed in ascolto sulla porta UDP 111; il NIS server, di per se, utilizza una porta UDP scelta a caso. Per verificarne il funzionamento al servizio di NIS si utilizza il comando:

```
]# rpcinfo -u localhost ypserv
program 100004 version 1 ready and waiting
program 100004 version 2 ready and waiting
```

L'output è relativo alle due versioni di server NIS, 1 e 2 (la prima riga potrebbe non apparire in quanto necessaria solo se in rete sono presenti client NIS con sistema operativo UNIX-like *SunOS 4.x*).

A questo punto il server NIS deve generare il database con le mappe da esportare; a tal fine si utilizza il comando:

```
]# /usr/lib/yp/ypinit -m
```

e, nella directory */var/yp/nisproflinux* vengono creati i relativi file binari; nel nostro caso:

```
]# cd /var/yp/nisproflinux
]# ll
totale 364
-rw-------    1 root     root        12556 29 ott 14:27 group.bygid
-rw-------    1 root     root        12589 29 ott 14:27 group.byname
-rw-------    1 root     root        12610 10 ott 16:01 hosts.byaddr
-rw-------    1 root     root        12819 10 ott 16:01 hosts.byname
-rw-------    1 root     root        15731 29 ott 14:27 mail.aliases
-rw-------    1 root     root        17927 30 ott 12:55 netid.byname
-rw-------    1 root     root        29580 30 ott 12:55 passwd.byname
-rw-------    1 root     root        28905 30 ott 12:55 passwd.byuid
-rw-------    1 root     root        29215 10 ott 16:01 protocols.byname
-rw-------    1 root     root        14527 10 ott 16:01 protocols.bynumber
-rw-------    1 root     root        16431 10 ott 16:01 rpc.byname
-rw-------    1 root     root        14258 10 ott 16:01 rpc.bynumber
-rw-------    1 root     root        49152 10 ott 16:01 services.byname
-rw-------    1 root     root        53248 10 ott 16:01 services.byservicename
-rw-------    1 root     root        12473 10 ott 16:01 ypservers
```

che sono le mappe relative a quanto indicato nel file */var/yp/Makefile*.

È evidente che, se il server NIS non dovesse essere attivo, i client non potrebbero autenticare centralmente alcun account (pur potendo sempre autenticare gli account locali). È quindi opportuno creare almeno un server NIS di backup, detto *slave server,* nel nostro caso *bknisserver.proflinux.net* (con indirizzo IP *172.16.121.10*); dopo averlo configurato come client[1], inviamo da questo il comando:

```
]# ypwhich -m
mail.aliases nisserver.proflinux.net
protocols.bynumber nisserver.proflinux.net
services.byservicename nisserver.proflinux.net
netid.byname nisserver.proflinux.net
services.byname nisserver.proflinux.net
rpc.bynumber nisserver.proflinux.net
rpc.byname nisserver.proflinux.net
hosts.byaddr nisserver.proflinux.net
hosts.byname nisserver.proflinux.net
```

---

[1] Vedi paragrafo seguente

```
group.bygid nisserver.proflinux.net
group.byname nisserver.proflinux.net
passwd.byname nisserver.proflinux.net
protocols.byname nisserver.proflinux.net
ypservers nisserver.proflinux.net
passwd.byuid nisserver.proflinux.net
```

dove *nisserver.proflinux.net* (con indirizzo IP 172.16.121.2) è il FQDN del server principale, denominato *master server*, e le mappe esportate fanno riferimento a quanto indicato nel file `/var/yp/Makefile` dello stesso. Con il comando:

```
]# /usr/lib/yp/ypinit -s nisserver.proflinux.net
```

il server slave si aggancia al master ed è operativo; per completarne la configurazione inseriamo in `/etc/crontab` le linee seguenti:

```
5 * * * * /usr/lib/yp/ypxfr_1perhour
40 12 * * * /usr/lib/yp/ypxfr_1perday
55 2,18 * * * /usr/lib/yp/ypxfr_2perday
```

per aggiornare le mappe rispettivamente ogni ora (alle ore 0.05, 1.05, etc), ogni giorno (alle ore 12.40) e due volte al giorno (alle ore 2.55 e 18.55), nel caso in cui queste fossero state modificate e propagate dal master server (vedi comando successivo) e il server slave, per qualche ragione (manutenzione, crash, etc.) non ne avesse fruito. Quando sul master server si opera su un account (aggiunta, modifica, etc.) occorre propagare le nuove mappe sui vari client, compreso il server slave, con i comandi:

```
]# cd /var/yp
]# make
```

Da un punto di vista della sicurezza, dice R.L. Ziegel autore di Linux Firewall II ed., bisogna essere molto cauti ad utilizzare un NIS server, soprattutto se la rete in cui è stato configurato è direttamente accessibile da Internet.

9.2 Configurazione dei client NIS

Facendo riferimento ai NIS server (master e slave) indicati nel paragrafo precedente, la configurazione delle Linux box come NIS client prevede che:
-   si aggiunga nel file `/etc/sysconfig/network` il nome del dominio NIS (nel nostro caso *nisproflinux*);
-   si inseriscano gli indirizzi IP dei NIS server nel file `/etc/yp.conf`:

```
domain nisproflinux server 172.16.121.2
domain nisproflinux server 172.16.121.10
```

Per assicurarsi di avere assegnato il nome di dominio NIS correttamente si usa il comando:

```
]# domainname -y
nisproflinux
```

Per agganciare la Linux box al dominio NIS è necessario avviare il servizio *ypbind*:

```
]# /usr/sbin/ypbind
```

Per controllare l'aggancio al dominio e la funzionalità del portmapper (daemon necessario al funzionamento del NIS), si invia il comando:

```
]# rpcinfo -p localhost
programma vers proto porta
100000 2 tcp 111 portmapper
100000 2 udp 111 portmapper
100007 2 udp 702 ypbind
100007 1 udp 702 ypbind
100007 2 tcp 705 ypbind
100007 1 tcp 705 ypbind
```

A questo punto è possibile usare i vari programmi client di NIS, tra cui:

```
]# ypcat passwd
```

che mostra in output l'elenco delle password trasferite dal NIS server (se almeno uno dei due, master o slave che sia, è attivo).

Per completare la configurazione della Linux box come NIS client bisogna predisporre il sistema ad utilizzare il nuovo metodo di autenticazione; si edita il file `/etc/nsswitch.conf` apportando le seguenti modifiche:

```
passwd: compat        # default è files
group: nis files      # default è files
shadow: compat        # default è files

passwd_compat: nis files   # non esistono di default
shadow_compat: nis files   # non esistono di default
hosts: nis files dns       # default è files dns
```

9.2.1 Impostazione della home directory degli utenti

Il metodo di autenticazione fin qui descritto esporta soltanto gli account degli utenti ma non ne esporta la *home directory*. Quindi, se un utente prova ad accedere su una Linux box con funzioni di NIS client utilizzando l'account definito sul NIS server non troverà la sua *home directory* e pertanto non verrà caricato il suo profilo di utenza (shell, etc.).

Per ovviare a questo inconveniente è possibile esportare in NFS[2] la directory */home* del server NIS rendendola accessibile a tutti i client NIS; su ogni client si rinomina la directory */home* in */localhome*:

```
]# mv /home /localhome
```

quindi si monta la directory esportata dal server NIS in */home*

```
]# mkdir /home
]# mount nisserver.proflinux.net:/home /home
```

In questo modo quando l'utente accede, da qualunque Linux box con funzioni di NIS client, viene autenticato dal NIS server e ritrova sempre la propria home directory e il proprio profilo utente. È evidente che la home directory in argomento è fisicamente allocata sul NIS server.

---

[2] *Network File System*, vedere capitolo 10

9.3 Creazione di utenti in ambito NIS

In questo paragrafo distinguiamo due casi: il primo è relativo alla creazione di un sistema di account centralizzato, utilizzabile solo dalle Linux box con funzioni di client NIS (quindi il server NIS non consente il login agli stessi utenti); il secondo è quello relativo alla creazione di utenti, indipendenti da NIS, sulle Linux box client. Nel primo caso, avendo creato gli utenti *max* e *ben*, si vuole che l'utente *max* possa effettuare il login sia dalle Linux box con funzioni di NIS client che direttamente sulla Linux box con funzioni di NIS server; l'utente *ben* solo da NIS client; si agisce sul file */etc/passwd* del NIS server, si duplicano le righe relative agli utenti *max* e *ben* dopo gli utenti di sistema (*root, bin*, etc.) e prima degli utenti reali (*max, ben*, etc.), facendole precedere dal segno "+" e sfrondandole di tutte le informazioni: devono rimanere solo nome utente e i caratteri ":"; in corrispondenza dell'utente *ben*, si aggiunge alla fine */sbin/nologin* (campo relativo alla shell), come indicato di seguito:

```
root:x:0:0:root:/root:/bin/bash
bin:x:1:1:bin:/bin:/sbin/nologin
daemon:x:2:2:daemon:/sbin:/sbin/nologin
adm:x:3:4:adm:/var/adm:/sbin/nologin
...

...
gopher:x:13:30:gopher:/var/gopher:/sbin/nologin
ftp:x:14:50:FTP User:/var/ftp:/sbin/nologin
nobody:x:99:99:Nobody:/:/sbin/nologin
+max::::::
+ben::::::/sbin/nologin
# [Qui cominciano gli account normali]
max:*:1000:1000:Massimo Tartamella:/home/max:/bin/bash
ben:x:1001:1001:Benedetto Vassallo:/home/ben:/bin/bash
```

Quindi si aggiornano le mappe NIS con:

```
]# cd /var/yp
]# make
```

Nel secondo caso, nella Linux box con funzioni di client NIS, tutti gli account con *uid* e *gid* compresi tra 500 e 999 (vedi Par. 9.1) esulano dal contesto NIS; per cui il file */etc/passwd* potrebbe essere il seguente:

```
root:x:0:0:root:/root:/bin/bash
bin:x:1:1:bin:/bin:/sbin/nologin
daemon:x:2:2:daemon:/sbin:/sbin/nologin
adm:x:3:4:adm:/var/adm:/sbin/nologin
...

...
gopher:x:13:30:gopher:/var/gopher:/sbin/nologin
ftp:x:14:50:FTP User:/var/ftp:/sbin/nologin
nobody:x:99:99:Nobody:/:/sbin/nologin
lor:*:770:770:Lorenzo Puccio:/home/lor:/bin/bash
mar:x:771:771:Marco Sajeva:/home/mar:/bin/bash
```

e gli utenti *lor* e *mar* sono solo utenti del sistema locale.

9.4 Configurazione di LDAP

Il NIS pone sostanzialmente due problemi: uno è quello di fare transitare le informazioni in chiaro e di non dare certezza sull'identità del server; l'altro è quello di non permettere più di un dominio di riferimento. Per risolverli si utilizza *LDAP* (*Lightweight Directory Access Protocol*), un protocollo client/server che implementa il servizio di directory, una sorta di elenco telefonico in rete dove per ciascun utente si possono associare diverse informazioni: indirizzo di posta elettronica, password cifrata, numeri di telefono, indirizzo, foto, posizione all'interno dell'azienda, etc. I dati sono organizzati come in un database con la differenza che le informazioni sono basate su una serie di attributi. All'interno della "directory", ottimizzata per la lettura, le informazioni sono organizzate gerarchicamente ad albero e la gerarchia può essere ispirata a motivi geografici, aziendali o secondo le scelte già implementate per i domini Internet.

Nel corso di questo paragrafo vedremo come attivare un semplice servizio di directory creando una rubrica centralizzata. Il software open source che implementa *LDAP* è denominato *OpenLDAP* ed è già incluso nella distribuzione; vedremo ora come configurarne il servizio lato server, denominato *slapd* (o di replica *slurpd)* e lato client.

9.4.1 LDAP server: slapd

L'implementazione del server fa riferimento alla directory `/etc/openldap` e precisamente al file di configurazione `/etc/openldap/slapd.conf` e alla directory `/etc/openldap/schema` in cui sono contenute le strutture di dati relative alle informazioni da assegnare ad ogni record. Una voce del database LDAP è costituita da un *dn* (*Distinguished Name*) e da un insieme di attributi con i relativi valori; per esempio, il *dn* può essere il nome dell'utente e l'attributo può essere il suo numero di telefono. Tutti gli attributi consentiti sono definiti nella classe di oggetti residenti nella directory `/etc/openldap/schema`: per gestire le voci in un database LDAP si utilizzano i comandi:

```
]# ldapadd ...          (per popolare il database)
]# ldapmodify ...       (per modificare le voci esistenti)
]# ldapdelete ...       (per eliminare voci esistenti
```

Facciamo riferimento ad un esempio pratico: supponiamo di implementare LDAP in un'azienda denominata *nomeazienda* (*organization*) suddivisa in uffici (*organization unit*) in cui lavorano diversi dipendenti (*person*), ciascuno con la propria scheda personale; l'amministratore di LDAP è il Sig. Sergio Bianchi; il file di configurazione `/etc/openldap/slapd.conf` è il seguente:

```
# questi schemi devono esserci sempre e non possono essere
# modificati; se ne possono creare nuovi
include         /etc/openldap/schema/core.schema
include         /etc/openldap/schema/cosine.schema
include         /etc/openldap/schema/inetorgperson.schema
include         /etc/openldap/schema/nis.schema
```

```
include        /etc/openldap/schema/redhat/rfc822-MailMember.schema
include        /etc/openldap/schema/redhat/autofs.schema
include        /etc/openldap/schema/redhat/kerberosobject.schema
# comincia la personalizzazione: si imposta il tipo di
# database ldbm, il dominio per il quale il server è responsabile,
# e il distinguished name dell'amministratore del servizio
# di directory
database       ldbm
suffix         "o=nomeorganizzazione"
suffix         "dc=nomeorganizzazione,dc=it"
rootdn         "cn=Sergio Bianchi,o=nomeorganizzazione "
rootpw         passwordldap # è opportuno che sia cifrata
directory      /var/lib/ldap/nomeorganizzazione
defaultaccess  read
schemacheck    on
lastmod        on
index          cn,sn,st          pres,eq,sub
```

Dove gli attributi sono:

- *o=nomeorganizzazione*, identifica l'azienda;
- *rootdn,* indica il nome dell'amministratore di sistema il quale può modificare l'intera struttura del database LDAP inserendo la relativa password indicata nella direttiva *rootpw*;
- *cn,* indica il *common name*;
- *sn, (surname)* cognome;
- *st*, stato o provincia;
- *pres,* consente una ricerca per tutti gli elementi del record;
- *eq,* consente una ricerca per stringhe uguali all'attributo;
- *sub,* consente una ricerca per stringhe parzialmente uguali all'attributo.

Effettuata questa operazione si può avviare il server *LDAP* con il comando:

```
]# service ldap start
```

e la Linux box rimane in ascolto sulla porta TCP 389. È possibile tradurre il database LDAP nel formato testuale LDIF (LDAP Data Interchange Format) con i comandi:

```
]# service ldap stop
]# slapcat -l nomefile.ldif
```

Tornando al nostro esempio, avendo definito l'azienda, definiamo i vari uffici (*organization unit*); di seguito, viene riportato un profilo di *organization unit* descritto nel file *ufficio.ldif*:

```
dn: cn=Capo Ufficio,ou=Ufficio,o=nomeorganizzazione
cn: Capo Ufficio
objectClass: top
objectClass: organizationalPerson
objectClass: inetOrgPerson
telephoneNumber: 1234567
```

Nel profilo si fa riferimento al concetto di *objectClass* che definisce lo schema degli oggetti che costituiscono un record del database LDAP (vedi file `/etc/openldap/schema/core.schema`); il campo *"cn:"* in questo caso è l'identificativo dell'amministratore dell'*organization unit*.

Per inserire queste informazioni sul server LDAP occorre inviare il comando:

```
]# ldapadd -f ufficio.ldif -xcv -D "cn=Sergio \
Bianchi,o=nomeorganizzazione" -w passwordldap
```

Allo stesso modo si possono modificare le informazioni esistenti con il comando:

```
]# ldapmodify -f ufficio.ldif -x -D "cn=Sergio \
Bianchi,o=nomeorganizzazione" -w passwordldap
```

Definita l'*organization unit* è possibile introdurre le informazioni relative ad ogni singolo elemento. Per esempio, volendo creare il profilo di un impiegato della *organization unit* nomeorganizzazione, si inseriscono i dati relativi nel file `utente.ldif`:

```
dn: cn=Mario Rossi,ou=Ufficio,o=nomeorganizzazione
cn: Mario Rossi
objectClass: top
objectClass: organizationalPerson
objectClass: inetOrgPerson
givenname: Mario
sn: Rossi
l: Palermo
st: ITA
postalcode: 90128
postalAddress: Viale degli alberi
telephoneNumber: 1234567
facsimileTelephoneNumber: 11122233
mail: mariorossi@proflinux.net
```

All'interno di questo profilo troviamo altri elementi tra cui:

- *objectClass: organizationalPerson,* che individua la classe contenente lo schema (cioè i campi) e che successivamente verrà riempito con nome, cognome, città, telefono, etc;
- *objectClass: inetOrgPerson, che* individua la classe con campi dedicati agli utenti Internet; è importante osservare che è possibile attribuire più *objectClass* ad ogni singolo utente.

9.4.2 LDAP client

Se il FQDN del server LDAP è *ldap.proflinux.net*, per la ricerca di informazioni sul server si può utilizzare il seguente comando:

```
]# ldapsearch -h ldap.proflinux.net "cn=Sergio \
Bianchi,o=nomeorganizzazione" -w passwordldap \
< Filtri di ricerca >
```

nel quale i filtri di ricerca identificano una parte di un elemento della struttura.

Vediamo adesso come poter configurare un sistema client per l'acquisizione di dati da un server *LDAP*. Nell'esempio che segue viene impiegata una Linux box con funzioni di server *LDAP* per la gestione delle password e una Linux box con funzioni di client LDAP che utilizza le informazioni provenienti dal server per effettuare l'autenticazione degli utenti. Per la configurazione lato server è necessario fare riferimento, per ogni elemento della *organization unit nomeorganizzazione*, al file *utente.ldif*:

```
dn: uid=utente,ou=LdapUsers,o=nomeorganizzazione
uid: utente
cn: utente
objectClass: account
objectClass: posixAccount
objectClass: top
userPassword: {crypt}$1$3idje5ii$Hx7VcrT9tjtfhkw8YDfZk/
loginShell: /bin/bash
uidNumber: 1000
gidNumber: 1000
homeDirectory: /home/utente
```

Elementi fondamentali sono gli objectClass *account* e *posixAccount* che permettono di inserire informazioni relative a password e profili utente.

Sul client LDAP è sufficiente impostare il file */etc/ldap.conf* come segue:

```
# Indirizzo del server ldap
host ldap.proflinux.net
base o=ldaptest
ssl no
pam_password md5
```

Per utilizzare i dati contenuti sul server occorre editare il file di configurazione */etc/nsswitch.conf*, già visto nella sezione relativa a *NIS*, ed aggiungere la stringa "*ldap*" come segue:

```
passwd:     files ldap
shadow:     files ldap
group:      files ldap
```

A questo punto, gli utenti delle Linux box che hanno attivato il funzionamento di client LDAP, possono essere autenticati attraverso il server *LDAP*.

Esistono diverse modalità di utilizzo di LDAP, dall'autenticazione degli utenti alla implementazione di gerarchie aziendali, alla gestione di servizi di rete quali DNS, posta elettronica, etc; in questa sede sono stati trattati solo alcuni aspetti.

9.5 PAM

PAM (Pluggable Authentication Module) è un servizio di autenticazione che interviene ogni qual volta un utente cerca di accedere al sistema: l'accoppiata username e password viene diretta al servizio PAM e questo ne verifica la congruenza localmente, tramite file */etc/passwd* e */etc/shadow*, o la invia a un LDAP server, etc. PAM utilizza diversi file di configurazione: */etc/pam.d/login* per accedere tramite login testuale, */etc/pam.d/gdm* per accedere tramite ambiente grafico, */etc/pam.d/ftp* per accedere al sistema via FTP, */etc/pam.d/samba* per accedere al samba server, etc; ad esempio, modificando opportunamente quest'ultimo e facendo ripartire il servizio *pamd*, si può fare in modo che gli utenti Linux possano essere autenticati con username e password memorizzati in un Windows 2000 server, senza modificare il codice binario di samba.

Diamo un esempio di file PAM autoeslpicativo:

```
# controlla che l'accesso come utente root venga effetuato da un
# terminale indicato nel file /etc/securetty
auth required /lib/security/pam_securetty.so
# preleva la password da /etc/shadow, se esiste, ed accetta
# password nulle (un invio)
auth required /lib/security/pam_unix.so shadow nullok
# controlla se esiste il file /etc/nologin: se il file esiste e
# l'utente non è root il sistema vieta l'accesso
auth required /lib/security/pam_nologin.so
# controlla su /etc/shadow se, ad esempio, la password è scaduta
auth required /lib/security/pam_unix.so
# Se la password è scaduta richiede una nuova password dando
# all'utente 3 possibilità di ripetizione password
auth required /lib/security/pam_cracklib.so retry=3
# Consente a un programma di cambiare automaticamente la password
# e di inserirla in /etc/shadow, di far cambiare all'utente la
# password anche se questa è nulla (un invio) e di accettare la
# password senza un prompt controllandola sempre
# attraverso pam_cracklib.so
auth required /lib/security/pam_unix.so shadow nullok use_authok
# consente la scrittura su file /var/log/messages ogni qualvolta un
# utente accede al sistema
auth required /lib/security/pam_unix.so
```

Oltre alla direttiva *auth* (che controlla la password dell'utente), PAM prevede *account* (per essere sicuri che la password non sia scaduta), *password* (per impostare la password) e *session* (relativa ad esempio al montaggio della home directory o alla creazione della mailbox dell'utente).

Per quanto riguarda il secondo campo, oltre al valore *required* (l'utente non è informato dell'insuccesso dell'autenticazione fino a che l'ultimo *required* non è stato evaso), PAM prevede *requisite* (in caso di insuccesso dell'autentifica l'utente è informato immediatamente), *sufficient* (arrivati a *sufficient*, se i required precedenti sono stati evasi positivamente, l'utente accede al sistema) e *optional* (i controlli vengono ignorati se l'autentica fallisce).

Se si elimina la directory */etc/pam.d* e non si fa riferimento ad una eventuale personalizzazione del servizio PAM tramite file */etc/pam.conf* non si può accedere (normalmente) alla Linux box.

9.6 Conclusioni

In questo capitolo è stato spiegato come gestire in maniera centralizzata gli utenti di sistema utilizzando i protocolli NIS e LDAP.

Si è inoltre descritto il funzionamento di LDAP per la gestione centralizzata di informazioni. Infine è stato presentato il sistema di autentifica PAM.

Nel prossimo capitolo ci occuperemo di un altro servizio fondamentale in una rete locale aziendale: la condivisione di file e directory e stampanti tra Linux box e altri sistemi operativi come Windows (tramite servizio Samba) e MacOS (tramite servizio Atalkd).

10 Condivisione di file e stampanti

In una rete aziendale è spesso molto utile condividere file, directory e stampanti. Le risorse condivise da un server possono essere utilizzate da tutti o da gruppi ristretti di utenti. In questo capitolo verrà spiegato come condividere file e directory per utenti che usano Linux, Windows e MacOS rispettivamente tramite NFS, Samba e Atalk.

10.1 Condivisione tramite NFS

Il servizio NFS (*Network File System*) consente la condivisione di directory e partizioni di una macchina Linux. Affinché le directory e le partizioni possano essere utilizzate, occorre che il server NFS le *esporti* e che ciascun client le *importi* (ovvero le *monti* a partire da directory "vuote" prestabilite, le cosidette "*mount point*"). I client Linux vedranno le directory o le partizioni montate come facenti del filesystem locale.

10.1.1 Configurazione del server NFS

Per configurare il server NFS in modo da esportare una directory (sia essa una directory dell'hard disk, una partizione di un secondo hard disk precedentemente montata, oppure il CD-Rom) bisogna intervenire sul file `/etc/exports` specificando la directory che si vuole esportare, il sistema (o la rete) che sarà autorizzato ad utilizzare la condivisione e qualche parametro, come il tipo di accesso (sola lettura, oppure lettura e scrittura), il tipo di protezione etc.

Supponendo di voler esportare la directory `/home` per un determinato host (ad esempio per il sistema *172.16.1.10*), bisognerà inserire nel file `/etc/exports` la linea seguente:

```
/home 172.16.1.10(rw,no_root_squash)
```

Se invece si vuole esportare la stessa directory per un'intera sottorete bisogna usare la sintassi seguente:

```
/home 172.16.1.0/24(rw,no_root_squash)
```

in modo che la directory venga esportata per tutte le macchine i cui indirizzi IP sono compresi fra *172.16.1.1* e *172.16.1.254*.

Se si vuole limitare il *range* di indirizzi IP bisogna intervenire nella maschera di sottorete e sostituire "*/24*" con, per esempio "*/28*" per limitare l'accesso agli IP compresi fra *172.16.1.1* e *172.16.1.14*.

La sintassi del file `/etc/exports` è la seguente: nel primo campo va indicata la directory da esportare (notare che `/home` potrebbe benissimo essere un secondo hard disk del server; nel secondo campo va inserito l'indirizzo IP o il nome delil sistema (o la rete) client e fra parentesi le opzioni.

La prima opzione indica la modalità con cui il client ha accesso; nell'esempio, *rw* indica accesso in lettura e scrittura, ma se si volesse limitare l'accesso del client alla sola lettura si può usare l'opzione *ro*.

L'opzione *no_root_squash* indica che l'utente *root* del client ha su questa directory gli stessi permessi dell'utente *root* del server. Se questa opzione viene omessa, l'utente *root* del client viene trattato come l'utente di sistema *nfsnobody* del server, questo per garantire una certa sicurezza quando si esportano directory per host dei quali non si è sicuri.

Ad esempio, volendo esportare in lettura e scrittura la directory `/var` per il sistema *172.16.1.10* di cui si ha piena fiducia e per il sistema *172.16.42.131* di cui non si ha piena fiducia, si può usare la forma seguente:

```
/var 172.16.1.10(rw,no_root_squash) 172.16.42.131(rw)
```

In questo modo, il sistema *172.16.1.10* avrà accesso in lettura e scrittura ed il suo utente *root* verrà trattato come l'utente *root* del server, mentre il sistema *172.16.42.131* avrà accesso in lettura e scrittura, ma il suo utente *root* non sarà trattato come l'utente *root* del server, anzi, per meglio dire, l'utente *root* del client *172.16.42.131* verrà *mappato* come utente *nfsnobody* del server. Ciò aumenta la sicurezza, poiché in questo modo l'utente *root* del client non potrà scrivere da nessuna parte (a meno che non ci sia una directory di proprietà dell'utente *nfsnobody* del server) mentre avrà accesso in lettura per i file e le directory in cui l'utente *nfsnobody* del server ha accesso. Una volta apportate le modifiche necessarie nel file `/etc/exports` bisogna fare partire (o ripartire) il servizio *NFS* con:

```
]# service nfs start (o restart)
```

poi

```
]# /sbin/chkconfig --level 35 nfs on
```

per far partire all'avvio il servizio *NFS*.

Per verificare che effettivamente il server metta a disposizione la propria `/home` occorre dare il comando:

```
]# showmount -e indirizzo_ip
```

10.1.2 Configurazione del client NFS

Una volta impostati i parametri nel server, l'impostazione del client è piuttosto semplice. Per accedere alla directory esportata dal server bisogna innanzitutto creare una directory vuota che servirà da *"punto di montaggio"* (*mountpoint*) per il client. Supponendo di voler montare la directory condivisa a partire da */mnt/NFS/home* si creerà la directory con il comando:

```
]# mkdir -p /mnt/NFS/home
```

L'opzione *-p* del comando *mkdir* fa in modo che le eventuali directory mancanti nel percorso specificato vengano create automaticamente.

Creato il *mountpoint* si può accedere alla directory esportata con il comando:

```
]# mount -t nfs -o rw server.proflinux.net:/home \
/mnt/NFS/home
```

dove l'opzione *-t* indica il tipo di file system (in questo caso NFS), mentre l'opzione *-o* indica il tipo di accesso (in questo caso lettura e scrittura), seguono l'indirizzo IP o il nome del server insieme al percorso della directory esportata; infine viene indicato il *mount point* (in questo caso */mnt/NFS/home)* a partire dal quale la directory esportata deve essere montata. Quando si è finito di utilizzare la risorsa, la si può *"smontare"* con il comando:

```
]# umount /mnt/NFS/home
```

Per fare in modo che il client monti automaticamente all'avvio la directory esportata bisogna intervenire sul file */etc/fstab* ed inserire la linea seguente:

```
server.proflinux.net:/home /mnt/NFS/home          nfs \
rsize=8192, wsize=8192,soft,rw     0 0
```

Le opzioni *rsize* e *wsize* servono a velocizzare le operazioni di lettura e scrittura: con questi parametri viene creato un buffer di 8192 Bytes (il default è 1024 Bytes). L'opzione *soft* fa in modo che il client, in fase di montaggio, se il server risulta irraggiungibile, dopo un *time-out*, rinuncia. Omettendo tale opzione il client, in fase di avvio, se il server non risponde, attenderebbe all'infinito compromettendo l'avvio del sistema stesso.

Se si prevede a priori di utilizzare una porzione di disco in NFS, ad esempio per effettuare il backup, sarebbe opportuno in fase di partizionamento del disco del server, ritagliare una porzione di disco di adeguate dimensioni. Ciò al fine di evitare l'arresto del sistema durante il backup (soprattutto se incrementale) a causa di insufficiente spazio sul disco.

10.2 Condivisione tramite *samba*

Samba è il prodotto software utilizzato in ambiente Linux per emulare il funzionamento di un file server o client nell'ambito di una rete Microsoft. Samba, creato da Andrew Tridgell, implementa il file system CIFS (Common Internet File System) basato sui protocolli chiamati in precedenza SMB (Server Message Block) che permettono di redirigere le operazioni di I/O su disco verso un altro sistema raggiungibile in rete. I pacchetti SMB sono trasportati in rete tramite un'estensione di NetBIOS meglio conosciuta come *NBT* (*NetBIOS* over *TCP/IP*). Samba implementa tre servizi sulla rete:

- *nbname*: porta 137/TCP, per l'aggancio dei nomi *NetBIOS* con l'indirizzo IP (*WINS - Windows Internet Name Services*);

- *nbdatagram*: porta 138/UDP, per informazioni "di contorno" sulle sessioni;

- *nbsession*: 139/TCP e 445/TCP (con Fedora Core per Windows XP e 2000) per il trasferimento dei dati.

Samba è costituito da due daemon:

- *smbd*, responsabile della gestione delle risorse condivise tra il server *samba* e i suoi client, fornisce servizi di condivisione di file e stampanti, di *browsing* per i client presenti in rete e di autenticazione degli utenti;

- *nmbd,* svolge funzionalità di server *WINS* e mantiene in una propria tabella l'associazione dei nomi NetBIOS delle stazioni di lavoro (non più lunghi di 15 caratteri) e il suo indirizzo IP.

Tali daemon sono controllati da un unico file, `/etc/samba/smb.conf`, che può contenere circa 200 opzioni diverse. Queste opzioni definiscono le modalità comportamentali di *samba* all'interno di una rete.

10.2.1 Configurazione del server *samba*

Avendo effettuato un'installazione completa di Red Hat Linux 9, il servizio è già disponibile, ma bisogna configurare il server secondo i parametri della rete e secondo le proprie esigenze, quindi creare le condivisioni necessarie affinché i client Windows possano accedere a queste.

Il file da modificare è `/etc/samba/smb.conf`, che una volta aperto con un qualsiasi editor di testi si può modificare secondo le proprie esigenze.

In questa sede spiegheremo quali sono le principali direttive di questo file, e come modificarne i parametri.

Gli esempi che seguono possono essere utilizzati nei casi più comuni; se si hanno particolari esigenze si consiglia la lettura dell'opportuna documentazione.

Il file *etc/samba/smb.conf* è diviso in due sezioni: la prima, *"global"*, contiene i parametri necessari a configurare i parametri del server con valenza "globale", mentre la seconda, *"Share Definitions"*, contiene le definizioni delle condivisioni.

Un tipico server aziendale dovrebbe mettere in condivisione della aree di disco comuni a tutti e delle directory di proprietà degli utenti dove possono accedere solo questi.

Per esempio, in una condivisione comune a tutti, possono essere memorizzati un insieme di programmi e file che tipicamente non vengono modificati durante l'esecuzione.

In una condivisione personale invece possono trovarsi i backup ed i documenti di pertinenza del singolo utente o del gruppo di lavoro, come, ad esempio le pagine web personali.

Di seguito viene riportato un esempio di `smb.conf` che soddisfa queste esigenze:

```
[global]                    .
workgroup = netmanagergrp
netbios name = fileserver
server string = Samba %v su %L
hosts allow = 172.16.42.4 192.168.1.
guest account = pcguest
log file = /var/log/samba/%m.log
max log size = 2048
syslog = 3
security = share
encrypt passwords = yes
smb passwd file = /etc/samba/smbpasswd
interfaces = 172.16.42.3/24 192.168.1.2/24
wins support = yes
local master = yes
os level = 66
preferred master = yes
socket options = TCP_NODELAY SO_RCVBUF=8192 SO_SNDBUF=8192
```

Partendo dall'inizio del file, la prima direttiva:

```
workgroup = netmanagergrp
```

contiene la definizione del gruppo di lavoro del quale il server farà parte.

```
netbios name = fileserver
```

Con questa direttiva si associa un nome *NetBIOS* tipicamente diverso da quello assegnato alla Linux box. Se non viene specificato, il server verrà visto nella rete NetBIOS con il nome assegnato al sistema Linux (vedere i file `/etc/hosts` e `/etc/sysconfig/network`) senza il dominio.

```
server string = Samba %v su %L
```

definisce un commento per il server, che i client Windows vedranno quando esploreranno la rete; questa linea in particolare mostra la versione di *samba* ed il nome del server.

Segue:

```
hosts allow = 172.16.42.4 192.168.1.
```

questa direttiva serve a restringere l'accesso al server in modo che sia accessibile solo dai client delle reti indicate e precisamente dal singolo sistema indirizzato *172.16.43.4* e dall'intera rete *192.168.1.0/24* (254 indirizzi).

```
guest account = pcguest
```

specifica quale account di sistema deve essere utilizzato come account *"guest"*; bisogna comunque che l'account sia definito nel file */etc/passwd* tramite il comando *useradd* già descritto, altrimenti verrà usato l'account di sistema *nobody*.

```
log file = /var/log/samba/%m.log
```

indica a *samba* di usare un file di log separato per ogni macchina che accede al server. Così facendo verranno scritti nella directory */var/log/samba* diversi file, ognuno chiamato con il nome *NetBIOS* della macchina alla quale si riferisce seguito dal suffisso *.log*.
Con:

```
max log size = 2048
```

è possibile specificare la lunghezza massima espressa in KB che ogni file di log può raggiungere, oltre la quale il file corrente verrà rinominato con estensione *.old* e verrà creato un nuovo file di log; impostando il valore *0* non c'è nessun limite.
La linea:

```
security = share
```

definisce il livello di sicurezza che si intende implementare nel server. Qui i valori ammessi sono *share, user, server e domain*, le cui differenze saranno analizzate di seguito. È importante ricordare che gli utenti potranno avere accesso al server samba dopo essere stati definiti come utenti di sistema (*useradd*) e poi come utenti samba (*smbpasswd*). Precisamente se si vuole che l'utente *max* (creato con *useradd max*) acceda da un PC con sistema operativo Windows (qualsiasi versione e tipo) alla propria *home directory* via rete NetBIOS occorre che samba ne conosca la password che viene assegnata la prima volta con il comando *smbpasswd -a max*. Le volte successive, la password potrà essere cambiata semplicemente con *smbpasswd max*. Il comando *smbpasswd* sarà descritto di seguito.
Impostando *security = share*, il client si autentica per ogni condivisione (tipicamente le *home* directory degli utenti) alla quale cerca di accedere inviando una password. Il server *samba* riceve una combinazione *username/password*; se l'utente è tra quelli registrati nel file */etc/samba/smbpasswd* e la password è registrata nello stesso file, relativamente allo stesso o ad un altro utente, la connessione avverrà con successo. La connessione alla risorsa condivisa sarà possibile anche nel caso in cui l'utente non è registrato nel file */etc/samba/smbpasswd*. Occorre però inserire l'opzione *guest ok = yes* nella sezione del file

`/etc/samba/smb.conf` relativa alla risorsa condivisa in questione; in questo caso non verrà richiesta la password.

Impostando *security = user*, il client invia una combinazione *username/password* che deve corrispondere alla combinazione *username/password* registrata nel file `/etc/samba/smbpasswd` (non quindi un qualunque *username* ed una qualunque *password* come nel caso precedente).

È possibile, per il client, inviare richieste di connessioni multiple. Quando il server risponde positivamente, viene assegnato un *uid* che sarà utilizzato per autenticare la combinazione *username/password*. In questo modo il client può mantenere diversi contesti di autenticazione (ad esempio, Windows 2000 usa questo sistema quando si connette un'unità di rete specificando una combinazione *username/password* diversa da quella relativa all'utente connesso in quel momento).

Se si imposta *security = server*, bisogna specificare il server di convalida delle password con la direttiva *password server = nome*, dove *nome* è il nome NetBIOS o l'indirizzo IP del server di convalida delle password.

Tale server può essere un server Windows NT/2000/XP oppure un altro server *samba* nel cui file di configurazione `/etc/samba/smb.conf` è specificato *security = user*.

Se si imposta *security = domain*, bisogna indicare il server di dominio NT (primario e/o di backup) con la direttiva *password server = nome1 nome2* (dove *nome1* e *nome2* sono i nomi NetBIOS dei server di dominio NT).

La direttiva

```
encrypt passwords = yes
```

permette di supportare la stessa crittografia delle password prevista da Microsoft per i sistemi Windows dalla versione 98 in poi. Tali password vengono registrate nel file `/etc/samba/smbpasswd`.

La direttiva

```
interfaces = 197.173.42.3/24 192.168.1.2/24
```

consente al server *samba* di rispondere alle richieste sugli indirizzi IP specificati.

Samba può funzionare da server *WINS* o essere un client *WINS* (una ipotesi esclude l'altra) e questa funzionalità può essere attivata dalla direttiva

```
wins support = yes
```

nel caso si voglia usare *samba* come *WINS* server, oppure dalla linea

```
wins server = w.x.y.z
```

nel caso in cui *samba* deve essere un client *WINS*.

Se *samba* funge da wins server, cioè da server di risoluzione dei nomi NetBIOS, le associazioni per ciascun client del tipo *nome NetBIOS/indirizzo IP* vengono registrate nel file `/var/cache/samba/wins.dat`.

Infine, per velocizzare le operazioni del server *samba* si aggiunge nella sezione *[global]* la direttiva *socket options = TCP_NODELAY SO_RCVBUF=8192 SO_SNDBUF=8192*.

La sezione successiva del file di configurazione specifica le condivisioni da rendere disponibili per i client Windows, ed in particolare le linee:

```
[homes]
comment = Home Directories
browseable = no
writable = yes
create mode = 0640
directory mode = 0750
```

fanno in modo che quando un utente viene autenticato veda fra le condivisioni disponibili anche la propria *home directory*. Di seguito riportiamo alcuni esempi di condivisione:

```
[max_ben]
comment = Documenti di Max e Ben
path = /home/MaxBen
valid users = max ben
public = no
writable = no
write list = max ben
printable = no
create mask = 0660
directory mask = 0770

[documenti]
comment = Documenti settore Sviluppo
path = /home/documenti
public = no
writable = no
printable = no
valid users = @sviluppo
write list = @sviluppo
create mask = 0660
directory mask = 0770

[printers]
comment = stampanti condivise
path = /var/spool/samba
printable = yes
print command = lpr -P%p -r %s
guest ok = yes
browsable = yes

[print$]
path = /usr/share/samba/drivers
browsable = yes
readonly = yes
write list = ben
```

Nell'ambito della condivisione *[max_ben]* la direttiva

```
valid users = max ben
```

indica che possono accedere alla condivisione solo gli utenti *max* e *ben*;

Nell'ambito della condivisione *[documenti]* la direttiva

```
valid users = @sviluppo
```

indica che possono accedere alla condivisione solo gli utenti del gruppo *sviluppo*. Le direttive

```
create mask = 0660
```

e

```
directory mask = 0770
```

indicano rispettivamente che i file creati via *samba hanno* i permessi Linux impostati a *0660* e che le directory create via *samba* hanno i permessi Linux impostati a *0770*[1].

La condivisione *[printers]* fa in modo che le stampanti[2], sia fisicamente connesse al server Linux o connesse in rete, possano essere utilizzate da PC con Windows, mentre la condivisione *[print$]* consente di mettere a disposizione i drivers per le stampanti che condivide. Affinché i drivers siano effettivamente fruibili occorre creare la directory `/usr/share/samba/drivers/W32X86`, all'interno della quale vanno copiati i drivers delle stampanti.

La directory `/usr/share/samba/drivers` viene condivisa in sola lettura mentre l'utente *ben* può accedervi anche in scrittura: di conseguenza l'utente *ben* è l'unico abilitato a caricare i drivers attraverso *samba*. Ovviamente, la directory deve avere i permessi impostati in modo che l'utente *ben* possa effettivamente scriverci:

```
]# mkdir /usr/share/samba/drivers
]# chown ben:sviluppo /usr/share/samba/drivers
```

Si ribadisce che, per poter accedere ai servizi di un server *samba* e di conseguenza essere visti come *valid users*, gli utenti ed i gruppi devono essere utenti e gruppi Linux creati previamente con il comando *useradd* (ed eventualmente con il comando *groupadd*) e poi aggiunti alla lista di utenti *samba* attraverso il comando *smbpasswd*.

Il comando *smbpasswd* va ad aggiornare il file `/etc/samba/smbpasswd;` le opzioni del comando sono le seguenti:

```
]# smbpasswd -a utente      aggiunge utente alla lista degli utenti.
]# smbpasswd -d utente      disattiva l'account utente.
]# smbpasswd -e utente      riattiva l'account utente.
]# smbpasswd -x utente      rimuove utente dalla lista degli utenti.
```

---

[1] vedere capitolo 4 sezione 4.3 relativa ai permessi sui file
[2] nel capitolo 18 verrà spiegato come installare una stampante in Linux.

È anche possibile (solo per *root*) specificare la password direttamente nella linea di comando:

```
]# smbpasswd -a utente password
```

in questo modo non verrà chiesta la password successivamente.

Per popolare il file */etc/samba/smbpasswd* partendo dal file */etc/passwd* dove sono registrati tutti gli utenti occorre dare il comando:

```
]# cat /etc/passwd | mksmbpasswd.sh > \
/etc/samba/smbpasswd
```

Il servizio *samba* si fa ripartire con il comando:

```
]# service smb restart
```

Samba consente anche il funzionamento come client e, ad esempio, per accedere da Linux ad una directory condivisa da un PC Windows il comando è:

```
]# mount -t smbfs -o username=user,password=mypass \
//presariomax/applicazioni /mnt/windisk
```

dove *mypass* è la password per accedere alla condivisione, *user* è il nome utente, *presariomax* è il nome *NetBIOS* del PC (con una qualsiasi versione di Windows) e *applicazioni* è il nome della directory condivisa; *windisk* è una directory qualsiasi di Linux vuota che in questo caso si trova sotto */mnt* ed è stata creata con il comando:

```
]# mkdir /mnt/windisk
```

10.2.2 Implementazione di un *cestino* nelle condivisioni *samba*

Tipicamente, quando da un client Windows si accede ad una directory condivisa in rete e da questa si cancellano file, questi vengono eliminati senza possibilità di recuperarli.

Samba offre la possibilità di implementare un "cestino", simile a quello disponibile sul desktop di Windows, in modo da poter recuperare i file (con la traccia completa della posizione occupata dal file nell'ambito della condivisione) cancellati accidentalmente. A tal fine viene utilizzata sul server una directory di appoggio (possibilmente nascosta) dove vengono spostati i file che l'utente cancella.

Nell'esempio che segue la directory che utilizzeremo è chiamata *.cestino* e viene creata nell'ambito della condivisione *[documenti]* secondo quanto indicato nel file *smb.conf* descritto in precedenza.

Il comando:

```
]# mkdir /home/documenti/.cestino
```

crea la directory in argomento, mentre il comando

```
]# chgrp sviluppo /home/documenti/.cestino
```

assegna la proprietà della directory al gruppo *sviluppo*.

Il comando:

```
]# chmod 1770 /home/documenti/.cestino
```

fa in modo che solo gli utenti proprietari dei file spostati nel cestino li possano definitivamente cancellare. Se l'utente *ben* cancella il file */home/documenti/relazioni/progetto.txt,* il file in realtà viene spostato in */home/documenti/.cestino/ben/relazioni/progetto.txt.*

L'attivazione di questo servizio prevede la creazione di un file, per esempio */etc/samba/cestino.conf* e la modifica di */etc/samba/smb.conf.* Il file */etc/samba/cestino.conf* deve contenere le seguenti direttive:

```
name = .cestino/%U
mode = KEEP_DIRECTORIES|VERSIONS|TOUCH
maxsize = 0
exclude = *.tmp|*.temp|*.o|*.obj|~$*
excludedir = /tmp|/temp|/cache
noversions = *.doc|*.xls|*.ppt
```

dove

- *name* definisce il nome della directory da usare come cestino; aggiungendo "/%U" viene creata all'interno della directory una directory con il nome utente che effettua la cancellazione. Ad esempio, se ad effettuare la cancellazione è l'utente *ben*, viene creata la directory *.cestino/ben* all'interno della quale verranno spostati i file cancellati dall'utente in questione;
- *mode* definisce i modi possibili di usare il cestino; i valori ammessi sono:

- *KEEP_DIRECTORIES* : tiene traccia del percorso completo del file cancellato
- *VERSIONS* : aggiunge il numero di versione quando il file cancellato è già presente; ad esempio se viene cancellato il file *progetto.txt* e tale file esisteva già nel cestino, il nuovo file verrà chiamato *Copy #1 of progetto.txt*, se tale file esiste, il nuovo file verrà chiamato *Copy #2 of progetto.txt* ecc.;
- *TOUCH* : modifica la data e l'orario di ultimo accesso quando il file viene spostato. Utile quando si usano script automatici per la pulizia del cestino;

- *maxsize* definisce la dimensione massima dei file da spostare nel cestino; *0* indica qualunque dimensione;
- *exclude* indica quali file non devono essere spostati nel cestino ma cancellati definitivamente, utile per i file temporanei; è possibile usare i caratteri jolly.
- *excludedir* indica le directory che non vanno spostate nel cestino; utile per directory temporanee;
- *noversions* indica di quali file si vuole evitare di creare le versioni.

Nel caso dell'esempio non vengono create versioni per i file con estensione *.doc*, *.xls* e *.ppt*; in questo caso se nel cestino era già presente un file con lo stesso nome del file in cancellazione, questo verrà sostituito con il nuovo file cancellato. Nel nostro caso quindi, nell'ambito del file */etc/samba/smb.conf*, la sezione relativa alla condivisione `[documenti]` diventa:

```
[documenti]
comment = Documenti settore Sviluppo
path = /home/documenti
public = no
writable = no
printable = no
valid users = @sviluppo
write list = @sviluppo
create mask = 0660
directory mask = 0770
vfs object = /usr/lib/samba/vfs/recycle.so
vfs options = /etc/samba/cestino.conf
```

Se si vuole usare il cestino per altre condivisioni, per esempio per le home directory degli utenti, bisogna aggiungere alla condivisione `[homes]` le seguenti linee:

```
vfs object = /usr/lib/samba/vfs/recycle.so
vfs options = /etc/samba/cestino.conf
```

nel file */etc/samba/smb.conf*.

Negli esempi sopraindicati è stato usato solo il file */etc/samba/cestino.conf* ma è possibile utilizzarne altri scritti ad hoc per ulteriori condivisioni.

Terminate le configurazioni si può far ripartire il servizio *samba*:

```
]# service smb restart
```

10.2.3 Alcune considerazioni sulle reti Microsoft

Come detto in precedenza NON è possibile mettere nella sezione *[global]*:

```
wins support = yes
```

e

```
wins server = "ip address dello stesso sistema"
```

quindi *samba* o è WINS server oppure è WINS client.

Il WINS consente di mantenere una tabella che associa il nome *NetBIOS* e l'IP address di ogni PC Windows; questo meccanismo evita il broadcasting in rete e quindi migliora le prestazioni della rete locale.

Oltre alla gestione dei nomi dei PC e dei rispettivi indirizzi IP presenti in rete è fondamentale conoscere quali risorse vengono messe a disposizione dai vari PC; in ogni sottorete è dunque presente un *Local Master Browser (LMB)* che raccoglie l'elenco dei PC e delle risorse che condividono in un file detto *browse list*. I singoli PC, appena accesi, fanno richiesta al LMB per ottenere la browse list.

Se sono presenti più sottoreti o più gruppi di lavoro separati, entra in gioco anche un *Domain Master Browser (DMB)* con il compito di raccogliere le liste delle risorse di ogni sottogruppo e di metterle a disposizione degli LMB.

Queste figure, LMB e DMB, sono dinamiche e necessarie e possono essere impersonate da PC via via diversi; la scelta di tali compiti viene messa in discussione ogni volta che un nuovo PC si presenta in rete. Microsoft ha scelto di assegnare dei valori ai suoi sistemi operativi in modo tale che quelli più recenti possano prevalere sugli altri.

Affinché *samba* svolga funzioni di LMB e DMB è opportuno scrivere nella sezione *[global]*:

```
Domain Master = yes
Local Master = yes
Os level = 66
Preferred Master = yes
```

OS level è il livello usato dal server *samba* per LMB: 32 è usato da Windows NT server, 16 da Windows NT workstation e 1 da Windows 95 e 98. Con un *Os level* maggiore di 32 il server *samba* sarà LMB.

Il quarto punto va impostato a *yes* se non ci sono Windows NT PDC (*Primary Domain Controller*) nel gruppo di lavoro, altrimenti va impostato a *no*

```
Domain logon = yes
```

consente a *samba* di lavorare come un Domain Controller NT gestendo il database degli account. Si ha poi:

```
remote announce = 192.162.1.80/altro_workgroup
```

oppure

```
remote browse sync = 192.162.1.80
```

e servono per potere visualizzare altre reti *NetBIOS*.

Contrariamente a Windows, Linux è un sistema operativo case-sensitive (i file denominati *pippo* e *Pippo* sono due file diversi).

Quando si utilizza un file server con *samba*, per evitare che versioni diverse dello stesso file stiano sul server, è opportuno forzare i nomi dei file o tutti in maiuscolo o tutti in minuscolo.

Ciò può essere realizzato inserendo nella sezione *[global]* o nelle singole *condivisioni* indicate nel file */etc/samba/smb.conf* la seguente riga:

```
default case = lower
```

per forzare i nomi dei file in minuscolo, oppure

```
default case = upper
```

per forzare i nomi dei file in maiuscolo.

A tale scopo risulta molto utile il programma *chcase*, reperibile all'indirizzo *http://www.blemished.net/chcase* che cambia i nomi dei file o tutti in minuscolo o tutti in maiuscolo. Ad esempio:

```
]# cd /home/documenti
]# chcase -rd '*'
```

cambia in minuscolo tutti i nomi dei file e delle directory contenuti in */home/documenti*, mentre:

```
]# chcase -rdu '*'
```

li cambia in maiuscolo.

La prerelease di samba 3.0.1, presente in Fedora Core 1 ed Enterprise Linux AS 3.0 beta 2, consente l'implementazione di domini NT, PDC (Primary Domain Controller) e BDC (Backup Domain Controller), l'integrazione con il servizio LDAP (membro di un dominio Active Directory), etc.

Jeremy Allison, uno dei creatory di samba, intervistato da Linux Professional (dicembre 2002), afferma che Microsoft, in Germania, usava Samba per gestire 50.000 utenti in quanto i sistemi NT/2000/XP avevano qualche problema a gestire 50.000 file di log contemporaneamente.

10.3 Condivisione per reti AppleTalk

Così come *samba* emula il funzionamento di Gnu/Linux come file e print server Microsoft, *atalk* emula il funzionamento di Gnu/Linux come file e print server per computer Apple collegati in rete Ethertalk (Appletalk su Ethernet).

Appletalk utilizza un indirizzo di rete a 16 bit (nel quale *0* e *65535* sono considerati indirizzi di rete illegali, mentre da *65280* a *65534* sono indirizzi riservati), un numero di nodo a 8 bit (da *1* a *253*) e il nome di zona, che raggruppa uno o più indirizzi di rete; il protocollo di trasporto utilizzato si chiama *DDP* (*Datagram Delivery Protocol*). I protocolli che entrano in gioco sono: *RTMP* (*Routing Table Maintenance Protocol*), *NBP* (*Name Binding Protocol*), *echo* (*Appletalk echo protocol*), *ZIP* (*Zone Information Protocol*) e *AFPoverTCP* (*Apple File Protocol over TCP*, porta 548). Molto lavoro su atalk è stato svolto da Adrian Sun.

Il file che tipicamente bisogna personalizzare è `/etc/atalk/config` solo se i propri client sono in numero maggiore a 5.

```
# Configurazione Appletalk
# Cambiare questa direttiva per aumentare il numero
# massimo di client ai quali è permessa la connessione
# simultaneamente:
AFPD_MAX_CLIENTS=5
# Se si utilizza questa direttiva il nome della zona
# Appletalk sarà uguale al nome del dominio al quale la
# Linux box afferisce, altrimenti impostare il nome della zona:
ATALK_NAME=`echo ${HOSTNAME}|cut -d. -f1`
# Set which daemons to run:
PAPD_RUN=yes   # Printer Access Protocol Daemon
AFPD_RUN=yes   # Apple File Protocol Daemon
# Control whether the daemons are started
# in the background
ATALK_BGROUND=yes
```

Il servizio, al solito, parte con:

]# **service atalk start** (o *restart* per farlo ripartire)

Il servizio si avvierà automaticamente all'avvio del sistema con:

]# **chkconfig --level 35 atalk on**

10.4 Conclusioni

Abbiamo visto in questo capitolo come condividere file e directory residenti sui dischi del server Linux in modo da renderli accessibili per altre macchine UNIX-Linux, oppure per macchine Windows o per macchine Apple Macintosh. In questa sede ci siamo occupati soltanto del lato server, spiegando come rendere disponibili tali risorse per le macchine che ne fanno richiesta. Chi fosse interessato alla configurazione dei client (Windows o MacOS) per poter accedere a tali risorse dai sistemi operativi indicati, può consultare le documentazioni dei sistemi operativi stessi.

Nel prossimo capitolo vedremo come configurare il servizio web usando *apache*, come proteggere parti del sito da accessi non autorizzati, come impostare un servizio di *mail via web*, come attivare un motore di ricerca per il sito, come impostare un server *proxy* ed infine come attivare un servizio *FTP*.

11 I servizi web, FTP e proxy

In questo capitolo ci occuperemo della configurazione di un server web, di come limitare l'accesso in alcune aree dello stesso, di come implementare una interfaccia per la gestione della posta elettronica *via browser* e, infine, di come attivare un motore di ricerca. Verrà anche descritto come implementare e gestire un servizio *proxy* per velocizzare la navigazione in Internet e la configurazione del servizio FTP per lo scambio di file. Infine, verrà trattato il servizio di logging per la registrazione delle attività di sistema.

11.1 Il server web *apache*

Il server web *apache* consente la divulgazione delle pagine web tramite il protocollo HTTP; la directory predefinita nei sistemi Red Hat dove vengono memorizzate le pagine web, cioè i documenti HTML, è */var/www/html*, mentre i singoli utenti possono pubblicare i propri siti in */home/nome_utente/public_html*; tutte le configurazioni ed i parametri di sistema sono contenuti nel file di configurazione */etc/httpd/conf/httpd.conf*. Ogni rigo nel file di configurazione può contenere un simbolo *[#]* per indicare che quanto segue è un commento, oppure una *direttiva* tramite cui definire i parametri di configurazione.

Le direttive possono essere *Server level*, *Global level* e *Local level*: nel primo caso riguardano l'intero server, nel secondo (*Global*) riguardano i comportamenti predefiniti per tutti i documenti divulgati tramite il server, mentre le direttive locali interessano solo directory ed aree specifiche e, quindi, vengono definite tramite direttive dette *container*.

Sicuramente la prima direttiva da impostare è quella inerente il nome del server, cioè il nome di dominio o l'indirizzo al quale il web server deve rispondere. La direttiva da modificare è *Server Name*:

```
ServerName www.proflinux.net
```

È possibile indicare anche un indirizzo IP in luogo di un nome di dominio.

È anche possibile personalizzare le directory di pubblicazione; basta agire sul file di configurazione intervenendo sulle direttive globali (Global):

```
<Directory "/var/www/html/">
```

e

```
UserDir public_html
```

che, per esempio, possono essere modificate in:

```
<Directory "/home/html/">
```

e

```
UserDir www
```

Da adesso, nella directory */home/html* verranno inserite le pagine principali del server *www.proflinux.net*. Nella directory */home/ben/www* verranno inserite le pagine dell'utente *ben*. Nella condizione di default, la directory */var/www/html* è vuota e, a servizio *httpd* avviato, se si tenta una connessione con il server web, viene presentata la pagina */var/www/error/noindex.html*.

Questo accorgimento è stato ideato per non consentire la visualizzazione del contenuto della directory quando non viene trovata una pagina indice.

Occorre ricordare che i file che si intendono pubblicare sul server devono essere leggibili ed eseguibili da tutti (ad esempio con *chmod –R 755 **), mentre le directo-

directory che contengono i documenti devono essere accessibili a tutti (ad esempio *chmod –R 711 /home/utente/www*).

Se desideriamo far in modo che la directory /home/www/privata sia accessibile solo dalla rete 10.0.0.0/24 è sufficiente impostare la seguente direttiva nel file `/etc/httpd/conf/httpd.conf`:

```
<Directory /home/www/privata>
order deny,allow
deny from all
allow from 10.0.0
</Directory>
```

Il primo e l'ultimo rigo introducono e concludono la direttiva contenitore *Directory* che ne specifica tutti i parametri di accessibilità e visibilità dal Web. Il parametro order limita l'accesso nell'ordine specificato, quindi viene prima negato l'accesso da tutti gli indirizzi (*deny from all*) e successivamente consentito agli utenti provenienti dalla rete 10.0.0.0/24 (*allow from 10.0.0*).

apache consente anche la gestione del *virtual hosting*, cioè la possibilità di gestire più siti indipendenti richiamabili tramite nomi a dominio differenti, sempre sulla stessa macchina, ed anche l'esecuzione di *cgi-bin*. Riportiamo un esempio: se l'IP address del sistema in argomento è *172.16.1.5* ed ha nome reale *www.proflinux.net*, volendo che risponda anche per *ben.proflinux.net* e *www.ben.proflinux.net* dovranno essere impostati i seguenti parametri nel file `/etc/httpd/conf/httpd.conf`

```
NameVirtualHost 172.16.1.5
<VirtualHost 172.16.1.5>
ServerAdmin webmaster@proflinux.net
DocumentRoot /var/www/html
ServerName www.proflinux.net
ErrorLog logs/www.proflinux.net-error_log
CustomLog logs/www.proflinux.net-access_log common
</VirtualHost>

<VirtualHost 172.16.1.5>
ServerAdmin ben@proflinux.net
DocumentRoot /home/ben/public_html
ServerName ben.proflinux.net
ErrorLog logs/ben.proflinux.net-error_log
CustomLog logs/ben.proflinux.net-access_log common
</VirtualHost>

<VirtualHost 172.16.1.5>
ServerAdmin ben@proflinux.net
DocumentRoot /home/ben/public_html
ServerName www.ben.proflinux.net
ErrorLog logs/www.ben.proflinux.net-error_log
CustomLog logs/www.ben.proflinux.net-access_log common
</VirtualHost>
```

Naturalmente, a livello di DNS server, dovranno essere impostati per *www.proflinux.net* gli alias *ben.proflinux.net* e *www.ben.proflinux.net*.

Facendo riferimento al nostro esempio di dominio dovranno essere aggiunte le seguenti voci nel file `/var/named/SOA.proflinux.net`

```
ben                           IN CNAME server
www.ben.proflinux.net.        IN CNAME server
```

Per quanto concerne l'eseguibilità dei *cgi-bin* normalmente in `/etc/httpd/conf/httpd.conf` troviamo:

```
ScriptAlias /cgi-bin/ "/var/www/cgi-bin/"

<Directory "/var/www/cgi-bin">
AllowOverride None
Options ExecCGI
Order allow,deny
Allow from all
</Directory>
```

Per aggiungere tale funzionalità all'utente *ben* occorre duplicare le cose nel seguente modo:

```
ScriptAlias /cgi-bin/ "/var/www/cgi-bin/"
ScriptAlias /cgi-ben/ "/home/ben/scripts/"

<Directory "/var/www/cgi-bin">
AllowOverride None
Options ExecCGI
Order allow,deny
Allow from all
</Directory>

<Directory "/home/ben/scripts">
AllowOverride None
Options ExecCGI
Order allow,deny
Allow from all
</Directory>
```

dove la directory `/home/ben/scripts` contiene gli script cgi dell'utente *ben*, i quali devono essere eseguibili da tutti (ad esempio `chmod 755 mio.cgi`).
Volendo proteggere le pagine web situate in `/home/max/public_html` rendendole comunque visualizzabili soltanto ai sistemi apparteneti al dominio *proflinux.net*, occorre inserire in `/etc/httpd/conf/httpd.conf`

```
<Directory "/home/max/public_html">
Options Indexes FollowSymLinks
AllowOverride None
Order deny,allow
Deny from all
Allow from *.proflinux.net
</Directory>
```

Volendo limitare l'accesso a determinati host occorre aggiungere la direttiva:

```
<Directory /var/www/html>
Order deny, allow
# localhost
Allow from 127.0.0.1
# rete 172.16.1.0/24
```

```
Allow from 172.16.1.
# sistema specifico
Allow from 121.165.33.21
# accesso vietato a tutti gli altri sistemi
Deny from All
</Directory>
```

Naturalmente tale direttiva può essere estesa a qualsiasi directory. Occorre, inoltre, proteggere la directory root:

```
<Directory />
Options None
AllowOverride None
Order deny,allow
Deny from all
</Directory>
```

11.2 Protezione di parti del sito con *username* e *password*

Se si vuole proteggere la directory */var/www/html/privata* (che sarà vista dal web come *www.proflinux.net/privata*), è possibile farlo usando due metodi: il primo è chiamato *DB* e fa riferimento ad un file che contiene i nomi degli utenti e le relative password cifrate, il secondo usa un database *MySQL*[1] per registrare le stesse informazioni.

11.2.1 Metodo di autenticazione con file *DB*

Utilizzando il metodo in argomento è necessario creare un file nella directory */etc/httpd/conf.d* chiamato ad esempio *auth_DB.conf* al cui interno devono essere presenti le seguenti direttive:

```
# Modulo di autentica per pagine con password
# di tipo DB
<Location /privata/>
AuthType Basic
AuthName "Area protetta"
AuthDBMUserFile /usr/local/etc/authdb
AuthDBMType DB
require user ben max
</Location>
```

La direttiva *AuthType* seleziona la metodologia adottata per autenticare gli utenti. Il metodo più comune è quello *Basic* che è implementato dal modulo *mod_auth* (vedere *httpd.conf*). È importante sottolineare che questo metodo invia le password dal client al server in chiaro, quindi non dovrebbe essere usato per l'accesso a dati importanti. *apache* supporta un altro tipo di autenticazione, detto *AuthType Digest*, che è implementato dal modulo *mod_auth_digest* ed è molto più sicuro. Soltanto le versioni più recenti dei browser sono però in grado di supportare questo metodo.
La direttiva *AuthName* seleziona il nome da usare per l'autenticazione. Il nome ha due scopi principali:

1. il browser presenta questa informazione all'utente come parte di un box di dialogo quando richiede la password;
2. è usato dal browser per determinare quale password inviare per accedere ad una determinata area protetta.

Per esempio, una volta che l'utente è stato autenticato nell'area *"Area protetta"*, automaticamente il browser prova ad inviare la stessa password per tutte quelle aree che nel server sono marcate con *AuthName "Area protetta"*, anche se si trovano in altre directory. Naturalmente, per motivi di sicurezza, se cambia il nome del server verrà nuovamente richiesta la password anche se il nome di *AuthName* è lo stesso.
La direttiva *AuthDBMUserFile* indica il percorso per il file contenente gli utenti e le password cifrate.

---

[1] Vedere capitoli 12, 13 e 14

La direttiva *AuthDBMType* indica il tipo di autentica richiesta, in questo caso *DB*. Infine, la direttiva *require user* indica quali utenti, fra tutti quelli definiti nel file *DB*, possono accedere a questa area protetta. Se si desidera che tutti gli utenti definiti nel file *DB* abbiano accesso all'area si può usare *require valid-user*.

A questo punto bisogna creare il database contenente gli utenti e le password di accesso, e a tale scopo si può usare il comando *htdbm*. Per motivi di sicurezza è opportuno mettere questo file in una directory che non sia accessibile dal web (ad esempio `/usr/local/etc`).

Per creare il file e definire il primo utente si può usare il comando:

```
]# htdbm -c -TDB /usr/local/etc/authdb ben
```

verrà richiesta la password per l'utente *ben* che da quel momento sarà autorizzato. Per aggiungere un utente allo stesso file il comando è:

```
]# htdbm -TDB /usr/local/etc/authdb max
```

in questo modo viene aggiunto l'utente *max*.

Per quanto indicato nell'esempio, solo gli utenti *ben* e *max* potranno accedere all'area protetta anche se si aggiungono altri utenti al file *authdb*. Se si vuole permettere l'accesso a tutti gli utenti definiti nel file, occorre sostituire nel file `auth_DB.conf` la direttiva *require user ben max* con *require valid-user*.

Le opzioni di `htdbm` sono:

```
]# htdbm -c -TDB dbfile utente
```

crea il file ed inserisce l'utente (verrà richiesta la password).

```
]# htdbm -b -TDB dbfile utente password
```

inserisce l'utente con la password specificata.

```
]# htdbm -x -TDB dbfile utente
```

rimuove *"utente"* dal file.

```
]# htdbm -l -TDB dbfile
```

lista gli utenti contenuti in *"dbfile"*.

```
]# htdbm -v -TDB dbfile utente
```

verifica la password per *"utente"*.

11.2.2 Metodo di autenticazione con database *MySQL*

Per utilizzare questo metodo bisogna avviare il database mysql:

```
]# service mysqld start
```

rendere permanente l'avvio di MySql ad ogni riavvio:

```
]# chkconfig mysqld on
```

creare un nuovo database (*auth*) al cui interno verrà definita una tabella (*users*) contenente utenti e password; per fare questo bisogna accedere a Mysql come *root*:

```
]# mysql -u root
mysql>
```

Dal prompt di mysql digitare i seguenti comandi:

```
mysql> CREATE DATABASE auth;
mysql> USE auth;
Database changed
mysql> CREATE TABLE users (
-> user_name CHAR(30) NOT NULL,
-> user_passwd CHAR(20) NOT NULL,
-> PRIMARY KEY (user_name));
Query OK ...
mysql> GRANT SELECT
-> ON auth.users
-> TO authuser@localhost
-> IDENTIFIED BY 'PaSsW0Rd';
Query OK ...
mysql> FLUSH PRIVILEGES;
Query OK ...
```

Definita la struttura principale, inseriamo a titolo di esempio l'utente *ben*:

```
mysql> INSERT INTO users VALUES ('ben', \
ENCRYPT('BeNpAsSw0Rd'));
Query OK ...
mysql> quit
```

Questo metodo differisce di poco dal precedente. Innanzitutto le direttive che bisogna mettere nel file */etc/httpd/conf.d/auth_mysql.conf* sono le seguenti:

```
<Directory /var/www/html/privata/>
AuthName "Area protetta con MySQL"
AuthType Basic
AuthMySQLUser authuser
AuthMySQLPassword PaSsW0Rd
AuthMySQLDB auth
AuthMySQLUserTable users
AuthMySQLNameField user_name
AuthMySQLPasswordField user_passwd
require valid-user
</Directory>
```

A questo punto gli utenti definiti possono accedere alla zona protetta.
Ad ogni cambiamento occorre fare ripartire il web server con il comando:

```
]# service httpd restart
```

11.3 Configurazione di un servizio di mail via web

La soluzione mail via web è molto comoda in quanto consente all'utente itinerante la gestione della propria posta elettronica da qualsiasi sistema dotato di browser web e collegato a Internet, senza configurare il protocollo POP o IMAP. Presenteremo un servizio di corredo con la distribuzione prescelta, *squirrelmail*, e un altro, con maggiori servizi aggiuntivi (webdisk, ssh client, etc.) da installare ex-novo, *OpenWebMail*.

11.3.1 Configurazione di *squirrelmail*

La configurazione di squirrelmail è molto semplice: occorre spostarsi in `/var/www/html` e creare un collegamento simbolico, chiamato `squirrelmail`, che punta alla directory `/usr/share/squirrelmail`:

```
]# cd /var/www/html
]# ln -s /usr/share/squirrelmail squirrelmail
```

Quindi, occorre far partire il servizio *imap* e *http* con:

```
]# chkconfig imap on
]# service httpd start
```

A questo punto, con un browser web, puntando su *http://server.proflinux.net/squirrelmail* vengono richiesti *username* e *password* e si può accedere alla posta elettronica, leggerla, mandare allegati, etc. Per eventuali personalizzazioni del servizio occorre modificare il file */etc/squirrelmail/config.php*.

11.3.2 Configurazione di *OpenWebMail*

Il pacchetto *OpenWebMail* offre, per gli utenti del server, un servizio di consultazione della posta elettronica, il servizio di *WebDisk* che consente l'amministrazione di una propria directory sul server (`/home/nomeutenza/webdisk`), un applicativo java per l'apertura di una sessione di emulazione terminale *ssh* sul server e tanti altri servizi disponibili via browser. Naturalmente, come per squirrelmail, occorre che sia attivo il servizio httpd (server web). Il progetto alla base di OpenWebMail è Neomail e parte dal lavoro di Ernie Miller.

Per l'installazione occorre scaricare i seguenti pacchetti:

perl-Text-Iconv-1.2-RH80.i386.rpm
openwebmail-2.10-1.i386.rpm

disponibili all'indirizzo
http://openwebmail.com/openwebmail/download/redhat/rpm/packages/rh9/

mentre l'ultima versione del pacchetto *OpenWebMail* è disponibile all'indirizzo
http://openwebmail.com/openwebmail//download/redhat/rpm/daily-build/.
Una volta scaricati, bisogna installare il software e predisporre la configurazione
con i comandi:

```
]# rpm -i perl-Text-iconv-1.2-RH80.i386.rpm
]# rpm -i openwebmail-2.10-1.i386.rpm
]# /var/www/cgi-bin/openwebmail/openwebmail-tool.pl \
--init
```

Il software di setup richiederà di sostituire all'interno del file
/var/www/cgi-bin/openwebmail/etc/openwebmail.conf le seguenti righe:

```
dbm_ext                .db
dbmopen_ext            none
dbmopen_haslock        no
```

con

```
dbm_ext                .db
dbmopen_ext            %dbm_ext%
dbmopen_haslock        yes
```

Per completare l'installazione occorre rilanciare il comando di configurazione:

```
]# /var/www/cgi-bin/openwebmail/openwebmail-tool.pl \
--init
...
creating /var/www/cgi-bin/openwebmail/etc/b2g.db ...done.
creating /var/www/cgi-bin/openwebmail/etc/g2b.db ...done.
creating /var/www/cgi-bin/openwebmail/etc/lunar.db ...done.
Welcome to the Open WebMail!

This program is going to send a short message back to the
developer,
so we could have the idea that who is installing and how
many sites are
using this software, the content to be sent is:

OS: Linux 2.4.20-18.9 i686
Perl: 5.008
WebMail: Open WebMail 2.10 20030617

Send the site report?(Y/n) Y
```

Il suffisso *.pl* nei nomi dei file sopra riportati indica che viene utilizzato il linguaggio di scripting PERL (*Practical Extraction Report Language*), uno dei più popolari progetti Open Source. Il PERL è particolarmente adatto allo sviluppo di applicazioni destinate al web ed ai database. Tutta una serie di moduli PERL già pronti sono disponibili su Internet all'indirizzo *www.cpan.org* dove CPAN sta per Comprehensive Perl Archive Network. A questo punto il servizio è funzionante e raggiungibile via rete all'indirizzo:

http://www.proflinux.net/cgi-bin/openwebmail/openwebmail.pl

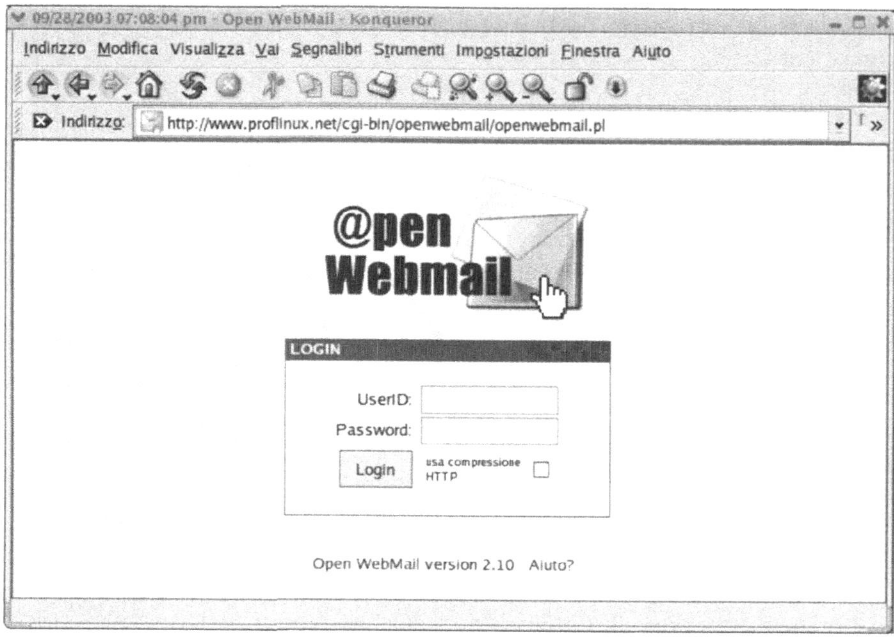

Fig. 11.1 – Schermata di OpenWebMail

11.4 Attivazione di un motore di ricerca per il sito

Verrà ora illustrato come configurare il programma *htdig* per realizzare un motore di ricerca per il server web *www.proflinux.net*.
Il file di configurazione di htdig è `/etc/htdig.conf` nel quale sono contenuti dei parametri che devono essere personalizzati:

```
# directory dove salvare il database
database_dir: /var/lib/htdig

# indirizzo a partire dal quale discendere
# nella ricerca
start_url: http://www.proflinux.net

# limita la ricerca al sito indicato senza seguire
# eventuali link ad altri siti
limit_urls_to: ${start_url}

# escludi i seguenti indirizzi
exclude_urls: /cgi-bin/ .cgi /privata/

# indirizzo e-mail dell'amministratore:
webmaster@proflinux.net
```

Il resto del file può essere lasciato invariato nella maggior parte dei casi.
Il passo successivo consiste nel costruire il database con il comando:

]# rundig -v -s

L'opzione *-v* (verbose) è utile per visualizzare i progressi man mano che il programma lavora, mentre l'opzione *-s* fa sì che vengano stampate le statistiche una volta che il programma è terminato. Il servizio è ora fruibile all'indirizzo *http://www.proflinux.net/htdig*.
Per tenere aggiornato il database si può inserire il comando `rundig -a` nella *crontab* di *root* in modo che, ad esempio, ogni notte venga fatto l'aggiornamento del database. Per aggiornare il database ogni notte alle 3.30, si deve procedere come segue:

]# crontab -e

utilizzando la sintassi dell'editor *vi*, inserire:

```
30 3 * * * rundig -a
```

11.5 Configurazione del server proxy *squid*

L'attivazione del server *http, https* e *ftp* di tipo *proxy* è importante per velocizzare le operazioni in Internet.

Se la rete dove si opera è la *192.168.1.0/24 (255.255.255.0)* occorre editare il file `/etc/squid/squid.conf` e inserire quanto segue:

```
acl RETE_LOCALE src 192.168.1.0/255.255.255.0
http_access allow RETE_LOCALE
```

dove *RETE_LOCALE* è un nome di fantasia

```
cache_mem 16 MB
```

ovvero la memoria RAM dove mantiene le pagine web e le immagini (al massimo può essere 48 MB).

Per vietare indirizzi web che contengono parole particolari si procede in questo modo:

```
acl PAROLE_PARTICOLARI url_regex max tarta
http_access deny PAROLE_PARTICOLARI
```

dove *max* e *tarta* sono contenuti ad esempio in *www.proflinux.net/tarta* oppure in *www.maxmella.it*.

Se si desidera bloccare il passaggio via web di file con suffisso *.mp3*, *.avi*, etc. allora occorre inserire la seguente direttiva:

```
acl block url_regex -i \.mp3$ \.avi$
```

Affinché *squid* possa scrivere i log in formato analizzabile dal programma *analog* occorre inserire la direttiva

```
emulate_httpd_log on
```

Affinché il *proxy server* funzioni in modo *trasparente* (cioè senza che l'utente si renda conto di essere connesso ad Internet attraverso un *proxy*), occorre inserire nel file di configurazione le seguenti direttive:

```
httpd_accel_host proxy.proflinux.net
httpd_accel_port 80
httpd_accel_with_proxy on
httpd_accel_uses_host_header on
```

In questo caso occorre impostare il servizio di *port forwarding* mediante *iptables*, nella macchina che svolge funzioni di *bridge/router/firewall*, operazione che verrà descritta nel capitolo 17.

È possibile inoltre fare in modo che i browser si configurino automaticamente le impostazioni del server proxy; per far ciò occorre impostare nel DNS un record *CNAME* per il proxy server (ad esempio *proxy.proflinux.net*) con nome *wpad*.

Quindi le linee di configurazione del DNS sono le seguenti:

```
proxy       IN      A       192.168.0.1
wpad        IN      CNAME   proxy
```

Inoltre, nella directory `/var/www/html` del proxy server occorre copiare il file *wpad.dat* che tipicamente contiene le seguenti direttive:

```
function FindProxyForURL(url, host)
  {
    if (shExpMatch( host, "nome.proxy.proflinux.net*"))
      return "DIRECT";
    if (!isResolvable(host))
      return "DIRECT";
    if (isPlainHostName(host))
      return "DIRECT";
    if (url.substring(0, 5) == "http:")
      return "PROXY nome.proxy.proflinux.net:3128";
    else
      return "DIRECT";
  }
```

Questo file può essere personalizzato secondo le proprie esigenze. Ovviamente occorre che sulla macchina proxy sia attivo il servizio *httpd*. Naturalmente si può impostare la navigazione nei tempi stabiliti e si può fare riferimento a file interi che contengono parole particolari contenute in indirizzi che non si vogliono visitare. Se tassativamente si vogliono evitare siti web con contenuti poco raccomandabili si può utilizzare *squidguard* da scaricare all'indirizzo *http://rpmfind.net* perché non è inserito nella distribuzione di default.

Inoltre, occorre scaricare settimanalmente la *blacklist* ovvero il file `blacklists.tar.gz` dal sito *squidguard.org* (si può automatizzare l'operazione tramite *crontab*).

La directory `blacklists` va inserita in `/var/lib/squidGuard` e deve essere di proprietà di *squid* ovvero

**]# chown -R squid.squid \
/var/lib/squidGuard/blacklists**

In `/etc/squid/squid.conf` occorre inserire:

```
redirect_program /usr/bin/squidGuard -c \
/etc/squid/squidGuard.conf

# il 5 dimensionato in base all'utilizzo del proxy server
redirect_children 5
```

Il file `/etc/squid/squidGuard.conf` potrà essere configurato nel seguente modo:

```
#
# CONFIG FILE FOR SQUIDGUARD
#

dbhome /var/lib/squidGuard/blacklists
logdir /var/log/squid
```

```
#
# TIME RULES:
# abbrev for weekdays:
# s=sun, m=mon, t=tue, w=wed, h=thu, f=fri, a=sat

time workhours {
weekly mtwhf 08:00 - 16:30
date *.*.* 08:00 - 16:30
}


#
# SOURCE ADDRESSES:
#

src professori {
ip 192.168.0.2/32
within workhours
}

src studenti {
ip 192.168.0.5/32
}


#
# DESTINATION CLASSES:
#

# contenuti per adulti
dest adult {
domainlist porn/domains
urllist porn/urls
expressionlist porn/expressions
log /var/log/squid/adults.log
redirect http://www.proflinux.net
}
# contenuti di dubbia legalità
dest warez {
domainlist warez/domains
urllist warez/urls
log /var/log/squid/warez.log
redirect http://www.proflinux.net/avviso.html
}

acl {
professori {
pass !adult any
}

studenti within workhours {
pass !warez !adult any
} else {
pass !adult any
}
default {
pass none
redirect http://www.proflinux.net
}
}
```

Inoltre, è possibile fare in modo che *squid* richieda *username* e *password* per permettere la navigazione in Internet. Per attivare questa funzionalità occorre inserire nel file `/etc/squid/squid.conf` le seguenti direttive:

```
auth_param basic program /usr/lib/squid/pam_auth -n login
```

nella sezione *auth_param*

```
acl password proxy_auth REQUIRED
```

nella sezione relativa alle *access list*

```
http_access allow password
```

nella sezione relativa al controllo di accesso. Bisogna inoltre impostare il bit *suid* al file di gestione delle autentiche:

```
]# chmod 4755 /usr/lib/squid/pam_auth
```

A questo punto facendo partire il servizio *squid* con il comando:

```
]# service squid start (o restart)
```

è possibile provare il servizio. Per utilizzare il proxy server da PC occorre impostare nel browser l'indirizzo IP del proxy server e la porta TCP 3128.

Da questo momento in poi se si prova a navigare vengono richiesti *username* e *password* e, per poter accedere ad Internet, basta fornire uno *username* ed una *password* validi (utenti Linux reali).

È possibile utilizzate, inoltre, un software che permette di analizzare il traffico generato dagli utenti attraverso *squid*. Tale programma chiamato *sarg* analizza i log di *squid* e produce delle pagine web consultabili all'indirizzo *http://server.proflinux.net/squid-reports*.

Il programma è scaricabile all'indirizzo *http://web.onda.com.br/orso/sarg.html* in formato sorgente. Una volta scaricato lo si può installare con i seguenti comandi:

```
]# tar xzf sarg-x.y.z.tar.gz
]# cd sarg-x.y.z
]# ./configure
]# make
]# make install
```

Editare quindi il file di configurazione `/usr/local/sarg/sarg.conf` avendo cura di specificare la directory contenente i log di *squid* (il default è `/var/log/squid/access.log`) e la directory dove salvare le pagine (ad esempio `/var/www/html/squid-reports`). È inoltre fondamentale non attivare nel file `/etc/squid/squid.conf` la direttiva:

```
emulate_httpd_log on
```

(che comunque di default è *off*), altrimenti *sarg* non funzionerà.
A questo punto digitando il comando:

```
]# sarg
```

vengono letti i log e generale le pagine web.

Si può utilizzare *cron* per fare in modo che il comando venga eseguito una volta al giorno ad esempio alle 23.00 con il comando:

```
]# crontab -e
```

ed inserendo la linea

```
0 23 * * * sarg
```

secondo le modalità dell'editor *vi*.

11.6 Configurazione del server *FTP*

A partire da Red Hat Linux 9 il servizio FTP è affidato a *vsftpd*, acronimo di *Very Secure File Transfer Protocol Daemon*. Il daemon può essere impostato per funzionare in modalità *stand-alone* o sotto il controllo del superdaemon *xinetd*. Prendiamo in esame la modalità *stand-alone*. Il file di configurazione */etc/vsftpd/vsftpd.conf* viene riportato integralmente:

```
# Example config file /etc/vsftpd.conf
#
# The default compiled in settings are very paranoid.
# This sample file loosens things up a bit, to make the
# ftp daemon more usable.
#
# Allow anonymous FTP?
anonymous_enable=YES
#
# Uncomment this to allow local users to log in.
local_enable=YES
#
# Uncomment this to enable any form of FTP
# write command.
write_enable=YES
#
# Default umask for local users is 077.
# You may wish to change this to
# 022, if your users expect that
#(022 is used by most other ftpd's)
local_umask=022
#
# Uncomment this to allow the anonymous FTP user
# to upload files.
# This only has an effect if the above global write
# enable is activated.
# Also, you will obviously need to create a directory
# writable by the FTP user.
#anon_upload_enable=YES
#
# Uncomment this if you want the anonymous FTP user to
# be able to create new directories.
#anon_mkdir_write_enable=YES
#
# Activate directory messages -
# messages given to remote users when they go into
# a certain directory.
dirmessage_enable=YES
#
# Activate logging of uploads/downloads.
xferlog_enable=YES
#
# Make sure PORT transfer connections originate
# from port 20
# (ftp-data).
connect_from_port_20=YES
#
# If you want, you can arrange for uploaded anonymous
# files to be owned by a different user.
# Note! Using "root" for uploaded files is not
```

```
# recommended!
#chown_uploads=YES
#chown_username=whoever
#
# You may override where the log file goes if you like.
# The default is shown below.
#xferlog_file=/var/log/vsftpd.log
#
# If you want, you can have your log file in standard
# ftpd xferlog format
xferlog_std_format=YES
#
# You may change the default value for timing out an
# idle session.
#idle_session_timeout=600
#
# You may change the default value for timing out
# a data connection.
#data_connection_timeout=120
#
# It is recommended that you define on your system
# a unique user which the ftp server can use as a
# totally isolated and unprivileged user.
#nopriv_user=ftpsecure
#
# Enable this and the server will recognise
# asynchronous ABOR requests. Not recommended
# for security (the code is non-trivial).
# Not enabling it, however, may confuse
# older FTP clients.
#async_abor_enable=YES
#
# By default the server will pretend to allow
# ASCII mode but in fact ignore the request.
# Turn on the below options to have
# the server actually do ASCII mangling on files
# when in ASCII mode.
# Beware that turning on ascii_download_enable
# enables malicious remote parties to consume
# your I/O resources, by issuing the command
# "SIZE /big/file" in ASCII mode.
# These ASCII options are split into upload and
# download because you may wish to enable ASCII
# uploads (to prevent uploaded scripts etc. from
# breaking), without the DoS risk of SIZE and ASCII
# downloads. ASCII mangling should be on the client
# anyway..
#ascii_upload_enable=YES
#ascii_download_enable=YES
#
# You may fully customise the login banner string:
#ftpd_banner=Welcome to blah FTP service.
#
# You may specify a file of disallowed anonymous
# e-mail addresses.
# Apparently useful for combatting certain DoS attacks.
#deny_email_enable=YES
# (default follows)
#banned_email_file=/etc/vsftpd.banned_emails
#
# You may specify an explicit list of local users
```

```
# to chroot() to their home directory.
# If chroot_local_user is YES, then this list becomes a
# list of users to NOT chroot().
#chroot_list_enable=YES
# (default follows)
#chroot_list_file=/etc/vsftpd.chroot_list
#
# You may activate the "-R" option to the builtin ls.
# This is disabled by default to avoid remote users
# being able to cause excessive I/O on large sites.
# However, some broken FTP clients such as "ncftp" and
#"mirror" assume the presence of the "-R" option,
# so there is a strong case for enabling it.
#ls_recurse_enable=YES

pam_service_name=vsftpd
userlist_enable=YES
#enable for standalone mode
listen=YES
tcp_wrappers=YES
```

Se si vuole disabilitare il servizio di FTP anonimo, si può modificare la linea relativa nel modo seguente:

```
anonymous_enable=NO
```

Affinché alcuni utenti vengano limitati alla propria *home directory*, è possibile modificare la linea relativa nel modo seguente:

```
chroot_list_enable=YES
chroot_list_file=/etc/vsftpd.chroot_list
```

e scrivere nel file */etc/vsftpd.chroot_list* la lista degli utenti da bloccare alla propria *home*. È possibile bloccare in maniera prestabilita tutti gli utenti ad eccezione di quelli inseriti nella lista; per fare ciò bisogna inserire le linee:

```
chroot_local_user=YES
chroot_list_enable=YES
chroot_list_file=/etc/vsftpd.chroot_list
```

Per far funzionare il daemon sotto il controllo di *xinetd*, occorre:
1. dare il comando:

   **]#cp /usr/share/doc/vsftpd-x.y.z/vsftpd.xinetd \
   /etc/xinetd.d/vsftpd**

2. commentare le ultime due linee del file */etc/vsftpd/vsftpd.conf;*
3. disattivare il servizio *vsftpd* se questo era già in esecuzione in modalità *stand-alone*;
4. cancellare (o spostare) il file */etc/init.d/vsftpd* che riguarda il controllo del daemon in tale modalità per evitare che in fase di avvio possa essere attivato il servizio *stand-alone*.

Ricapitolando, i comandi da digitare sono i seguenti:

```
]# service vsftpd stop
]# chkconfig --level 35 vsftpd off
]# cp /usr/share/doc/vfstpd-x.y.z/vsftpd.xinetd \
/etc/xinetd.d/vsftpd
]# mv /etc/init.d/vsftpd /etc/init.d/vsftpd.alone
]# chkconfig vsftpd on
```

Nel caso si utilizzi una distribuzione Red Hat precedente alla versione 9 oppure Advanced Server 2.1, il daemon che implementa le funzioni di FTP server è wu-ftpd, realizzato da un gruppo di ricerca della Washington University. In questo caso il servizio è gestito solo dal super daemon xinetd e i suoi file di configurazione sono:

- */etc/xinetd.d/wu-ftpd*, nel quale si indica se deve essere attivo all'avvio, l'orario di accesso, etc.;
- */etc/ftpaccess*, che alcune regole per accedere al servizio: per esempio tutti gli utenti con UID e GID minore di 499 non possono fare ftp, i file devono essere compressi on the fly prima di essere trasferiti, etc.;
- */etc/ftpconversion*, da utilizzare per convertire i file da un formato all'altro;
- */etc/ftphosts*, per specificare gli indirizzi dei sistemi che possono avere o meno accesso al server;
- */etc/ftpusers*, per specificare gli utenti del sistema che non devono avere accesso al server, per esempio root.

11.7 Configurazioni relative ai log

Uno dei primi 10 motivi per cui una macchina con sistema operativo Gnu/Linux è preferibile ad una macchina con qualsiasi altro sistema operativo non Unix-like è relativo alla possibilità di registrare tutti gli eventi degni di nota. Per quanto riguarda il log su una macchina remota occorre svolgere le seguenti operazioni: sulla macchina dalla quale si vogliono registrare i log, occorre editare il file `/etc/syslog.conf` ed inserire:

```
*.*             @macchina.remota
```

se si vuole memorizzare il log su *macchina.remota*, oppure

```
*.*             @macchina.remota, @altra.macchina.remota
```

se si vuole memorizzare il log su *macchina.remota* e su *altra.macchina.remota*

Attenzione: Occorre usare il tasto *[Tab]* per distanziare la prima colonna (*.*) dalla seconda (*@macchina.remota, @altra.macchina.remota*

Sulla macchina che deve ricevere il log occorre svolgere le seguenti operazioni: in `/etc/sysconfig/syslog` va impostata la variabile

```
SYSLOGD_OPTIONS="-m 0 -r"
```
(normalmente è impostata senza il -r)

in `/etc/syslog.conf`, volendo registrare il tutto nel file `/var/log/nomefile.log`, va inserita la linea:

```
*.* /var/log/nomefile.log
```

Si ricorda quanto segue: in merito alla PRIMA COLONNA sottolineamo che è costituita dalla coppia:

```
sylog_facilities.syslog_priorities
```

Relativamente a *syslog_facilities* abbiamo:

`*`: *indica tutti i messaggi sotto indicati*
`kern`: *relative al kernel*
`user`: *processi regolari dell'utente*
`mail`: *mail system*
`lpr`: *line printer system*
`auth`: *authorization system (login, ftp, ..)*
`daemon`: *altri daemon*
`news`: *news subsystem*
`uucp`: *uucp*
`local0`: *servizio definito dall'utente*
`..`
`local7`: *servizio definito dall'utente*

Per esempio, per centralizzare il log di un router Cisco sul server occorre inserire nel file `/etc/syslog.conf` le seguenti righe:

```
local7.*      /var/log/cisco.log
```

Naturalmente sul router Cisco occorre agire in configurazione con i comandi:

```
logging trap debugging
logging logserver.proflinux.net
```

Per quanto riguarda le syslog_priorities

`*:`	*indica tutte le priorità*
`emerg:`	*condizione di massima emergenza (Codice 0)*
`alert:`	*condizione che dovrebbe essere corretta immediatamente (codice 1)*
`crit:`	*condizione critica come errori hardware (codice 2)*
`err:`	*errori ordinari (codice 3)*
`warning:`	*avvertimenti (codice 4)*
`notice:`	*condizioni senza errori che richiedono provvedimenti speciali (codice 5)*
`info:`	*messaggi informativi (codice 6)*
`debug:`	*messaggi che sono utilizzati da programmi di debug (codice 7)*
`none:`	*per esempio *.debug; mail.none spedisce tutti i messaggi di debug eccezion fatta di quelli relativi alla mail*

Per evitare che i file di log diventino esageratamente grandi, esiste una funzione di sistema che si occupa di "ruotarli" ad intervalli di tempo regolari (ad esempio ogni settimana).

Questa funzione di sistema è chiamata *logrotate* ed il suo file di configurazione principale è `/etc/logrotate.conf`.

Supponendo di voler ruotare i log ogni settimana si dovrà editare il file `/etc/logrotate.conf` e scrivere quanto segue:

```
# ruota i log ogni settimana
weekly

# elimina i file più vecchi di 4 settimane
rotate 4

# crea un file di log nuovo ogni volta che ne ruota
# uno
create

# togliere il commento se si vuole che i log siano in
# formato compresso
# compress

# includi i file che stanno in questa directory
include /etc/logrotate.d

# ruota ogni mese il log di 'last'
```

```
/var/log/wtmp {
monthly
create 0664 root utmp
rotate 1
}
```

Nella directory `/etc/logrotate.d` sono inoltre contenuti alcuni file di configurazione che permettono la rotazione periodica dei log.

Ad esempio, il file di configurazione di rotazione del log di sistema si chiama `/etc/logrotated.d/syslog`. In questo file occorre specificare quali sono i file di log interessati e come questi devono essere trattati:

```
/var/log/messages /var/log/secure /var/log/maillog \
/var/log/spooler /var/log/boot.log /var/log/cron {
sharedscripts
postrotate
/bin/kill -HUP `cat /var/run/syslogd.pid 2> /dev/null` \
2> /dev/null || true
endscript
}
```

Nella prima riga linea troviamo i file di log che si intendono ruotare. La direttiva *sharedscripts* indica che lo script (spostamento dei file ed eventuale creazione di nuovi file) deve agire contemporaneamente per tutti i file.

La direttiva *postrotate* indica il comando da eseguire una volta ruotati i log, in questo caso, effettuata la rotazione, viene inviato il segnale *HUP (Hang UP)* al daemon *syslog* che si riavvierà.

È importante ricordare che, a seconda dell'utilizzo del server o di un singolo servizio, alcuni file di log potrebbero crescere notevolmente prima che *logrotate* possa eseguirne la rotazione, cosa che provocherebbe l'arresto del servizio. Occorre quindi controllare il limite imposto dal kernel sulla massima dimensione di un file; il comando:

]# sysctl -a | grep fs.file-max

tipicamente restituisce il seguente risultato:

```
fs.file-max = 2048
```

Ciò indica che la dimensione massima di un file non deve superare i 2048 MB (2 GB). Per ovviare a questa limitazione occorre impostare la variabile in argomento con un valore maggiore; bisogna quindi editare il file `/etc/sysctl.conf` ed inserire la seguente direttiva:

```
fs.file-max = 4096
```

che aumenta il limite a 4 GB. Una volta salvato il file bisogna aggiornare i parametri del kernel con il comando:

]# sysctl -p

11.8 Conclusioni

Con questo capitolo si è conclusa la panoramica sui principali servizi Internet e su come questi possono essere attivati su un server Linux. Si è visto come configurare il server web *apache* per l'attivazione di un sito Internet, come proteggere parti del sito contro l'accesso non autorizzato, come impostare un servizio di *mail via web*, come attivare un motore di ricerca sul sito, come attivare di un server *proxy* e come configurare il servizio *FTP*. Inoltre, è stato descritto come "controllare" la navigazione in Internet tramite proxy server, con autenticazione, con limitazione sui contenuti etc. Infine, è stato presentato il servizio *syslog* e la rotazione dei file con *logrotate*.

Il file di configurazione di apache comprende diverse centinaia di comandi, pertanto può scoraggiare gli utenti neofiti che potrebbero essere tentati dall'utilizzo di un tool grafico per la configurazione rapida. È fondamentale non modificare manualmente il file `/etc/httpd/conf/httpd.conf` se si utilizza uno di questi strumenti. Infatti, i tool di configurazione grafica sono soliti riscrivere il file di configurazione utilizzando sequenze personalizzate, e le modifiche apportate dagli utenti potrebbero rendere impossibile l'intervento degli strumenti automatici.

Nel prossimo capitolo introdurremo il RDBMS server MySQL.

12 I database relazionali in Linux: MySQL

La maggior parte delle informazioni disponibili e gestibili in un ambiente lavorativo possono essere messe in relazione reciproca e centralizzate per facilitarne il reperimento e l'aggiornamento in tempo reale. Un processo di informatizzazione prevede, in genere, la creazione di un database, cioè di una banca dati dove le informazioni vengono organizzate in tabelle (*table*) e raccolte in righe e colonne (*rows* and *columns*). Ogni colonna contiene informazioni omogenee per tipologia, reperibili dagli utenti tramite interrogazioni (*query*) che consentono di individuare i dati organizzandoli in maniera personalizzata. Invece, ogni rigo di una tabella viene chiamato *record* e contiene un insieme di informazioni per natura eterogeneo. Un esempio di record può essere l'anagrafica di un individuo: nome, cognome, città di nascita ed anno di nascita. Ogni singola colonna della tabella anagrafica conterrà dati omogenei (solo date, solo nomi, etc.), mentre ogni record rappresenterà i dati di un individuo unico (ad esempio: mario, rossi, roma, 14.10.1971).

MySQL è un database relazionale (un tipo particolare di banca dati) prodotto dalla MySQL AB, disponibile sia per l'ambiente Linux che per l'ambiente Windows, caratterizzato da una estrema efficienza, velocità nell'esecuzione di interrogazioni complesse, facilità di gestione e costi contenuti.

Precisiamo sin da adesso che MySQL è un software Open Source che viene distribuito con due licenze differenti per Linux e Windows. In generale, la versione per Linux è utilizzabile gratuitamente a meno che non si realizzi un software che per funzionare faccia espresso uso di MySQL, mentre per Windows è necessario sempre l'acquisto di una licenza di utilizzo. In generale, è possibile dire che la licenza Linux è gratuita per tutti i progetti che vedono MySQL impiegato come database per un web site.

Un database può essere utilizzato per archiviare i dati più disparati: può servire per la gestione del personale, delle paghe, ma anche per la gestione della propria collezione di francobolli o DVD o per compiti ben più impegnativi come la gestione delle transazioni bancarie. MySQL è stato progettato per il Web, cioè per interfacciarsi facilmente con applicativi Web come CGI e Application Server tramite cui realizzare siti dinamici ed interattivi. Il principale punto di forza di MySQL è la velocità: secondo i benchmark riportati sul sito ufficiale (http://www.mysql.com) si tratta del database disponibile in commercio più veloce in assoluto. Con un simile biglietto da visita MySQL ha conquistato una enorme fetta di mercato diventando uno dei database più diffusi in Internet e per gli utenti di Linux in generale.

Di seguito, apprenderemo la terminologia di base per la gestione di un database relazionale, approfondiremo il linguaggio SQL utilizzato per creare le tabelle ed impostare le query, il tutto finalizzato alla gestione di un server MySQL in ambiente Linux dipartimentale ed a come interfacciarlo con il proprio sito web, utilizzando il linguaggio PHP, in modo da creare un sito interattivo.

12.1 Cosa è un database relazionale

L'ottanta per cento dei dati generati da un gruppo di lavoro sono destinati allo stesso. Tale osservazione ci mette d'innanzi alla necessità di centralizzare e rendere più facilmente accessibili le informazioni che produciamo; basti pensare alla più semplice rubrica o all'elenco dei contatti e-mail che all'interno di un ufficio possono superare con facilità il migliaio di unità.

Un *database* è una banca dati che consente di organizzare in maniera strutturata ed efficiente le informazioni di cui disponiamo. Tramite un database possiamo gestire con facilità elenchi di dati anche molto complessi; le cose si complicano quando decidiamo di aumentare il grado di complessità desiderando effettuare analisi più strutturate, come ad esempio il numero di clienti che ha acquistato più elementi di un determinato prodotto negli ultimi 12 mesi, o la media dei voti di una determinata classe negli ultimi cinque anni suddivisa per maschi e femmine. Questo tipo di problemi, la cui risoluzione su base cartacea richiederebbe svariati giorni, è facilmente gestibile tramite un particolare tipo di database detto relazionale.

Introduciamo il concetto di *RDBMS* spiegando il significato delle lettere che compongono l'acronimo lettera per lettera. Un database (DB) è uno strumento per l'organizzazione e la gestione di dati per natura *simili*. Questi vengono organizzati all'interno di tabelle costituite da righe e colonne, ogni rigo è chiamato *record* e può essere costituito da campi contenenti dati anche eterogenei per tipologia. La creazione delle tabelle, delle colonne e dei relativi record avviene tramite il *Managment System* (MS), il cuore gestionale del database stesso che contiene le procedure ed i comandi per l'inserimento, il reperimento e la rimozione dei dati. Si tratta del motore che gestisce l'intero database. Un database relazionale (R) consente di creare delle interconnessioni tra le varie tabelle che lo costituiscono collegandole direttamente tramite un campo *chiave*: cioè un campo che contiene un dato condiviso da almeno due tabelle.

Torniamo un momento indietro ed approfondiamo un po' di più il concetto; se volessimo fare un paragone con gli oggetti di tutti i giorni, potremmo associare un database ad un raccoglitore d'archivio: all'interno sono presenti tante carpette, le *tabelle*, ed ognuna può contenere quanti documenti vogliamo, i *record* per l'appunto (Fig. 12.1). Scendiamo, adesso, all'interno di un record: troviamo i dati suddivisi in colonne. Ogni colonna può contenere un tipo specifico di dato, che può essere numerico, alfanumerico, booleano o multimediale. I tipi di dati gestiti caratterizzano fortemente il database; tipi di dati comuni a quasi tutti i database sono: i caratteri (character), i dati numerici (interi ed in virgola mobile positivi e negativi), i booleani (due soli valori assumibili: 0 o 1) e le date.

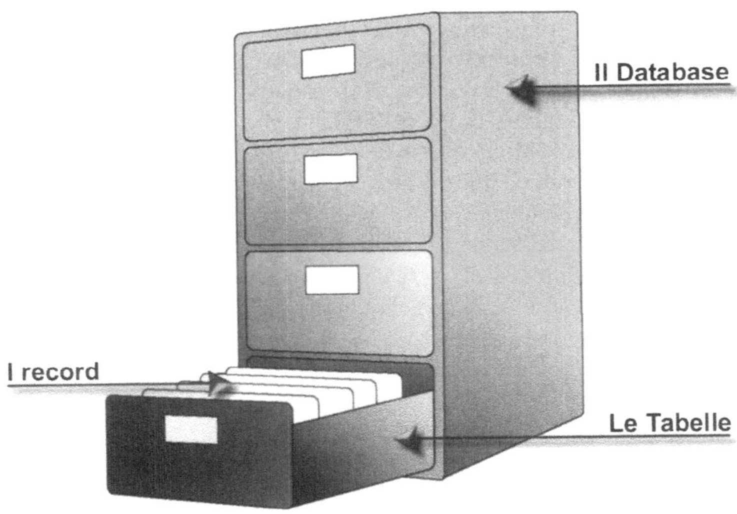

Fig. 12.1 - Possiamo paragonare un database ad un raccoglitore di documenti

Di fatto, abbiamo informazioni eterogenee raccolte in insiemi e raggruppate tramite un raccoglitore. Naturalmente, nella vita pratica su base cartacea è più difficile stabilire relazioni tra documenti differenti; probabilmente ci limiteremmo ad un post-it o ad una nota a matita, ma tramite i RDBMS possiamo creare veri e propri collegamenti anche per effettuare ricerche incrociate.

Volendo menzionare una nota storica, il padre riconosciuto dei database relazionali è Dr. E.F. Codd che nel 1970 teorizzò un linguaggio universale per l'organizzazione ed il reperimento dei dati. Nel 1974, la IBM definì lo *Structured English Query Language*, o SEQUEL, basato interamente sulle idee del Dr. Codd. Il *System R* di IBM fu il primo database ad utilizzare il linguaggio SQL. Il passo successivo fu la standardizzazione del linguaggio che avvenne nel 1980 ad opera dell'ANSI (American National Standards Institute) e dell'ISO (International Standards Organization).

Prima di andare oltre nella definizione dei database relazionali, iniziamo la progettazione di un semplice RDBMS che ci consenta di affrontare i temi principali in maniera pratica.

12.2 Introduzione alla progettazione di un database

Di seguito, ipotizzeremo la progettazione di un semplice database prendendo spunto da un esempio realistico. Apprenderemo così come organizzare i dati e progettare il nostro primo database relazionale. Nel capitolo successivo passeremo all'implementazione reale tramite l'uso di MySQL.

Il Rettore della Facoltà ACME ha deciso di centralizzare la gestione dell'offerta formativa dell'Ateneo e di tutte le informazioni connesse; pertanto decide di creare una banca dati che serva le Segreterie didattiche, le singole Facoltà, ma anche il sito Web dell'Ateneo. La progettazione ha inizio individuando i macro insiemi delle informazioni che necessitiamo di archiviare e gestire: sicuramente Facoltà, Professori e Corsi sono i tre gruppi immediatamente individuabili e distinguibili per caratteristica intrinseca in tabelle eterogenee.

La tabella Facoltà dovrà contenere le informazioni sulla dislocazione della sede, sui recapiti telefonici, ma anche sul Preside. In Tabella 12.1 è riportata la struttura di base della tabella Facoltà con alcuni dati d'esempio. Analizziamola insieme: il primo campo *id_facolta* è di tipo numerico e contiene la *chiave primaria* della tabella, anche detta *Primary Key*. In pratica, il valore contenuto nel primo campo consente di identificare in maniera univoca il record evitando la possibilità di duplicati e, di conseguenza, consente di creare relazioni tra tabelle differenti. In pratica, tramite la chiave primaria è possibile creare una relazione tra un professore e la sua Facoltà di appartenenza. Se ci fossero due record con la stessa chiave primaria non sarebbe possibile creare la relazione con un'altra tabella a causa dell'ambiguità referenziale.

Tabella 12.1 – Esempio del contenuto della tabella 'Facolta'

id_facolta	nome_facolta	citta	telefono
001	Architettura	Palermo	091.3472255
002	Architettura	Agrigento	0922-454532
003	Ingegneria	Palermo	091/3472230
004	Lettere e Filosofia	Palermo	0914532361
005	Giurisprudenza	Palermo	091 5554789
006	Giurisprudenza	Trapani	0923 6661234

I campi *nome_facolta*, *sede* e *citta* (nota bene: scritti senza accenti e senza spazi) sono di tipo alfanumerico e avranno una dimensione massima di 255 caratteri. I campi telefono e fax sono anch'essi di tipo alfanumerico, nonostante conterranno prevalentemente numeri; ciò per due motivi: il prefisso spesso inizia con lo zero e se impostassimo il campo come numerico, il sistema lo rimuoverebbe causando una perdita di informazione. Il secondo motivo riguarda il fatto che spesso per separare il prefisso dal numero, l'utente utilizza simboli, quali trattini, punti e barre che non sono numeri e ciò causerebbe una segnalazione di errore da parte del MS (Management System) che si aspetta esclusivamente un valore numerico. Resta ancora da risolvere il problema delle informazioni inerenti il Preside della Facoltà. Poiché ogni Facoltà possiede un solo Preside potremmo scegliere di inserire un campo aggiuntivo che contenga il nome del preside e le relative informazioni, ma spesso il Preside è anche un professore e pertanto le sue informazioni sarebbero replicate in almeno due tabelle e questo sicuramente non è un bene. Una informazione replicata implica ridondanza e, quindi, la possibilità di commettere più errori nella digitazione, nella gestione e soprattutto nell'aggiornamento dei dati.

Tralasciamo per un istante il problema della tabella *facolta* e dedichiamoci alla tabella *docenti*: per ogni elemento dobbiamo archiviare gli estremi anagrafici, i recapiti telefonici, la casella e-mail e la Facoltà di appartenenza. In Tabella 12.2 troviamo riportata la struttura della tabella, anche questa volta con dei dati a titolo d'esempio.

Tabella 12.2 – Esempio del contenuto della tabella 'docenti'

id_prof	nome	cognome	titolo	email	id_facolta
001	Mario	Rossi	Ing.	Mrossi@acme.edu	003
002	Filippo	Neri	Arch.	Filneri@acme.edu	002
003	Marco	Bianchi	Arch.	Bianchi@acme.edu	001
004	Giulio	Viola	Dott.	g.viola@acme.edu	003
005	Filippo	Bordeaux	Prof.	Filbord@acme.edu	004
006	Carlo	Cremisi	Arch.	Carlo@acme.edu	002
007	Marco	Ocra	Ing.	Ocra@acme.edu	003
008	Giuseppe	Ceruleo	Prof.	Ceruleo@acme.edu	006

Nella tabella *docenti* abbiamo scelto di creare tre campi distinti per identificare il docente: *nome*, *cognome* e *titolo*; avremmo potuto creare un solo campo per specificare nome e cognome del docente, ma la separazione dell'informazione su più campi aggiungendo anche un campo per il titolo consente di effettuare ricerche più mirate. In tal maniera possiamo, ad esempio, cercare tutti i docenti ingegneri o architetti, oppure possiamo cercare con una sola interrogazione (*query*) il recapito e-mail dell'architetto Rossi. Tale ricerca, disponendo di un solo campo contenente nome e cognome sarebbe risultata molto più ardua, infatti avremmo dovuto scrivere una procedura per ricercare i dati all'interno del singolo campo separando ed escludendo le informazioni di scarso interesse.

Naturalmente il campo *email* alla pari di quello telefonico è alfanumerico con lunghezza variabile; a proposito degli ultimi, tenete in considerazione che esistono nomi di dominio estremamente lunghi, è bene pertanto abbondare nella definizione del campo prevedendo almeno 255 caratteri. L'ultima colonna è la più interessante, contiene infatti la *Chiave Remota* (*Foreign Key*) che consente di stabilire la relazione con la tabella contenente le informazioni sulle Facoltà dell'Ateneo. A questo punto, a titolo di esempio, posso eseguire una ricerca per tutti i recapiti telefonici dei docenti della Facoltà di Architettura di Agrigento: l'informazione sulla dislocazione della sede non è contenuta in questa tabella, ma è collegata (*linked*) con la tabella *facolta* che contiene la città della sede. Il link tra le due tabelle è esplicitato graficamente in Fig. 12.2.

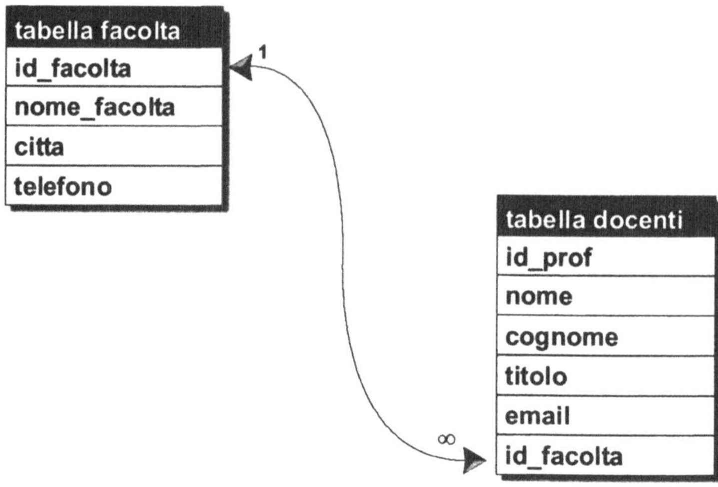

Fig. 12.2 – Relazione tra le tabelle 'facolta' e 'docenti'

L'utilizzo delle relazioni consente di ridurre sensibilmente le ridondanze e, pertanto, consente un risparmio di memoria e facilita la manutenzione dei dati. Ma prima di andare avanti è il caso di fare il punto tra *chiave primaria* e *chiave remota* e tra le diverse tipologie di relazioni che è possibile instaurare tra due o più tabelle.

12.3 Chiavi e tipologie di relazioni

Una *chiave primaria* deve soddisfare due requisiti:

1. Il campo relativo alla *chiave primaria* deve sempre essere definito, pertanto non può mai avere valore nullo in nessun record;
2. Il valore della *chiave primaria* non può essere mai duplicato all'interno della stessa tabella.

Una *chiave remota*, invece, è una chiave non univoca i cui valori sono *chiavi primarie* in altre tabelle. Ad esempio, il campo *id_facolta* (Tabella 12.1) è una chiave primaria nella tabella *facolta*, mentre è una *chiave remota* (Tabella 12.2) nella tabella *docenti*. Come si può notare, all'interno della tabella *docenti* nel campo *id_facolta* lo stesso valore viene ripetuto più volte e ciò non sarebbe ammissibile per una *chiave primaria*. Questo tipo di relazione si chiama *uno-a-molti* (*one-to-many*), infatti consente di associare un record nella tabella facolta con molti record della tabella docenti. Nell'esempio proposto viene collegata una Facoltà a molti Docenti; di fatto la relazione *uno-a-molti* è la tipologia di associazione più comunemente usata nei database relazionali.

Esistono altri due tipi di relazioni: la relazione *uno-a-uno* e la relazione *molti-a-molti*. La prima delle due associa un record in una tabella con un altro record in un'altra tabella. Di solito, la presenza di una relazione di questo tipo può indicare un errore progettuale, infatti è facilmente sostituibile dall'aggiunta di un campo nella tabella che contiene la chiave principale. Un esempio può essere fatto pensando ad una tabella che contenga il numero del telefono cellulare dei docenti: si tratta sicuramente di un dato non condivisibile con altri utenti. Pertanto l'unica relazione valida dovrebbe essere di tipo *uno-a-uno* tra i record della tabella *docenti* ed i record della tabella che contiene i telefoni cellulari. Si tratta di un palese errore: per la gestione risulterebbe molto più comodo risolvere il problema aggiungendo il campo *cellulare* nella tabella docenti. Nonostante tali considerazioni, nel nostro caso l'utilizzo di una relazione *uno-a-uno* ci consentirà di evitare la replica di dati su due tabelle inutilmente: infatti, come osservato inizialmente il Preside di ogni Facoltà è, in genere, un professore pertanto i suoi dati sono già presenti nella tabella *docenti*. Possiamo, pertanto, individuare il Preside di ogni Facoltà tramite una relazione *uno-a-uno* tra la tabella *facolta* e la tabella *docenti*, aggiungendo il campo *id_docente* nella tabella *facolta*. Alla fine, la tabella *facolta* dovrebbe risultare come in Tabella 12.3.

Tabella 12.3 – Tabella *facolta* modificata: tramite il campo id_prof è possibile individuare i dati inerenti il Preside dalla tabella docenti con una relazione uno-a-uno

id_facolta	nome_facolta	citta	telefono	id_prof
001	Architettura	Palermo	091.3472255	003
002	Architettura	Agrigento	0922-454532	002
003	Ingegneria	Palermo	091/3472230	001
004	Lettere e Filosofia	Palermo	091 4532361	005
005	Giurisprudenza	Palermo	091 5554789	008
006	Giurisprudenza	Trapani	0923 666134	004

In pratica, le due tabelle sono collegate da due relazioni: uno-a-molti per collegare i docenti alle rispettive Facoltà e uno-a-uno per individuare il Preside di ogni singola Facoltà.

Ma torniamo all'analisi delle relazioni tra tabelle: anche la relazione *molti-a-molti* non viene usata di frequente nello sviluppo dei RDBMS. Questa consente di associare più record di una tabella con uno o più record di un'altra tabella. In genere, questo tipo di relazione è un marcatore di qualche problema progettuale, infatti una relazione *molti-a-molti* può essere spesso sostituita egregiamente da più relazioni *uno-a-molti*.

Completiamo il nostro progetto inserendo l'ultima tabella prevista inerente i Corsi didattici offerti dall'Ateneo. Il record tipo deve contenere il codice del corso, il nome del corso, una breve descrizione ed l'identificativo del Docente titolare. Ogni materia è identificata all'interno dell'ateneo da un codice, ma non è bene utilizzare tale codice come chiave primaria perché potrebbe causare problemi di univocità referenziale. Un esempio di ciò può essere dato dal corso che è individuato dallo stesso codice di Ateneo, ma che nella Facoltà di Ingegneria Aeronautica viene tenuto dal Prof. Rossi, mentre nella Facoltà di Ingegneria Civile viene tenuto dal Prof. Bianchi. Per ovviare a qualsiasi rischio di errore è bene distinguere tra identificativo del record e codice interno usato dalla struttura. Questa regola è valida sempre, anche nella progettazione di database commerciali, come ad esempio la gestione di un magazzino aziendale.

In Tabella 12.4 troviamo un esempio della tabella corsi con dei dati fittizi inseriti quale esempio.

Tabella 12.4 – La tabella *corsi* è referenziata alla tabella *facolta*, ma anche alla tabella *docenti*

id_corso	codice	titolo	descrizione	id_prof	id_facolta
001	16523	Storia moderna	Corso introduttivo della durata di 60 ore	001	004
002	87455	Analisi Matematica I	Teoria degli insiemi, Studio di funzioni, etc.	002	003
003	11233	Letteratura moderna	Corso avanzato, richiede Storia moderna	003	004
004	56412	Geometria	Spazi vettoriali, geometria piana, coniche…	002	003
005	22336	Disegno I	Proiezioni del Monge e proiezione centrale	001	002
006	33338	Storia dell'architettura	Dalla Grecia ai giorni nostri	006	001
007	97445	Diritto internazionale	Corso in allestimento	005	005

La colonna *id_corso* consente di sganciare l'identificativo univoco, necessario per il *link* con le altre tabelle, della materia dal codice attribuitole dall'Ateneo, infatti quest'ultimo è contenuto in un'altra colonna. Gli altri campi sono due di natura testuale (*titolo* e *descrizione*) e due sono chiavi remote che la collegano alla tabella *facolta* e *docenti*.

Le relazioni principali tra le tre tabelle sono visualizzate in Fig. 12.3.

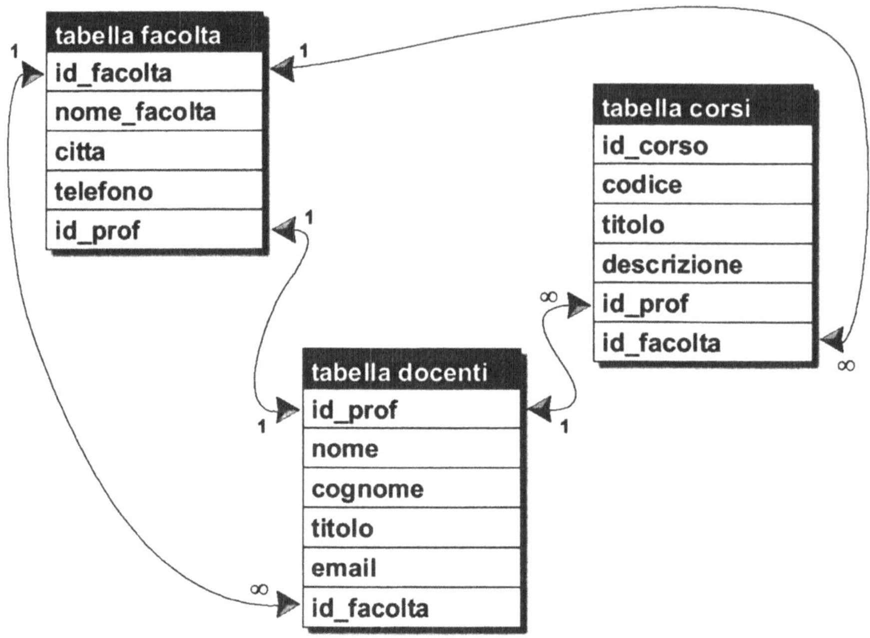

Fig. 12.3 – Ogni tabella è collegata alle altre tramite relazioni molteplici

La tabella *facolta* ha una relazione del tipo *uno-a-molti* con le tabella *materie* e docenti, cioè per ogni Facoltà esistono diversi Corsi attivati e diversi docenti che ne costituiscono l'organico, ma è presente anche una relazione del tipo *uno-a-uno* sempre nei confronti della tabella docenti per l'identificazione del Preside di Facoltà. In tal maniera, il Prof. Mario Rossi può essere individuato come docente della Facoltà di Ingegneria ed al tempo stesso esserne il Preside.

La tabella docenti presenta una relazioni uno-a-molti con la tabella materie, in pratica ogni docente può tenere più corsi. Come si può notare non abbiamo mai replicato una sola informazione, ma posto solo collegamenti tra i vari record; ciò, oltre a risparmiare sensibilmente risorse di archiviazione e gestione, assicura una maggiore longevità alla validità delle informazioni stesse.

12.4 Conclusioni

Nell'ambito delle basi di dati non è insolito sentire parlare di *Data Definition Languages* (DDL), utilizzati per descrivere le strutture delle informazioni, e di *Data Manipulation Languages* (DML), utilizzati per effettuare le query sulle basi di dati; il linguaggio SQL contiene entrambe le funzionalità. Infatti, viene utilizzato per descrivere le basi di dati, per gestirle, ma anche effettuare interrogazioni complesse. In questo capitolo, abbiamo appreso cosa è e come si progetta un semplice RDBMS, simulando la progettazione di una semplice base di dati; nel prossimo capitolo inizieremo ad apprendere i comandi base SQL per creare il database progettato utilizzando MySQL.

13 Creiamo il primo database in MySQL

Nel capitolo precedente abbiamo progettato il database dell'Università ACME, adesso ci riproponiamo di implementarlo utilizzando come RDBMS MySQL. Si tratta di un software disponibile sia per l'ambiente Microsoft Windows che per Linux; in questa trattazione daremo per assunto che abbiate installato nel vostro sistema la distribuzione RedHat al completo che comprende MySQL come RDBMS di sistema. Per procedere alla realizzazione di questo esempio è necessario che MySQL sia installato correttamente e funzionante. Se non siete certi della corretta installazione di MySQL è sufficiente digitare da root i due comandi seguenti:

```
]# service mysql start
```

ottenendo come output:

```
Starting mysqld daemon with databasesfrom /var/lib/mysql
```

Al prompt successivo digitate:

```
]# ./usr/bin/mysqlshow
```

Il risultato dovrebbe essere simile al seguente:

```
+-----------+
| Databases |
+-----------+
| mysql     |
| test      |
+-----------+
```

Questo risultato conferma la corretta esecuzione del server, torniamo ora al primo avvio del nostro RDBMS ed alla creazione del nostro primo database.

MySQL è composto dal server, cioè il daemon che costituisce il cuore del RDBMS, e da un client che consente di interfacciare il server con l'utente finale. Il client viene chiamato *mysql monitor* (scritto tutto con lettere minuscole per differenziarlo dal server che viene chiamato MySQL).

Un'avvertenza per gli utenti di versioni precedenti alla 4.0: nelle versioni precedenti il daemon viene chiamato mysqld, pertanto il comando per avviare il servizio era:

```
]# service mysqld start
```

e si sarebbe ottenuto come output:

```
Avvio di MySQL:                          [   OK   ]
```

Una volta avviato il server, possiamo invocare il client mysql per effettuare il primo login. Per comodità, inizialmente lavoreremo al database accedendo come amministratori, in seguito apprenderemo come gestire gli utenti ed impostare i diritti per ciascuna tipologia.

Effettuare il login è semplice:

```
]# mysql -h host_name -u user_name -p
```

Per il primo login effettuato da root le opzioni non sono necessarie, ma sfruttiamo l'occasione per dettagliarle:

* l'opzione *-h* consente di specificare l'indirizzo (nome o indirizzo IP) del server MySQL; naturalmente, se non si specifica nulla il cliente tenta di effettuare il login al local host;
* l'opzione *-u* consente di specificare il nome dell'utente; se lavorate su di una Linux box, o più in generale su di una macchina UNIX, quest'ultimo potrebbe differire dalla user id utilizzata per effettuare l'accesso alla macchina, ma se coincide potete omettere l'opzione;
* infine, l'opzione *-p* forza il prompt per l'inserimento della password. E' possibile forzare il passaggio della password al prompt utilizzando la forma *-p password*, cioè digitando la password immediatamente dopo la p, senza ulteriori spazi. Questa modalità è sconsigliata per ragioni di sicurezza, infatti la password viaggerebbe in chiaro e potrebbe essere intercettata.

Per il primo login come utente root, possiamo limitarci a digitare:

```
]# mysql
```

Il server risponde:

```
Welcome to the MySQL monitor. Commands end with ; or \g.
Your MySQL connection id is 1 to server version: 4.00.13

Try 'help;' or '\h' for help. Type '\c' to clear the buffer.
```

```
mysql>
```

La stringa 'mysql>' rappresenta il prompt del monitor, cioè il server è pronto a ricevere comandi. A questo punto siamo in grado di iniziare a digitare i comandi per la creazione e l'interrogazione del nostro database relazionale. Una volta terminata la sessione di lavoro è possibile sconnettersi digitando il comando QUIT:

```
mysql> quit
Bye
```

Oppure, sui sistemi UNIX, è possibile ultimare la sessione premendo la combinazione di tasti CTRL+D.

Per come sperimentato, il primo login in assoluto non richiede l'utilizzo di password perché ancora non impostata; in generale, lasciare il sistema sprovvisto di password è veramente pericoloso. E' consigliabile impostare una password al più presto tramite il comando:

```
]# mysqladmin -u root password 'nuova_password'
```
A questo punto non sarà più possibile effettuare il login senza specificare l'opzione $-p$ per l'utente root.


```
]# mysqladmin -u root password 'nuova_password'
```
A questo punto non sarà più possibile effettuare il login senza specificare l'opzione $-p$ per l'utente root.

13.1 Creiamo il nostro primo database

Procediamo alla creazione del primo database relativo all'Ateneo ACME. Prima di iniziare a creare database e tabelle, prendiamo un po' di confidenza con il monitor. Colleghiamoci al server digitando il comando:

```
]# mysql -u root -p
```

A video appare la scritta:

```
Enter password:
```

Una volta digitata la password corretta appare il prompt del monitor:

```
mysql>
```

Attenzione, dimenticare la password di root di MySQL può causare notevoli disagi, ma Vi rimandiamo al prossimo capitolo per scoprire come aggirare l'ostacolo.

La prima regola da apprendere è che i comandi SQL vanno sempre terminati con il carattere "punto e virgola", viceversa l'interprete si aspetta altri comandi e non procede con l'esecuzione.

Facciamo un semplice esempio di un comando valido:

```
mysql> SELECT NOW();
+---------------------+
| now()               |
+---------------------+
| 2003-05-30 10:35:49 |
+---------------------+
1 row in set (0.02 sec)
```

La funzione NOW() restituisce la data e l'ora corrente. Se non avessi ultimato la query con il ';' avrei ottenuto il seguente output:

```
mysql> SELECT NOW()
    ->
```

Il simbolo a forma di freccia indica che il monitor è ancora in attesa della conclusione del comando. Per ultimarlo aggiungiamo il ';', ottenendo lo stesso output di prima.

```
mysql> SELECT NOW()
    -> ;
+---------------------+
| now()               |
+---------------------+
| 2003-05-30 10:36:35 |
+---------------------+
1 row in set (0.02 sec)
```

Possiamo, pertanto creare interrogazioni più complesse digitando più comandi separati da una virgola, come nell'esempio seguente:

```
mysql> SELECT NOW(),
    -> USER()
    -> ;
+---------------------+-----------------+
|NOW()                | USER()          |
+---------------------+-----------------+
| 2003-05-30 10:40:10 | root@localhost  |
+---------------------+-----------------+
1 row in set (0.11 sec)
```

L'interprete MySQL non è case sensitive per le parole chiave, cioè i comandi possono essere digitati alternativamente con comandi maiuscoli e minuscoli, pertanto le seguenti query sono equivalenti:

```
SELECT NOW()
SeLect Now()
select now()
```

è invece fondamentale rispettare gli spazi, infatti digitare

```
mysql> SELECT NOW();
```

non è equivalente a digitare

```
mysql> SELECT NOW ();
```

quest'ultimo restituirà come errore:

```
ERROR 1064: You have an error in your SQL syntax near.
Check the manual that corresponds to your MySQL server ver-
sion for the right syntax to use near '()' at line 1
```

Tale notifica indica la presenza di un errore in prossimità delle parentesi ed invita l'utente a verificare il manuale per la versione corrente del database.

Appresa la sintassi di base, procediamo alla creazione del database che conterrà le tabelle:

```
mysql> CREATE DATABASE ateneo;
```

La creazione del database non implica il suo utilizzo, e ciò è facilmente verificabile tramite il comando:

```
mysql> SELECT DATABASE();
+-------------+
| DATABASE() |
+-------------+
|             |
+-------------+
```

Per poter iniziare a lavorare con il nostro database lo dobbiamo selezionare tramite il comando:

```
mysql> USE ateneo
Database changed
```

USE è uno dei pochi comandi che non richiedono il punto e virgola, sebbene lo possiate aggiungere.

A questo punto possiamo verificare che il database attualmente in uso sia realmente ateneo, ridigitando il comando:

```
mysql> SELECT DATABASE();
+------------+
| DATABASE() |
+------------+
| ateneo     |
+------------+
1 row in set (0.00 sec)
```

13.2 La creazione della prima tabella

Iniziamo a creare le tabelle necessarie per il database. Cominciamo dalla tabella inerente le Facoltà. Il nome stabilito per la tabella sarà *facolta* e la creiamo digitando le seguenti stringhe:

```
mysql> CREATE TABLE facolta
       (
            id_facolta VARCHAR(10) NOT NULL,
            nome_facolta VARCHAR(50) NOT NULL,
            telefono VARCHAR(30) NULL
       );
Query OK, 0 rows affected (0.00 sec)
```

Il comando è andato a buon fine e la tabella è stata creata, ma rispetto a quanto deciso forse abbiamo tralasciato qualcosa: abbiamo dimenticato di inserire il campo per la città, inoltre non abbiamo specificato che il campo id_facolta è la chiave primaria della tabella.

La creazione delle tabelle da riga di comando può essere un po' lunga e tediosa, è anche possibile definire la tabella in un file di testo e caricarla come uno script, il che equivale a digitare l'intero comando e salvarlo quindi con estensione .sql e caricarlo digitando il comando:

```
]# mysql ateneo < crea_tabella.sql
```

dove, naturalmente, il file *crea_tabella.sql* è un file di testo che contiene la stringa con il comando di definizione della tabella. Tale approccio può snellire notevolmente la creazione di più tabelle, perché si crea un file di base e lo si modifica più volte con un editor di testo.

Prima di andare avanti diamo un'occhiata più a fondo a quanto digitato nel comando precedente: in pratica abbiamo creato una tabella composta da cinque campi tutti di tipo VARCHAR con lunghezze variabili. I campi di questo tipo contengono testo, quindi numeri, lettere, spazi e simboli, con una occupazione pari al numero di byte utilizzato dai singoli caratteri più un byte che serve per archiviare lo spazio richiesto. Di fatto, il valore rappresentato tra parentesi serve per preallocare lo spazio di memoria necessario alla gestione della tabella. Più avanti analizzeremo i vari tipi di dati gestiti da MySQL.

Il campo id_facolta ha una lunghezza pari a 10 caratteri e presenta l'opzione *NOT NULL* che non consente il mancato inserimento di dati. D'altro canto il campo id_facolta è la primary key della tabella e pertanto non può non essere definito, anzi dovrebbe avere un valore diverso in ogni record. Lo stesso dicasi per il campo nome_facolta: non ha senso definire una Facoltà senza dichiararne il nome. Ciò che può accadere è invece di non poterne definire la sede in quanto in fase di costituzione o di spostamento, pertanto in questo caso concediamo l'uso dell'opzione *NULL* che consente di non inserire valori.

Vediamo cosa è stato creato all'interno del database ateneo, digitando il comando:

```
mysql> SHOW TABLES;
+-------------------+
| Tables_in_ateneo |
+-------------------+
| facolta           |
+-------------------+
```

Viene mostrato un elenco completo delle tabelle che costituiscono il nostro database, ma non entriamo nel dettaglio. Per vedere come è strutturata la tabella *facolta* dobbiamo digitare il comando:

```
mysql> DESCRIBE facolta;
+-------------------------------------------------------------------+
| Field        | Type        | Null | Key | Default | Extra |
+-------------------------------------------------------------------+
| id_facolta   | varchar(10) |      |     |         |       |
| nome_facolta | varchar(50) |      |     |         |       |
| telefono     | varchar(30) | YES  |     | NULL    |       |
+-------------------------------------------------------------------+
3 rows in set (0.00 sec)
```

La tabella mostra il contenuto e la definizione di ogni singola colonna, con la relativa tipologia di dati e opzioni.

Ci siamo resi conto che la tabella creata non è conforme con i requisiti di progetto, quindi va modificata sostituendo la colonna relativa agli id di facoltà ed aggiungendo la colonna delle città.

Prima di tutto cancelliamo la colonna id_facolta; la modifica di una tabella avviene tramite la dichiarazione *ALTER*, indicando prima la tabella interessata e quindi l'operazione da compiere.

```
mysql> ALTER TABLE facolta DROP id_facolta;
Quert OK, 0 rows affected (0.00 sec)
Record: 0 Duplicates: 0 Warnings: 0
```

La colonna id_facolta conterrà le chiavi primarie (*primary key*) della tabella, pertanto è importante che il valore sia sempre definito e che sia univoco. Possiamo automatizzare l'inserimento del valore imponendo che il valore sia un intero positivo che si auto incrementi.

```
mysql> ALTER TABLE facolta
    -> ADD id_facolta INT AUTO_INCREMENT NOT NULL \
       PRIMARY KEY;
Quert OK, 0 rows affected (0.00 sec)
Record: 0  Duplicates: 0Warnings: 0
```

Il nuovo campo id_facolta non è più del tipo VARCHAR, ma è un intero marcato come chiave primaria e dotato dell'opzione per l'auto incremento. A tal proposito è bene far notare che la funzione *auto incremento* aumenta sempre di valori unitari e non crea mai duplicati all'interno della tabella. In pratica, viene assicurata l'unicità del valore della chiave primaria.

Adesso aggiungiamo una nuova colonna per indicare la città di appartenenza della Facoltà:

```
mysql> ALTER TABLE facolta ADD citta VARCHAR(255);
Quert OK, 0 rows affected (0.00 sec)
Record: 0  Duplicates: 0Warnings: 0
```

Prima di procedere, diamo una occhiata alla nostra tabella per verificare che tutto sia come da progetto:

```
mysql> DESCRIBE facolta;
+-----------------------------------------------------------------------+
| Field        | Type         | Null | Key | Default | Extra          |
+-----------------------------------------------------------------------+
| nome_facolta | varchar(50)  |      |     |         |                |
| telefono     | varchar(30)  | YES  |     | NULL    |                |
| id_facolta   | int(11)      |      | PRI | NULL    | auto_increment |
| citta        | varchar(255  | YES  |     | NULL    |                |
+-----------------------------------------------------------------------+
4 rows in set (0.00 sec)
```

L'ordine non è lo stesso di prima, perché rispetta la sequenza di inserimento. Questo è un dato importante da ricordare per popolare il nostro database, cioè per caricare i record.

13.3 Carichiamo le prime informazioni

Una volta creata la prima tabella, possiamo procedere alla popolazione del nostro database inserendo i primi valori:

```
mysql> INSERT INTO facolta VALUES("Architettura",
    -> "091 3472255","","Palermo");
Query OK, 1 row affected (0.00 sec)
```

con questa tipologia di inserimento deve essere definito un valore per ogni colonna, rispettando la sequenza dei campi secondo quanto rappresentato con il comando *DESCRIBE*. Va notato che non ho inserito alcun valore nel campo id_facolta, ma se effettuo una query (interrogazione) noterò che un numero è stato aggiunto dalla funzione di incremento automatico.

```
mysql> SELECT * from facolta;
+--------------+-------------+------------+---------+
| nome_facolta | telefono    | id_facolta | citta   |
+--------------+-------------+------------+---------+
| Architettura | 091 3472255 |          1 | Palermo |
+--------------+-------------+------------+---------+
1 row in set (0.02 sec)
```

Tramite *SELECT* effettuo una query che cerca tutti i valori ('*' è il carattere jolly e indica *tutti*) della tabella *facolta*. L'output restituisce l'unico elemento della tabella contenente la Facoltà di Architettura avente id pari a 1.

E' possibile caricare dati anche utilizzando un'altra sintassi che prevede la selezione delle colonne che voglio popolare specificandole tramite la sintassi:

```
mysql> INSERT INTO facolta (nome_facolta,citta)
    -> VALUES("Architettura","Agrigento");
Query OK, 1 row affected (0.00 sec)
```

In questa maniera evitiamo di inserire i valori per le colonne da lasciare vuote. Effettuiamo nuovamente una query per vedere i valori caricati finora:

```
mysql> SELECT * from facolta;
+--------------+-------------+------------+-----------+
| nome_facolta | telefono    | id_facolta | citta     |
+--------------+-------------+------------+-----------+
| Architettura | 091 3472255 |          1 | Palermo   |
+--------------+-------------+------------+-----------+
| Architettura | NULL        |          2 | Agrigento |
+--------------+-------------+------------+-----------+
2 rows in set (0.02 sec)
```

Abbiamo aggiunto un secondo record che ha la caratteristica di avere il campo telefono contenente come valore NULL. Questo è un valore speciale che indica il campo come *non definito*: se provate ad effettuare operazioni aritmetiche con il valore NULL il risultato è indefinito. Il valore NULL può essere molto comodo per cercare i record in cui alcuni campi non sono stati definiti, come vedremo di seguito.

Possiamo popolare la tabella caricando anche i dati da un file di testo preparato precedentemente o creato da un altro applicativo, utilizzando il comando:

```
mysql> LOAD DATA LOCAL INFILE "dati.txt"
    -> INTO TABLE facolta;
Query OK, 4 rows affected (0.04 sec)
Records: 4 Deleted: 0   Skipped: 0   Warnings: 0
```

L'utilizzo del comando *LOAD DATA* prevede, di default, che i valori siano separati da tabulazioni (TAB) e la fine del record sia individuata da un invio a capo. Naturalmente, i valori devono seguire l'ordine con cui è descritta la tabella.
Nel nostro caso il file *dati.txt* sarebbe organizzato come il seguente:

```
Ingegneria            091 3472230        Palermo
Lettere e Filosofia 091 4532361          Palermo
Giurisprudenza        091 5554789        Palermo
Giurisprudenza        0923 666123        Trapani
```

Da notare che per rispettare la sequenza di descrizione della tabella ho inserito due tabulazioni prima del nome della città, per non definire il valore dell'ID inserito automaticamente dalla funzione di auto incremento.

Se voglio interrogare il mio database per ottenere i dati caricati posso effettuare nuovamente una query:

```
mysql> SELECT * from facolta;
+---------------------+-------------+------------+-----------+
| nome_facolta        | telefono    | id_facolta | citta     |
+---------------------+-------------+------------+-----------+
| Architettura        | 091 3472255 |          1 | Palermo   |
+---------------------+-------------+------------+-----------+
| Architettura        | NULL        |          2 | Agrigento |
+---------------------+-------------+------------+-----------+
| Ingegneria          | 091 3472230 |          3 | Palermo   |
+---------------------+-------------+------------+-----------+
| Lettere e Filosofia | 091 4532361 |          4 | Palermo   |
+---------------------+-------------+------------+-----------+
| Giurisprudenza      | 091 5554789 |          5 | Palermo   |
+---------------------+-------------+------------+-----------+
| Giurisprudenza      | 0923 666123 |          6 | Trapani   |
+---------------------+-------------+------------+-----------+
6 rows in set (0.00 sec)
```

L'output rappresenta tutti i record caricati nella tabella, cioè tutte le Facoltà dell'Ateneo ACME, ma posso anche imporre delle condizioni, per esempio posso cercare tutte le Facoltà con sede in Palermo:

```
mysql> SELECT * FROM facolta WHERE citta = "Palermo";
+---------------------+--------------+------------+----------+
| nome_facolta        | telefono     | id_facolta | citta    |
+---------------------+--------------+------------+----------+
| Architettura        | 091 3472255  |          1 | Palermo  |
+---------------------+--------------+------------+----------+
| Ingegneria          | 091 3472230  |          3 | Palermo  |
+---------------------+--------------+------------+----------+
| Lettere e Filosofia | 091 4532361  |          4 | Palermo  |
+---------------------+--------------+------------+----------+
| Giurisprudenza      | 091 5554789  |          5 | Palermo  |
+---------------------+--------------+------------+----------+
4 rows in set (0.00 sec)
```

E' possibile realizzare anche query più complesse che verifichino dichiarazioni booleane come, per esempio, che la sede sia Palermo o la Facoltà sia Ingegneria:

```
mysql> SELECT * from facolta
    -> WHERE citta = "Trapani"
    -> OR nome_facolta = "Ingegneria";
+---------------------+--------------+------------+----------+
| nome_facolta        | telefono     | id_facolta | citta    |
+---------------------+--------------+------------+----------+
| Ingegneria          | 091 3472230  |          3 | Palermo  |
+---------------------+--------------+------------+----------+
| Giurisprudenza      | 0923 666123  |          6 | Trapani  |
+---------------------+--------------+------------+----------+
2 rows in set (0.00 sec)
```

La query può essere basata anche su di un pattern matching, cioè sulla ricerca di una sequenza di caratteri, utilizzando al posto del simbolo di uguale il termine LIKE (simile) ed il carattere jolly '%':

```
mysql> SELECT * FROM facolta
    -> WHERE telefono like "091%";
+---------------------+--------------+------------+----------+
| nome_facolta        | telefono     | id_facolta | citta    |
+---------------------+--------------+------------+----------+
| Architettura        | 091 3472255  |          1 | Palermo  |
+---------------------+--------------+------------+----------+
| Ingegneria          | 091 3472230  |          3 | Palermo  |
+---------------------+--------------+------------+----------+
| Lettere e Filosofia | 091 4532361  |          4 | Palermo  |
+---------------------+--------------+------------+----------+
| Giurisprudenza      | 091 5554789  |          5 | Palermo  |
+---------------------+--------------+------------+----------+
4 rows in set (0.00 sec)
```

Quest'ultima restituisce tutti i record il cui numero di telefono comincia per '091'. Infine, se volessimo cercare tutti i record il cui telefono non è definito, potremmo utilizzare la seguente query:

```
mysql> SELECT * from facolta where telefono is NULL;
+-----------------------+-------------+------------+-----------+
| nome_facolta          | telefono    | id_facolta | citta     |
+-----------------------+-------------+------------+-----------+
| Architettura          | NULL        |          2 | Agrigento |
+-----------------------+-------------+------------+-----------+
1 rows in set (0.00 sec)
```

Fino ad ora abbiamo selezionato tutti i campi della tabella *facolta* per verificarne i valori, ma naturalmente non è necessario. Possiamo, ad esempio, estrarre esclusivamente i valori contenuti nel campo nome_facolta, citta e telefono, in modo da compilare una piccola rubrica telefonica:

```
mysql> SELECT nome_facolta,citta,telefono
    -> from facolta;
+-----------------------+-----------+--------------+
| nome_facolta          | citta     | telefono     |
+-----------------------+-----------+--------------+
| Architettura          | Palermo   | 091 3472255  |
+-----------------------+-----------+--------------+
| Architettura          | Agrigento | NULL         |
+-----------------------+-----------+--------------+
| Ingegneria            | Palermo   | 091 3472230  |
+-----------------------+-----------+--------------+
| Lettere e Filosofia   | Palermo   | 091 4532361  |
+-----------------------+-----------+--------------+
| Giurisprudenza        | Palermo   | 091 5554789  |
+-----------------------+-----------+--------------+
| Giurisprudenza        | Trapani   | 0923 666123  |
+-----------------------+-----------+--------------+
6 rows in set (0.00 sec)
```

A questo punto non ci resta che aggiornare nella tabella il record inerente la Facoltà di Architettura di Agrigento per inserire il numero di telefono e di fax. La procedura è semplice e si attua tramite il comando SQL *UPDATE*:

```
mysql> UPDATE facolta
    -> SET telefono = '0922 454532'
    -> where id_facolta = '2';
Query OK, 1 row affected (0.00 sec)
Rows matched: 1   Changed: 1   Warnings: 0

mysql> UPDATE facolta SET fax = '0922 454533'
    -> where id_facolta = '2';
Query OK, 1 row affected (0.00 sec)
Rows matched: 1   Changed: 1   Warnings: 0
```

Anche in questo caso possiamo effettuare query complesse che prevedono l'utilizzo di valutazioni booleane. Un valido esempio potrebbe essere quello per cui immaginiamo che tutte le Facoltà con sede differente da Palermo e prefisso telefonico diverso da '0922' vengano trasferite a Roma. La query di *UPDATE* dovrebbe essere simile alla seguente:

```
mysql> UPDATE facolta SET citta = 'Roma'
    -> where citta != 'Palermo'
    -> AND telefono NOT LIKE '0922%';
Query OK, 1 row affected (0.00 sec)
Rows matched: 1   Changed: 1    Warnings: 0
```

La condizione imposta prevede che il campo citta sia diverso da *[!=]* Palermo ed il campo telefono non sia simile *NOT LIKE* alla stringa che comincia con '0922'. Anche in questo caso utilizziamo il carattere jolly SQL '%'.

Adesso che siamo in grado di creare query complesse su di una singola tabella, procediamo alla creazione delle altre due previste dal nostro progetto iniziale per, infine, soffermarci sulle tipologie di dati gestiti da MySQL.

13.4 Tipologie di campi gestiti da MySQL

Ricapitoliamo brevemente quanto osservato sinora: un database relazionale è composto da tabelle relazionate tra di loro tramite i valori contenuti in un campo speciale definito *chiave primaria*. La creazione di una tabella prevede la definizione di tutti i campi, descrivendone la tipologia di dato che conterrà.

Di fatto, i RDBMS vengono fortemente caratterizzati dalle tipologie di dati capaci di gestire; da questo punto di vista MySQL non è sicuramente innovativo, infatti gestisce valori numerici, stringhe di caratteri, oggetti binari (BLOB) e date. In fase di progettazione è importante conoscere come il sistema gestisca tali dati per ottimizzare il database evitando errori comuni.

13.4.1 Dati di tipo numerico

MySQL gestisce ed archivia sia numeri interi che frazionari anche rappresentati con la notazione scientifica in virgola mobile, come ad esempio 5.42E+16. La differenza principale tra le varie tipologie di campi numerici gestiti dal RDBMS sta nel quantitativo di memoria richiesto per l'archiviazione. In Tabella 13.1, riportiamo un elenco delle tipologie di dati numerici gestiti con l'occupazione in termini di memoria e l'intervallo di valori rappresentabili. Nota bene, la notazione prevede anche la dichiarazione opzionale (tra parentesi quadre [ ]) del numero di caratteri usato per rappresentare il numero stesso (I). Gli interi (INT) possono essere dichiarati senza segno aggiungendo la parola chiave UNSIGNED, invece i numeri frazionari (FLOAT) non possono essere UNSIGNED.

Tabella 13.1 – Elenco dei dati di tipo numerico gestiti da MySQL

tipo di dato	intervallo rappresentabile	memoria richiesta
`TINYINT[(I)]`	con segno: da −128 a 127 senza segno: da 0 a 255	1 byte
`SMALLINT[(I)]`	con segno: da −32768 a 32767 senza segno: da 0 a 65535	2 byte
`MEDIUMINT[(I)]`	con segno: da −8388608 a 8388607 senza segno: da 0 a 16777215	3 byte
`INT[(I)]`	con segno: da −2147683648 a 2147483647 senza segno: da 0 a 4294967295	4 byte
`BIGINT[(I)]`	con segno: da -2^{63} a 2^{63}-1 senza segno: da 0 a 2^{64}-1	8 byte
`FLOAT[(I)]`	valore min zero escluso: ±1.175494351E-38 valore max zero escluso: ±3.402823466E-38	4 byte
`DOUBLE[(I)]`	valore min zero escluso: ±2.2250738585072014E-308 valore max zero escluso: ±1.7976931348623157E+308	8 byte
`DECIMAL[(I)]`	Variabile	I+2 byte

13.4.2 Dati di tipo alfanumerico

MySQL gestisce quattro tipi principali di dati alfanumerici: CHAR, VARCHAR, BLOB e TEXT. I primi due sono dedicati a porzioni di testo fino ad un massimo di 255 caratteri; la differenza tra i due consiste nel fatto che CHAR prevede una estensione massima prefissata, mentre VARCHAR ha una estensione massima variabile sempre nel limite dei 255 caratteri. In pratica, CHAR avrà una occupazione costante dichiarata con il comando CREATE TABLE, mentre l'occupazione di memoria per una cella VARCHAR sarà pari ai Byte utilizzati più 1 per archiviare l'estensione. Non è possibile mescolare campi CHAR e VARCHAR nella stessa tabella, tranne rare eccezioni. MySQL tenterà sempre di uniformare le tipologie in funzione delle dimensioni dichiarate.

Per come visto nella creazione della tabella *facolta*, la dichiarazione di un campo di tipo CHAR o VARCHAR avviene con il comando CREATE TABLE:

```
mysql> CREATE TABLE esempio
       (
           prova VARCHAR(60) NOT NULL,
       );
Query OK, 0 rows affected (0.00 sec)
```

La tabella esempio è composta da una colonna nominata prova che conterrà stringhe con una estensione prevista di circa 60 caratteri.

Se bisogna archiviare dati alfanumerici che hanno una estensione in numero di caratteri sempre uguale è più conveniente usare CHAR, perché consente un risparmio di risorse in termini di memoria, viceversa VARCHAR si dimostra più flessibile. Dalla versione 3.23, MySQL accetta anche dichiarazioni di campi CHAR(0), cioè aventi come estensione 0 caratteri. Il principale vantaggio sta nel poterli utilizzare come Flag con occupazioni di memoria veramente irrisorie.

Per archiviare porzioni di testo estese o inglobare stringhe binarie è necessario utilizzare altre due tipologie di dati: BLOB e TEXT.

I BLOB servono per inglobare in una cella dati binari come immagini, suoni o anche eseguibili; invece, il campo di tipo TEXT viene utilizzato per archiviare ampie porzioni di testo. In realtà, la differenza principale tra un campo di tipo BLOB ed un capo di tipo TEXT sta nel fatto che il primo è case-sensitive mentre il secondo non lo è.

In merito all'uso dei BLOB è sensato spendere qualche parola in più: MySQL non è ottimizzato per la gestione di dati multimediali, consente solo di incapsulare stringhe che rappresentano dati binari. E' opportuno fare un pre dimensionamento del database che si intende progettare e valutare se inglobare o meno gli oggetti all'interno del database o semplicemente archiviare dei puntatori ad essi. Ad esempio, in alcuni casi, è possibile archiviare il path ad una immagine, piuttosto che l'intera immagine. Analizziamo brevemente pro e contro dell'utilizzo dei campi di tipo BLOB:

PRO

- il file viene archiviato per intero all'interno del database, per cui è possibile effettuare operazioni, comparazioni e trasformazioni direttamente dal DBMS;
- la migrazione del database non comporta operazioni sui PATH degli oggetti cui si punta;
- utenti e programmi esterni possono accedere ai file senza bisogno di aver configurato altri tipi di diritti sulla macchina, a vantaggio della sicurezza.

CONTRO

- le dimensioni del database crescono esponenzialmente al crescere dei record, dato che al testo ordinario va aggiunta la dimensione del file da inglobare;
- file di notevoli dimensioni riducono le prestazioni del sistema e inficiano la stabilità del sistema stesso;
- è necessario disporre di macchine sempre più potenti al crescere del database;
- la cancellazione di grossi quantitativi di dati, tipicamente contenuti nei BLOB, aumenta la frammentazione riducendo le prestazioni del sistema.

Naturalmente c'è un limite alle dimensioni gestibili: prima di tutto c'è un limite di dimensione massima alla tabella. Tale limite è stato fissato per le versioni successive alla 3.23 a 8 Terabyte, ma in realtà anche tale limite è sottoposto al vincolo fissato dal sistema operativo utilizzato, pertanto su di una macchina Linux con architettura Intel il limite resta di circa 4 Gigabyte. In Tabella 13.2 si riporta un elenco delle dimensioni massime di tabella gestibili con le varie configurazioni. Tale informazione si dimostra estremamente utile in fase di progettazione di massima di un RDBMS.

Tabella 13.2 – Dimensione massima di tabella gestite da MySQL

sistema operativo	limite della dimensione del file
Linux su architettura Intel 32bit	da 2 a 4 GigaByte (dipende dalla versione di Linux e dal tipo di DB)
Linux su architettura Alpha	8 TeraByte
Solaris 2.5.1	2 GigaByte (può arrivare a 4GB con una patch)
Solaris 2.6	4 GigaByte
Solaris 2.7 su architettura Intel	4 GigaByte
Solaris 2.7 su architettura UltraSPARC	512 GigaByte

Il secondo limite è inerente alla massima capacità di una cella; tale limite è, invece, connesso alla dimensione massima del pacchetto relativo al protocollo di comunicazione tra client e server. Il limite previsto per le versioni fino alla 3.23 era imposto a 24 Megabyte, ma in realtà il file massimo che si riusciva ad archiviare era di 16 Megabyte. Dalla documentazione ufficiale risulta che tale limite è superabile aumentando la dimensione del buffer in ricezione sia del client che del server.

13.4.3 Gestione delle date in MySQL

MySQL gestisce le date in un formato non ambiguo secondo quanto previsto dalle specifiche ANSI. Rispetto alla metodologia cui siamo soliti che prevede, leggendo da sinistra verso destra, prima il giorno, poi il mese e quindi l'anno, viene invertita completamente la sequenza delle informazioni. Ad esempio, se vogliamo scrivere la data 7 maggio 2003, la rappresenteremo come "2003-05-07". In pratica, prima si rappresenta l'anno, seguito dal mese ed infine il giorno.

MySQL gestisce cinque tipologie di campi per le date rappresentati in Tabella 13.3, insieme alla occupazione di memoria ed agli intervalli gestiti.

Tabella 13.3 – Elenco dei tipi di data gestiti da MySQL con occupazione di memoria richiesta

tipo di dato	intervallo rappresentabile	occupazione di memoria
DATE	dal "1000-01-01" al "9999-12-31"	3 Byte
TIME	dalle "-838:59:59" alle "838:59:59"	3 Byte
DATETIME	dal "1000-01-01 00:00:00" al "9999-12-31 23:59:59"	8 Byte
TIMESTAMP	dal 19700101000000 a circa l'anno 2037	4 Byte
YEAR	dal 1901 al 2155	1 Byte

Il campo DATE archivia i valori nel formato YYYY-MM-DD (Anno, Mese, Giorno); la data attuale può essere restituita dalla funzione *CURRENT_DATE()*:

```
mysql> SELECT CURRENT_DATE();
+----------------+
| CURRENT_DATE() |
+----------------+
| 2003-05-05     |
+----------------+
1 row in set (0.00 sec)
```

Il campo TIME può archiviare l'ora nel formato hh:mm:ss (Ora, Minuto, Secondo), oppure nel formato HHH:MM:SS. La ragione per rappresentare tre cifre per l'ora è dovuto alla possibilità di archiviare e gestire non solo le ore del giorno, ma anche intervalli tra due eventi. Per come si evince dalla Tabella 13.3, tali intervalli vanno da "-838:59:59" a "838:59:59".

L'ora attuale può essere restituita dalla funzione *CURRENT_TIME()*:

```
mysql> SELECT CURRENT_TIME();
+----------------+
| CURRENT_TIME() |
+----------------+
| 06:27:52       |
+----------------+
1 row in set (0.00 sec)
```

Se si prova ad inserire un valore non valido in campi di tipo DATE o TIME viene registrato un valore "zero", come valore di default per i campi dichiarati come NOT NULL.

Il campo TIMESTAMP[(I)] archivia i valori nel formato YYYYMMDDhhmmss; l'intervallo rappresentabile va da 19700101000000 ad una data prossima al 2037. Dalla versione 4.0 di MySQL è possibile specificare un valore opzionale (I) per indicare quanti caratteri deve restituire in output; le possibili opzioni sono rappresentate in Tabella 13.4.

Tabella 13.4 – Opzioni di rappresentazione del campo TIMESTAMP

rappresentazione della data	parametro indicato
YYYYMMDDhhmmss	14
YYMMDDhhmmss	12
YYYYMMDD	8
YYMMDD	6

Infine, il campo YEAR prevede l'archiviazione dell'anno in un intervallo che va dal 1901 al 2155. Il principale vantaggio derivante dall'uso di questo tipo di dato è legato all'occupazione minima in termini di memoria, infatti usa un solo Byte.

Ricordiamo che MySQL gestisce le date in formato ANSI, pertanto l'anno viene rappresentato con quattro cifre; la rappresentazione con sole due cifre si ottiene convertendolo a due cifre. Per come noto, la rappresentazione dell'anno con sole due cifre può dare luogo ad ambiguità: la cifra 00 può riferirsi sia all'anno 1900 come all'anno 2000, e così via. Per ovviare, MySQL segue le tre seguenti regole di conversione:

1. gli anni rappresentati con valori compresi tra 00 e 69 vengono convertiti nell'intervallo compreso tra 2000 e 2069;
2. gli anni rappresentati con valori compresi tra 70 e 99 vengono convertiti nell'intervallo compreso tra 1970 e 1999;
3. i valori ritenuti non accettabili come anno vengono archiviati come anno 0000, ritenuto valore assolutamente valido dal sistema.

Pertanto, in caso di ambiguità è sempre sconsigliabile utilizzare una rappresentazione degli anni con sole due cifre, optando per una rappresentazione secondo lo standard ANSI a quattro cifre. Il risultato prodotto dalla conversione è solamente indicativo e non può fornire alcuna certezza sulla correttezza dell'informazione.

13.4.4 Considerazioni sulla scelta delle tipologie dei campi

Nei paragrafi precedenti abbiamo presentato i principali tipi di dati gestiti da MySQL; per un progettista di database è fondamentale conoscere a fondo gli strumenti di cui dispone perché ciò gli consente di ottimizzare il sistema e renderlo più efficiente.

Nel capitolo precedente abbiamo steso un progetto di massima per il database dell'Ateneo ACME; la progettazione è iniziata con l'analisi delle tabelle per scendere poi nel dettaglio della scelta dei tipi di dati da trattare. In buona sostanza, possiamo affermare che la progettazione di una base di dati prevede la capacità di interrogarsi a fondo ed analizzare tutti i possibili flussi di informazioni che verranno gestiti.

L'analisi di una tabella può essere sintetizzata in quattro domande cardinali:

1. Che tipo di dati dovrò archiviare? Stringhe di testo, dati numerici o date?
2. Posso individuare con maggior precisione la tipologia di informazione? Se si tratta di numeri c'è un intervallo preciso in cui operare? Se sono stringhe di testo, c'è una estensione massima nel numero di caratteri? Mi interessa verificare il pattern-matching (comparazione) di due o più stringhe? Deve essere case-sensitive?
3. Che dimensione avrà la cella tipo? Qual è la dimensione massima prevista per la cella? Tale informazione può essere estremamente importante perché potrebbe influenzare il numero massimo di record archiviabili.
4. Sono importanti le prestazioni? Quanti saranno gli utenti del mio database? Da dove avranno accesso? Queste informazioni sono direttamente connesse non solo alla progettazione del database in generale, ma anche al contenuto delle celle. Se prevedo di progettare una base di dati accessibile da Internet, data la limitata banda passante rispetto ad una LAN, è difficile prevedere l'archiviazione di BLOB di diversi MegaByte.

Questo tipo di considerazioni deve guidare il progettista in ogni fase della stesura e della verifica dello strumento. Una scelta sbagliata può comportare la perdita di informazioni vitali: ad esempio, se in una colonna di tipo INT UNSIGNED provate ad archiviare numeri frazionari negativi (numeri reali) potreste perdere tutte le informazioni pregnanti. Si riporta un esempio:

```
mysql> CREATE TABLE prova
       (
            num_intero int(10) UNSIGNED
       );
Query OK, 0 rows affected (0.00 sec)

mysql> INSERT INTO prova VALUES(-0.5);
Query OK, 1 rows affected (0.10 sec)
```

```
mysql> SELECT * FROM prova;
+--------+
| intero |
+--------+
|      0 |
+--------+
1 row in set (0.00 sec)
```

Come si può notare l'informazione è andata interamente persa. Pertanto, risulta fondamentale valutare a fondo la tipologia di campi da adottare nella definizione delle colonne che costituiranno la tabella al fine di evitare perdita di informazione in fase di utilizzo. In ogni caso, qualsiasi sviluppo dovrebbe prevedere una fase di test sufficientemente lunga da poter evidenziare quanti più casi ed eventualità possibile.

13.5 Le tabelle docenti e corsi

La creazione delle altre due tabelle previste da progetto, nel capitolo precedente, avviene in maniera simile alla precedente, utilizzando la dichiarazione *CREATE TABLE*:

```
mysql> CREATE TABLE docenti
       (
           id_prof int(11) NOT NULL
           PRIMARY KEY AUTO_INCREMENT,
           nome VARCHAR(50) NOT NULL,
           cognome VARCHAR(50) NOT NULL,
           titolo VARCHAR(6) NOT NULL,
           email VARCHAR(255) NULL,
           id_facolta int(11) NOT NULL
       );
Query OK, 0 rows affected (0.05 sec)
```

Controlliamo subito il risultato digitando il comando *DESCRIBE*:

```
mysql> Describe docenti;
+------------+--------------+------+-----+---------+----------------+
| Field      | Type         | Null | Key | Default | Extra          |
+------------+--------------+------+-----+---------+----------------+
| id_prof    | int(11)      |      | PRI | NULL    | auto_increment |
| nome       | varchar(50)  |      |     |         |                |
| cognome    | varchar(50)  |      |     |         |                |
| titolo     | varchar(6)   |      |     | NULL    |                |
| email      | varchar(255) | YES  |     | NULL    |                |
| id_facolta | int(11)      |      |     | 0       |                |
+------------+--------------+------+-----+---------+----------------+
7 rows in set (0.00 sec)
```

Sicuramente il campo più interessante è id_facolta che costituisce la chiave remota tramite cui stabilire relazioni incrociate con la tabella *facolta*. Alla stessa maniera, la chiave primaria della tabella *docenti*, id_prof, consentirà di identificare in maniera univoca il Preside della Facoltà all'interno della prima tabella.

Apportiamo questa piccola modifica alla tabella *facolta* secondo quanto previsto in fase di progetto:

```
mysql> ALTER TABLE facolta ADD id_prof INT(11);
Quert OK, 6 rows affected (0.00 sec)
Records: 6 Duplicates: 0 Warnings: 0
```

Naturalmente, ancora il campo id_prof risulterà non definito (NULL) per tutti i record caricati nella tabella *facolta*. Pertanto, in seguito, dovremo provvedere ad aggiornare i dati con la funzione *UPDATE*.

Provvediamo al caricamento dell'ultima tabella inerente i corsi tenuti presso l'Ateneo ACME:

```
mysql> CREATE TABLE corsi
       (
           id_corso int(11) NOT NULL
           PRIMARY KEY AUTO_INCREMENT,
           codice int(6) NOT NULL,
           titolo VARCHAR(255) NOT NULL,
           descrizione TEXT NULL,
           id_prof int(11) NULL,
           id_facolta int(11) NOT NULL
       );
Query OK, 0 rows affected (0.05 sec)
```

A questo punto controlliamo lo stato del nostro database, verificando le tabelle create:

```
mysql> SHOW TABLES;
+------------------+
| Tables_in_ateneo |
+------------------+
| corsi            |
| docenti          |
| facolta          |
+------------------+
3 rows in set (0.00 sec)
```

La creazione è andata a buon fine. Ora non ci resta che iniziare a caricare delle informazioni, utilizzando i comandi INSERT ed UPDATE per poter effettuare delle query incrociate che sfruttino le relazioni stabilite tra le tabelle.

13.6 Conclusioni

L'utilizzo di MySQL è estremamente semplice: abbiamo visto come tramite i comandi SQL *CREATE TABLE*, *INSERT* ed *UPDATE* sia possibile, con poche righe di comando, creare una tabella e popolarla di record. Possiamo anche effettuare query complesse utilizzando il comando *SELECT*. La tabella Facoltà dell'Ateneo ACME è ormai pronta, nel prossimo capitolo creeremo le tabelle inerenti i Docenti ed i Corsi dell'Ateneo e vedremo come realizzare query relazionali. Infine, apprenderemo come gestire più utenti con permessi differenti.

14 Query complesse ed amministrazione avanzata di MySQL

La creazione del database è quasi conclusa: non resta che caricare i dati nelle tabelle corsi e docenti e verificare la correttezza di quanto stabilito a livello progettuale; iniziamo subito a caricare i dati. Assicuriamoci di aver preparato due file di testo così organizzati: i valori da immettere in ciascun campo sono divisi da un carattere di tabulazione (TAB) ed ogni record viene ultimato da un accapo. Il file dei docenti, che chiameremo *docenti.txt*, avrà una struttura simile alla seguente:

```
001  Mario     Rossi      Ing.    mrossi@acme.edu        003
002  Filippo   Neri       Arch.   filneri@acme.edu       002
003  Marco     Bianchi    Arch.   mbianchi@acme.edu      001
004  Giulio    Viola      Dott.   g.viola@acme.edu       003
005  Filippo   Bordeaux   Prof.   filbord@acme.edu       004
006  Carlo     Cremisi    Arch.   carlo@acme.edu         002
007  Marco     Ocra       Ing.    marcoocra@acme.edu     003
008  Giuseppe  Ceruleo    Prof.   g.ceruleo@acme.edu     006
```

Risulta evidente che la sequenza con cui sono riportati i dati è di fondamentale importanza, pertanto bisogna verificare sempre la struttura della tabella con il comando *DESCRIBE*.

Procediamo al caricamento dei dati con il comando *LOAD DATA*:

```
mysql> LOAD DATA LOCAL INFILE "docenti.txt"
    -> INTO TABLE facolta;
Query OK, 8 rows affected (0.02 sec)
Records: 8 Deleted: 0   Skipped: 0   Warnings: 0
```

Ripetiamo l'operazione per i corsi, preparando un file di testo che chiameremo *corsi.txt*, così strutturato:

```
id_corso   codice   titolo      descrizione        id_prof   id_facolta
001        16523    Storia      Corso intro.       001       004
002        87455    Matemica    Teoria degi ins.   002       003
003        11233    Letterat.   Corso avanzato     003       004
004        56412    Geometria   Spazi vettoriali   002       003
005        22336    Disegno I   Proiezione centr.  001       002
006        33338    Storia I    Dalla Grecia.      006       001
007        97445    Diritto I   Corso in all.      005       005
```

Il testo riportato nel campo descrizione risulta ridotto solamente per motivi di impaginazione. Carichiamo i dati seguendo la stessa procedura utilizzata per il file *docenti.txt*:

```
mysql> LOAD DATA LOCAL INFILE "corsi.txt"
    -> INTO TABLE facolta;
Query OK, 7 rows affected (0.02 sec)
Records: 7 Deleted: 0    Skipped: 0    Warnings: 0
```

Ultimato il caricamento possiamo provare ad effettuare delle interrogazioni più complesse con cui mettere in evidenza la potenza di un RDBMS.


```
mysql> LOAD DATA LOCAL INFILE "corsi.txt"
    -> INTO TABLE facolta;
Query OK, 7 rows affected (0.02 sec)
Records: 7 Deleted: 0    Skipped: 0    Warnings: 0
```

Ultimato il caricamento possiamo provare ad effettuare delle interrogazioni più complesse con cui mettere in evidenza la potenza di un RDBMS.

14.1 Query complesse

Finora abbiamo effettuato query su di una sola tabella per volta; proviamo a creare query più complesse che sfruttino le relazioni create.

Interroghiamo il database per conoscere i nomi delle Facoltà dell'Ateneo ACME con i nomi dei relativi presidi:

```
mysql> SELECT facolta.nome_facolta,
    -> docenti.nome, docenti.cognome
    -> FROM facolta, docenti
    -> WHERE facolta.id_facolta = docenti.id_facolta;
+-----------------------+----------+----------+
| nome_facolta          | nome     | cognome  |
+-----------------------+----------+----------+
| Ingegneria            | Mario    | Rossi    |
| Architettura          | Filippo  | Neri     |
| Architettura          | Marco    | Bianchi  |
| Ingegneria            | Giulio   | Viola    |
| Lettere e Filosofia   | Filippo  | Bordeaux |
| Architettura          | Carlo    | Cremisi  |
| Ingegneria            | Marco    | Ocra     |
| Giurisprudenza        | Giuseppe | Ceruleo  |
+-----------------------+----------+----------+
8 rows in set (0.04 sec)
```

Il risultato è la nostra prima query che mette in pratica una relazione tra le tabelle *facolta* e *docenti*. Per costruire la query utilizziamo una notazione, detta *puntata*, che consente di riferire la colonna alla tabella di appartenenza. Così `docenti.nome` fa riferimento alla colonna *nome* che appartiene alla tabella *docenti*.

Possiamo restringere ulteriormente il campo imponendo un'altra condizione che limiti la query alle Facoltà aventi sede in Palermo.

```
mysql> SELECT facolta.nome_facolta,
    -> docenti.nome, docenti.cognome
    -> FROM facolta, docenti
    -> WHERE facolta.id_facolta = docenti.id_facolta
    -> AND facolta.citta = "Palermo";
+-----------------------+----------+----------+
| nome_facolta          | nome     | cognome  |
+-----------------------+----------+----------+
| Ingegneria            | Mario    | Rossi    |
| Architettura          | Marco    | Bianchi  |
| Ingegneria            | Giulio   | Viola    |
| Lettere e Filosofia   | Filippo  | Bordeaux |
| Ingegneria            | Marco    | Ocra     |
+-----------------------+----------+----------+
5 rows in set (0.00 sec)
```

Per mettere in ordine crescente per cognome è sufficiente aggiungere l'opzione `ORDER BY`:

```
mysql> SELECT facolta.nome_facolta,
    -> docenti.nome, docenti.cognome
    -> FROM facolta, docenti
    -> WHERE facolta.id_facolta = docenti.id_facolta
```

```
    -> AND facolta.citta = "Palermo"
    -> ORDER BY docenti.cognome;
+-----------------------+---------+----------+
| nome_facolta          | nome    | cognome  |
+-----------------------+---------+----------+
| Architettura          | Marco   | Bianchi  |
| Lettere e Filosofia   | Filippo | Bordeaux |
| Ingegneria            | Marco   | Ocra     |
| Ingegneria            | Mario   | Rossi    |
| Ingegneria            | Giulio  | Viola    |
+-----------------------+---------+----------+
5 rows in set (0.00 sec)
```

In certi casi, può essere comodo formattare l'output diversamente da come sono organizzate le singole colonne. L'opzione *CONCAT* consente di effettuare operazioni sui singoli campi, prima di effettuare l'output. Supponiamo di voler far apparire un solo campo che rappresenti il nome del Preside di Facoltà e non disgiunto in nome e cognome.

```
mysql> SELECT CONCAT(docenti.nome," ",
    -> docenti.cognome)
    -> AS "Elenco Presidi"
    -> from docenti
    -> ORDER BY docenti.cognome;
+-------------------+
| Elenco Presidi    |
+-------------------+
| Marco Bianchi     |
| Filippo Bordeaux  |
| Giuseppe Ceruleo  |
| Carlo Cremisi     |
| Filippo Neri      |
| Marco Ocra        |
| Mario Rossi       |
| Giulio Viola      |
+-------------------+
8 rows in set (0.00 sec)
```

Infine, supponiamo di voler contare il numero di corsi attivati presso la Facoltà di Ingegneria; sarà sufficiente utilizzare l'opzione *COUNT*:

```
mysql> SELECT COUNT(corsi.id_corso)
    -> AS "N. di corsi attivati ad Ingegneria"
    -> FROM corsi, facolta
    -> WHERE facolta.nome_facolta = "Ingegneria"
    -> AND corsi.id_facolta = facolta.id_facolta;
+-----------------------------------+
| N. di corsi attivati ad Ingegneria |
+-----------------------------------+
|                                 2 |
+-----------------------------------+
1 row in set (0.00 sec)
```

Ovviamente, gli esempi riportati sono semplicemente indicativi e vogliono mostrare con quanta semplicità sia possibile creare interrogazioni complesse con cui fare analisi anche di tipo statistico, pertanto il panorama è ampliabile secondo le proprie esigenze.

14.2 Gestione degli utenti in MySQL

MySQL è pensato per essere un RDBMS multiutente. L'utente root dovrebbe essere usato solamente per finalità amministrative e mai per l'uso lavorativo. Inoltre, le password ed i nomi degli utenti sono gestiti separatamente dagli account di sistema e pertanto possono differire. A tal proposito, è bene ricordare che proprio nel caso dell'utente root è bene differenziare la password di sistema da quella dei vari servizi (come MySQL) proprio per aumentare la sicurezza del sistema.

MySQL gestisce la sicurezza sulla base dei privilegi, intesi come il diritto associato ad un utente di eseguire specifiche azioni su determinati oggetti. Si tratta di un concetto molto simile ai diritti sui file. In genere, per aumentare la sicurezza del sistema è bene assicurare ad un utente appena creato il numero più basso di privilegi possibile ed, eventualmente, provvedere ad aumentarli. Un esempio tipico è l'utente che viene creato per consentire l'interfacciamento di MySQL con il Web. Tale utente, che per comodità chiameremo web ha bisogno di permessi molto limitati, ben distinti dall'utente root.

Per gestire i privilegi MySQL utilizza due comandi: *GRANT* e *REVOKE*. Questi operano sugli utenti sulla base di quattro livelli di privilegi (Globale, Database, Tabella e Colonna). Se, ad esempio, l'amministratore desiderasse assegnare all'utente web il permesso di effettuare query sulla tabella docenti del database Ateneo, il comando da digitare sarebbe:

```
mysql> GRANT SELECT
    -> ON ateneo.docenti
    -> to web;
```

Se voglio rimuovere tutti i privilegi all'utente web:

```
mysql> REVOKE ALL
    -> ON *
    -> from web;
```

La sintassi del comando prevede GRANT ha la seguente struttura:

GRANT *privilegi* **ON** *oggetto* **TO** *nome_utente* **WITH GRANT OPTION**

I *privilegi* sono un elenco (separato da virgole) delle attività concesse come, ad esempio, *SELECT*, *INSERT*, *UPDATE*, *DROP*, etc. Gli oggetti rappresentano i database e/o le tabelle su cui si applicano i privilegi. E' possibile specificare tutte le tabelle di tutti i database con l'opzione * . * (privilegi globali). L'opzione *TO* si riferisce al nome dell'utente di MySQL e può essere specificato anche aggiungendo la password con l'opzione *IDENTIFIED BY* seguito dalla password. Infine, l'opzione *WITH GRANT OPTION* consente all'utente il diritto di passare i propri privilegi ad altri. I privilegi sono archiviati nel database MySQL che è suddiviso in quattro tabelle principali: *user, db, tables_priv, columns_priv*. Ognuna è relativa ai quattro livelli di privilegi menzionati precedentemente.

L'utente web dovrebbe essere impostato in modo da poter effettuare operazioni non distruttive, pertanto non deve poter effettuare il *DROP* (cancellazione) di una tabella o di un database. Inoltre, se sul sistema girano più database relativi a progetti differenti è bene che vengano gestiti da utenti web differenti caratterizzati anche da password diverse. Un esempio di utente web potrebbe essere:

```
mysql> GRANT SELECT, INSERT, DELETE, UPDATE
    -> ON ateneo.*
    -> TO web IDENTIFIED BY '****';
```

In tal maniera l'utente web non potrà operare al di fuori del database Ateneo, ed in ogni caso non potrà cancellare né tabelle, né il database stesso aumentando il livello di sicurezza del sistema.

La gestione degli utenti prevede anche il controllo in tempo reale di chi ha accesso la sistema e delle operazioni che sono in corso. Il comando *SHOW PROCESSLIST* consente di monitorare costantemente lo stato del nostro RDBMS, è sufficiente impartirlo come segue:

```
mysql> SHOW PROCESSLIST;
+----+------+-----------+---------+---------+------+-------+------------------+
| Id | User | Host      | db      | Command | Time | State | Info             |
+----+------+-----------+---------+---------+------+-------+------------------+
| 30 | root | localhost | ateneo  | Sleep   | 171  |       | NULL             |
| 31 | root | localhost | NULL    | Query   | 0    | NULL  | show processlist |
+----+------+-----------+---------+---------+------+-------+------------------+
2 rows in set (0.00 sec)
```

L'output è intuitivo e consente di avere una panoramica completa sugli eventi in corso.

14.3 Recupero della password di root in MySQL

Per assicurare un elevato livello di sicurezza, l'utente root deve essere utilizzato solo per scopi amministrativi e dovrebbe avere una password diversa da quella dell'utente di sistema. Ma cosa fare se si perde la password?
La procedura è semplice e non causa la perdita di dati: da utente root bisogna terminare il processo al server MySQL. Il file pid è archiviato nella stessa directory dei database e di solito ha lo stesso nome dell'host */var/lib/mysql/nome_host.pid*:

```
]# kill `cat /mysql-data-directory/hostname.pid`
```

Quindi si riavvia il daemon con l'opzione `--skip-grant-tables` e si imposta la password con il comando:

```
]# mysqladmin -u root password 'nuova_password'
```

Adesso è possibile arrestare MySQL e farlo ripartire normalmente e dovreste essere in grado di riconnettervi normalmente al server come utenti root.

14.4 Backup dei database

MySQL archivia i database sotto forma di directory in cui ogni tabella è rappresentata da un file. La directory di default utilizzata per l'archiviazione è `/var/lib/mysql/`. È possibile effettuare una copia dei database gestiti semplicemente duplicando i file, ma è necessario prima arrestare il daemon altrimenti i file risulterebbero non accessibili. In realtà, il procedimento di copiatura è sempre sconsigliato non solo perché richiede l'arresto del servizio, ma anche perché il file risulta compatibile esclusivamente con quella versione del RDBMS; pertanto tale soluzione non è adottabile neanche per la migrazione dei database da un sistema ad un altro.

`mysqldump` è lo strumento preposto alla creazione di copie di backup dei database in uso. Può essere utilizzato mentre il daemon è in funzione, aumentando l'up-time complessivo del sistema ed anche facilitando le migrazioni dei database, in quanto crea file di testo contenenti le sequenze di comandi SQL necessarie alla descrizione della struttura della base di dati ed al loro popolamento.

Per effettuare il backup del database ateneo è sufficiente digitare il comando:

```
]# mysqldump -p ateneo > backup_ateneo.sql
```

Il file backup_ateneo.sql conterrà la sequenza di comandi SQL necessari alla creazione del database contenente tutti i dati. Naturalmente, l'opzione `-p` serve esclusivamente per consentire l'inserimento della password.

Per ripristinare il database utilizzando il backup è necessario dare il comando:

```
]# mysql -p ateneo < backup_ateneo.sql
```

Risulta evidente che in caso di migrazione di una base di dati, prima di ripristinare la struttura ed i dati è prima necessario aver creato il database con il comando *CREATE DATABASE* nel sistema destinatario.

Per creare backup ottimizzati da usare solo con MySQL è suggerito l'utilizzo dell'opzione --opt che sintetizza l'utilizzo di sei opzioni:

- `--add-drop-table` – cancella le tabelle pre-esistenti prima del loro ripristino;
- `--add-locks` – blocca l'inserimento di dati durante il backup;
- `--all` – inserisce tutte le opzioni specifiche di MySQL per il comando *CREATE*;
- `--extended-insert` – utilizza la sintassi estesa per il comando *INSERT*, creando rapidamente un output compatto;
- `--quick` – consente di indirizzare l'output direttamente allo standard-ouput tralasciando il buffer;
- `--lock-tables` – blocca tutte le tabelle in lettura.

Il comando per il backup ottimizzato risulta simile al seguente:

```
]# mysqldump --opt -p ateneo > backup_ateneo.sql
```

Per effettuare il backup di tutti I database gestiti dal server è sufficiente aggiungere l'opzione -A:

```
]# mysqldump -A > backup_completo.sql
```

In ambito di sviluppo, non è insolito dover migrare la struttura di un database dal server di sviluppo al server di deployment (in genere il server on-line), scartando tutti i record. È possibile effettuare un backup della sola struttura tramite l'opzione --no-data, digitando il comando come segue:

```
]# mysqldump --no-data -p ateneo > \
    struttura_db_ateneo.sql
```

Anche in questo, il ripristino del file avverrà tramite il comando:

```
]# mysql -p ateneo < struttura_db_ateneo.sql
```

Il database risultante non conterrà alcun record.

14.5 Conclusioni

MySQL è un applicativo compatto e veloce. Il suo utilizzo tramite linea di comando può non essere immediato, ma sicuramente fornisce lo strumento più potente e completo per la sua gestione. É possibile semplificare la gestione, soprattutto dal lato amministrativo, caricando una interfaccia: ne esistono di diverso tipo, sia Open Source che commerciali. Risulta evidente che le soluzioni da preferire sono quelle basate su GUI web, come *phpMyAdmin* (http://www.phpmyadmin.net), che consentono tramite un web browser di effettuare tutte le operazioni di gestione.

Nel prossimo capitolo vedremo come interfacciare MySQL con il web server Apache tramite l'uso del linguaggio PHP. Creeremo pagine dinamiche capaci di effettuare query complesse su database e soprattutto, capaci di gestire MySQL in modo assolutamente trasparente per l'utente finale.

15 PHP e MySQL per Web ed Intranet dinamiche

Un amministratore di sistema spesso si trova a gestire informazioni soggette a modifiche repentine che vanno divulgate ai collaboratori o agli utenti in tempo reale. Un esempio può essere dato dalla mappatura degli indirizzi IP utilizzati da una o più LAN, oppure dalla configurazione hardware e software dei server del Centro Elaborazione Dati (CED). Questo tipo di informazioni possono essere strutturate ed archiviate in un RDBMS come MySQL, ma sicuramente l'interfaccia testuale mal si presta alla consultazione o alla divulgazione in tempo reale. La soluzione può essere data dalla creazione di una Intranet dinamica basata su linguaggio HTML e PHP. Prima di procedere, ricordiamo brevemente che una Intranet altro non è che una LAN basata su TCP/IP nella quale vengono adottati protocolli e soluzioni analoghi a quelli usati per Internet.

Il linguaggio HTML è un linguaggio per l'impaginazione di contenuti, pertanto manca di tutte le caratteristiche tipiche di un linguaggio di programmazione. HTML, pertanto, non consente di inglobare informazioni dinamiche provenienti da altri server o software. Per ovviare è necessario adottare una CGI (Common Gateway Interface), cioè un software che consenta di far colloquiare due programmi scambiando informazioni. Una CGI consente di prelevare le informazioni da un RDBMS, come MySQL, e di inviarle ad un Web Server, come Apache.

PHP inizialmente era connesso all'acronimo di *Personal Home Page*, un insieme di utility software pensate per rendere più accattivanti le Home Page degli utenti non programmatori. In seguito si è evoluto divenendo un linguaggio di programmazione a tutti gli effetti; per tal motivo, anche l'acronimo è cambiato e rifacendosi alla definizione ricorsiva di GNU (*Gnu's Not Unix*) adesso indica *PHP Hypertext Preprocessor*. Il progetto iniziale, concepito nel 1994 da Rasmus Lerdorf, grazie all'adozione di una licenza Open Source è cresciuto rapidamente con l'apporto di tutta la comunità scientifica.

PHP è più semplice da utilizzare di Perl, C/C++ o di altri linguaggi di programmazione e per questo motivo viene preferito ed utilizzato nella maggior parte dei siti web. Si tratta di un linguaggio interpretato, che viene elaborato da un motore specializzato denominato Zend (http://www.zend.com). PHP dialoga con Apache lavorando come una CGI esterna, oppure come modulo inglobato all'interno di Apache stesso. Quest'ultima soluzione assicura un rendimento elevatissimo al sistema che utilizza un solo processo per entrambe, riducendo l'utilizzo di memoria (configurabile) ed il tempo processore. La connessione di PHP con il database relazionale avviene tramite moduli specializzati. Sul sito ufficiale (http://www.php.net) vengono distribuite le librerie per i database più noti, che comprendono MySQL, Postgress e Oracle.

Di seguito, apprenderemo le basi del linguaggio in dieci esempi che ci condurranno da una pagina base fino all'interconnessione dinamica con il database MySQL, per effettuare query ed il caricamento di dati.

15.1 Il primo esempio: Salve mondo!

Per la creazione del nostro primo esempio è necessario aver già installato ed attivato Apache. Nella directory radice di Apache (solitamente, `/var/www/html/`) creiamo una sottodirectory per ospitare i nostri esempi; di seguito, utilizzeremo per comodità la directory *proflinux*. A questo punto apriamo un editor di testo (possiamo utilizzare *vi*, oppure Kate a seconda che lavoriate in ambiente grafico o testuale) e digitiamo il seguente codice:

```
<html>
  <head>
    <title>ProfLinux.net - Salve Mondo</title>
  </head>
  <body>
    <? echo "<h1>Salve Mondo!</h1>"; ?>
  </body>
</html>
```

HTML è un linguaggio basato su marcatori (*tag*, in inglese) che servono per indicare al web browser come impaginare ogni porzione di testo. I tag sono individuati da quelle che vengono chiamate parentesi acute, indicate dai simboli di minore *[<]* e maggiore *[>]*. Il linguaggio PHP utilizza una notazione basata su marcatori per individuare l'inizio e la fine del codice. Per semplificare la vita del programmatore, sono consentiti diversi stili, tutti equivalenti:

- Stile abbreviato
  ```
  <? echo "<p>prova</p>"; ?>
  ```
- Stile XML
  ```
  <?php echo "<p>prova</p>"; ?>
  ```
- Stile script
  ```
  <SCRIPT LANGUAGE="php"> echo "<p>prova</p>"; </SCRIPT>
  ```
- Stile ASP
  ```
  <% echo "<p>prova</p>"; %>
  ```

Tutti questi stili sono equivalenti, l'unica nota la merita lo stile ASP che di default è disabilitato nelle installazioni Linux. Per attivarlo è necessario togliere il commento nel file `/etc/php.ini`.

L'interprete PHP non è case sensitive e non legge più di uno spazio (come per i parser HTML); l'unico elemento mandatario è il simbolo *[;]* che indica la fine di un comando.

Per vedere il risultato del nostro primo esempio è sufficiente salvare il file, chiamandolo ad esempio `esempio01.php`, e caricarlo nel browser. Ipotizzando di eseguirlo in locale potremo richiamarlo digitando la URL `http://127.0.0.1/proflinux/prova01.php`. Se tutto è andato a buon fine, il risultato dovrebbe essere simile a quello in Fig. 15.1.

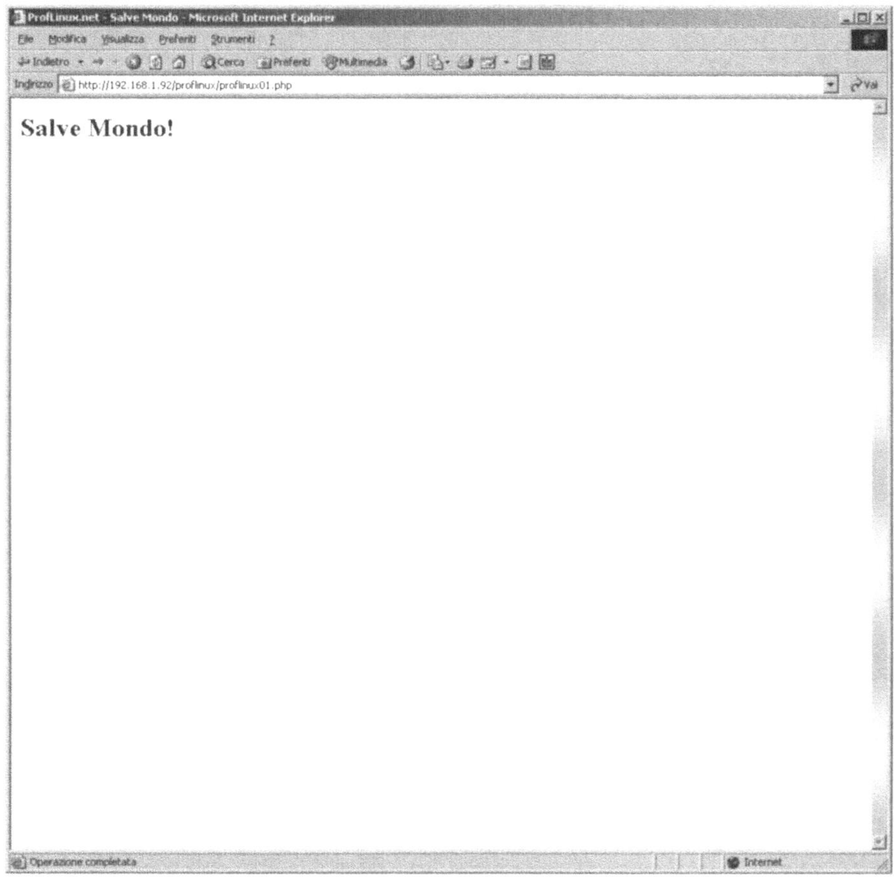

Fig. 15.1 – Ecco il nostro primo esempio

Nel nostro primo esempio l'unica riga di codice PHP è:

```
<? echo "<h1>Salve Mondo!</h1>"; ?>
```

Adottiamo lo stile abbreviato per introdurre il comando `echo` che consente di passare una stringa allo dispositivo standard di output. Nel nostro caso, la stringa viene passata direttamente al web server, infatti se chiediamo di visualizzare il codice della pagina, il risultato dovrebbe essere uguale al seguente:

```
<html>
  <head>
    <title>ProfLinux.net - Salve Mondo</title>
  </head>
  <body>
    <h1>Salve Mondo!</h1>
  </body>
</html>
```

Il codice PHP è sparito del tutto, cioè il web server ha ricevuto dall'interprete PHP esclusivamente testo formattato in HTML; in pratica, `echo` ha passato in maniera trasparente la stringa di testo al web server. In tal maniera si aggira la limitazione di HTML di non poter gestire contenuti dinamici: la CGI crea in tempo reale contenuti impaginati anche prelevandoli da una sorgente remota, come ad esempio un database. C'è da notare, però, che il nostro documento è ancora statico: il contenuto aggiunto da PHP non cambia mai.

15.2 Aggiungiamo contenuti dinamici

Procediamo alla creazione del nostro primo documento dinamico: una semplice pagina che riporta ora e data aggiornati all'istante. Per quanto semplice possa sembrare, si tratta di una operazione importante, per esempio per indicare l'ora di evasione di un ordine o di una pratica.

Apriamo l'editor di testo e riportiamo il seguente codice:

```
<html>
  <head>
    <title>ProfLinux.net - Data dinamica</title>
  </head>
  <body>
    <? echo "<p>Ordine evaso alle ";
       echo date("H:i, j M Y"); # ins. la data aggiornata
       echo ".\n<br>Grazie e tornate presto a trovarci!\n";
    /*
     opzioni del comando date:
     H ora nel formato 24h
     i minuti con uno zero davanti
     j giorno del mese senza zero davanti
     S suffisso ordinale (th)
     M mese corrente in lettere
     Y anno in formato a 4 cifre
    */
    ?>
  </body>
</html>
```

L'intero corpo del documento è generato on-the-fly dall'interprete PHP che aggiunge al testo statico ora e data generati dal comando `date`. La seconda informazione importante contenuta nel nostro secondo esempio riguarda i commenti: si tratta di testo che non viene interpretato dal parser PHP e serve solamente al programmatore come annotazione. PHP consente di inserire i commenti utilizzando sia lo stile C/C++ che lo stile shell, utilizzati entrambi nel nostro esempio. In generale, il testo che segue il simbolo diesis [#] ed il testo racchiuso tra le sequenze [/*] e [*/] non viene interpretato come comando.

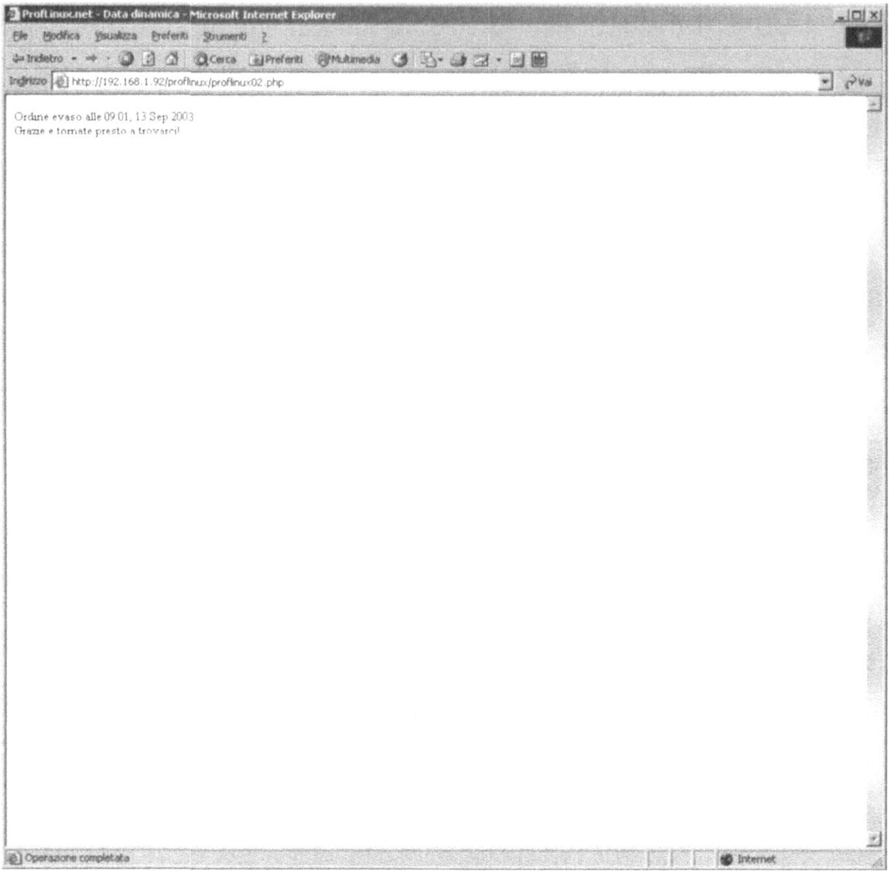

Fig. 15.2 – Il testo appare formattato come se si trattasse di HTML puro

Salviamo il file con il nome *esempio02.php* e carichiamolo nel browser (Fig. 15.2). La formattazione della data e dell'ora sono regolate dai parametri opzionali che seguono il comando `date`: un elenco più completo è disponibile all'interno del commento riportato nel codice. Anche in questo caso, se carichiamo il sorgente della pagina noteremo che non è presente alcun elemento di PHP:

```html
<html>
  <head>
    <title>ProfLinux.net - Data dinamica</title>
  </head>
  <body>
    <p>Ordine evaso alle 09:01, 13 Sep 2003.
    <br>Grazie e tornate presto a trovarci!
  </body>
</html>
```

15.3 Form interattivi

I moduli elettronici (Form) consentono di aggiungere ad un web l'interattività, creando dei veri applicativi con cui l'utente può interagire. Ad esempio, un modulo elettronico può essere utilizzato per popolare un database o effettuare una query.

I moduli elettronici sono documenti statici che possono passare i valori inseriti nei campi ad un altro documento o ad un applicativo. Nel nostro caso realizzeremo due documenti che interagiscono: *esempio03.php*, un documento statico che contiene un modulo elettronico, passerà tre valori ad *esempio04.php* che processerà i valori per creare un output dinamico. Procediamo creando il primo documento:

```
<html>
  <head>
    <title>ProfLinux.net - Form interattiva</title>
  </head>
  <body>
    <h1>Esempio form interattiva</h1>
    <h2>inserisci i tuoi dati</h2>
    <form action="esempio04.php" method="post">
      <table>
        <tr>
            <td>Nome:</td>
            <td>
            <input type="text" name="nome" size="20"></td>
        </tr>
          <tr>
          <td>Cognome:</td>
            <td>
           <input type="text" name="cognome" size="20">
        </td>
          </tr>
          <tr>
            <td>Età:</td>
            <td><input type="text" name="eta" size="3">
            </td>
          </tr>
        <tr>
            <td colspan="2">
              <input type="submit" value="Invia!"> |
              <input type="reset" value="Cancella">
            </td>
          </tr>
      </table>
    </form>
  </body>
</html>
```

Salviamo il tutto in un file che chiameremo *esempio03.php*, riapriamo l'editor e digitiamo il documento *esempio04.php*.

```html
<html>
  <head>
    <title>ProfLinux.net - Form interattiva
    (output)</title>
  </head>
  <body>
    <h1>Esempio form interattiva - parte 2</h1>
    <h3>Ciao!</h3>
    <h2>
    <?
      $nome=$_POST['nome'];
      $cognome=$_POST['cognome'];
      $eta=$_POST['eta'];
      echo "Tu sei ";
      echo $nome." ";
      echo $cognome." e hai ";
      echo $eta." anni.<br>";
      echo "torna presto a trovarci.";
    ?>
    </h2>
  </body>
</html>
```

Apriamo il browser e carichiamo il primo dei due documenti, dovremmo trovarci dinnanzi ad un modulo (Fig. 15.3) che richiede dati anagrafici elementari. Una volta riempito, clicchiamo sul bottone Invia e vedremo apparire come risultato una pagina di output che riporta quanto inserito.

Analizziamo il codice: nel documento `esempio03.php` la form prevede tre campi di `<input type="text">` che servono per passare valori attraverso le variabili *nome, cognome* ed *eta*. La form stessa richiama il documento `esempio04.php` e passa le stesse variabili (riconoscibili dal simbolo $ che le precede) che vengono riconosciute e ne vengono restituiti i valori attraverso la funzione `echo`. Una piccola nota la meritano le prime tre righe di codice che seguono *[<?]*, infatti PHP consente di utilizzare diverse metodologie per passare valori tra FORM ed applicativi. La metodologia proposta nel nostro esempio è nota con il nome di *superglobals* e dalla versione 4.1.0 è considerata lo standard per il passaggio di valori e variabili tra form e script. L'utilizzo della notazione `$_POST['variabile']` o `$_GET['variabile']` specifica la provenienza dei dati ed il metodo adottato per la loro codifica (in pratica, dentro il corpo della richiesta URL oppure nell'intestazione della URL stessa). Pertanto, le prime tre righe di codice del nostro esempio non fanno altro che attribuire alle variabili aventi lo stesso nome delle etichette utilizzate dal FORM i dati provenienti tramite il metodo POST.

Red Hat 9 è distribuito con PHP versione 4.2.2, mentre Fedora Core 1 con PHP versione 4.3.4, quindi entrambe adottano le *superglobals* come metodologia predefinita per il passaggio di valori tra form e script. Ciò implica che script più datati che utilizzano la metodologia classica di passaggio dei valori *per nome* non funzioneranno. Per renderli nuovamente operativi senza modificarli è sufficiente aprire il file di configurazione `/etc/php.ini` ed modificare la riga interessata come segue:

```
register_globals = On
```

Anche se va sottolineato che le *superglobals* non solo rendono il codice più leggibile, ma consentono anche un incremento sensibile della sicurezza generale.

Torniamo alla nostra applicazione: si tratta di un esempio molto semplice, infatti mostra come passare i valori per nome. Nota bene: i valori non sono stati archiviati, infatti se carico il documento *esempio04.php* senza richiamarlo da *esempio03.php*, si ottiene in output solamente il testo statico. Pertanto, sarebbe opportuno introdurre dei controlli che consentano di verificare se sono stati passati valori o meno, in modo di assicurare il corretto funzionamento dell'applicativo.

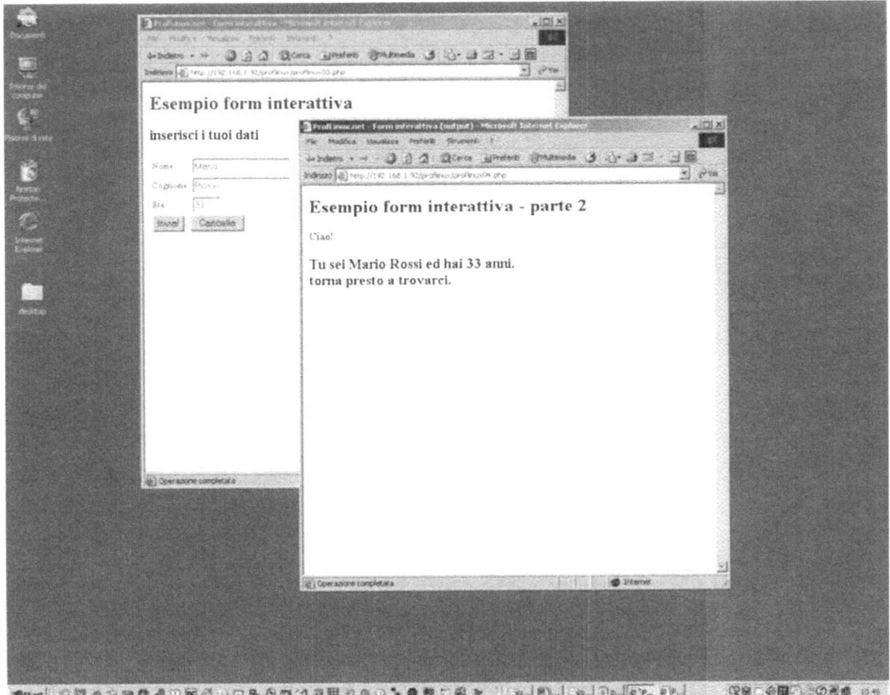

Fig. 15.3 – Visualizziamo input ed output del nostro primo applicativo interattivo

15.4 Cicli iterativi, test ed istruzioni condizionali

La realizzazione di una procedura spesso richiede che alcuni compiti vengano ripetuti, che altri abbiano inizio o fine solamente al determinarsi di specifiche condizioni, insomma è richiesta la possibilità di controllare il flusso di esecuzione. Chi ha già esperienze di programmazione, sicuramente conosce i cicli iterativi, le istruzioni condizionali ed i test; di seguito, introdurremo tali concetti in maniera del tutto intuitiva, tramite due semplici esempi.

Realizziamo il nostro primo ciclo iterativo prendendo come spunto un compito semplice: contare da 1 a 11. Apriamo il nostro editor e digitiamo il codice riportato di seguito:

```html
<html>
  <head>
    <title>ProfLinux.net - Costanti e cicli itera-
tivi</title>
  </head>
  <body>
    <h1>Costanti e cicli iterativi</h1>
    <h3>Esempio ciclo <b>while</b></h3>
    <?
      define ("CICLOMIN", 10);
      /* phpinfo(); */
      $a ="Ciclo N.";
      $contatore = 0;
      while ($contatore <= CICLOMIN)
      {
        $contatore += 1;
        /* coincide con
        $contatore = $contatore + 1;
        */
        echo $a.$contatore."<br>\n";
      }
    ?>
    <h3>Esempio ciclo <b>for</b></h3>
    <?
      for($contatore=0;$contatore<=10;$contatore+=1)
      {
        echo $a.$contatore."<br>";
      }
    ?>
  </body>
</html>
```

Salviamo il tutto nel file *esempio05.php* e carichiamo nel nostro browser (Fig. 15.4). Il browser restituisce due esempi: il primo relativo ad un ciclo denominato *while* ed il secondo relativo al ciclo *for*. Un ciclo *do...while* (letteralmente "fai...fin quando") prevede che un insieme di istruzioni venga eseguito fino a quando non si verifica una determinata condizione. Nel nostro caso abbiamo definito la costante CICLOMIN (un particolare tipo di variabile il cui valore non cambia mai) e le abbiamo attribuito il valore 10; quindi le istruzioni rappresentate tra parentesi graffe vengono ripetute fino a quando il valore della variabile $contatore non è uguale o inferiore a 10. Alla prima esecuzione $contatore vale 0, pertanto essendo minore di 10 si procede con l'esecuzione; la variabile viene incrementata di una unità e ne viene riportato l'output a video, pertanto il primo valore riportato è pari a 1. L'esecuzione procede fino a quando $contatore vale 10, che viene incrementato di una unità e riportato a video. Il tipo di condizioni verificabili dal ciclo *do...while* possono essere diverse e non sono relative solamente a contatori numerici. Posso, ad esempio, verificare come condizione il risultato di una query su di un database remoto.

Il ciclo *for...next* funziona in maniera analoga: vengono impostate due espressioni ed una condizione. La prima espressione viene eseguita una sola volta all'avvio (`$contatore=0;`), la condizione viene valutata prima dell'inzio di ogni ciclo (`$contatore<=10;`), l'esecuzione della seconda espressione (`$contatore+=1;`), avviene solo alla fine del ciclo di istruzioni da iterare, rappresentate sempre tra parentesi graffe.

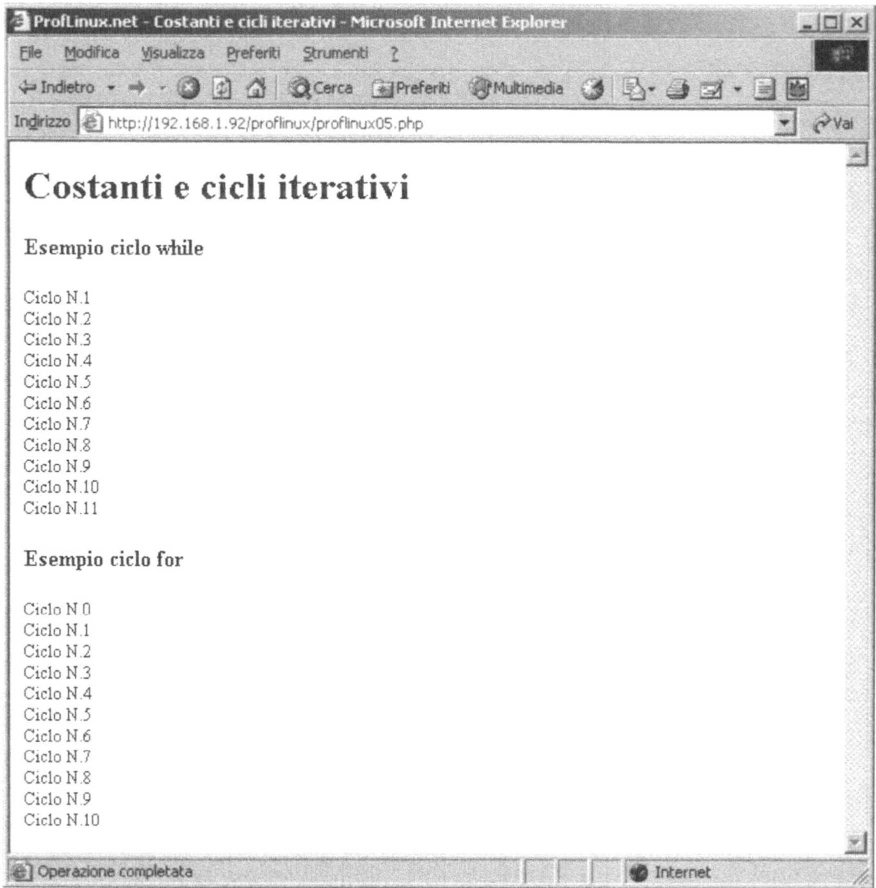

Fig. **15.4** – Esempi di cicli do...while e for...next in PHP

Alla prima esecuzione `$contatore` varrà 0, che rispettando la condizione imposta, consente l'esecuzione dell'insieme di istruzioni, per cui per il primo output $contatore è ancora pari a zero.

Al termine dell'esecuzione del ciclo di istruzioni, viene eseguita la seconda e-spressione che incrementa la variabile di una unità; pertanto, l'ultimo per output `$contatore` sarà pari a 10. Una ultima nota la merita il comando commentato `phpinfo()`: quest'ultimo consente di ottenere in output tutte le costanti e le variabili di sistema, cioè le parole chiave usate da PHP per il suo corretto funzionamento. E' sempre bene averle sotto controllo per evitare conflitti nella scelta dei nomi alle variabili ed alle costanti. Una ultima nota di carattere tipografico: per migliorare la leggibilità e riconoscere più velocemente la funzione di un elemento all'interno del codice è sempre bene scrivere in minuscolo i nomi delle variabili ed in maiuscolo i nomi delle costanti.

Inserire istruzioni di controllo e test è altrettanto semplice, riprendiamo il nostro esempio precedente e lasciamo solamente il ciclo *do...while*, modificandolo come segue:

```html
<html>
  <head>
    <title>ProfLinux.net - Test ed istruzioni condizion-
ali</title>
  </head>
  <body>
    <h1>Test ed istruzioni condizionali</h1>
    <h3>Esempio <b>if then else</b></h3>

    <?
      define ("CICLOMIN", 10);
      $a ="Ciclo N.";
      $contatore = 0;
      while ($contatore <= CICLOMIN)
      {
        $contatore += 1;
        /* coincide con
        $contatore = $contatore + 1;
        */
          if($contatore == 5)
          {
          echo "<font color='red'>Attenzione, siamo arri-
          vati a ".$contatore."</font><br>\n";
          }
          else
          {
          echo $a.$contatore."<br>\n";
          }
      }
    ?>

  </body>
</html>
```

Salviamo il file con il nome *esempio06.php* e carichiamolo nel nostro browser, il risultato dovrebbe essere come quello rappresentato in Fig. 15.5. In pratica, la condizione che abbiamo imposto è la verifica che il valore della variabile `$contatore` sia pari a 5, in questo caso l'output prevede un messaggio speciale da evidenziare in rosso, viceversa l'esecuzione continua (`else`) con l'output normale.

In pratica, le strutture di controllo consentono, all'interno di un linguaggio, di stabilire delle condizioni all'interno dell'esecuzione del programma o dello script.

Il test *if...then...else* consente di valutare il verificarsi di una condizione (nel nostro caso `$contatore==5`)e quindi di eseguire un blocco di codice, oppure (*else*) un altro. Anche in questo caso, i blocchi di codice da eseguire sono racchiusi tra parentesi graffe. E' da notare che l'attribuzione di un valore ad una variabile avviene tramite l'utilizzo del simbolo (=), mentre il test per valutare se una variabile abbia assunto un particolare utilizza lo stesso simbolo, ma raddoppiato (==).

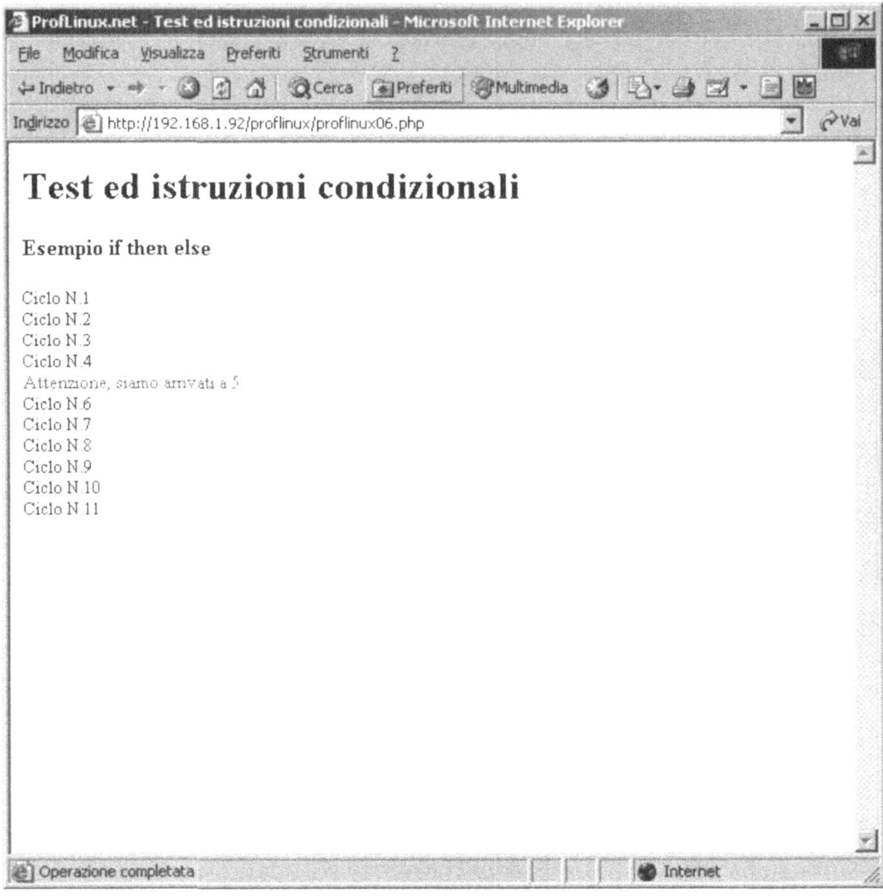

Fig. 15.5 – Il rigo in rosso indica dove è stato applicato e verificato il test

15.5 Interrogazione di MySQL

Una delle funzionalità più interessanti di PHP è quella di facilitare l'interconnessione con applicativi esterni, in particolare con i database. L'interprete PHP dispone di alcuni moduli specializzati per connettersi direttamente ai database più diffusi. Di seguito, creeremo un piccolo applicativo che consente di interrogare MySQL ed, in particolare, effettuare una query sul database Ateneo, creato nei capitoli precedenti.

La nostra finalità è quella di creare un applicativo che tramite un modulo elettronico ci consenta di interrogare, in pratica effettuare una query, per cercare le Facoltà caricate all'interno della tabella *facolta* del database Ateneo creato nei capitoli precedenti. L'applicativo dovrà essere dotato anche di un semplice strumento di controllo per evitare output indesiderati in caso di parametri errati.

Iniziamo la stesura della form, caricando il nostro editor e digitando il codice che salveremo con il nome di *esempio07.php*:

```
<html>
  <head>
    <title>ProfLinux.net - Query sul db Ateneo</title>
  </head>
  <body>
    <h1>Utilizzo di un database</h1>

    <h3>Query sul db Ateneo</h3>
    <br>
    <h3>Cerca la Facoltà</h3>

    <form action="esempio08.php" method="post">
      Scegli la sede:<br>
      <select name="s_sede">scegli...
        <option value="Palermo">Palermo</option>
        <option value="Agrigento">Agrigento</option>
        <option value="Trapani">Trapani</option>
      </select>
      <br>
      Inserisci la chiave di ricerca:<br>
      <input type="text" name="s_facolta" size="15">
      <br>
      <input type="submit" value="Cerca">
    </form>

  </body>
</html>
```

Si tratta di una semplice form HTML che passa due variabili (s_sede e s_facolta) al documento *esempio08.php*, come visibile in Fig. 15.6.

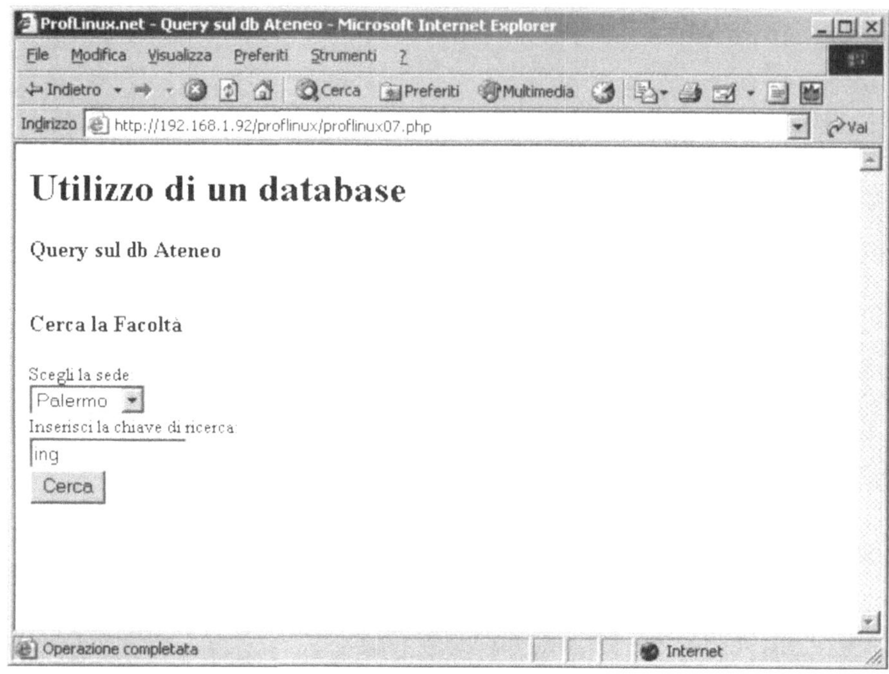

Fig. 15.6 – La form per l'interrogazione del database Ateneo

Apriamo nuovamente l'editor e digitiamo il seguente codice, per poi salvarlo come *esempio08.php*:

```
<html>
  <head>
    <title>ProfLinux.net - Query sul DB Ateneo
      (output)</title>
  </head>
  <body>
    <h1>Utilizzo di un database</h1>
    <h3>Query sul db Ateneo</h3>
    <h3>Risultato delle ricerca:</h3>
    <?
      $s_sede=$_POST['s_sede'];
      $s_facolta=$_POST['s_facolta'];
      trim($s_facolta);
      if(!$s_sede || !$s_facolta)
        {
              echo "Errore: non hai specificato alcuna chiave
di ricerca.";
              exit;
        }
      $s_sede = addslashes($s_sede);
      $s_facolta = addslashes($s_facolta);
      /* è importante sempre
      /* controllare i valori  passati
      echo "s_sede:".$s_sede."<br>";
      echo "s_facolta:".$s_facolta."<br>";
      */
      @ $db = mysql_pconnect("localhost","root","***");
```

```
      if(!$db)
         {
            echo "Errore: connessione al db non
               riuscita<br>\n";
            exit;
         }
   mysql_select_db("ateneo")
      or die("Errore: ".mysql_error());
   $query = "select * from facolta
      where citta like '%".$s_sede."%'
      and nome_facolta like '%".$s_facolta."%'";
   $risultati = mysql_query($query)
      or die("Query non valida, errore: ".mysql_error());
   $num_risultati = mysql_num_rows($risultati);
   echo "<p>Numero delle Facoltà
      trovate:".$num_risultati."</p>";
   for ($i=0; $i <$num_risultati;$i++)
      {
         $row = mysql_fetch_array($risultati);
            echo "<p><b>".($i+1)."Nome: ";
            echo htmlspecialchars(
               stripslashes($row[nome_facolta]));
            echo "</b><br>Sede: ";
             echo htmlspecialchars(
               stripslashes($row[sede]));
            echo "<br>Città: ";
            echo htmlspecialchars(
               stripslashes($row[citta]));
            echo "<br>Telefono: ";
            echo htmlspecialchars(
               stripslashes($row[telefono]));
            echo "<hr>";
      }
   ?>
   </body>
</html>
```

Questo script riassume tutti gli esempi precedenti, pertanto è bene approfondirlo maggiormente. La prima operazione che viene compiuta (dopo aver agganciato i valori provenienti dalla FORM tramite il metodo POST) è di formattazione: in pratica vengono rimossi gli spazi bianchi inavvertitamente inseriti dall'utente nella form.

```
trim($s_facolta);
```

Quindi viene valutata la consistenza delle variabili passate, in questo modo si evita che l'utente possa aver lasciato un campo vuoto o carichi il documento *esempio08.php* senza richiamarlo dalla form.

```
if(!$s_sede || !$s_facolta)
   {
      echo "Errore: non hai specificato alcuna
         chiave di ricerca.";
      exit;
   }
```

Resta da eseguire una ultima verifica sulla correttezza delle informazioni digitate dall'utente, tramite la funzione `addslashes()` è possibile aggiungere i caratteri di escape necessari per la corretta interpretazione da parte di database esterni.

```
$s_sede = addslashes($s_sede);
$s_facolta = addslashes($s_facolta);
```

A questo punto, possiamo effettuare la connessione al database tramite la funzione `mysql_pconnect()` la quale restituisce un puntatore che consente la connessione reale al database. I parametri opzionali che vanno passati sono: il nome dell'host, il nome dell'utente che stabilisce la connessione e l'eventuale password.

```
@ $db = mysql_pconnect("localhost","root","***");
```

Selezioniamo il database da utilizzare tramite il comando `mysql_select_db()` che è equivalente del comando SQL USE. Possiamo, quindi, inoltrare la query utilizzando il linguaggio SQL standard passandoli al RDBMS tramite la funzione `mysql_query()`.

```
$query = "select * from facolta
        where citta like '%".$s_sede."%'
        and nome_facolta like '%".$s_facolta."%'";
$risultati = mysql_query($query)
```

Creiamo una variabile temporanea in cui registrare il numero di record restituiti dalla query tramite la funzione `mysql_num_rows()`.

```
$num_risultati = mysql_num_rows($risultati);
```

Infine, creiamo un ciclo iterativo per rappresentare tutti i record restituiti dalla query, tramite la funzione `mysql_fetch_array()`.

```
for ($i=0; $i <$num_risultati;$i++)
        {
          $row = mysql_fetch_array($risultati);
            echo "<p><b>".($i+1)."Nome: ";
            echo htmlspecialchars(
            stripslashes($row[nome_facolta]));
            ...
            ...
            ...
        }
```

Il funzionamento del codice è lineare:

1. si connette il database;
2. si effettua la query;
3. il risultato della query viene restituito all'interno di una variabile;
4. si estraggono i record tramite un ciclo iterativo.

Tramite questa semplice struttura è possibile effettuare qualsiasi tipo di query. Il risultato dell'esecuzione è visibile in Fig. 15.7.

Fig. 15.7 – L'output della query sul db Ateneo

15.6 Popolare un database da web browser

Tramite la funzione `mysql_query()` è possibile passare direttamente dal codice PHP, comandi e query SQL standard. Si tratta di un comando potentissimo che consente di sfruttare il RDBMS creando query complesse. Lo stesso comando viene utilizzato per effettuare INSERT ed UPDATE, cioè per popolare ed aggiornare il contenuto delle nostre tabelle. Il procedimento per il popolamento delle tabelle, come l'aggiornamento dei dati, è analogo all'interrogazione: creiamo due documenti di cui il primo è la form per il caricamento dei dati, mentre il secondo si occupa di comunicare con il database e generare l'eventuale output.

```html
<html>
  <head>
    <title>ProfLinux.net - Caricamento dati nel DB</title>
  </head>
  <body>
    <h1>Utilizzo di un database</h1>
    <h3>Caricamento dati sul db Ateneo</h3>
    <br>
    <h3>Carica una Facoltà</h3>

    <form action="esempio10.php" method="post">
      Nome della Facoltà:<br>
      <input type="text" name="i_facolta" size="25">
      <br>
      Indirizzo:<br>
      <input type="text" name="i_sede" size="25">
      <br>
      Città:<br>
      <select name="i_citta">scegli...
        <option value="Palermo">Palermo</option>
          <option value="Agrigento">Agrigento</option>
          <option value="Trapani">Trapani</option>
      </select>
      <br>
      Telefono:<br>
      <input type="text" name="i_telefono" size="20">
      <br>
      Fax:<br>
      <input type="text" name="i_fax" size="20">
      <br>
      <input type="submit" value="Inserisci">|
      <input type="reset" value="Cancella">
    </form>

  </body>
</html>
```

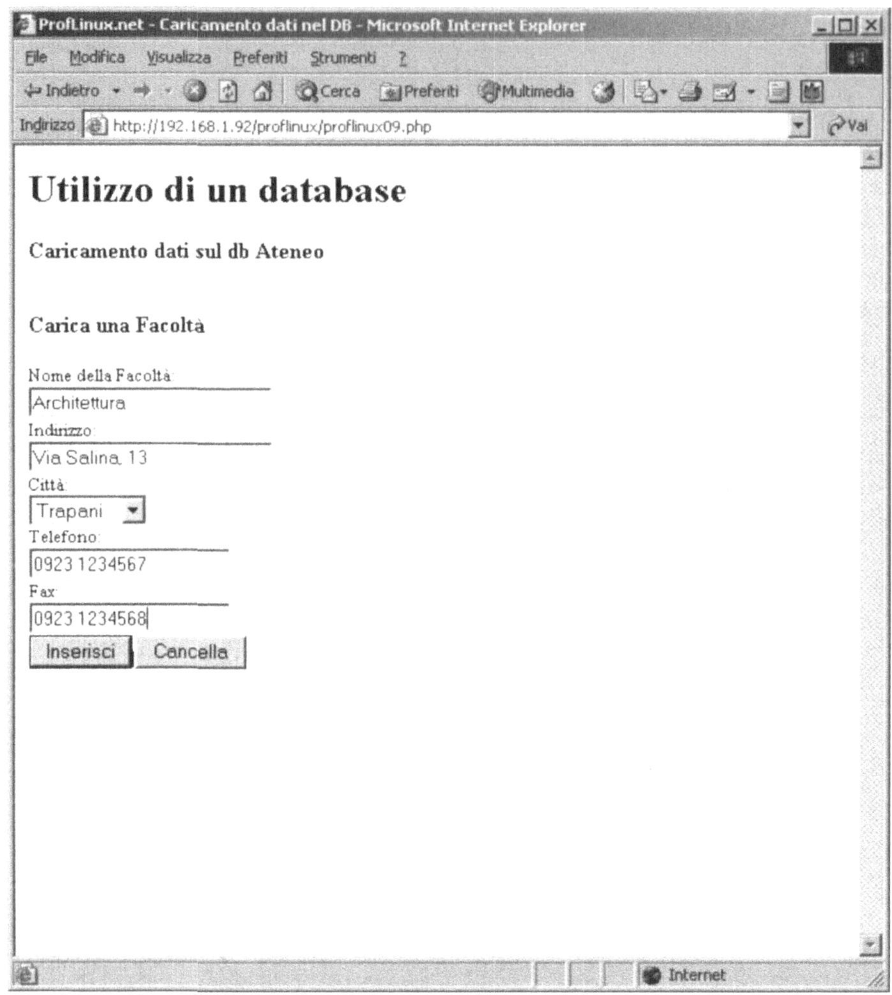

Fig. 15.8 – La stesura della form per il caricamento dati

Copiamo il codice precedentemente riportato e salviamolo in un file che nominiamo *esempio09.php*. Una volta caricato nel browser dovrebbe essere simile a quanto riportato in Fig. 15.8.

Anche per la stesura del documento che si interfaccerà con il database si procede in maniera analoga, questa volta verranno passate cinque variabili: *i_facolta, i_sede, i_citta, i_telefono* ed *i_fax*.

Digitiamo il codice riportato di seguito nel file che denomineremo *esempio10.php*:

```html
<html>
  <head>
    <title>ProfLinux.net - Caricamento dati nel DB</title>
  </head>
  <body>
    <h1>Utilizzo di un database</h1>

    <h3>Caricamento di una Facoltà nel db Ateneo</h3>
    <h3>Risultato del caricamento:</h3>
    <?
      $i_sede=$_POST['i_sede'];
      $i_facolta=$_POST['i_facolta'];
      $i_citta=$_POST['i_citta'];
      trim($s_facolta);
      if(!$i_sede || !$i_facolta || !$i_citta)
        {
            echo "Errore: non hai inserito i dati
              richiesti!";
            exit;
        }
      $i_sede = addslashes($i_sede);
      $i_facolta = addslashes($i_facolta);
      $i_citta = addslashes($i_citta);
      $i_telefono = addslashes($i_telefono);
      $i_fax = addslashes($i_fax);
      @ $db = mysql_pconnect("localhost","root","*****");
      if(!$db)
          {
            echo "Errore: connessione al database non
              riuscita<br>\n";
            exit;
          }
    mysql_select_db("ateneo")
        or die("Errore: ".mysql_error());
    $query = "insert into facolta values
        ('".$i_facolta."', '".$i_sede."',
          '".$i_telefono."', '".$i_citta."','')";
    $risultato = mysql_query($query) or die("Insert non
        riuscito, errore: ".mysql_error());
    if($risultato)
      {
        echo mysql_affected_rows()." Facoltà inserita nel
            database.<br>\n";
      }
    ?>
  </body>
</html>
```

Risulta immediato che il codice è molto simile a quello riportato nell'esempio precedente. Notiamo che gli unici campi ritenuti fondamentali sono quelli relativi all'indirizzo, al nome della Facoltà ed alla Città.

```
if(!$i_sede || !$i_facolta || !$i_citta)
        {
                echo "Errore: non hai inserito i dati
                  richiesti!";
                exit;
        }
```

Quindi si procede alla formattazione del testo, eliminando spazi superflui ed inserendo eventuali caratteri di escape per, infine, effettuare il caricamento dei dati tramite il comando SQL *INSERT*.

```
$query = "insert into facolta values ('".$i_facolta."',
    '".$i_sede."', '".$i_telefono."',
    '".$i_citta."','')";
$risultato = mysql_query($query) or die("Insert non
    riuscito, errore: ".mysql_error());
```

Evidentemente, è fondamentale rispettare la sequenza di campi da verificare in MySQL con il comando DESCRIBE table. Infine, viene restituito a video l'esito positivo dell'inserimento verificando che la funzione mysql_query() abbia restituito un valore positivo.

```
if($risultato)
{
  echo mysql_affected_rows()." Facoltà inserita nel
    database.<br>\n";
}
```

Il risultato del caricamento è visibile in Fig. 15.9.

Fig. **15.9** – Il risultato dell'INSERT eseguito da browser

15.7 Conclusioni

PHP è un linguaggio estremamente potente e facile da apprendere. Consente di manipolare immagini in tempo reale, generare report in formato Microsoft Excel e gestisce anche i file Adobe Acrobat, insomma può risolvere molti problemi di natura amministrativa automatizzando procedure che viceversa richiedono l'uso di più software in contemporanea. L'unica pecca del linguaggio è quella di creare una commistione HTML e codice difficilmente leggibile e mantenibile.

Red Hat installa le librerie necessarie all'esecuzione di PHP come modulo di Apache automaticamente, ma se qualcosa non dovesse andare a buon fine controllate immediatamente il file `/etc/php.ini`, dove sono registrate le impostazioni di esecuzione.

Nei prossimi due capitoli esamineremo le potenzialità di Linux come macchina di rete, ed in particolare nel prossimo capitolo ci occuperemo della configurazione di *bridge*, *router* e *firewall*, mentre nel Capitolo 17 verrà spiegato come realizzare un *tunnel IP-IP*, come monitorare il traffico di rete e come realizzare un *IDS* (*Intrusion Detection System*), ovvero un sistema per la rilevazione di intrusioni.

16 Router, bridge, firewall e servizio RAS

In questo capitolo verranno introdotti gli argomenti inerenti l'implementazione, su una Linux box, delle funzionalità di *bridge, router* e *firewall*.

Il *bridge* è un dispositivo in grado di separare "logicamente" la rete locale in due o più segmenti, ottimizzandone le prestazioni complessive. Nel nostro caso verrà utilizzato come elemento trasparente alla rete stessa (con e senza indirizzo IP) per il "controllo" sui pacchetti di dati in transito tra due interfacce.

Il *router* consente l'interconnessione di più reti veicolandone i pacchetti di dati in transito. Per instradare il traffico di rete, il router deve prima acquisire le *route* (rotte) che individuano i percorsi di rete da seguire per raggiungere i sistemi di destinazione. Le *route* possono essere statiche, ovvero definite dall'amministratore di rete, oppure dinamiche, ovvero acquisite tramite protocolli di routing. Nel nostro caso verrà trattato *Zebra*, una soluzione Open Source che implementa il routing dinamico compatibile con i protocolli RIP1/2, BGP e OSPF.

Infine verrà affrontato il tema inerente l'implementazione di funzionalità di *firewall* su una Linux box di tipo *bridge* o *router* per la protezione della rete tramite azioni di *filtering* (filtraggio) e *natting* (*Network Address Translation*) sui pacchetti in transito. La soluzione Open Source adottata è *iptables* di Netfilter. Il capitolo si concluderà con l'implementazione di un server RAS (Remote Access Server) per per l'accesso remoto, via modem, alla Linux box.

16.1 Linux box con funzioni di router

Quando una Linux box è dotata di due o più interfacce di rete è possibile fare transitare i pacchetti di dati tra un'interfaccia e l'altra, implementando il funzionamento di un semplice router, attraverso l'attivazione della funzionalità di *IP forwarding*. Naturalmente bisogna fare attenzione al tipo di indirizzo di rete utilizzata in quanto, ad esempio, nel caso di rete pubblica da un lato e privata dall'altro, affinché tutti funzioni, bisogna anche implementare il natting. Facendo riferimento all'ambiente indicato in Fig. 16.1, la Linux box è dotata di due interfacce di rete ethernet, *eth0* ed *eth1*, rispettivamente con indirizzo IP *172.16.42.1/24* e *172.16.7.10/30*[1]. I due indirizzi IP fanno parte del piano di indirizzamento privato: negli esempi che seguiranno verranno considerati come indirizzi pubblici.

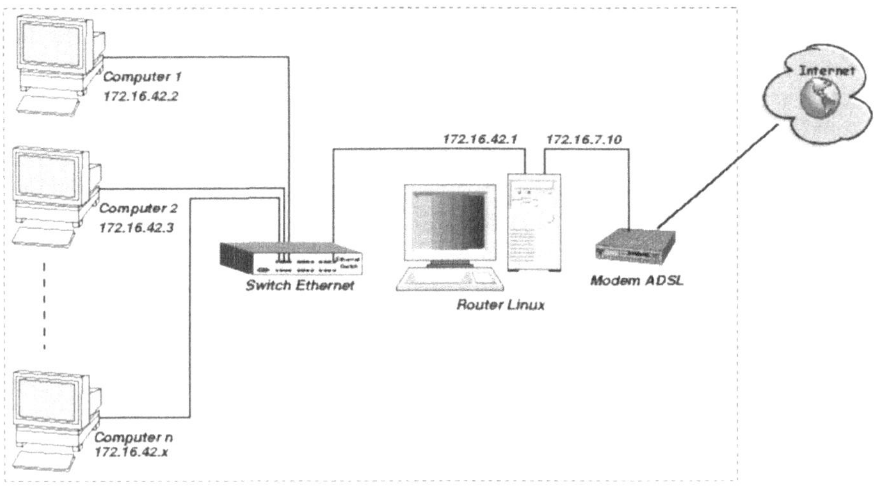

Fig. 16.1 – Linux box con funzioni di router

La direttiva di *IP forwarding* si imposta nel file `/etc/sysctl.conf` con

`net.ipv4.ip_forward=1` (il valore di default è 0)

e si rende operativa con

```
]# sysctl -p
```

Eventualmente è possibile specificare un file di configurazione diverso da quello di default (`/etc/sysctl.conf`):

```
]# sysctl -p /path/file_di_configurazione
```

Una volta attivato l'*IP forwarding*, assegniamo alle interfacce di rete gli indirizzi IP sopra indicati; tramite comando *ifconfig*:

---

[1] Per una introduzione ai protocolli TCP/IP si rimanda all'appendice A

```
]# ifconfig eth0 172.16.42.1 netmask 255.255.255.0 \
broadcast 172.16.42.255
```

oppure con *ip addr* implementato nel pacchetto *iproute2* di Alexey N. Kuznetsov:

```
]#   ip   addr   add   172.16.42.1/24   broadcast   \
172.16.42.255 label eth0 dev eth0
```

e per *eth1*

```
]# ifconfig eth0 172.16.7.10 netmask 255.255.255.252\
 broadcast 172.16.7.11
```

oppure

```
]# ip addr add 172.16.7.10/20 broadcast \
172.16.7.211 label eth0 dev eth0
```

Per associare permanente questi indirizzi IP alle schede di rete *eth0* e *eth1* è necessario che i file */etc/sysconfig/network-scripts/ifcfg-eth0* e */etc/sysconfig/network-scripts/ifcfg-eth0* contengano rispettivamente:

```
DEVICE=eth0
IPADDR=172.16.42.1
NETMASK=255.255.255.0
NETWORK=172.16.42.0
BROADCAST=172.16.42.255
ONBOOT=yes
```

e

```
DEVICE=eth1
IPADDR=172.16.7.10
NETMASK=255.255.255.252
NETWORK=172.16.7.8
BROADCAST=172.16.7.11
ONBOOT=yes
```

Analogamente occorre specificare il *router* ovvero il *gateway* (*gw*) di default per l'instradamento dei pacchetti verso la rete Internet:

```
]# route add default gw 172.16.7.9
```

oppure

```
]# ip route add 0/0 via 172.16.7.9
```

Per associare permanente questo gateway di default è necessario che il file */etc/sysconfig/network* contenga:

```
NETWORKING=yes
HOSTNAME=router.proflinux.net
GATEWAY=172.16.7.9
#la successiva direttiva non è necessaria se si è agito su
#/etc/sysctl.conf o analogo file di configurazione
FORWARD_IPV4=yes
```

Effettuate le modifiche ai file di configurazione, affinché il kernel della Linux box le implementi occorre fare ripartire il servizio di rete (*network*) con il comando:

```
]# service network restart
```

La visualizzazione delle tabelle di routing si ottiene con:

```
]# route -n (oppure netstat -rn)
Destination Gateway      Genmask          Flags Metric Ref Use Iface
172.16.42.0 *            255.255.255.0      U     0     0   0  eth0
172.16.7.8  *            255.255.255.252    U     0     0   0  eth1
0.0.0.0     172.16.7.9 0.0.0.0             UG     0     0   0  eth1
```

Analogamente, utilizzando il pacchetto *iproute2*:

```
]# ip route
172.16.42.0/24 dev eth0  proto kernel  scope link  src 172.16.42.1
172.16.7.8/30 dev eth1  proto kernel  scope link  src 172.16.7.10
default via 172.16.7.9 dev eth1
```

Vediamo adesso come gestire le route statiche in modo tradizionale (comando *route*) che con le funzioni di *iproute2* (comando *ip route*) per aggiungere rispettivamente l'instradamento verso un sistema (*172.16.43.4*) o un'intera rete (*147.163.43.0/24*):

```
]# route add 172.16.43.4 gw 172.16.42.1
]# route add -net 172.16.43.0/24 gw 172.16.42.1
```

oppure

```
]# ip route add 172.16.43.4 via 172.16.42.1
]# ip route add 172.16.43.0/24 via 172.16.42.1
```

Naturalmente il sistema o la rete in questione devono essere raggiungibili dal router o gateway (*gw*) su cui vengono indirizzati i pacchetti. Per controllarne il raggiungimento è buona norma utilizzare i comandi *ping* e *traceroute*. Per eliminare le sopra indicate route dalla tabella di routing si utilizzano:

```
]# route del 172.16.43.4
]# route del -net 172.16.43.0/24 gw 172.16.42.1
```

oppure

```
]# ip route del 172.16.43.4 via 172.16.42.1
]# ip route del 172.16.43.0/24 via 172.16.42.1
```

Infine per aggiungere o eliminare il gateway di default (*172.16.7.9*):

```
]# route add default gw 172.16.7.9
]# route del default
```

oppure

```
]# ip route add 0/0 via 172.16.7.9
]# ip route del 0/0
```

16.2 Linux box con funzioni di router dinamico

Qualsiasi forma di routing statico prevede l'intervento dell'amministratore di sistema ogni qual volta viene modificato il percorso per il raggiungimento di un sistema o di una intera rete. Affinché la Linux box possa essere inserita in un contesto di routing dinamico e quindi ottenere gli eventuali aggiornamenti automaticamente occorre riferirsi al prodotto open source *zebra*. Esso è costituito da diversi moduli attivabili in base al tipo di routing che deve essere utilizzato: *RIP*, *BGP* e/o *OSPF*, etc. Sia Zebra che i moduli sono identificati dalla Linux box come *daemon* e sono raggiungibili in *telnet* sulle seguenti porte:

- *ZEBRA*:   porta di ascolto TCP 2601
- *RIP*:   porta di ascolto TCP 2602
- *OSPF*:   porta di ascolto TCP 2604
- *BGP*:   porta di ascolto TCP 2605

Diamo di seguito un esempio di implementazione di *zebra* in un contesto di routing *ospf* in *area 0*; il file di configurazione è /etc/zebra/zebra.conf

```
hostname zebrarouter
password 123456
enable password 654321
```

In questo file viene specificato il nome del router (*zebrarouter*), la password di accesso (*123456*) di primo livello e la password di accesso alla configurazione (*654321*). Il daemon *zebra* si avvia con il comando:

```
]# service zebra start
```

A *zebrarouter* si accede ora con:

```
]# telnet localhost 2601
Trying ::1...
Connected to localhost.
Escape character is '^]'.

Hello, this is zebra (version 0.93b).
Copyright 1996-2002 Kunihiro Ishiguro.

User Access Verification

Password: 123456
zebrarouter> en
Password: 654321
zebrarouter#
```

Nell'esempio sopra indicato le password digitate sono riportate in corsivo anche se queste non vengono visualizzate. Si torna al prompt di Linux con

```
zebrarouter# logout
```

Dopo *zebra*, il routing *ospf* si attiva configurando il file
/etc/zebra/ospfd.conf nel seguente modo:

```
hostname routerospf
password 123456
enable password 654321
!
! Definizione del processo che gestisce il routing ospf
! nell'area di appartenenza
router ospf
network 172.16.42.0/24 area 0
!
```

quindi si fa partire il relativo daemon con il comando

]# service ospfd start

L'interazione con il modulo *ospf* avviene con:

]# telnet localhost 2604
```
Trying ::1...
Connected to localhost.
Escape character is '^]'.

Hello, this is zebra (version 0.93b).
Copyright 1996-2002 Kunihiro Ishiguro.

User Access Verification

Password: 123456
routerospf> en
Password: 654321
routerospf#
```

La Linux box comincerà ad interagire con le informazioni di routing *ospf* (*area 0*)
presenti in rete; per visualizzare le route caricate:

]# telnet localhost 2601
```
.....
zebrarouter# sh ip route
Codes: K - kernel route, C - connected, S - static,
R - RIP, O - OSPF,
B - BGP, > - selected route, * - FIB route

O 0.0.0.0/0 [110/1] via 172.16.42.1, eth0, 01w6d07h
K>* 0.0.0.0/0 via 172.16.42.1, eth0
O>* 10.60.20.0/16 [110/500] via 192.168.1.2, eth0, 01w6d00h
.......
```

Analogamente direttamente dalla Linux box:

]# ip route show
```
176.16.90.1 via 176.16.1.1 dev eth0  metric 59
176.16.127.66 via 176.16.1.1 dev eth0  metric 60
176.16.236.38 via 176.16.1.54 dev eth0
176.16.127.98 via 176.16.1.1 dev eth0  metric 60
```

16.3 Linux box con funzioni di *bridge*

Le funzionalità di bridge sono di pertinenza del livello *"accesso alla rete"* nel modello architetturale TCP/IP e di conseguenza sono trasparenti (*transparent bridging*) agli indirizzi IP. Per le funzionalità di bridge occorre fare funzionare la Linux box con un kernel ad hoc scaricabile da *http://www.math.leidenuniv.nl/~buytenh/bridge-nf-rpms/0.0.7/* e precisamente, disponendo di una CPU con architettura i386:

```
]# wget http://www.math.leidenuniv.nl\
/~buytenh/bridge-nf-rpms/0.0.7/kernel-2.4.18-\
10brnf0.0.7.i386.rpm
```

Il kernel scaricato si installa con il comando:

```
]# rpm -ivh kernel-2.4.18-10brnf0.0.7.i386.rpm \
--force
```

La direttiva *--force* occorre nel caso in cui l'installazione dovesse fallire per la presenza di un kernel più recente (nel caso di Red Hat 9 il kernel è 2.4.20).
La versione del kernel in esecuzione è visualizzabile con il comando:

```
]# uname -a
```

Dopo avere riavviato la Linux box selezionando il nuovo kernel e facendo sempre riferimento alla configurazione indicata in Fig. 16.1 creiamo lo script `attiva.bridge`:

```
]# vi ./attiva.bridge
#! /bin/bash
# disattiva eth0 e eth1
ifconfig eth0 down
ifconfig eth1 down
# crea l'interfaccia virtuale br0 (nome di fantasia)
brctl addbr br0
# aggiunge eth0 e eth1 a br0
brctl addif br0 eth0
brctl addif br0 eth1
# attiva eth0 e eth1 in modalità promiscua
ifconfig eth0 0.0.0.0 promisc
ifconfig eth1 0.0.0.0 promisc
```

ne diamo i permessi di eseguibilità:

```
]# chmod 755 ./attiva.bridge
```

e lanciamo lo script

```
]# ./attiva.bridge
```

La Linux box in questo caso non ha alcun indirizzo IP e, di conseguenza, non è raggiungibile in rete e la sua gestione è possibile solo da console o tramite modem attraverso l'attivazione del servizio RAS che vedremo successivamente.

Se si vuole assegnare alla Linux box, con funzioni di bridge, l'indirizzo IP 192.168.0.2 con gateway di default *192.168.0.1*, occorre aggiungere allo script le seguenti righe di configurazione:

```
ifconfig br0 192.168.0.2
route add default gw 192.168.0.1
```

16.4 Linux box con funzioni di firewall

Le funzioni di firewall consentono la protezione della Linux box o della rete ad essa connessa tramite un "controllo" sui pacchetti di dati che la raggiungono e/o l'attraversano. Quando tali funzionalità sono rivolte alla protezione di intere reti occorre riferirsi a Linux box con funzioni di router o con funzioni di bridge da inserire tra la rete locale e il gateway di default. Con le versioni di Kernel superiori alla 2.4.x è stato introdotto il modulo N*etFilter* (a livello Kernel) il cui interprete per l'inserimento e la gestione delle regole all'interno dello stesso si chiama *iptables* (a livello utente): il sito Internet di riferimento ha indirizzo *netfilter.samba.org*. NetFilter/Iptables appartiene ai sistemi di firewall di nuova concezione in quanto usa la tecnologia denominata *stateful inspection* che non si limita alla gestione degli *header* TCP/UDP/IP, ma tiene traccia del loro passaggio andando a creare uno storico delle connessioni con: indirizzo IP sorgente/destinazione, tipo di protocollo e relativa porta, timeout e stato della connessione (*state*). NetFilter/Iptables è diviso in tre tabelle:

- *filter*, dedicata al "filtraggio" dei pacchetti che raggiungono la Linux box;
- *nat (Network Address Traslation)*, dedicata alla "trasformazione" di indirizzi IP e numeri di porta relativi a protocolli di trasporto TCP/UDP;
- *mangle*, dedicata al "trattamento" di bit relativi a TOS (Type of Service), TTL (Time To Live) e MARK, quest'ultimo per "segnare" il pacchetto e trattarlo successivamente.

Ciascuna tabella è organizzata in *chain* (catene) e precisamente:

- *INPUT*, presente nelle tabelle *filter* e *mangle*, è relativa ai pacchetti di dati destinati alla Linux box;
- *OUTPUT*, presente nelle tre tabelle, è relativa ai pacchetti di dati generati dalla Linux box;
- *FORWARD*, presente nelle tabelle *filter* e *mangle*, è relativa ai pacchetti di dati in transito e cioè a quelli che attraversano la Linux box in modalità *bridge* o *router*;
- *PREROUTING*, presente nelle tabelle *nat* e *mangle*, è relativa a pacchetti di dati prima che questi vengano inoltrati verso la *chain* di *FORWARD* della tabella *filter*;
- *POSTROUTING*, presente nelle tabelle *nat* e *mangle*, è relativa a pacchetti di dati che hanno già attraversato la *chain* di *FORWARD* della tabella *filter* e sono stati inoltrati al destinatario;

Per ciascuna *chain* il sistema adotta una politica (*policy*) di funzionamento secondo la quale, tutti i pacchetti che non hanno una specifica *regola* all'interno delle *chain* vengono trattati secondo la *policy* di riferimento; le principali *policy* sono:

- *ACCEPT*, *policy* di default per le tabelle *filter*, *nat* e *mangle*, consente ai pacchetti di continuare ad attraversare le chain e raggiungere il destinario;
- *DROP*, scarta tutti i pacchetti.

Vediamo adesso con quali comandi (*iptables*) si visualizza il contenuto delle tabelle (*filter*, *nat* e *mangle*) e la relativa *policy* (*ACCEPT/DROP*) delle *chain* (*INPUT, OUTPUT, FORWARD, PREROUTING* e *POSTROUTING*):

```
]# iptables -t filter -L -n --line-number
Chain INPUT (policy ACCEPT)
target     prot opt source              destination

Chain FORWARD (policy ACCEPT)
target     prot opt source              destination

Chain OUTPUT (policy ACCEPT)
target     prot opt source              destination

]# iptables -t nat -L -n --line-number
Chain PREROUTING (policy ACCEPT)
target     prot opt source              destination

Chain POSTROUTING (policy ACCEPT)
target     prot opt source              destination

Chain OUTPUT (policy ACCEPT)
target     prot opt source              destination

]# iptables -t mangle -L -n --line-number
Chain INPUT (policy ACCEPT)
target     prot opt source              destination

Chain FORWARD (policy ACCEPT)
target     prot opt source              destination

Chain OUTPUT (policy ACCEPT)
target     prot opt source              destination

Chain POSTROUTING (policy ACCEPT)
target     prot opt source              destination
```

Gli output sopra indicati sono relativi ad una Linux box con firewall non attivo. Per attivarlo e affinché risulti efficiente occorre scegliere la *policy* che implica il minor numero di regole nelle varie *chain*.

16.4.1 Tabella *filter*

Consideriamo la tabella *filter* e facciamo riferimento alla Linux box in Fig. 16.1, in configurazione bridge o router, per l'implementazione di un firewall a protezione della Intranet; come prima cosa, per evitare che i pacchetti di dati transitino tutti da un'interfaccia di rete all'altra, cambiamo *policy* alla *chain FORWARD* impostandola in *DROP*

```
]# iptables -t filter -P FORWARD DROP
```
da cui

```
]# iptables -t filter -L -n
Chain INPUT (policy ACCEPT)
target     prot opt source              destination

Chain FORWARD (policy DROP)
target     prot opt source              destination

Chain OUTPUT (policy ACCEPT)
target     prot opt source              destination
```

Ad ogni *regola* fa riferimento un *target* attraverso cui il sistema decide l'azione da intraprendere. I target disponibili si specificano con l'opzione *-j* e sono:

- ACCEPT, accetta i pacchetti che soddisfano la regola specificata;
- DROP, rifiuta i pacchetti che soddisfano la regola specificata;
- LOG, registra su file di log (per es. `/var/log/messages`) i pacchetti che soddisfano la regola;
- QUEUE, normalmente funziona come DROP;
- REJECT, genera in risposta un pacchetto ICMP di tipo "... unreachable" al mittente;
- RETURN, invia il pacchetto dati direttamente alla fine del *chain*

Le *regole* all'interno di una *chain* possono essere inserite all'inizio (*I*) e alla fine (A) della stessa rispettivamente con:

```
]# iptables -t tabella -I chain regola target
]# iptables -t tabella -A chain regola target
```

Quando le regole fanno alla tabella *filter* si può omettere l'opzione *-t filter*:

```
]# iptables -I chain regola target
]# iptables -A chain regola target
```

Per capire se una *regola* deve essere posta in cima alla *chain* o in coda alla stessa occorre conoscere la logica di funzionamento del firewall in argomento; questa può essere distinta in tre sezioni:

- SEZIONE INPUT: il pacchetto dati proviene da un'applicazione client ed è diretto al relativo applicativo server della Linux box (*localhost*):

1) giunge all'interfaccia ethernet, detta *untrusted*, direttamente collegata con il default gateway (nel caso di Fig. 17.1, l'interfaccia *eth1*);
2) passa attraverso la tabella *mangle* e la *chain PREROUTING*;
3) passa attraverso la tabella *nat* e la *chain PREROUTING*;
4) esamina la tabella di routing e in base a questa il pacchetto viene ricevuto dalla Linux box (o inoltrato all'indirizzo di destinazione);
5) passa attraverso la tabella *mangle* e la *chain INPUT*, in modo che il pacchetto venga "trattato" dopo l'instradamento ma prima di essere inoltrato;
6) passa attraverso la tabella *filter* e la *chain INPUT* e vengono adottate le regole previste;
7) giunge all'applicazione server di destinazione sulla Linux box.

- SEZIONE OUTPUT: il pacchetto dati proviene da un'applicazione client della Linux box (*localhost*) ed è diretto verso la relativa applicazione server su un sistema in Internet:

1) l'applicazione client inoltra il pacchetto destinato all'applicazione server su un sistema in Internet;
2) esamina la tabella di routing e in base a questa il pacchetto viene inviato a destinazione;
3) passa attraverso la tabella *mangle* e la *chain OUTPUT*;
4) passa attraverso la tabella *nat* e la *chain OUTPUT*;
5) passa attraverso la tabella *filter* e la *chain OUTPUT*;
6) passa attraverso la tabella *mangle* e la *chain POSTROUTING*;
7) passa attraverso la tabella *nat* e la *chain POSTROUTING*;
8) esce dall'interfaccia ethernet *untrusted* (nel caso di Fig. 17.1, l'interfaccia *eth1*) ed è diretto verso il default gateway;

- SEZIONE FORWARD: il pacchetto dati proviene da Internet ed è destinato a un sistema sulla rete protetta dal firewall (Intranet) e quindi attraversa la Linux box entrando attraverso l'interfaccia di rete *untrusted* (eth1) e uscendo attraverso l'interfaccia di rete *trusted* (eth0):

1) viene ricevuto dall'interfaccia di rete *untrusted* (eth1);
2) passa attraverso la tabella *mangle* e la *chain PREROUTING*;
3) passa attraverso la tabella *nat* e la *chain PREROUTING*;
4) esamina la tabella di routing e in base a questa il pacchetto viene inoltrato a destinazione;
5) passa attraverso la tabella *mangle* e la *chain FORWARD*;
6) passa attraverso la tabella *filter* e la *chain FORWARD*;
7) passa attraverso la tabella *mangle* e la *chain POSTROUTING*;
8) passa attraverso la tabella *nat* e la *chain POSTROUTING*;
9) esce dall'interfaccia ethernet *trusted* (*eth0*) ed è diretto verso il sistema di destinazione nella Intranet.

Passiamo adesso alle *regole* più frequente utilizzate; per comodità di scrittura si intende:

```
]# ...
```

come

```
]# iptables -I chain
```

oppure

```
]# iptables -A chain
```

a inizio del comando che si va a descrivere; negli esempi che seguono si fa riferimento a *policy* di tipo *DROP* e *target* di tipo *-j ACCEPT*; per discriminare l'indirizzo IP[2] del sistema sorgente e destinatario da inserire nella *chain* si utilizza rispettivamente:

```
]# ... -s indirizzo_sorgente -j ACCEPT
]# ... -d indirizzo_destinatario -j ACCEPT
```

Per la gestione dei pacchetti destinati a porte TCP/UDP (*dport, Destintation PORT*) o provenienti da porte TCP/UDP (*sport, Source PORT*) si utilizza:

```
]# ... -p tcp --dport porta_tcp -j ACCEPT
]# ... -p udp --dport porta_udp -j ACCEPT
]# ... -p tcp --sport porta_tcp -j ACCEPT
]# ... -p udp --sport porta_udp -j ACCEPT
```

Si può anche gestire lo *stato* del pacchetto che può essere:

- INVALID, non associato ad alcuna connessione;
- ESTABLISHED, associato ad connessione già stabilita;
- NEW, associato ad una nuova connessione;
- RELATED, il pacchetto ha iniziato una nuova connessione correlata ad una già esistente.

Per esempio:

```
]# ... -p tcp -m state --state ESTABLISHED,RELATED -j \
ACCEPT
```

accetta solo pacchetti che sono parte di connessioni precedentemente autorizzate; i comandi possono essere anche combinati tra loro: per esempio:

```
]# ... -p tcp --dport 22 -m state --state NEW -j ACCEPT
```

---

[2] Si può specificare anche un indirizzo FQDN ma bisogna fare riferimento a un server DNS

consente l'attivazione di ogni nuova connessione in SSH. Si può agire anche sui flag del TCP; per esempio, nel caso in cui la policy fosse stata ACCEPT:

```
]# ... -p tcp ! --syn -m state --state NEW -j DROP
```

il sopra indicato comando scarta ogni nuova richiesta TCP con il bit SYN impostato a 1 (corretto) insieme ad altri bit come SYN-ACK e/o FIN impostati anche a 1 (scorretto quando si inizia una nuova connessione).
Per il protocollo ICMP si ha:

```
]# ... -p icmp --icmp-type tipo_di_pkt_icmp -j ACCEPT
```

Si può inoltre limitare l'azione di una qualsiasi regola in funzione del tempo con il comando:

```
]# ... -m limit --limit num_pkt/unità_tempo -j ACCEPT
```

Ad esempio, per gestire solo 5 pacchetti ICMP di tipo *echo-reply* al secondo (per evitare il flooding):

```
]# ... -p icmp --icmp-type echo-reply -m limit --limit\
5/s -j ACCEPT
```

Per registrare le informazioni relative ai pacchetti che soddisfano la regola sopra indicata nel file di log */var/log/messages*:

```
]# ... -p icmp --icmp-type echo-reply -m limit --limit\
5/s -j LOG --log-level warning -log-prefix "icmp: "
```

Il prefisso "*icmp: *" serve ad identificare i messaggi all'interno del file di log; è importante notare che, senza l'opzione *-m limit*, il sistema potrebbe non essere in grado di registrare il log su disco.
È inoltre possibile organizzare il firewall inserendo ulteriori *chain* richiamabili con l'opzione *-j*. Ad esempio, si crea la *chain nuova_chain* con il comando:

```
]# iptables -N nuova_chain
```

e si fa in modo che i pacchetti gestiti da una particolare *regola* vi accedano:

```
]# iptables -A chain regola -j nuova_chain
```

dove *chain* può essere *INPUT, OUTPUT, FORWARD, PREROUTING* e *POSTROUTING*.
Per la visualizzazione dei comandi inseriti nella tabella *filter* (e quindi si può omettere la specifica *-t filter*) il comando è:

```
]# iptables -L -n -v  --line-number
```

Per eliminare una *regola* all'interno della *chain*:

```
]# iptables -D chain regola (o numero_riga)
```

Per azzerare *regole* e *policy* attivate si utilizzano i comandi:

```
]# iptables -X
]# iptables -F
```

Si fa presente che la sola opzione *–F* non elimina la *policy* e ciò potrebbe compromettere il funzionamento del firewall. Per azzerare i contatori relativi al filtering adottato (per singola *regola*) il comando è:

```
]# iptables -Z
```

Di seguito è illustrato un esempio di script per la configurazione di un firewall per la Linux box indicata in Fig. 16.1 supponendo che nella rete locale siano disponibili i seguenti servizi:

- server *DNS* primario con indirizzo IP=*172.16.42.2*

- server *www* con indirizzo IP=*172.16.42.3*

- server *pop3,smtp* con indirizzo IP=*172.16.42.4*

Tutte le altre macchine non hanno funzionalità di server. Il file di script eseguibile, denominato */etc/firewall.bash*, ha la seguente configurazione:

```
#!/bin/bash
# Flush delle eventuali policy adottate
#
iptables -X
#
# Flush delle regole precedenti
#
iptables -F
#
# Impostazione della policy per le chain INPUT e FORWARD
#
iptables -P INPUT DROP
iptables -P FORWARD DROP
#
# Creazione della chain DNS
#
iptables -N DNS
iptables -F DNS
#
# Creazione della chain CONTROLLASTATO
#
iptables -N CONTROLLASTATO
iptables -F CONTROLLASTATO
#
# Impostazione regole per la chain di INPUT
#
# Accetta i pacchetti ICMP generati dalla rete locale
```

```
#
# Filtro anti Spoofing
iptables -A FORWARD -s 127.0.0.0/8 -j DROP
iptables -A FORWARD -s 10.0.0.0/8 -j DROP
iptables -A FORWARD -s 192.168.0.0/16 -j DROP
# La direttiva successiva è commentata poichè incompatibile con
# l'esempio; la rete 172.16.0.0/12 è, come le predenti,
# una rete privata
# iptables -A FORWARD -s 172.16.0.0/12 -j DROP
#
iptables -A FORWARD -p icmp -s 172.16.42.0/24 -j ACCEPT
#
# Accetta solo 5 pacchetti ICMP al secondo destinati alla rete
# locale e li registra su log
#
iptables -A FORWARD -p icmp -d 172.16.42.0/24 -m limit --limit\
5/s -j LOG --log-level warning --log-prefix "icmp: "
#
iptables -A FORWARD -p icmp -d 172.16.42.0/24 -m limit --limit\
5/s -j ACCEPT
#
# Accetta in ingresso qualsiasi connessione ssh
#
iptables -A INPUT -p tcp --dport 22 -j ACCEPT
#
# Impostazione regole per i pacchetti in transito, chain FORWARD
#
# Autorizza l'accesso esterno al DNS
#
iptables -A FORWARD -d 172.16.42.2 -j DNS
iptables -A DNS -p tcp --dport 53 -j ACCEPT
iptables -A DNS -p udp --dport 53 -j ACCEPT
# Autorizza l'accesso al server web
#
iptables -A FORWARD -d 172.16.42.3 -p tcp --dport 80 -j ACCEPT
#
# Permetti il transito della posta su tutti i server
iptables -A FORWARD -d 172.16.42.4 -p tcp --dport 25 -j ACCEPT
iptables -A FORWARD -d 172.16.42.4 -p tcp --dport 110 -j ACCEPT
iptables -A FORWARD -s 172.16.42.4 -j ACCEPT
#
# Consente il transito soltanto ai sistemi con IP autorizzati
#
iptables -A FORWARD -s 172.16.42.20 -j ACCEPT
iptables -A FORWARD -s 172.16.42.131 -j ACCEPT
#
# permette al seguente IP di raggiungere solo il sistema
# 172.16.1.6 in http
#
iptables -A FORWARD -s 172.16.42.191 -p tcp -d 172.16.1.6 \
--dport 80 -j ACCEPT
#
# Controlla lo stato della connessione per i pacchetti in ingresso
# autorizza i pacchetti in risposta (RELATED) e i pacchetti
# di connessioni definite (ESTABLISHED)
#
iptables -A FORWARD -p tcp --dport 1024:65535 -j CONTROLLASTATO
iptables -A CONTROLLASTATO -m state --state RELATED,ESTABLISHED \
-j ACCEPT
#
# Accetta le nuove connessioni provenienti da server ftp
```

```
iptables -A CONTROLLASTATO -p tcp --sport 20 -m state --state NEW\
-j ACCEPT
#
#  memorizza le impostaz. del firewall in /etc/sysconfig/iptables
iptables-save > /etc/sysconfig/iptables
```

Per attivare il firewall si esegue lo script:

]# /etc/firewall.bash

e non occorre riavviare *iptables*. Volendo effettuare delle modifiche, basta editare lo script, modificarlo ed eseguirlo; le vecchie regole verranno sostituite dalle nuove.

Analogamente, per implementare un firewall su una Linux box in configurazione bridge, senza indirizzo IP, possiamo utilizzare lo stesso script modificato (la *chain INPUT* non viene in questo caso utilizzata):

```
#!/bin/bash
# Flush delle regole precedenti
#
iptables -F
#
# Impostazione della Policy
#
iptables -P FORWARD DROP
#
# Creazione della chain DNS
#
iptables -N DNS
iptables -F DNS
iptables -N CONTROLLASTATO
iptables -F CONTROLLASTATO
# Accetta i pacchetti ICMP generati dalla rete locale
iptables -A FORWARD -p icmp -s 172.16.42.0/24 -j ACCEPT
#
# Accetta solo 5 pacchetti ICMP al secondo destinati alla rete
# locale e li registra su log
#
iptables -A FORWARD -p icmp -d 172.16.42.0/24 -m limit --limit\
5/s -j LOG --log-level warning --log-prefix "icmp: "
#
iptables -A FORWARD -p icmp -d 172.16.42.0/24 -m limit --limit\
5/s -j ACCEPT
#
# Autorizza l'accesso esterno al DNS
#
iptables -A FORWARD -d 172.16.42.2 -j DNS
iptables -A DNS -p tcp --dport 53 -j ACCEPT
iptables -A DNS -p udp --dport 53 -j ACCEPT
# Autorizza l'accesso al server web
#
iptables -A FORWARD -d 172.16.42.3 -p tcp --dport 80 -j ACCEPT
#
# Permetti il transito della posta su tutti i server
iptables -A FORWARD -d 172.16.42.4 -p tcp --dport 25 -j ACCEPT
iptables -A FORWARD -d 172.16.42.4 -p tcp --dport 110 -j ACCEPT
iptables -A FORWARD -s 172.16.42.4 -j ACCEPT
#
```

```
# Consenti il transito soltanto ai sistemi con IP autorizzati
#
iptables -A FORWARD -s 172.16.42.20 -j ACCEPT
iptables -A FORWARD -s 172.16.42.131 -j ACCEPT
#
# permetti al seguente IP di andare solo su 172.16.1.6 in http
#
iptables -A FORWARD -s 172.16.42.191 -p tcp -d 172.16.1.6 \
--dport 80 -j ACCEPT
#
# Controlla lo stato della connessione per i pacchetti in ingresso
# autorizza i pacchetti in risposta (RELATED) e i pacchetti
# di connessioni definite (ESTABLISHED)
#
iptables -A FORWARD -p tcp --dport 1024:65535 -j CONTROLLASTATO
iptables -A CONTROLLASTATO -m state --state RELATED,ESTABLISHED \
-j ACCEPT
#
# Accetta le nuove connessioni provenienti da server ftp
iptables -A CONTROLLASTATO -p tcp --sport 20 -m state --state NEW\
-j ACCEPT
#
#  memorizza le impostaz. del firewall in /etc/sysconfig/iptables
iptables-save > /etc/sysconfig/iptables
```

Il comando in coda allo script fa si che le regole vengano scritte sul file
/etc/sysconfig/iptables e ricaricate al riavvio del servizio; affinché il firewall sia attivo ad ogni riavvio della Linux box:

```
]# chkconfig iptables on
```

16.4.2 Tabella *nat*

La tabella *nat* (Network Address Translation) viene utilizzata per trasformare gli
indirizzi IP e i numeri di porta TCP/UDP; esistono tre tipologie di *nat*:

- *NPAT (Network Port Address Translation)*, utilizzato quando si ha a disposizione un solo indirizzo pubblico e la Linux box in questo caso tra-
  sforma non soltanto l'indirizzo IP ma anche i numeri di porta TCP/UDP;
  questa tipologia viene implementata in NetFilter/Iptables attraverso il parametro *DNAT* (Destination NAT) e viene utilizzato per dirottare le chiamate ai server locali (con indirizzo privato); la *chain* di riferimento è
  PREROUTING;
- *static nat,* questa tipologia viene implementata in NetFilter/Iptables attraverso i parametri *SNAT* (Source NAT) e *MASQUERADE* (necessaria
  quando alla Linux box viene assegnato un indirizzo IP pubblico dinamico)
  e viene utilizzata per trasformare gli indirizzi IP privati in un unico indirizzo IP pubblico; la *chain* di riferimento è *POSTROUTING*;

- *LSNAT (Load Sharing NAT)*, consente di destinare a un pool di indirizzi una richiesta fatta per un solo IP (per replicare ad esempio i server web); la *chain* di riferimento è *OUTPUT*;

In ogni caso, la tabella *nat* modifica solo il primo pacchetto del flusso di dati; gli altri pacchetti seguono il percorso intrapreso dal primo.
Vediamo adesso alcune implementazioni di *nat* per la rete indicata in Fig. 16.2:

```
]# iptables -t nat -A POSTROUTING -s 192.168.0.0/24 \
-j SNAT --to 172.16.7.10
```

consente la connessione ad Internet dell'intera classe di indirizzo 192.168.0.0/24 attraverso l'indirizzo IP 172.16.7.10. Lo stesso risultato si può ottenere con il seguente comando:

```
]# iptables -t nat -A POSTROUTING -s 192.168.0.0/24 \
-j MASQUERADE
```

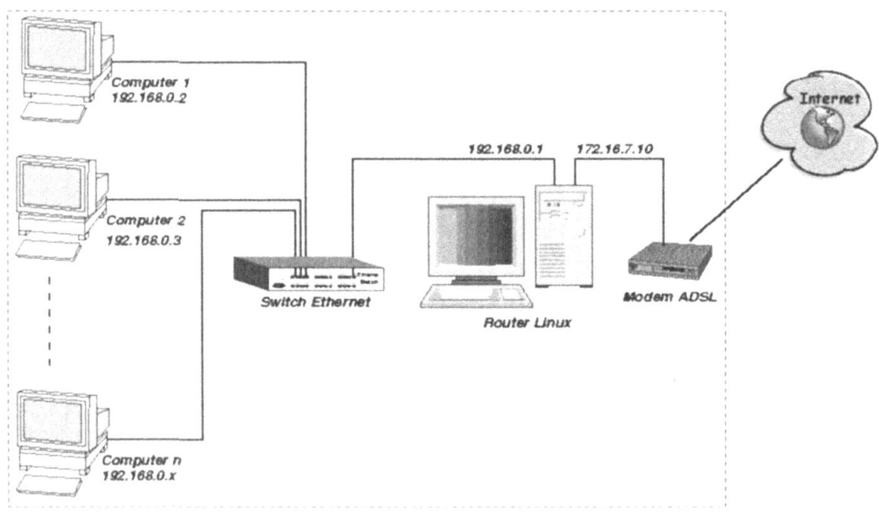

Fig. 16.2 – Linux box con funzioni di router/nat

In questo caso tutti i sistemi sulla rete 192.168.0.0/24 si presenteranno in Internet con l'indirizzo dell'interfaccia ethernet connessa ad Internet. Analogamente si può effettuare la stessa operazione utilizzando *iproute*:

```
]# ip route add nat 172.16.42.10 via 192.168.0.0/24
]# ip rule add nat 172.16.42.10 from 192.168.0.0/24
]# ip route flush cache
```

Assumendo che la Linux box con funzioni di *nat* abbia indirizzo IP 192.168.0.1 e abbia il servizio squid attivato (porta TCP 3128), con il comando:

```
]# iptables -t nat -A PREROUTING -p tcp --dport 80 \
-s 192.168.0.0/24 -j DNAT --to 192.168.0.1:3128
```

si dirottano solo le richieste *web* (porta 80) provenienti da sistemi sulla rete 192.168.0.0/24 verso la porta 3128 del sistema con funzioni di *nat*.

La precedente direttiva realizza il servizio di *transparent proxy* (gli utenti navigano attraverso proxy senza averlo impostarlo preventivamente).

Con il comando:

```
]# iptables -t nat -A PREROUTING -d 172.16.7.10 \
-p tcp --dport 80 -j DNAT --to 192.168.0.3
```

tutto il traffico destinato al server web (porta 80) 172.16.7.10 viene dirottato sul server con indirizzo IP 192.168.0.3. Analogamente, per il servizio sendmail (porta 25):

```
]# iptables -t nat -A PREROUTING -d 172.16.7.10 \
-p tcp --dport 25 -j DNAT --to 192.168.0.3
```

Riepilogando, *PREROUTING* si usa con *-d* ed interviene sui pacchetti in uscita, mentre *POSTROUTING* si usa con *-s* ed interviene sui pacchetti in ingresso.

16.4.3 Tabella *mangle*

Con la tabella *mangle* si può agire su alcuni bit dell'header IP. Per esempio si possono modificare i bit relativi al campo TOS (Type Of Service) dell'header IP del pacchetto TCP destinato ad un determinato servizio. In questo caso i bit manipolabili sono i seguenti:

Valore esadecimale	*TOS*
0x00	*normal-service*
0x02	*minimize-cost*
0x04	*maximize-reliability*
0x08	*maximize-throughput*
0x10	*minimize-delay*

Dove:
minimize-delay ovvero ritardo minimo, consente di ridurre il tempo impiegato da un datagramma per attraversare la rete, utilizzabile ad esempio per ssh;
maximize-throughput ovvero massime prestazioni, consente di migliorare le prestazioni di un determinato servizio, utilizzabile ad esempio http;
maximize-reliability ovvero affidabilità massima, consente di limitare le ritrasmissioni e potrebbe essere utile per i servizi che usano il trasporto UDP come DNS ed

SNMP; quindi per minimizzare i ritardi dei pacchetti TCP destinati ai servizi web (porta 80):

```
]# iptables -t mangle -A PREROUTING -p tcp --dport 80 \
 -j TOS --set-tos 0x10
```

Di seguito vengono riportate alcune tabelle riepilogative che presentano i comandi principali di iptables.

Tabella 16.1 – Comandi di iptables

comando	azione
-A	Aggiunge una regola alla fine di una determinata *chain*
-I	Aggiunge una regola all'inizio di una determinata *chain*
-F	Cancella le regole nella *chain* specificata o in tutte le *chain*
-D	Cancella una regola per volta nella *chain* specificata; es. *Iptables –D INPUT 4*, cancella la 4° regola nella *chain* di INPUT
-L	Visualizza le regole nella *chain* specificata o in tutte le *chain*
-Z	Azzera i contatori della *chain* specificata o di tutte le *chain*
-N	Crea una nuova *chain*
-X	Cancella una *chain* creata dall'utente *root* con –N
-P	Applica la *policy* (DROP/ACCEPT/REJECT/QUEUE/RETURN) da adottare
-E	Rinomina una *chain*
-t	Fa riferimento ad una tabella, per es. *–t nat* e *–t mangle*
-h	Offre un aiuto on line

Tabella 16.2 – *Chains* standard di iptables

chain	azione
INPUT	agisce sui pacchetti diretti verso la Linux box
FORWARD	agisce sui pacchetti in transito all'interno della Linux box
OUTPUT	agisce sui pacchetti diretti fuori dalla Linux box
POSTROUTING	agisce alla fine del firewall implementato nella Linux box
PREROUTING	agisce all'inizio del firewall implementato nella Linux box

Tabella 16.3 – Opzioni di iptables

comando	azione
-p	Indica il tipo di protocollo: tcp, udp, icmp o all
-s	Specifica l'indirizzo sorgente nei seguenti modi da esempio: -s 192.168.0.49/24 (maschera di rete con 24 bit a 1) -s 192.168.0.49/255.255.255.0 (maschera di rete classica) -s 192.168.0.49:139 (numero di porta tcp o udp)
-d	Specifica l'indirizzo destinazione nei seguenti modi da esempio: -d 192.168.0.49/24 -d 192.168.0.49/255.255.255.0 -d 192.168.0.49:139

-i	Indica l'interfaccia per es. eth0, ppp0 o ppp+ per prendere l'interfaccia ppp0 attiva
-o	Interfaccia di uscita usata nelle *chain* OUTPUT E POSTROUTING
-j	I pacchetti possono essere scartati (DROP), accettati (ACCEPT), rigettati (REJECT), loggati (LOG)
-n	Offre un output con indirizzi IP numerici: iptables –L –n
-vv	Fornisce un output dettagliato
-x	Fornisce un output numerico dei contatori di pacchetti se attivati
-p	Indica il tipo di protocollo: tcp, udp, icmp o all
-m	È relativa ai MAC address (-m mac), alla frequenza (-m limit), alle porte (-m multiport), etc.
--tcp-flags	È applicabile solo se è stato specificato il protocollo tcp e consente di analizzare i flags SYN, FIN, RST, ACK. Volendo accettare solo SYN e ACK (pacchetti di risposta di avvenuta connessione) si utilizza la seguente sintassi: -p tcp - -tcp-flags SYN,FIN,RST, ACK SYN, ACK N.B.: ACK e SYN sono divisi da uno spazio e non da una virgola
--syn	Specifica solo i pacchetti di risposta ad un'avvenuta connessione (fa esattamente quanto specificato immediatamente sopra)
--icmp-type	È valida solo se applicata al protocollo icmp

- segue -

--mac-source	Valida solo con –m mac; es -m mac --mac-source 00:11:22:FF:AA:CC inteso come indirizzo MAC sorgente
--limit	Imposta una frequenza massima e può essere specificata in sec., minuti, etc. per esempio: -m limit --limit 1/sec
--limit-burst	È complementare a --limit ed è seguito da un numero (5 è il default); è utilizzata per prevenire gli attacchi di tipo flood: iptables –A FORWARD –p tcp --syn -m limit 1/sec -j ACCEPT
--port	Valida solo con -m multiport -p tcp e -p udp e viene applicata solo quando porta sorgente e destinazione sono uguali
--dport	Specifica la porta di destinazione; va usata insieme a –p
--sport	Specifica la porta sorgente; va usata insieme a –p
--uid-owner	Valida solo per la *chain* OUTPUT ed è seguito dall'id dell'utente
--gid-owner	Valida solo per la *chain* OUTPUT ed è seguito dal gruppo dell'utente
--pid-owner	Valida solo per la *chain* OUTPUT ed è seguito dall'id del processo
--sid-owner	Valida solo per la *chain* OUTPUT ed è seguito dall'id di una sessione
--state	NEW: connessione appena stabilita o in stallo ESTABILISHED: connessione stabilita RELATED: nuova connessione relativa ad una connessione già stabilita INVALID: riguarda i pacchetti di scansione
--log-level	Permette di specificare il livello di jogging
--log-prefix	Consente di aggiungere fino a 14 caratteri all'inizio del log per identificarne il tipo
--log-tcp-sequence	Logga i numeri di sequenza tcp
--log-tcp-options	Logga il campo options del pacchetto TCP
--log-ip-options	Logga i numeri di sequenza IP

- segue -

--to-ports	Valido con tcp e udp permette di modificare le regole di selezione della porta definita
SNAT	Modifica l'indirizzo del sorgente (Source NAT)
DNAT	Modifica l'indirizzo del destinatario (Destination NAT)
MASQUERADE	Modifica l'indirizzo del sorgende con l'indirizzo della scheda di uscita
REDIRECT	Reindirizza la porta di destinazione
MIRROR	Duplica il pacchetto

16.5 Attivazione di un server RAS

Può essere utile poter raggiungere un server attraverso una linea telefonica. Vedremo di seguito come configurare un server Linux in modo che risponda alle chiamate in ingresso.

Nell'esempio che segue si ipotizza una connessione seriale ad un modem analogico collagato alla porta *ttyS0*. La stessa operazione può essere fatta con modem *USB*, cambiando il nome del *device*.

La prima cosa da fare è editare il file `/etc/inittab` ed inserire alla fine del file la riga:

```
S0 :2345 :respawn:/sbin/mgetty -D ttyS0
```

Effettuata questa operazione, attivare la modalità autorisposta sul modem attraverso il comando

]# echo "AT S0=1" > /dev/ttyS0

il modem risponderà al primo squillo (se si vuole che il modem risponda al *n*esimo squillo, sostituire *S0=n* nel comando precedente), e dalla finestra terminale della macchina remota sarà possibile effettuare un login sul server. Per memorizzare il comando sul modem, lanciare il comando

]# echo "AT &W" > /dev/ttyS0

Per ottenere una connessione alla rete attraverso il protocollo *PPP* occorre editare il file `/etc/mgetty+sendfax/login.config` e decommentare la riga

```
/AutoPPP/ - a_ppp /usr/sbin/pppd auth -chap +pap login debug
```

Per avere una connessione con *username* e *password* bisogna configurare il file `/etc/ppp/pap-secret` inserendo la seguenti riga:

```
client        server  password        ip-address
```

Un esempio di configurazione prevede:

```
# client      server  password        ip-address
utente        *       mypass          *
```

Inoltre è necessario configurare il file `/etc/ppp/ppp-options` ed inserire i seguenti dati:

```
lock
-detach
modem
crtscts
proxyarp
asyncmap 0
```

Infine occorre specificare l'indirizzo del client e del server che verranno assegnati all'atto della connessione; editare il file */etc/ppp/options.ttyS0* ed inserire

```
serverIP:clientIP
```

16.6 Conclusioni

In questo capitolo abbiamo utilizzato una Linux box affinché possa funzionare come *router* o come *bridge* rispettivamente per connettere una rete locale ad Internet o per connettere due rami di una rete ethernet.

In entrambi i casi è stato visto come proteggere la macchina stessa e la rete cui afferisce mediante un *firewall* realizzato con *iptables*.

Nel prossimo capitolo, ci occuperemo di come realizzare un tunnel IP-IP per la connessione di due reti private mediante Internet e di come proteggere i dati di questa connessione attraverso il protocollo *ssh*, di come monitorare il traffico sulla rete e di come rilevare eventuali accessi non autorizzati dall'esterno.

17 Tunneling IP-IP e monitoraggio della rete

In questo capitolo verranno affrontate le tematiche relative al tunneling IP, per la realizzazione di VPN (*Virtual Private Network*) in chiaro (via protocollo *ppp*) e cifrate (via protocollo *ssh*), e al monitoring del traffico di rete, con i programmi *tcpdump*, *nmap* e *mrtg*. Vedremo inoltre come proteggere la Linux box da scansioni agendo su parametri del kernel e utilizzando il programma *portsentry*. Infine verrà proposto il programma *Snort* quale sistema IDS (*Intrusion Detection System*) per il rilevamento di tentativi di intrusione.

17.1 Configurazione di tunnel per la connessione di Intranet

Se l'esigenza è quella di realizzare un collegamento virtuale tra due reti private connesse ad Internet (VPN, Virtual Private Network) attraverso Linux box con funzioni di router, procediamo nel seguente modo: consideriamo le Linux box indicate in Fig. 17.1 connesse, in Intranet, alle reti private *192.168.1.0/24* (sede1 interfaccia *eth1* e indirizzo IP *192.168.1.1/24*) e *192.168.2.0/24* (sede2 interfaccia *eth1* e indirizzo IP *192.168.2.1/24*) e in Internet tramite le rispettive interfacce di rete *eth0* con indirizzo IP *172.163.46.49 (sede1)* e *172.163.1.22 (sede2)*.

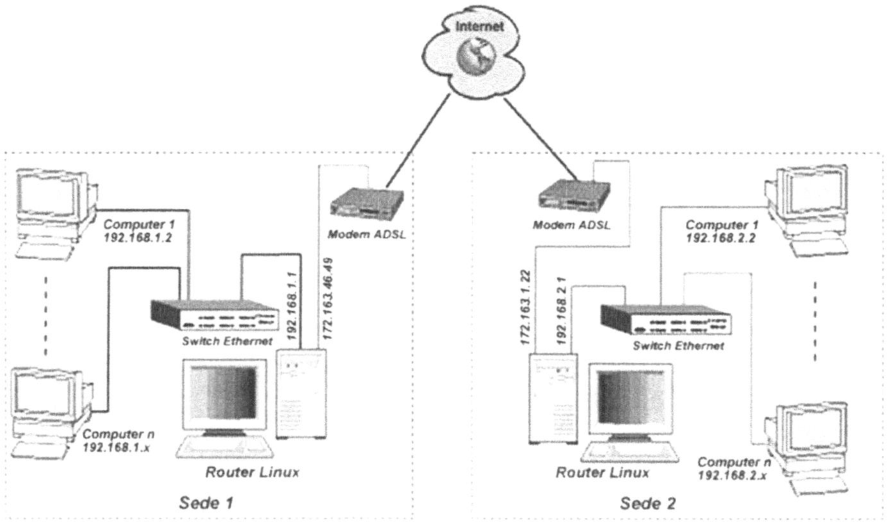

Fig. 17.1 – Schema di un tunnel IP-IP

Vediamo come definire il tunnel:
sulla Linux box con indirizzo IP *172.163.46.49* i comandi per la realizzazione del collegamento sono:

```
]# modprobe ipip
```

per caricare nel kernel il modulo *ipip* (e quanto ad esso collegato) necessario alla definizione di interfacce *tunnel*;

```
]# ifconfig tun10 192.168.1.1 netmask 255.255.255.0
```

per assegnare l'indirizzo IP 192.168.1.1 all'interfaccia di rete tunnel denominata *tun10*;

```
]# ip route add 192.168.2.0/24 via 172.163.1.22 dev \
tun10 onlink
```

per indicare al sistema la *route* da seguire per raggiungere la rete privata 192.168.2.0/24.b

È importante notare che la dimensione della *MTU* sull'interfaccia ethernet viene ridotta da 1500 byte a 1480 in quanto 20 byte vengono utilizzati per la gestione del tunnel. Sulla Linux box *172.163.1.22* bisogna procedere specularmene:

```
]# modprobe ipip
]# ifconfig tun10 192.168.2.1 netmask 255.255.255.0
]# ip route add 192.168.1.0/24 via 172.163.46.49 \
   dev tun10 onlink
```

A questo punto le due Intranet di sede1 (192.168.1.0/24) e sede2 (192.168.2.0/24) sono collegate attraverso Internet e i pacchetti di dati sono trasmessi in "chiaro".

Per automatizzare l'attivazione della *vpn* nelle due Linux box: creiamo i relativi script e si inseriscono in `/etc/rc.local` oppure si inseriscono nello stesso direttamente i comandi sopraindicati.

17.2 Configurazione di tunnel per la connessione di Intranet con ssh

Il tunneling IP-IP precedentemente trattato ha il pregio di offrire buone prestazioni ma lo svantaggio di trasmettere i pacchetti di dati in Internet senza alcuna cifratura. Per aumentare la sicurezza si può utilizzare il protocollo *PPP over SSH*, attraverso cui i pacchetti di dati trasmessi in Internet vengono cifrati. Di seguito si fa riferimento alla stessa configurazione riportata in Fig. 17.1 individuando però un sistema client (172.163.46.49) e uno server (172.163.1.22).

Definiamo sul server 172.163.1.22 l'utenza *vpn*:

```
]# useradd vpn
]# passwd vpn
```

Affinché l'utente *vpn* possa usare alcuni comandi riservati all'amministratore di sistema necessari alla connessione *PPP*, configuriamo l'applicazione *sudo*: editiamo il file /etc/sudouser ed inseriamo le seguenti direttive:

```
Cmnd_Alias virtualnet=/usr/sbin/pppd,/sbin/route
vpn ALL=NOPASSWD: virtualnet
```

Attiviamo la modalità di autenticazione *RSA* sul server, inserendo nel file /etc/ssh/sshd_config le righe :

```
RSAAuthentication yes
PubkeyAuthentication yes
AuthorizedKeysFile .ssh/authorized_key
```

e infine riavviamo il daemon *sshd* con:

```
]# service sshd restart
```

Sul sistema client 172.163.46.49 occorre anzitutto generare le chiavi pubblica e privata con il comando:

```
]# ssh-keygen -t rsa
Generating public/private rsa key pair.
Enter file in which to save the key
(/root/.ssh/id_rsa):
Enter passphrase (empty for no passphrase):
Enter same passphrase again:
Your identification has been saved in
/root/.ssh/id_rsa.
Your public key has been saved in
/root/.ssh/id_rsa.pub.
The key fingerprint is:
11:06:12:36:1b:09:a2:12:a7:49:2e:ef:c8:4d:3e:e5
```

Copiamo la chiave pubblica /root/.ssh/id_rsa.pub sul sistema server (172.163.1.22) nel file /home/vpn/.ssh/authorized_keys, impostandone

successivamente i permessi del file in *-rw-------* (valore ottale *600*) e della directory
.ssh in *-rwx------* (valore ottale *700*); per verificare l'autenticazione senza
password tra i due sistemi inviamo il seguente comando (utilizzando la chiave privata */root/.ssh/id_rsa*):

]# ssh -i /root/.ssh/id_rsa vpn@172.163.1.22

Per rendere permanenti le nuove chiavi *rsa* è necessario rinominare le chiavi pubblica e privata del client rispettivamente in */root/.ssh/identify.pub* e
/root/.ssh/identify.

Per automatizzare l'attivazione della vpn creiamo lo script
/etc/init.d/vpn_create:

```
SERVER_HOSTNAME=172.163.1.22
SERVER_USERNAME=vpn
SERVER_IFIPADDR=192.168.127.2
CLIENT_IFIPADDR=192.168.127.1
LOCAL_SSH_OPTS="-P"
PATH=/usr/local/sbin:/sbin:/bin:/usr/sbin:/usr/bin:\
/usr/bin/X11/:
PPPD=/usr/sbin/pppd
SSH=/usr/bin/ssh

if ! test -f $PPPD ; then echo "can't find $PPPD"; \
exit 3; fi
if ! test -f $SSH ; then echo "can't find $SSH"; \
exit 4; fi

case "$1" in
start)
${PPPD} updetach noauth passive pty "${SSH} \
${LOCAL_SSH_OPTS}
${SERVER_HOSTNAME} -l${SERVER_USERNAME} -o \
Batchmode=yes sudo ${PPPD} nodetach noauth notty" \
ipparam vpn ${CLIENT_IFIPADDR}:${SERVER_IFIPADDR}
sleep 10
ssh vpn@172.163.1.22 sudo /sbin/route add \
-net 192.168.2.0/24 gw 192.168.127.1
;;

stop)
PID=`ps ax | grep "${SSH} ${LOCAL_SSH_OPTS} \
${SERVER_HOSTNAME} -l${SERVER_USERNAME} -o" \
| grep -v ' passive ' | grep -v 'grep ' \
| awk '{print $1}'`
if [ "${PID}" != "" ]; then
kill $PID
echo "disconnected."
else
echo "Failed to find PID for the connection"
fi
;;

config)
echo "SERVER_HOSTNAME=$SERVER_HOSTNAME"
echo "SERVER_USERNAME=$SERVER_USERNAME"
```

```
echo "SERVER_IFIPADDR=$SERVER_IFIPADDR"
echo "CLIENT_IFIPADDR=$CLIENT_IFIPADDR"
;;

*)
echo "Usage: vpn {start|stop|config}"
exit 1
;;
esac

exit 0
```

Lo script che segue, denominato */etc/init.d/vpn_check*, verifica lo stato del collegamento e prova a riattivarlo se risulta inattivo:

```
#!/bin/bash
modprobe ppp_generic
modprobe ppp_deflate
modprobe ppp_async
while test -f /etc/init.d/vpn_check
do
if ifconfig ppp0 | grep P-t-P > /dev/null
then
echo "il tunnel è attivo"
else
echo "il tunnel è down"
echo "provo ad attivare la vpn in ssh ......"
/etc/init.d/vpn_create stop
sleep 2
/etc/init.d/vpn_create start
fi
sleep 60
done
```

Affinché la vpn in argomento venga definita all'avvio del sistema inseriamo il riferimento allo script sopra indicato in */etc/rc.local*.

17.3 Accesso da Internet su Linux box con indirizzi privati

A volte, nell'ambito di una Intranet con piano di indirizzamento privato (ad esempio *192.168.1.0/24*), può essere utile la gestione, provenendo da Internet, di una o più Linux box (per esempio il sistema 192.168.1.5). Nel nostro caso, supponiamo di voler gestire la Linux box 192.168.1.5 dal sistema in Internet con indirizzo IP *172.163.211.74*; il procedimento è il seguente:

dalla Linux box con indirizzo IP *192.168.1.5* si stabilisce una connessione *ssh* alla Linux box con indirizzo IP *172.163.211.74* con il comando:

```
]# ssh -R 2222:localhost:22 172.163.211.74 -l utente
```

e qui interviene la password di *utente* (può anche essere anche *root*) sul sistema *172.163.211.74*; dalla Linux box con indirizzo IP *172.163.211.74* si digita il comando:

```
]# ssh localhost -p 2222
```

e qui interviene la password di *root* sul sistema *192.168.1.5*.

Se invece si vuole accedere ad una macchina con indirizzo IP privato (*192.168.1.5*) che si trova nella Intranet dietro una Linux box con funzioni di router (con indirizzo IP privato *192.168.1.1* ed indirizzo IP pubblico *172.163.177.10*) bisogna procedere come segue; dalla Linux box con indirizzo IP *172.163.211.74* si digita:

```
]# ssh -L 2222:192.168.1.5:22 172.163.7.10
```

e bisogna digitare la password di *root* (o di un altro utente specificato con l'opzione *-l* afine comando) sul sistema *172.163.7.10, e poi*

```
]# ssh localhost -p 2222
```

e bisogna digitare la password di *root* della Linux box con indirizzo IP *192.168.1.5*.

17.4 Monitorare il traffico di rete con MRTG

Il Multi Router Traffic Grapher (MRTG), scritto da Tobi Oetiker dell'ETH di Zurigo, è un applicativo utilizzato per monitorare l'andamento del traffico di un dispositivo di rete, tipicamente un router. MRTG genera, a partire da informazioni rilevate attraverso il protocollo SNMP, pagine HTML contenenti immagini PNG che presentano un grafico riepilogativo sull'andamento del traffico. Prima di configurare l'MRTG bisogna predisporre le apparecchiature all'invio di informazioni attraverso il protocollo SNMP.

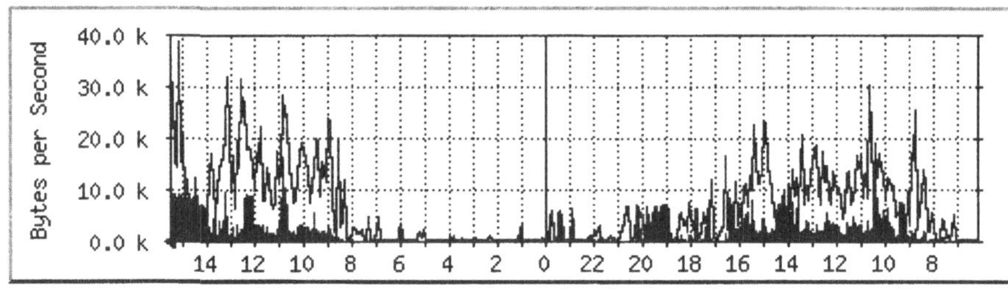

Fig. 17.2 – Schermata di MRTG

Predisposizione di un router CISCO:

```
router>en
Password: *******
router# conf t
router(config)#snmp-server community public RO
router(config)#snmp-server enable traps tty
router(config)# [Ctrl]+[Z]
router# wr mem
```

A questo punto il router è predisposto per l'invio di informazioni via SNMP.

La stessa operazione si può effettuare su una Linux box al fine di monitorarne il traffico di rete sulle interfacce disponibili. I passi da seguire sono i seguenti; modifichiamo il file */etc/snmp/snmpd.conf*:

```
rwcommunity public 10.0.0.4

# Questo parametro indica il server che si puo'
# connettere per prelevare le informazioni del router
# e la password che questo deve inviare alla connessione
pass .1.3.6.1.4.1.4413.4.1 /usr/bin/ucd5820stat
# Viene identificata il tipo di informazione che il
# sistema e' autorizzato ad inviare e la
# procedura che si occupa dell'acquisizione
# della stessa.
# In questo caso viene richiesto lo stato della rete attraverso la
# procedura ucd5820stat.
syscontact Root <root@localhost> (configure \
/etc/snmp/snmp.local.conf)
com2sec notConfigUser default public
```

```
group notConfigGroup v1 notConfigUser
group notConfigGroup v2c notConfigUser
view systemview included system
access notConfigGroup "" any noauth exact \
systemview none none
# ecco alcune procedure di controllo sull'accesso
# al servizio
```

Una volta predisposti i sistemi che forniscono informazioni attraverso il protocollo *SNMP* è possibile configurare il server *mrtg* per la generazione di grafici riepilogativi. Per la creazione del file di configurazione, nel quale viene identificata la struttura del server (per struttura si intende un gruppo di interfacce da monitorare), occorre digitare il seguente comando:

```
]# cfgmaker public@10.0.0.5 --ifdesc=descr \
--ifdesc=eth > /etc/mrtg/router.cfg
```

vengono così rilevate automaticamente tutte le informazioni del sistema in osservazione. Come si evince dal comando, le informazioni indispensabili per l'acquisizione dei dati sono la password di lettura (*public*) e l'indirizzo del sistema (*10.0.0.5*). Inseriamo ora all'interno del file */etc/mrtg/router.cfg* la *workdir* (directory di lavoro) che individua la posizione in cui deve essere registrata l'attività del sistema in esame; editando questo file si trova all'inizio una riga commentata contenente la direttiva *WorkDir* necessaria per la configurazione in questione; bisogna togliere il commento e inserire il percorso dove verranno posizionate le pagine web relative a *mrtg*:

```
WorkDir: /var/www/html/mrtg
```

Al fine di poter acquisire informazioni costantemente bisogna inserire nella *crontab* la procedura che rileva periodicamente lo stato del sistema:

```
]# crontab -e
*/5 * * * * root /usr/bin/mrtg /etc/mrtg/router.cfg
```

In questo modo il server prenderà dal sistema in esame le informazioni sullo stato delle interfacce di rete ogni 5 minuti. Infine, per creare il file *HTML* contenente i grafici riepilogativi del traffico, digitare il comando:

```
]# indexmaker --section=descr /etc/mrtg/router.cfg \
> /var/www/html/mrtg/router.html
```

Una volta attivato il server web è possibile visualizzare lo stato del router all'indirizzo: *http://localhost/mrtg/router.html*

17.5 Controllo del traffico di rete con *tcpdump*

tcpdump, mantenuto dal TCPDUMP Group, è uno strumento per monitorare il traffico di rete: cattura i pacchetti e ne consente l'analisi. Per selezionare i pacchetti *tcpdump* utilizza filtri ed espressioni di cui elenchiamo i più utilizzati:

-b protocollo, dove *protocollo* può essere: *ip, 802.2, 802.3, arp, atalk*, etc.;
-e, elenca l'intestazione del livello collegamento;
-i interfaccia, indica su quale interfaccia catturare i pacchetti;
-n e *-nn*, elenca indirizzi IP e numeri di porta anziché i relativi nomi;
-q, riduce la quantità di informazioni in output;
-t, non indica il rilevatore dell'orario;
-v e *-vv*, indicano più dettagli e dati supplementari;
-c num_di_pacchetti, termina *tcpdump* dopo aver catturato il numero indicato;
-w nome_file, scrive su file;
-r nome_file, legge da file.

Diamo qualche esempio:

```
]# tcpdump -e -n
07:24:26.425580     0:1:2:f2:d0:b9     0:d0:59:83:4b:e5     ip     358:
192.168.0.2.ssh > 192.168.0.5.1030: P 489984:490288(304) ack 3985 win
11968 (DF) [tos 0x10]
```

```
]# tcpdump -X -n
07:29:17.932791 192.168.0.2.ssh > 192.168.0.5.1030: P
272656:273168(512) ack 2353 win 11968 (DF) [tos 0x10]
0x0000 4510 0228 eac9 4000 4006 cc9e c0a8 0002 E..(..@.@.......
0x0010 c0a8 0005 0016 0406 a5a8 cb13 f5f7 b554 ...............T
0x0020 5018 2ec0 93ed 0000 4aba d92d e08e 1d2f P.......J..-.../
0x0030 0961 ee9b 9063 329b 5bfb c927 d652 5349 .a...c2.[..'.RSI
0x0040 02e9 a69e 35ab 6280 c5c2 9c33 8ec8 6e5d ....5.b....3..n]
0x0050 f412
```

```
]# tcpdump -i eth0 -n -t
192.168.0.5.1030 > 192.168.0.2.ssh: . ack 125584 win 16560 (DF)
192.168.0.2.ssh > 192.168.0.5.1030: P 125584:125776(192) ack 865 win
11968 (DF) [tos 0x10]
192.168.0.2.ssh > 192.168.0.5.1030: P 125776:125904(128) ack 865 win
11968 (DF) [tos 0x10]
192.168.0.5.1030 > 192.168.0.2.ssh: . ack 125904 win 16240 (DF)
```

tcpdump ha inoltre tre qualificatori: qualificatore *type*, per specificare sistema, rete e porta rispettivamente con *host*, *net* e *port*; esempi:

```
]# tcpdump -i eth0 -n host 10.0.1.75
```

```
]# tcpdump -n -i eth0 net 10.0.1.0/24
```

```
]# tcpdump -n -i eth0 port 80
```

qualificatore *dir*, per catturare da *src* (indirizzo sorgente) *dst* (indirizzo destinatario) o entrambi (default); esempio:

```
]# tcpdump -n -i eth0 dest 10.0.1.5
```

qualificatore *proto*, per specificare un protocollo da catturare tra cui: *ether, ip, arp, tcp, udp, icmp, ip broadcast, ip multicast, ethernet multicast,* etc.; esempio:

```
]# tcpdump ether -n -i eth0 dest 10.0.1.5 port 80
```

```
]# tcpdump icmp -n -i eth0
```

Si possono anche usare gli operatori booleani Per unire più condizioni si può utilizzare l'opzione *and, or* e *not* ; nell'esempio che segue si vuole monitorare il traffico sulla porta 80 della rete *10.0.1.0/24*

```
]# tcpdump -n -i eth0 net 10.0.1.0/24 and port 80
```

17.6 Scansioni di rete con *nmap*

nmap è un programma per la scansione di sistemi e servizi sviluppato dal Sig. Fyodor che consente di:

- effettuare scansioni sulla rete per rilevarne sistemi e servizi server attivi;
- controllare la configurazione di un firewall;
- imitare tutti i diversi aspetti della connessione TCP (handshaking a 3 vie, etc.)
- effettuare scansioni con indirizzo ip falsificato (spoofing);
- etc.

Le opzioni più comuni del programma nmap sono:

-sP, utilizza ICMP in modalità stealth (furtiva, invisibile);
-PT, utilizza TCP adoperando i campi ACK e RST di TCP;
-sT, stabilisce connessioni con ciascuna porta raggiungibile;
-sS, utilizza il campo SYN di TCP per creare connessioni semiaperte;
-sU, trova le porte UDP;
-O, deduce il tipo di sistema operativo;
-sX, consente una scansione selettiva utilizzando FIN, URG e PUSH di TCP;
-sN, serve ad individuare i sistemi Microsoft perché non rispondono a questo tipo di scansione;
-D, per effettuare la scansioni con indirizzi ip aggiuntivi come autori della scansione stessa;
-f, per suddividere i pacchetti di scansione in unità più piccole;
-S, indirizzo_IP, per presentarsi con indirizzo_IP diverso dal proprio (spoofing);
-oN nome_file, per salvare l'output della scansione su *nome_file*;
-v, (verbose) attiva la modalità di output dettagliata;
-T numero, attende un intervallo di tempo stabilito tra un pacchetto e un altro; se numero è 0, il tempo è 5 min, 1corrisponde a 15 sec, 2 a 0,4 sec., 4 e 5 accellerano la scansione;
-g numero di porta, per specificare un preciso numero di porta (per esempio 80) anziché una porta temporanea (> 1024) normalmente usata;
-n, non chiede al server DNS la traduzione in nomi mnemonici;
-- interactive, per accedere al programma in modalità interattiva e immettere più comandi in backgroung.

Alcuni esempi:
per rilevare tutti i sistemi della rete 172.16.62.0 con netmask 255.255.255.0

```
]# nmap -v -sP 172.16.62.0/24
```
oppure
```
]# nmap -v -sP "172.16.62.*"
```

per rilevare tutti i servizi TCP e UDP attivi sul sistema 172.16.62.5 e conoscerne il tipo di sistema operativo

```
]# nmap -sSU -n 172.16.62.5 -O
```

per effettuare una scansione utilizzando la porta 80, tipicamente aperta in ogni firewall, sul sistema 172.16.62.5 presentandosi come 192.168.1.1 (spoofing)

```
]# nmap -g 80 -D 192.168.1.1 -sSU 172.16.62.5
```

per effettuare una scansione sulla rete alla ricerca di un eventuale server dhcp (porta UDP 67)

```
]# nmap -sSU -p 67 172.16.62.0/24 -n
```

per inviare comandi *nmap* in modalità interattiva

```
]# nmap --interactive
Starting nmap V. 3.00 ( www.insecure.org/nmap/ )
Welcome to Interactive Mode -- press h <enter> for help
nmap>
```

In questo ambiente interattivo, i comandi *nmap* possono essere dati background o normalmente rispettivamente facendoli precedere da *f* o *n*; esempio:

```
nmap> f -sSU -O -v 172.16.62.0/24 -oN -T 5 scanveloce.txt
nmap> n -sS -O -v 172.16.63.5
```

dove il primo comando scandisce tutta la rete 172.16.62.0/24 cercando le porte TCP e UDP attive su ogni sistema della rete, facendo più in fretta possibile, e scrivendo l'output sul file *scanveloce.txt*.

17.7 Proteggersi da scansioni e intrusioni

Una prima protezione della Linux box passa attraverso l'impostazione di alcune direttive sul file `/etc/sysctl.conf`; per esempio si potrebbe impostare nel seguente modo:

```
#disabilita il forwarding dei pacchetti
net.ipv4.ip_forward=0
#non risponde a ICMP echo request
net.ipv4.icmp_echo_ignore_all=1
#non risponde a ICMP echo broadcast
net.ipv4.icmp_echo_ignore_broadcast=1
#ignora il source routing e previene attacchi da spoofing
net.ipv4.conf.all.accept_source_route =0
#mette al riparo da attacchi di tipo SYN flooding
net.ipv4.tcp_syncookies=1
```

Per rendere effettive le impostazioni a livello del kernel occorre dare il comando

]# sysctl -p

Le sopra indicate impostazioni proteggono sostanzialmente da attacchi informatici di tipo DoS (*Denial of Service*), attacchi che colpiscono la disponibilità delle risorse della Linux Box. L'ultima direttiva del file in argomento protegge da un tipo di attacco di tipo SYN flooding; si ricorda che una connessione TCP avviene in tre passaggi ovvero in tre *segment* tra client e server (tecnica denominata *three-ways handshake*). Quando la Linux box (server) riceve il primo segment con SYN=1 proveniente dal client, mantiene delle informazioni di stato che gli servono per l'instaurazione della connessione; se il client, dopo la propria richiesta di connessione, non risponde più, la Linux box mantiene questo tentativo di connessione in uno stato di connessione "semiaperte" fino allo scadere di un *time-out*. La Linux box può mantenere un certo numero di sessioni semiaperte superato il quale non accetta più tentativi di connessione. Il SYN flooding consiste proprio nell'inviare tante richieste di connessione al server e metterlo in "crisi" con l'occupazione di risorse preziose. Il firewall non è in grado, in generale, di stabilire la bontà o meno della richiesta di una connessione e quindi è opportuno agire direttamente sulla Linux box con il meccanismo dei *SYN Cookies* che consente la codifica della connessione semiaperta direttamente sul numero di sequenza (ISN) del segment TCP con i flag SYN e ACK impostati a "1" (segment di risposta alla richiesta di connessione).

Un altra operazione da fare per blindare la Linux box è quella di installare e configurare il programma *portsentry* (recentemente acquisito dalla Cisco). Recuperata l'ultima versione disponibile da *http://rpmfind.net*, procediamo alla installazione con

]# rpm -ivh portsentry-x.y.z.rpm

Dopo bisogna editare il file `/etc/portsentry/portsentry.conf` e si aggiungono quelle porte che si ritengono "innocue" come ad esempio la porta TCP 445 di Windows XP e 2000 e la UDP 69 di TFTP nelle seguenti righe:

```
ADVANCED_EXCLUDE_TCP="21,22,25,53,69,80,110,113,137,138,139,443,445"
ADVANCED_EXCLUDE_UDP="520,517,518,513,138,137,123,69,67,53"
```

Per implementare un sistema di monitoraggio dell'attività di scansione, spesso determinata dalla presenza di virus in rete, si può configurare il portsentry in modo da mandare una e-mail ogni qualvolta viene "catturato" un indirizzo IP da cui proviene qualche strana attività; bisogna agire sempre nel file /etc/portsentry/portsentry.conf e decommentare e personalizzare la seguente direttiva:

```
#KILL_RUN_CMD="/bin/mail -s 'Portscan from $TARGET$ on port $PORT$'
user@host < /dev/null"
```

Quando la macchina riceve delle scansioni da un sistema, il portsentry si avvale di *iptables* per bloccare l'indirizzo IP da cui proviene la scansione (è chiaro che se l'indirizzo è stato contraffatto con *spoofing*, verrà bloccato l'indirizzo falso). Se si vuole rendere la propria rete o alcuni sistemi liberi dal controllo di portsentry si possono specificare nel file /etc/portsentry/portsentry.ignore indicando indirizzo IP e maschera in modalità CIDR; diamo un esempio del file in argomento:

```
# Put hosts in here you never want blocked. This includes the IP
# addresses
# of all local interfaces on the protected host (i.e virtual host,
# mult-home)
# Keep 127.0.0.1 and 0.0.0.0 to keep people from playing games.
#
# PortSentry can support full netmasks for networks as well. Format
is:
#
# <IP Address>/<Netmask>
#
# Example:
#
# 192.168.2.0/24
# 192.168.0.0/16
# 192.168.2.1/32
# Etc.
#
# If you don't supply a netmask it is assumed to be 32 bits.
#
#
127.0.0.1/32
0.0.0.0
172.16.1.0/24
172.16.46.74
```

In questo caso, tutti i sistemi sulla rete *172.16.1.0/24* e il sistema *172.16.42.74* non verranno mai bloccati da *portsentry*.

17.8 Uso di Snort per la rilevazione di intrusioni

All'interno di una rete connessa ad Internet è consigliabile tenere sotto controllo l'attività della rete stessa. Oltre agli strumenti di monitoraggio della rete come *mrtg*, esistono degli strumenti di *IDS* (*Intrusion Detection System*) che si occupano di controllare il traffico e registrarlo, al fine di individuare eventuali intrusioni. Gli *IDS* possono essere inseriti in qualsiasi punto di una rete; per far questo è possibile agire sugli switch duplicando il traffico che si intende monitorare sull'interfaccia a cui è collegato l'*IDS* (*mirroring*) oppure inserendo un *hub* sul tratto di rete che s'intende monitorare.

Se si utilizza un router/switch Cisco è possibile effettuare la duplicazione del traffico ethernet attraverso il seguente comando in configurazione (*enable*):

```
router# monitor session 1 source interface \
AlfaBetaEthernetX/Y both
```

dove *AlfaBeta* può essere nullo (nel caso di ethernet a 10 Mbps), *Fast* (nel caso di ethernet a 100 Mbps) oppure *Gigabit* (nel caso di ethernet a 1000 Mbps) e *X/Y* i-dentifica il numero dello slot/interfaccia.

In questo modo il router/switch duplica il traffico dell'interfaccia *AlfaBetaE-thernetX/Y* nella sessione di monitor.

Con il seguente comando viene definita l'interfaccia ethernet a cui è destinato il traffico della sessione di monitor, precedentemente definita, alla quale collegare il sistema *IDS*.

```
Router# monitor session 1 destination interface \
AlfaBetaEthernetZ/W
```

Attiviamo adesso una Linux box con funzioni di *IDS* utilizzando *snort* di Marty Roesch, prodotto *Open Source* in grado di eseguire:

- *packet sniffing*, l'ispezione del contenuto dell'header TCP/UDP/IP/ICMP/IGMP/Ethernet dei pacchetti in transito e la cataloga-zione del traffico;
- *packet logging*, la ridirezione dei log a video o su file utilizzando comandi specifici
- *intrusion detection*, l'analisi del traffico di rete basandosi su "regole" e la segnalazione di attività sospette.

Grazie alle regole Snort è in grado di rilevare:

- *le scansioni di porta*, mentre queste sono in atto e da che tipo di pro-gramma sono perpetrate (*nmap*);
- *attacchi verso overflow del buffer*, contro vulnerabilità note dei protocolli analizzando direttamente le stringhe di testo;
- *attacchi CGI*, contro server web che ne adottano versioni vulnerabili.

17.8.1 Installazione e configurazione di *Snort*

Scarichiamo il pacchetto con i relativi file in formato sorgente di *Snort*:

```
]# wget http://www.snort.org/dl/snort-1.9.1.tar.gz
```

Una volta scaricato, passiamo all'installazione:

```
]# mv snort-1.9.1.tar.gz /usr/src
]# cd /usr/src
]# tar xzf snort-1.9.1.tar.gz
]# cd snort-1.9.1
```

Editiamo il file `configure` con il comando

```
]# vi configure
```

modifichiamo le seguenti righe:

```
ac_default_prefix=/usr
sysconfdir='/etc'
```

Procediamo quindi con la configurazione dell'applicativo:

```
]# ./configure
```

oppure, se si vuole interagire con il database PostgreSQL per l'archiviazione dei log:

```
]# ./configure -with-postgresql
creating cache ./config.cache
checking for a BSD compatible install...
/usr/bin/install -c
checking whether build environment is sane... yes
..........
creating ./config.status
creating Makefile
creating src/Makefile
creating src/detection-plugins/Makefile
creating src/output-plugins/Makefile
creating src/preprocessors/Makefile
creating doc/Makefile
creating contrib/Makefile
creating etc/Makefile
creating rules/Makefile
creating templates/Makefile
creating src/win32/Makefile
creating config.h
```

In questo caso sono richieste le librerie *libpq-fe.h* che si trovano nel pacchetto *postgresql header* già comprese in una Linux box sulla quale è stata effettuata un'installazione completa di Red Hat 9.

Si è adesso pronti per la compilazione del pacchetto con:

```
]# make
gcc -DHAVE_CONFIG_H -I. -I. -I../.. -I../.. -
I../../src -I/usr/include/pcap -I../../src/output-
plugins -I../../src/detection-plugins -
I../../src/preprocessors -g -O2 -Wall -c
spo_SnmpTrap.c
gcc -DHAVE_CONFIG_H -I. -I. -I../.. -I../.. -
I../../src -I/usr/include/pcap -I../../src/output-
plugins -I../../src/detection-plugins -
I../../src/preprocessors -g -O2 -Wall -c
spo_alert_fast.c
...
make[2]: Leaving directory `/usr/src/snort-
1.9.1/contrib'
make[2]: Entering directory `/usr/src/snort-1.9.1'
make[2]: Leaving directory `/usr/src/snort-1.9.1'
make[1]: Leaving directory `/usr/src/snort-1.9.1'
```

A compilazione completata si può procedere con l'installazione del pacchetto:

```
]# make install
```

Occorre adesso integrare a Snort le regole per rilevare automaticamente gli attacchi:

```
]# mkdir /etc/snort
]# cd /etc/snort
]# wget http://www.snort.org/dl/rules/snortrules\
-stable.tar.gz
]# tar xzf snortrules-stable.tar.gz
]# mv rules/*.conf* .
]# rm snortrules-stable.tar.gz
```

Editiamo il file *snort.conf* per la personalizzazione della configurazione.
Modifichiamo la seguente riga per specificare la directory dove sono presenti le regole di funzionamento:

```
var RULE_PATH rules
```

e attiviamo la seguente direttiva per archiviare i dati su database:

```
output database: log, postgresql, user=snort dbname=snort
```

Dopo è necessario creare il database per l'archiviazione dei log:

```
]# useradd snort
]# su - postgres
]$ createuser snort
Shall the new user be allowed to create databases?
(y/n) y
```

```
Shall the new user be allowed to create more new
users? (y/n) n
CREATE USER
```

```
$ logout
# su - snort
$ createdb snort
$ psql snort < \
/usr/src/snort-1.9.1/contrib/create_postgresql
NOTICE: CREATE TABLE / PRIMARY KEY will create implicit index
'schema_pkey' for table 'schema'
CREATE
INSERT 16560 1
....
```

Creato il database, occorre copiare lo script di avvio di *Snort* in `/etc/init.d`

```
]# cp /usr/src/snort-1.9.1/contrib/S99snort \
/etc/init.d/snortd
```

Editiamo il file `/etc/init.d/snort` e ne modifichiamo le seguenti righe:

```
SNORT_PATH=/usr/bin
CONFIG=/etc/snort/snort.conf
```

per impostare l'interfaccia su cui l'IDS deve stare in ascolto:

```
IFACE=eth0
```

Infine modifichiamo i permessi del file prima di avviarlo

```
]# chmod 700 /etc/init.d/snort
```

A questo punto per attivare *Snort* si utilizza il comando

```
]# service snort start
```

Per essere sicuri che il servizio *snort* sia attivo ad ogni avvio occorre digitare il comando:

```
]# chkconfig snort on
```

Il sistema comincerà ad analizzare il traffico archiviando i pacchetti che contengono le informazioni contemplate nelle *rules*. Di seguito riportiamo uno script per l'aggiornamento automatico delle *rules* di *Snort*:

```
#!/bin/bash
cd /etc/snort
route add default gw <Defaul-Gateway>
wget http://www.snort.org/dl/rules/snortrules-\
stable.tar.gz
route del default gw <Default-Gateway>
```

```
tar xzf snortrules-stable.tar.gz
service snortd restart
rm -f snortrules-stable.tar.gz
```

17.8.2 Installazione e configurazione di ACID

Installiamo adesso l'interfaccia web *Open Source*, basata su PHP, per l'analisi dei log prodotti da *Snort*: ACID (Analisys Console for Intrusion Database); il prodotto è scaricabile del sito *http://www.cert.org/kb/acid* ma è compreso *snort-1.9.1.tar.gz* e quindi eseguiamo le seguenti operazioni:

```
]# cp /usr/src/snort-1.9.1/contrib/ACID-\
0.9.6b21.tar.gz /var/www/html
]# tar xfz ACID-0.9.6b21.tar.gz
]# wget http://phplens.com/lens/dl/adodb330.tgz
]# mv adodb330.tgz /var/www/html
]# cd /var/www/html
]# tar xfz adodb330.tgz
]# rm adodb330.tgz
```

Inseriamo all'interno del file *acid_conf.php* i parametri base per l'accesso al database:

```
$DBlib_path = "/var/www/html/adodb";
$DBtype = "postgres";
$alert_dbname = "snort";
$alert_host = "localhost";
$alert_port = "";
$alert_user = "snort";
$alert_password = "";
$archive_dbname = "snort";
$archive_host = "localhost";
$archive_port = "";
$archive_user = "snort";
$archive_password = "";
```

Attenzione: per il corretto funzionamento di *ACID* è necessario aver abilitato il database a ricevere connessioni esterne via TCP/IP tramite l'inserimento all'interno del file */etc/sysconfig/postgresql* della seguente direttiva:

```
POSTGRES_OPTIONS="-i -p 5432"
```

Quindi si fa ripartire il database con il comando:

```
]# service postgres restart
```

Una volta attivato il server *web*, il sistema di analisi dei log è pronto ed è raggiungibile all'indirizzo *http://server.proflinux.net/acid/*.

Nota: durante la prima esecuzione di *acid*, il software richiederà la creazione di un nuovo database per l'archiviazione degli *alert*.

ACID in definitiva presenta delle statistiche specifiche ordinate per indirizzo IP sorgente, destinatario, *dport* e *sport* (TCP o UDP) e allarmi anche sotto forma di grafici. Possiede inoltre fondamentalmente quattro tipologie di ricerca:

- *meta*, e riguardano sensori, gruppi di segnali di alert, classificazione, orario;
- *IP,* e riguarda qualsiasi tipo di header del protocollo IP/ICMP/IGMP;
- *layer-4,* e riguarda qualsiasi tipo di header dei protocolli TCP/UDP;
- *payload,* e riguarda qualsiasi tipo di *payload* di protocolli di trasporto.

Le query al database (nel nostro caso PostgreSQL ma può essere anche MySQL) che contiene le informazioni inviate da Snort, possono essere effettuate utilizzando i suddetti criteri di ricerca di cui esistono anche delle chiavi correlate da operatori logici.

17.9 Conclusioni

In questo capitolo è stato visto come realizzare un tunnel IP-IP per connettere di due reti private attraverso la rete Internet e come cifrarne i dati con *ssh*. Abbiamo affrontato il tema del monitoring del traffico di rete, delle scansioni in rete e come proteggersi da queste. Nel prossimo capitolo introdurremo l'interfaccia grafica *X Windows*, dando una rapido elenco degli strumenti grafici per l'amministrazione del server, e vedremo come condividere il desktop grafico e come realizzare un servizio di condivisione del desktop utilizzando l'interfaccia grafica *X-Window*.

18 X Window e strumenti grafici

Nel corso dei predenti capitoli, volutamente, non è stato affrontato il tema dell'interfaccia grafica di una Linux box in quanto si voleva fare abituare il lettore alla "linea di comando su interfaccia testuale" per la gestione dei sistemi locali e remoti. Ma anche per i gestori di sistema più evoluti spesso è molto comodo utilizzare un'interfaccia grafica (GUI, *Graphics User Interface*) per navigare in Internet, per leggere gli allegati di corredo alla posta elettronica, per disporre di più terminali, etc., per avere in definitiva un ambiente più *user friendly*. In ambiente Linux si dispone del sistema *XFree86*, un progetto sviluppato dall'*XFree86 Project* e finalizzato alla ridistribuzione libera di *X Window System* nato nel 1984 nell'ambito del progetto Athena del MIT e che raggiunse la sua massima espressione nel 1987 con la sua 11-esima versione (*X11).*

In questo capitolo ne descriveremo l'architettura e alcuni tool grafici per la configurazione di alcuni servizi di sistema: scelta dell'ambiente grafico (GNOME o KDE), della stampante, della tastiera, etc. In particolare, per la configurazione delle stampanti, viene descritto il sistema di stampa CUPS (Common Unix Printing System). Verrà inoltre presentata una soluzione per l'utilizzo di una Linux box con funzioni di server per terminali X.

18.1 Configurazione del server X

Anche il servizio grafico X, come qualsiasi altro daemon di una Linux box, è basato su un'architettura client/server: tipicamente il client X è un'applicazione con output grafico (konqueror, OpenOffice, etc.) mentre il server X gestisce display e dispositivi di input (mouse e tastiera); client e server, evidentemente, possono essere eseguiti su sistemi diversi. Il comando principale per la configurazione del server X, incluso nella distribuzione Red Hat 9, è:

```
]# redhat-config-xfree86 --reconfig
```

Il parametro *--reconfig* si usa solo se non si attiva alcun ambiente di configurazione. Il programma rileva automaticamente la scheda video ed il tipo di display installati, quindi mostra una finestra attraverso la quale si possono accettare i parametri proposti o impostarli ex-novo.

Le schermate proposte dal programma di setup sono quelle indicate in Fig. 18.1 e Fig. 18.2

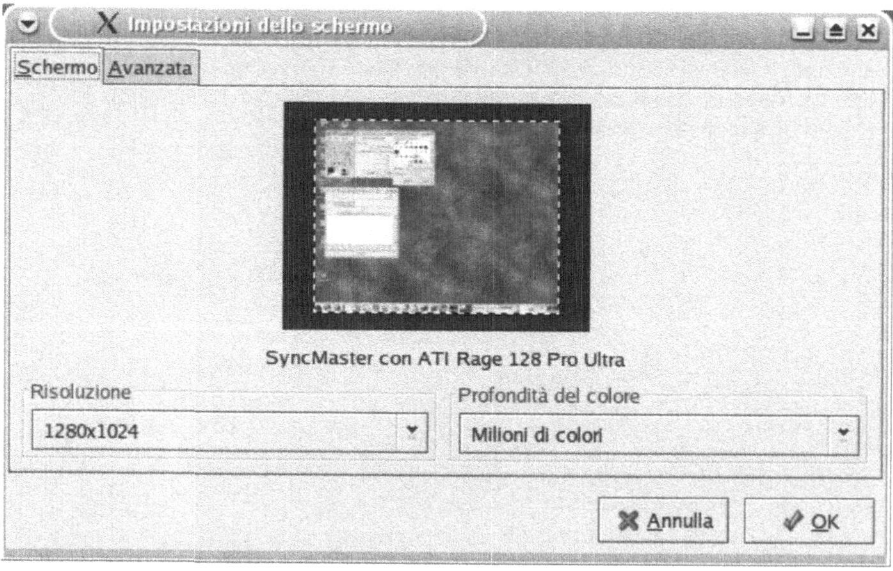

Fig. 18.1 – Finestra di avvio di redhat-config-xfree86

Fig. 18.2 – Impostazioni avanzate di redhat-config-xfree86

I file di configurazione del server X sono memorizzati nella directory
`/etc/X11`; il file principale è `/etc/X11/XF86Config` e in esso vengono indicate
le informazioni necessarie per l'avvio quali: tipo di scheda video, di monitor, di
mouse, di tastiera, risoluzione supportata, etc.

18.2 Il daemon X e i Window Manager

Vediamo ora come funziona il servizio grafico X: in Fig. 18.3 si fa riferimento a un server *X* che visualizza l'output di un'applicazione grafica eseguita localmente (*prog1*) e l'output di un'altra applicazione grafica eseguita su un sistema remoto (*prog2*): sia *prog1* che *prog2* sono client X.

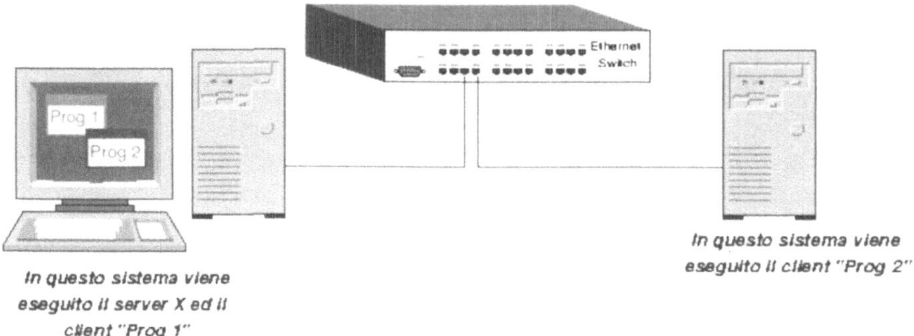

Fig. 18.3 – Schema dell'architettura client/server di X Window

Quando si avvia il sistema in modalità grafica (runlevel 5), o si passa in modalità grafica da interfaccia testuale (con il comando *startx*), si attiva il daemon X, in ascolto sulla porta TCP 6000, e corrisponde al primo terminale grafico, individuato dalla combinazione di tasti *[Ctrl]+[Alt]+[F7]*.

Nel caso in cui si attivi la modalità grafica con il comando *startx*, oltre al daemon X viene avviato un particolare tipo di X client chiamato *Window Manager*, il quale consente la gestione (ridimensionamento, chiusura, etc.) delle finestre relative all'output grafico delle applicazioni grafiche. I Window Manager inclusi nella distribuzione Red Hat 9 sono: *GNOME* (*GNU Network Object Model Environment*) e *KDE* (*K Desktop Environment*) e, per poterli selezionare da ambiente testuale (runlevel 3), i comandi sono:

```
]# switchdesk kde
```

oppure

```
]# switchdesk gnome
```

Nel caso in cui l'interfaccia grafica sia attivata automaticamente all'avvio della Linux box, subito dopo l'avvio del daemon X viene lanciato un *Desktop Manager*, il quale consente l'inserimento di username e password e, a login avvenuto, lancia il Window Manager selezionato dall'utente.

Per avviare il server X con il Window Manager di default (GNOME) il comando da inviare è:

```
]# startx &
```

per l'avvio del server X senza alcun Window Manager:

```
]# X &
```

e sul display, con sfondo nero, è visualizzata al centro una "X" che rappresenta il puntatore del mouse. Il server X, in questo caso, è pronto a ricevere il Window Manager e le applicazioni grafiche (client X) dalla stessa Linux box o provenienti da altri sistemi.

Per capire la funzione di un Window Manager, con il server X attivo, tramite combinazione di tasti *[Ctrl]+[Alt]+[F1]* torniamo al primo terminale testuale e inviamo il comando:

```
]# xclock -display localhost:0.0
```

dove *xclock* (orologio grafico) è il client X, *:0* indica la prima sessione grafica (individuata da *[Ctrl]+[Alt]+[F7]*) e *.0* indica il primo (e, nella maggior parte dei casi, unico) monitor del sistema. Sul monitor viene visualizzata una finestra con l'output grafico dell'applicazione *xclock* nell'angolo superiore sinistro del monitor; questa finestra non si può ridimensionare o spostare; Attivando un qualsiasi Window Manager è invece possibile farlo.

Per terminare l'esecuzione di *startx* o *X* occorre premere i tasti *[Ctrl]+[Alt]+[BackSpace]* (attenzione: questa combinazione di tasti, per una impostazione del BIOS, potrebbe spegnere il sistema).

Un servizio essenziale per la grafica è XFS (X Font Server) e gestisce i tipi di caratteri utilizzati dalle applicazioni grafiche e si attiva automaticamente all'avvio di X. Il daemon relativo si chiama *xfs* e può risiedere anche su una Linux Box diversa da quella in cui si opera.

18.3 Sessioni grafiche multiple

Nel precedente paragrafo, con avvio del sistema in modalità testuale (runlevel 3), è stato descritto come avviare il Window Manager di default GNOME (*startx &*) sul primo terminale grafico (corrispondente alla combinazione di tasti *[Ctrl]+[Alt]+[F7]*); per attivarne il secondo Window Manager KDE procediamo come segue. In ambiente grafico GNOME, selezionando con il mouse [*menù principale*], [*strumenti di sistema*], [*terminale*], attiviamo una finestra terminale. Ad ogni sessione interattiva sono associate delle variabili d'ambiente, visualizzabili con il comando *env*, che identificano il profilo assegnato all'utente collegato; nel nostro caso, per quanto concerne la variabile DISPLAY si ha:

```
]# env | grep DISPLAY
DISPLAY=:0.0
```

L'output indica che la variabile DISPLAY è impostata sulla Linux box locale (prima di ":*0*" non è indicato nulla per cui s'intende *localhost*), sul suo primo terminale grafico (individuato con il numero *:0*) del primo monitor (.*0*).

Per attivare la seconda sessione grafica con Window Manager KDE ci spostiamo sulla seconda sessione di terminale testuale, con la combinazione di tasti *[Ctrl]+[Alt]+[F2]*, accediamo al sistema con nome utente e password e inviamo i comandi:

```
]# switchdesk kde
]# startx -- :1
```

In questo modo viene attivato un nuovo server X (porta TCP 6001) sul secondo terminale grafico della Linux box, individuato dal numero 1; la variabile DISPLAY in questo caso è

```
]# env | grep DISPLAY
DISPLAY=:1.0
```

Per commutare da ambiente GNOME a KDE si utilizzano rispettivamente la combinazione di tasti:

[CTRL]+[ALT]+[F7], per il DISPLAY=:0.0, con Window Manager GNOME
[CTRL]+[ALT]+[F8], per il DISPLAY=:1.0, con Window Manager KDE

Per esportare l'ambiente KDE su sistemi diversi da quello locale ci avvaliamo del seguente esempio: la Linux box locale (server X) ha indirizzo IP 172.16.1.5 e deve ricevere l'output grafico dalla Linux box remota (client X) con indirizzo IP 172.16.1.15:

- dal client X si esporta la variabile DISPLAY sul primo terminale grafico disponibile (per es. *0*) del server X

```
]# export DISPLAY=172.16.1.5:0.0
```

- il server X a sua volta deve essere predisposto ad accettare l'output proveniente dal client X

```
]# xhost + 172.16.1.15
```

oppure, per rendere permanente questo "permesso", bisogna creare il file /etc/X0.hosts (non esiste di default) e specificare l'indirizzo del client X:

```
172.16.1.15
```

- a questo punto, dal client X si digita:

```
]# startkde &
```

e l'ambiente KDE si avvierà sul server X con indirizzo IP 172.16.1.5.

Per dirottare l'output grafico sul secondo terminale (*1*) del server X (individuato dalla combinazione di tasti *[Ctrl]+[Alt]+[F8]*), analogamente all'esempio precedente:

- dal client X digitare:

```
]# export DISPLAY=172.16.1.5:1.0
```

- sul server X creare il file /etc/X1.hosts inserendo l'indirizzo del client X:

```
172.16.1.15
```

- dal client X digitare:

```
]# startkde &
```

e l'ambiente KDE si avvierà sul secondo terminale grafico del server X.

Sul server X, in alternativa alla creazione del file /etc/X1.hosts (o al comando *xhost* + 172.16.1.15), è possibile disabilitare il controllo sulla provenienza dell'output tramite:

```
]# X -ac :1
```

Questa modalità, sebbene comoda, potrebbe rivelarsi pericolosa.

Per completezza si ricorda che il comando *ssh* consente il forwarding del procollo X; in altre parole se ci si trova in ambiente grafico con un Window Manager attivo, si accede in SSH ad un sistema remoto e da questo si lancia un'applicazione grafica (xclock, konqueror, etc.) allora l'output grafico è visualizzato sulla Linux box locale.

18.4 Server XDM e terminali X

In questa sezione verrà implementata una Linux box con funzioni di XDM (X Display Manager) server in grado di servire sistemi Linux, anche obsoleti, come terminali X (quindi grafici) della Linux box centrale. La configurazione proposta potrebbe essere utile in un contesto di aula didattica o lavorativo con una Linux box in cui sono caricati tutti gli applicativi di utilizzo comune.

18.4.1 Configurazione del server XDM

Per configurare una Linux box come XDM, è necessario avviarla in modalità grafica (runlevel 5) e bisogna attivare il protocollo XDMCP (XDM Control Protocol). Vediamo i passi da seguire:

- commentiamo l'ultima riga (il commento viene applicato con !) del file */etc/X11/xdm/xdm-config*:

```
! $XConsortium: xdm-conf.cpp /main/3 1996/01/15 15:17:26 gildea $
!  $XFree86:  xc/programs/xdm/config/xdm-conf.cpp,v  1.6  2000/01/31
! 19:33:43 dawes Exp $
...

...
! SECURITY: do not listen for XDMCP or Chooser requests
! Comment out this line if you want to manage X terminals with xdm
! DisplayManager.requestPort: 0
```

- editiamo il file di configurazione */etc/sysconfig/displaymanager* (di default non esiste) per autorizzare le connessioni remote e per impedire che possa essere effettuato uno *shutdown* del server XDM da remoto, rispettivamente con le seguenti direttive:

```
DISPLAYMANAGER_REMOTE_ACCESS=yes
KDM_SHUTDOWN=root
```

- aggiungiamo nel file */etc/X11/xdm/Xaccess* gli indirizzi IP dei terminali X abilitati al collegamento; nel nostro esempio la Linux box con funzioni di XDM server ha indirizzo IP 172.16.42.121 e i terminali X 172.16.42.100 e 172.16.42.101:

```
...
# To hardwire a specific terminal to a specific host,
# you can leave the terminal sending indirect queries
# to this host, and use an entry of the form:
#
#terminal-a host-a: ovvero terminali server
172.16.42.100 172.16.42.121
172.16.42.101 172.16.42.121
...
#%hostlist host-a host-b
172.16.42.100 172.16.42.101
```

- inseriamo nel file `/etc/rc.local`, per avviare il daemon XDM ad ogni avvio della Linux box, la direttiva:

```
xdm &
```

Riavviata la Linux box controlliamo che il daemon XDMCP sia attivo con:

```
]# netstat -avntpu | grep 177
udp   0   0   0.0.0.0:177   0.0.0.0:*   3171/xdm
```

18.4.2 Configurazione dei terminali X

Sui terminali X, ovvero sui client XDM, bisogna fare le seguenti operazioni:

- attivare l'avvio testuale scegliendo il runlevel 3 nel file */etc/inittab*;

- editare il file */etc/X0.hosts* (non esiste di default) e inserirvi l'indirizzo della Linux box con funzioni di server XDM, nel nostro caso

  ```
  172.16.42.121
  ```

- Editare il file */etc/rc.local* ed aggiungere la seguente direttiva, personalizzando, evidentemente, l'indirizzo IP della Linux box server:

  ```
  X -indirect 172.16.42.121
  ```

Riavviando il terminale X comparirà il login grafico della Linux box.

18.5 Gli strumenti grafici e testuali di redhat-config

Con Red Hat 9 sono disponibili una serie di strumenti grafici e testuali per la configurazione della Linux box. Tra quelli di utilizzo più frequente elenchiamo:

```
]# redhat-config-xfree86 (già visto a inizio capitolo)
]# redhat-config-printer  (per configurare la stampante)
]# redhat-config-network (per configurare la rete)
]# redhat-config-securitylevel (per configurare il firewall)
]# redhat-config-date (per impostare la data e l'orario)
]# redhat-config-keyboard (per configurare la tastiera)
]# redhat-config-language (per impostare la lingua: ita., ingl., etc.)
]# redhat-config-mouse (per configurare il mouse)
```

Alcuni dei comandi sopra elencati possono essere eseguiti solo in ambiente grafico (e tipicamente sono completati con *–gui*, che sta per *Grafical User Interface*) e altri anche in modalità testuale (e tipicamente sono completati con *–tui*, che sta per *Textual User Interface*). Diamo di seguito un esempio di configurazione della stampante in modalità grafica.

18.5.1 Configurazione della stampante

Per la configurazione delle stampanti di sistema, collegate direttamente ad una porta della Linux box (parallela, USB, etc.), via indirizzo IP, etc., si può utilizzare il comando

```
]# redhat-config-printer
```

Se l'esecuzione del comando avviene con un Window Manager attivato, si presenta la schermata indicata in Fig. 18.4.

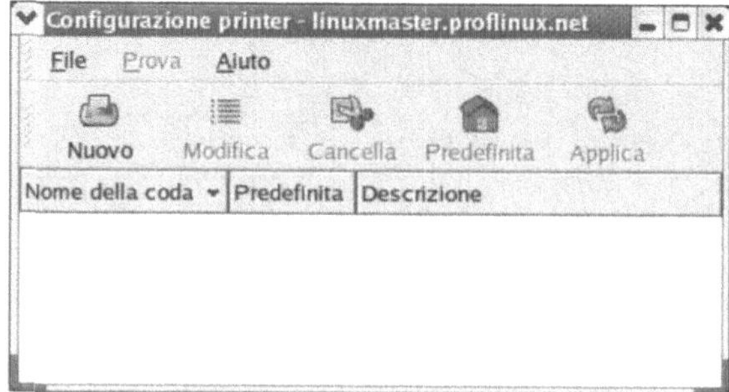

Fig. **18.4** – Schermata principale di redhat-config-printer

Per l'installazione di una nuova stampante occorre cliccare con il mouse sul pulsante *"Nuovo"*:

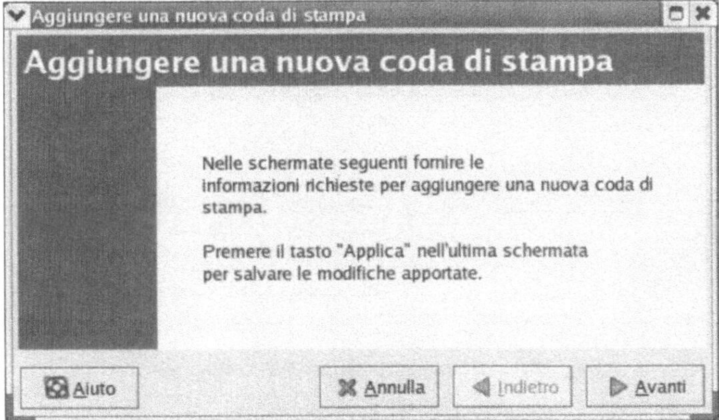

Fig. 18.5 – Aggiunta di una nuova coda di stampa

Cliccando sul pulsante *"Avanti"* viene aperta la finestra in Fig. 18.6 dove bisogna specificare la coda di stampa:

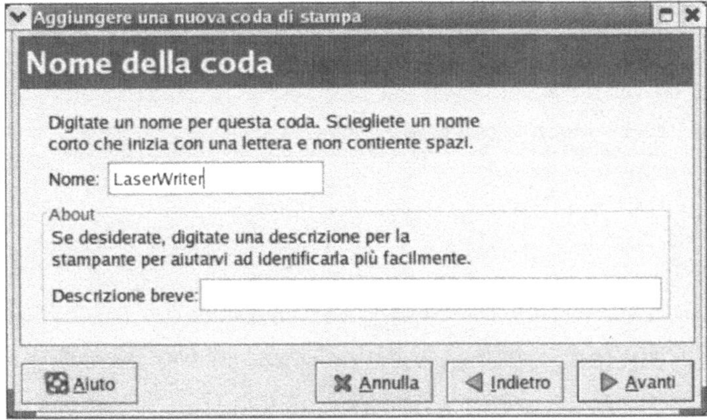

Fig. 18.6 – Impostazione del nome della coda di stampa

Successivamente bisogna specificare il tipo di connessione della stampante: nell'esempio, essendo la stampante collegata direttamente alla Linux box, bisogna selezionare quanto indicato in Fig. 18.7.

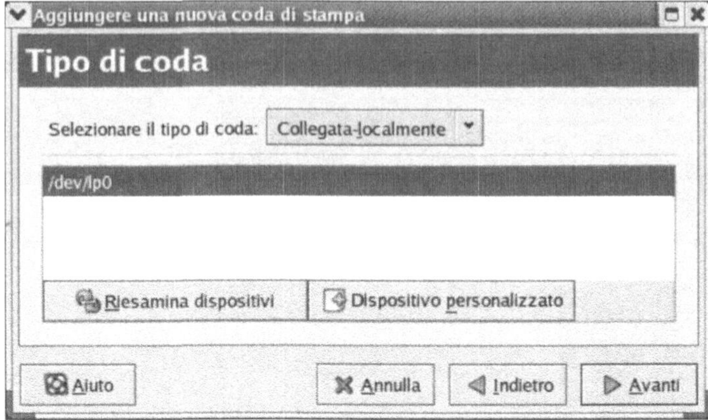

Fig. 18.7 – Indicazione del tipo di collegamento

Analogamente è possibile configurare una stampante di rete. Bisogna poi indicare il tipo di stampante installata come indicato in Fig. 18.8.

Fig. 18.8 – Indicazione della marca e modello della stampante

Segue la sezione di riepilogo della configurazione indicata in Fig. 18.9 e occorre ciccare sul pulsante *"Applica"* per creare la coda di stampa.

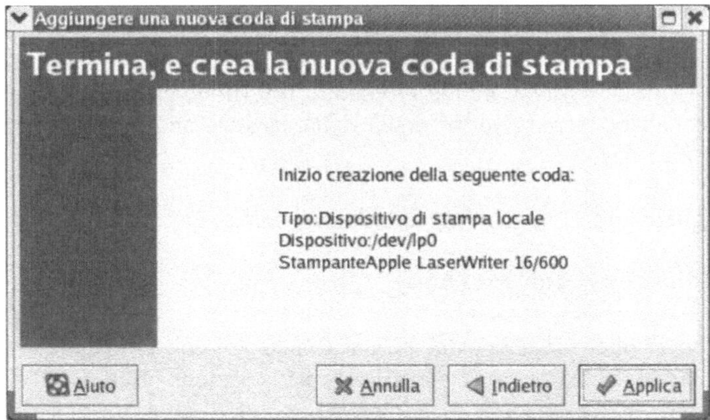

Fig. 18.9 – Creazione della coda di stampa

Completata la fase di configurazione, il sistema chiede di stampare una pagina di prova come in Fig. 18.10.

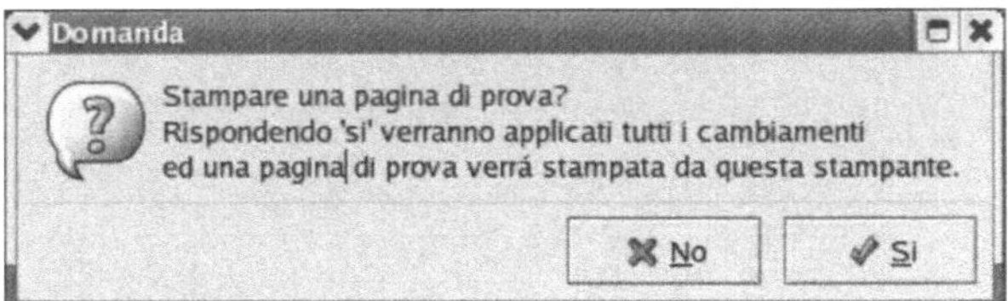

Fig. 18.10 – Stampa della pagina di prova

La finestra finale è indicata in Fig. 18.11 e a questo punto la stampante è installata.

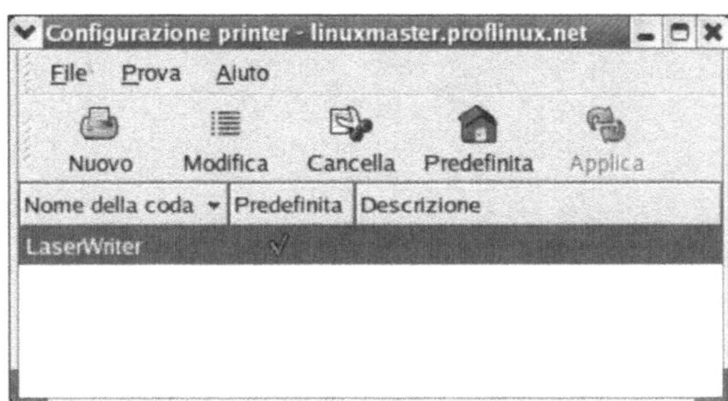

Fig. 18.11 – Installazione completata

Lo stesso risultato si sarebbe potuto ottenere in modalità testuale con il comando:

```
]# redhat-config-printer-tui
```

Le stampanti vengono gestite tramite server di stampa e quelli disponibili con la distribuzione Red Hat 9 sono CUPS (Common Unix Printing System) e LPRng

(Line Printer next generation), una versione estesa di LPD (Line Printer Daemon); il primo è utilizzato di default ed è attivo all'avvio del sistema in ascolto sulla porta TCP 631. CUPS si basa sul nuovo protocollo IPP (Internet Printing Protocol) e si può gestire anche attraverso browser dalla stessa Linux box collegandosi a *http://localhost:631*.

Per scegliere tra CUPS e LPRng si utilizza il comando:

```
]# redhat-switch-printer
```

Dovendo condividere le stampanti di una Linux box con samba, se si utilizza il server di stampa CUPS, occorre specificarlo nella sezione [global] del file di configurazione */etc/samba/smb.conf* con le seguenti direttive:

```
printing = cups
printcap name = cups
```

18.6 Conclusioni

In questo capitolo sono stati trattati i principali strumenti di configurazione del server presenti in ambiente grafico. È stato spiegato come condividere il desktop grafico e come impostare un servizio di *Terminal Server* sfruttando il sistema *X Window*. Inoltre è stato introdotto il server di stampa CUPS e come installare una stampante utilizzando l'apposito tool grafico.

Nel prossimo capitolo vedremo come accedere al server da remoto in modalità grafica usando *VNC*.

19 Controllo remoto del desktop con VNC

L'amministratore di rete esperto sa come controllare la propria Linux box da remoto utilizzando esclusivamente SSH, cioè da linea di comando. Possono verificarsi dell'occasioni in cui risulta più comodo o è addirittura necessario poter accedere anche all'interfaccia grafica. Portare un esempio è semplice: come convertire da remoto un file di testo generato da OpenOffice in un RTF o in un file WinWord per aprirlo su di un'altra piattaforma? Sicuramente si tratta di un compito non risolvibile da shell testuale, inoltre non sempre risulta possibile esportare il desktop magari perché X non è disponibile. La soluzione ci viene fornita da un progetto sviluppato dalla AT&T insieme all'Università di Cambridge (http://www.uk.research.att.com/vnc/): il progetto pilota, denominato *Videotile* (http://www.uk.research.att.com/tile.html) prevedeva la realizzazione di un thin-client per reti ATM basato esclusivamente su di un display LCD sensibile al tocco (Fig. 19.1), in pratica l'antesignano di un Tablet PC connesso ad una rete veloce, ideato prevalentemente per applicazioni multimediali.

Poiché del progetto iniziale rimase solamente una implementazione software, come spiegano gli stessi autori, fu deciso di chiamarlo VNC: Virtual Network Computer. VNC è un applicativo client-server che consente di prendere il controllo completo del desktop di una macchina remota, è sufficiente che sia connessa alla Rete. La vera potenza di questo software risiede nell'essere assolutamente multipiattaforma e, pertanto, di essere utilizzabile su ogni macchina indipendentemente dal sistema operativo e dall'hardware. Attualmente, VNC è disponibile per Linux, Microsoft Windows, Apple Mac OS, Palm OS (PDA), Pocket PC (PDA), ed esiste anche una versione Java del client. Con una simile diffusione si ha la certezza di poter prendere il controllo del proprio sistema praticamente da ogni postazione connessa alla Rete, ma naturalmente non mancano le controindicazioni soprattutto inerenti la sicurezza; approfondiamo la conoscenza di questo strumento prezioso per l'amministratore, apprendendone anche i punti deboli e le tecniche per arginarli.

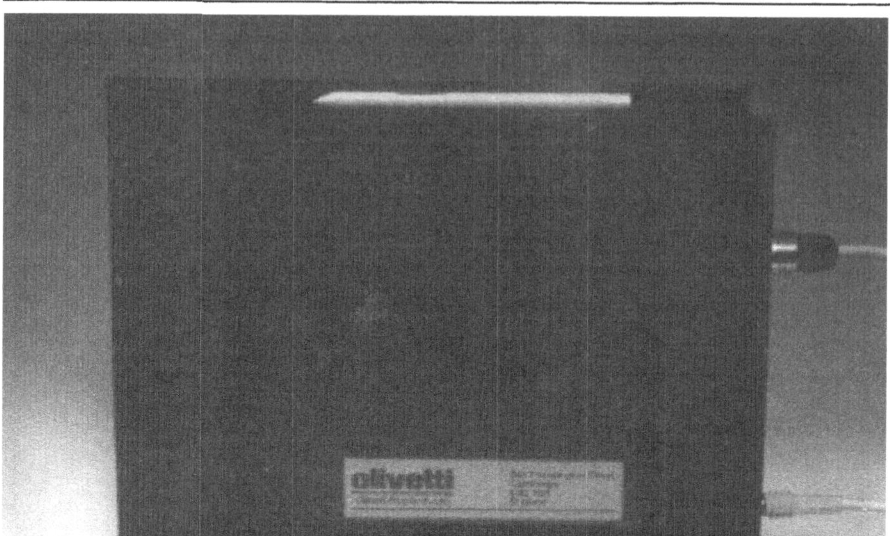

Fig. 19.1 – Videotile, il progetto da cui ha preso vita VNC

19.1 Installazione e configurazione

La distribuzione RedHat di Linux già contiene VNC (per la precisione contiene TightVNC, di cui parleremo più avanti), ma qualora non l'aveste installato o preferiate aggiornare il software all'ultima versione è possibile reperirlo presso il sito http://www.realvnc.com/. Il software è distribuito sotto licenza GNU e pertanto è disponibile anche il sorgente. Per la distribuzione RedHat è possibile scaricare il file RPM che contiene i due componenti: il server ed il client. A partire dalla versione 3.3.6-2 è possibile aggiornare entrambi i pacchetti installandolo con l'opzione per l'update:

```
]# rpm -U vnc-3.3.7-1.i386.rpm
```

Alcune distribuzioni di RedHat (le più datate) contengono un bug nel comando rpm che non consente di aggiornare tutti i file; per tale motivo è opportuno procedere alla rimozione manuale sia del client che del server, prima di procedere ad una nuova installazione. Per rimuovere client e server è sufficiente digitare i comandi:

```
]# rpm -e vnc
```

seguito da

```
]# rpm -e vnc-server
```

A questo punto non serve che avviare il server tramite il comando:

```
]# vncserver

You will requie a password to access your desktops

Password: *****
Verifiy:  *****

New 'X' desktop is nomehost.dominio:1

Creating default startup script /root/.vnc/xstartup
Starting applications specified in /root/.vnc/xstartup
Log file is /root/.vnc/nomehost.dominio:1.log
```

In pratica il server Xvnc viene avviato tramite uno script Perl che ne facilita l'uso inviando i parametri corretti d'avvio e le opzioni basilari. Al primo avvio viene chiesta la password per l'accesso al desktop da remoto e, quindi, vengono creati on-the-fly i file di configurazione necessari per l'avvio ed la gestione del log, tutti questi vengono riposti in una cartella nascosta dentro la directory home dell'utente. Xvnc è pensato per essere multi utente e pertanto gestisce più display in contemporanea. Quando avviato, il server crea un nuovo display (:1 nel nostro esempio) per ogni sessione, così quando ci connetteremo dovremo richiedere esplicitamente di vedere il display di nostra competenza. In pratica, Xvnc si comporta come un server X indipendente: crea diverse sessioni di display accessibili tramite il client. É bene precisare, sin da adesso, che con la versione di VNC per Linux non è possibile aprire un display X su di una macchina ed in contemporanea prenderne il controllo da remoto, motivo per cui di default il server Xvnc attribuisce alla prima sessione attiva il display :1. Prima di approfondire ulteriormente il concetto, spostiamoci su di un client remoto, per esempio una macchina Windows e verifichiamo il funzionamento del sistema. Notiamo subito che il client, *vncviewer.exe*, è costituito da un solo file di circa 170 kbyte, pertanto facilmente trasportabile anche su di un floppy, inoltre è disponibile per quasi tutte le piattaforme esistenti e ne esiste anche una versione Java.

Non appena caricato si apre una finestra pop-up che richiede l'indirizzo dell'host cui connettersi: va specificato il nome seguito dal display, ad esempio nomehost:1, oppure l'indirizzo numerico seguito dal display, 192.168.1.2:1. Se non si specifica alcun display, il client proverà a connettersi al display :0; nel nostro caso il primo display disponibile è sicuramente :1, poiché ci stiamo connettendo ad una macchina Linux. Se la connessione è andata a buon fine appare una finestra di pop-up che richiede la password; una volta digitata il risultato dovrebbe essere simile a quello in Fig. 19.2.

Fig. 19.2 – Un window manager KDE gestito da Windows 2000

Nella barra del titolo della finestra potrete notare il nome dell'utente seguito dal nome del display, di default battezzato "X". Lo script vncserver consente di personalizzare molti di questi parametri aumentandone l'immediatezza d'uso. Ad esempio, posso avviare una sessione del server Xvnc in cui nominerò il display :2 "Professional Linux" semplicemente digitando:

```
]# vncserver -name "Professional Linux"
```

se necessito di terminare una sessione in corso, ad esempio la 1:

```
]# vncserver -kill :1
```

In ambiente Windows la gestione di VNC è diversa. Infatti VNC non offre le caratteristiche di multiutenza, inoltre, nel desktop di Windows appare sempre una icona nel System Tray che avvisa della presenza del server e di eventuali connessioni in corso. Tale icona può essere rimossa solamente modificando e ricompilando il sorgente, per ovvie ragioni di tutela della privacy.

L'installazione in ambiente Windows è altrettanto semplice: il pacchetto di installazione completo di client e server ha una dimensione di poco superiore ai 500 kbyte ed è disponibile sia in formato Zip che eseguibile auto installante. È sufficiente decomprimere i file e lanciare l'eseguibile *WinVNC.exe*.

Anche in questo caso, al primo avvio è necessario impostare una password per il controllo remoto. Al contrario di quanto succede con Xvnc, il server per Windows non consente la multi utenza; infatti, il display che viene condiviso è lo stesso mostrato a video. Ciò può disorientare gli utenti la prima volta, infatti ci si trova dinnanzi a due filosofie completamente differenti di implementazione del software, scelte progettuali direttamente connesse alla filosofia del sistema operativo.

Per prendere il controllo di una macchina Windows da una Linux box è sufficiente da shell grafica eseguire il comando:

```
]# vncviewer nomehost
VNC server supports protocol version 3.3 (viewer 3.3)
Password: *****
VNC authentication succeeded
```

Digitata la password, il server conferma la connessione ed apre una nuova finestra che mostra il desktop remoto, come riportato in Fig. 19.3. E' interessante notare come il desktop sia assolutamente condiviso, pertanto lo spostamento del puntatore in remoto potrebbe comportare un conflitto di utilizzo con l'eventuale utente che si trova dinnanzi al terminale. Per tale ragione, la versione Windows permette anche di disattivare mouse e tastiera remota consentendo esclusivamente l'osservazione del desktop.

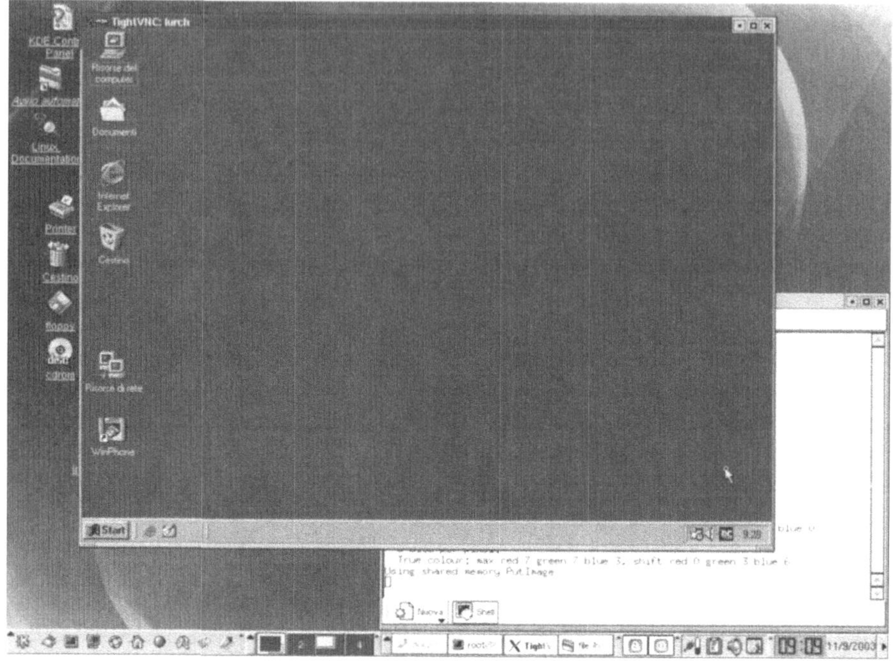

Fig. 19.3 – Controlliamo una macchina Windows da KDE

19.2 Utilizzo avanzato ed il protocollo RFB

VNC è stato realizzato con una finalità precisa: poter controllare un desktop remoto utilizzando un thin-client; ciò comporta che anche il protocollo per la gestione del desktop deve essere caratterizzato da una estrema semplicità strutturale per ridurre al minimo le esigenze di elaborazione da parte del client stesso.

Il protocollo utilizzato da VNC si basa sul concetto di framebuffer remoto (RFB, *remote framebuffer*); in pratica tale protocollo è progettato per consentire ad un server di inviare al client gli aggiornamenti del display. Poiché il protocollo opera a livello di framebuffer potenzialmente è compatibile con tutte le piattaforme, l'unico requisito necessario è un protocollo di trasporto affidabile quale, ad esempio, TCP.

Il protocollo RFB è molto più semplice di X, per cui richiede potenza di calcolo estremamente ridotta. Il server RFB si limita a catturare porzioni di display rettangolari specificando un punto di inizio ed una estensione, quindi le passa al client che si occupa di riprodurle nel proprio framebuffer in modo che appaiano nella posizione corretta. Nella sua implementazione più semplice, il server cattura l'intero display e lo passa al client.

Risulta evidente, che il client è un applicativo estremamente semplice: si limita a ricevere i dati, che gli arrivano già preformattati, ed a riprodurli correttamente. L'implementazione di un server risulta più complessa: infatti, esistendo diverse metodologie per la rappresentazione dei pixel, è necessario codificare la porzione di display catturata in modo che risulti compatibile con il client. La modalità più semplice è la raw che prevede una scansione da sinistra verso destra dei pixel da rappresentare. Ovviamente, una buona implementazione ottimizza l'invio dei dati limitandosi alla cattura delle porzioni di schermo che hanno subito una modifica, come ad esempio le porzioni di schermo vicine al cursore.

Di fatto, VNC opera come un server X capace di individuare le porzioni di display che subiscono una modifica e di catturarle direttamente dal framebuffer del server X stesso. Xvnc, l'implementazione del server per Linux, è un RFB server associato ad un framebuffer virtuale: una porzione di memoria in cui vengono proiettate le finestre di sistema e le relative applicazioni; da cui si intuisce come vengono gestite le sessioni dei vari display.

Data l'estrema leggerezza del client dal punto di vista applicativo, si è pensato di implementarne una versione Java capace di funzionare anche all'interno di un web browser. Per tale ragione i server VNC sono dotati anche di un elementare HTTP server che consente di far controllare una macchina remota direttamente da browser. RFB necessita di un protocollo di trasporto affidabile, motivo per cui viene utilizzato TCP; in particolare, i server VNC restano in ascolto sulle porte 5900, 5901, 5902, etc. L'ultima cifra indica il display da controllare, per cui se si deve controllare una macchina Windows la porta d'ascolto sarà sempre la 5900, mentre per le Linux box la prima porta d'ascolto disponibile sarà sempre la 5901.

Il server HTTP di VNC resta in ascolto sulle porte 5800, 5801, 5802, etc. Per cui per connettersi tramite un web browser è sufficiente specificare la URL completa di porta, ad esempio http://nomehost:5801. Il server HTTP risponde inviando un'applet Java che consente la connessione tramite l'invio della password (Fig. 19.4). Una volta effettuato il login appare il nostro desktop pienamente controllabile da remoto, come in Fig. 19.5.

VNC è un eccellente strumento per qualsiasi amministratore, ma bisogna conoscere alcuni aspetti del protocollo per porvi rimedio. Il protocollo RFB è stato pensato per reti veloci, infatti il progetto iniziale era pensato per reti ATM; ciò comporta che non è implementato alcun algoritmo per la compressione dei dati in tempo reale, motivo per cui le immagini che costituiscono il framebuffer possono intasare una connessione lenta. E' possibile ovviare sostituendo la versione standard di VNC con il progetto TightVNC (http://www.tightvnc.com/), già disponibile nelle distribuzioni più recenti di Red Hat: si tratta di una versione migliorata di VNC che mantiene la piena compatibilità verso il basso, aggiungendo delle migliorie che vanno a risolvere le mancanze del progetto originale. TightVNC è sempre un progetto basato su licenza GNU, pertanto Open Source e gratuito. Il server ed il client si sostituiscono sia sulle Linux box che sulle macchine Windows in maniera trasparente e consentono, per esempio, l'introduzione della compressione Jpeg per l'invio dei framebuffer, con notevole vantaggio in termini di velocità di connessione.

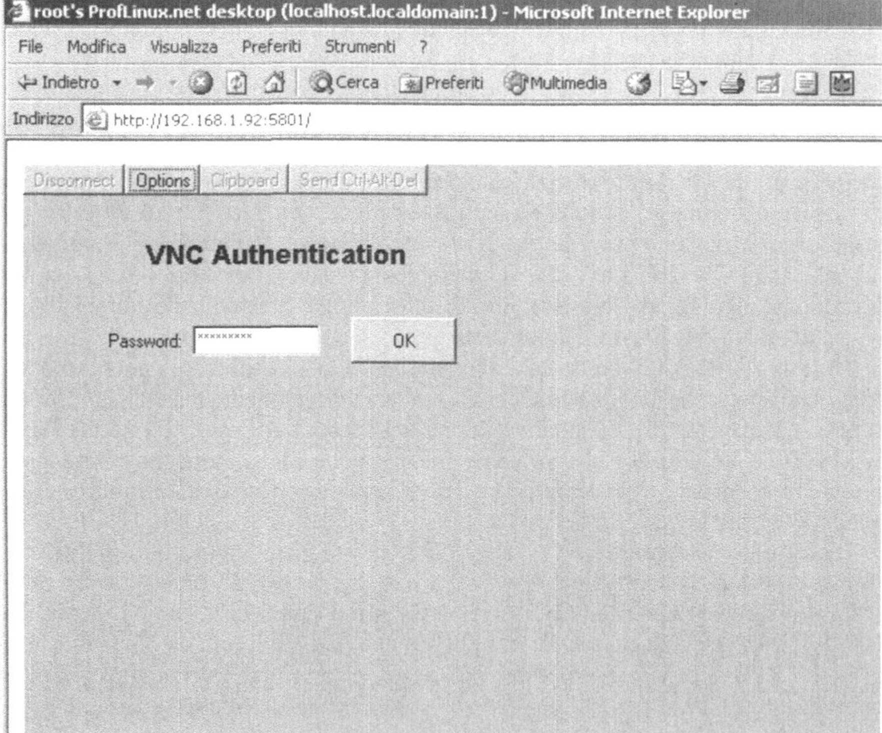

Fig. 19.4 – L'autenticazione tramite applet Java

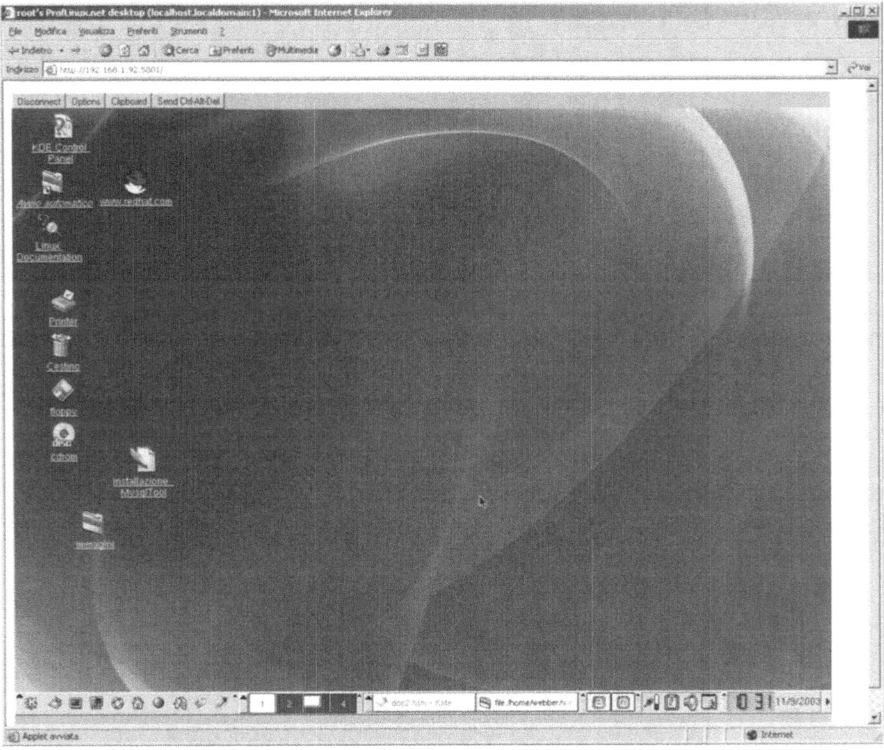

Fig. 19.5 – Controllo del desktop tramite applet Java

19.3 VNC in sicurezza

Il protocollo RFB è stato progettato per rendere veloce ed leggero il client, ma non è stata presa in particolare considerazione la sicurezza. L'unico parametro inerente la sicurezza riguarda l'autenticazione che avviene tramite l'inserimento di una password durante il login.

Inoltre, solamente la fase di login è cifrata, mentre la trasmissione dei dati inerenti il framebuffer avviene in chiaro, pertanto, è possibile carpirla. Possiamo aumentare la sicurezza del sistema facendo viaggiare i dati su di una connessione cifrata tramite SSH. L'utilizzo della Secure Shell consente di criptare tutto il traffico tra due macchine utilizzando una cifratura basata sugli algoritmi a chiave asimmetrica rendendo realmente ardua l'operazione di sniffing delle informazioni.

La Secure Shell è disponibile per Linux, per MacOS ed anche per Windows, pertanto questa tecnica è utilizzabile su tutte le piattaforme. La tecnica del tunnelling si basa su di una opzione di SSH che consente di restare in ascolto su di una porta per re-indirizzarla su di un'altra. Normalmente se desidero connettermi alla macchina proflinux.net con lo stesso nome utente è sufficiente che digiti il comando:

```
]# ssh proflinux.net
nomeutente@proflinux.net's password: *****
```

Supponiamo che la Linux box proflinux.net abbia un server VNC in esecuzione come display :1, ciò implica che la macchina è in ascolto sulla porta 5901 in quanto VNC utilizza le porte a partire dalla 5900, dove le ultime due cifre indicano il numero del display in uso. Se inoltriamo le connessioni effettuate su queste porte ad una macchina remota possiamo far credere al client che il server sia in esecuzione sulla macchina locale.

Per effettuare un inoltro (forwarding) dei dati utilizzando il tunnelling tramite SSH è sufficiente dare il comando:

```
]# ssh -L 5902:localhost:5901 proflinux.net
nomeutente@proflinux.net's password: *****
```

In tal maniera qualsiasi connessione alla porta 5902 locale viene inoltrata automaticamente da SSH alla porta 5901 sulla macchina proflinux.net. Pertanto, per connettersi al display :1 remoto devo digitare il comando:

```
]# vncviewer localhost:5902
```

viceversa, se provassi a connettermi direttamente alla macchina proflinux.net con il comando:

```
]# vncviewer proflinux.net:5901
```

aggirerei il tunnelling e pertanto non godrei di nessuna cifratura dei dati. Questa tecnica porta diversi benefici che vanno anche oltre la maggiore sicurezza dei dati; infatti, SSH può utilizzare anche la compressione dei dati semplicemente aggiungendo al comando SSH l'opzione -C. Se volete verificare l'efficienza della compressione, attivate la modalità verbose con l'opzione -v. In generale, si dimostra molto efficace sulle connessioni lente. Ovviamente la tecnica del tunnelling è utilizzabile in tutte le altre occasioni dove è possibile effettuare l'inoltro della porta d'ascolto.

Ricordiamo che tale tecnica funziona bene per VNC, ma non è utile per TightVNC; quest'ultimo, infatti, già incorpora un algoritmo di cifratura che consente di aumentare la sicurezza del sistema.

19.4 VNC server su reti private

Può risultare comodo poter accedere dalla Rete ad un VNC server che risiede in una LAN basata su TCP/IP, ma avente indirizzamento privato. Un esempio pratico può essere fornito dalla necessita di accedere da Internet ad un Fax Server collegato ad una LAN appartenente alla rete 192.168.1.0/24 tramite VNC. Supponiamo, a titolo di esempio, che il nostro Fax Server abbia indirizzo 192.168.1.7. Per poter accedere dalla Rete alla LAN ad indirizzamento privato, necessitiamo di un gateway che effettui un NAT. Per i dettagli sulla traduzione di indirizzi di rete, sul port forwarding e su IPTABLES vi rimandiamo al capitolo relativo. Naturalmente, il gateway dovrà essere dotato di due schede di rete: una collegata alla LAN ed avente indirizzo privato, mentre l'altra dovrà avere un indirizzo pubblico, ad esempio 134.24.151.29. Di seguito, troviamo i comandi da digitare per consentire di effettuare la traduzione dall'indirizzo pubblico all'indirizzo privato per le porte TCP 5800 e 5900. Ricordiamo che Xvnc utilizza le porte a partire da 5800 e 5900, pertanto in caso di implementazione su Linux box di VNC server è necessario aprire ed eseguire il NAT di tutte le porte necessarie.

```
]# iptables -A PREROUTING -d 134.24.151.29 -p tcp \
   -m tcp --dport 5800 -j DNAT --to-destination \
192.168.1.7:5800

]# iptables -A PREROUTING -d 134.24.151.29 -p tcp \
   -m tcp --dport 5900 -j DNAT --to-destination \
192.168.1.7:5900

]# iptables -A FORWARD -p tcp -m tcp --dport 5900 \
-j ACCEPT

]# iptables -A FORWARD -p tcp -m tcp --sport 5900 \
-j ACCEPT
```

19.5 Conclusioni

VNC è uno strumento estremamente potente che consente di gestire reti eterogenee con estrema semplicità; come ogni strumento può essere utilizzato anche dai pirati informatici alla ricerca di debolezze nella vostra rete. Naturalmente, compito dell'amministratore è conoscere bene gli strumenti in proprio possesso per poter arginare i pericoli. L'utilizzo di piccoli accorgimenti come il tunnelling con SSH, o l'adozione di TightVNC in luogo della versione Real, insieme ad una gestione accorta delle politiche di sicurezza (Firewall, IDS, etc.) possono aumentare la sicurezza del proprio network pur consentendo di gestirlo agevolmente. Ricordiamo, infine, che TightVNC è adottato di default in tutte le versioni più recenti della distribuzione RedHat, ma la sua diffusione presso le altre piattaforme è molto meno ampia.

Nel prossimo capitolo vedremo come sia possibile realizzare dei server per il calcolo intensivo utilizzando diversi server e facendoli lavorare in parallelo utilizzando una tecnica chiamata *cluster* che consente di aumentare notevolmente la potenza di calcolo in condizioni normali e per fare in modo che il sistema, nella sua completezza, risulti raggiungibile e funzionante anche nel caso di guasto o blocco di una macchina del sistema.

20 Cluster Linux: OpenMosix e LVS

Un cluster può essere definito come un insieme di singoli computer autonomi che cooperano per la soluzione di un problema. In base al numero di computer, il cluster può raggiungere una potenza di calcolo dell'ordine di TeraFlop, paragonabile a quella di un supercomputer; e ciò a costi decisamente inferiori. E questa è la via intrapresa, ad esempio, dalla compagnia petrolifera Shell per prevedere la localizzazione delle sacche petrolifere: migliaia di Linux box che concorrono all'esecuzione di vari programmi. Nel corso di questo capitolo tratteremo due tipi di cluster: *scientifico*, utilizzato per l'implementazione di sistemi HPC (High Performance Computing), e per il *bilanciamento del carico e l'affidabilità* dei servizi di rete.

Nel primo caso, le Linux box coinvolte in cluster verranno gestite da *openMosix*, la cui leadership di progetto appartiene a Moshe Barnel, nel secondo, dal sistema *LVS (Linux Virtual Server)* sviluppato al National Laboratory for Parallel and Distributed Processing dal gruppo di lavoro diretto da Wenson Zhang.

20.1 Cluster openMosix

OpenMosix, versione Open Source del progetto *MOSIX* sviluppato presso la Hebrew University di Gerusalemme dal gruppo di lavoro diretto dal Prof. Amnon Barak, consente l'utilizzo di Linux box collegate in cluster come sistema di calcolo scientifico di tipo HPC. L'utente che collega la propria Linux box al cluster (utilizzando un kernel ad hoc), da un lato, mette a disposizione le proprie risorse di calcolo al cluster e, dall'altro, lo utilizza in maniera trasparente avendo l'illusione di lavorare su un unico sistema. Ad oggi, *openMosix* è l'unico sistema di clustering per Linux che implementa il cosiddetto *Single System Image* (SSI), capace di migrare i processi dinamicamente sui vari nodi[1] e di vedere il sistema come un unico elaboratore Linux SMP (Symmetric Multi Processing) con un numero di CPU pari a quelle delle Linux box coinvolte.

Oltre alla migrazione dei processi, openMosix è anche in grado di richiamarli e smistarli nel caso in cui un nodo non fosse più idoneo a gestirli (es. processore in sovraccarico). L'architettura di openMosix si articola, per ogni nodo, su tre livelli:

1. Analisi delle risorse
2. Gestione delle risorse
3. Migrazione dei processi

Il primo livello analizza le risorse del cluster con la cadenza di una volta al secondo; i dati rilevati vengono inoltrati, tramite protocollo di trasporto UDP, ad un gruppo *random* di nodi; l'invio delle informazioni da parte di un nodo a un gruppo random di nodi è necessario per evitare che tutti gli elementi del cluster smistino i loro processi sul nodo meno carico.

Il secondo livello si occupa della gestione delle risorse analizzate dal primo e stabilisce un "costo" per ogni risorsa in modo che, se un processo necessita di una determinata quantità di RAM/SWAP, verrà favorito il nodo che, a parità di memoria, presenta il costo più basso.

Il terzo livello gestisce la migrazione dei processi: quando un nodo non è in grado di gestire adeguatamente un determinato processo, questo viene automaticamente migrato ad un nuovo nodo senza che l'esecuzione venga interrotta, e ciò in maniera del tutto trasparente per l'utente.

L'utente del cluster, se ha avviato un processo, ne verifica l'esecuzione dalla propria Linux box con il comando *ps*; per controllare dove realmente questo processo viene eseguito si utilizzano i comandi di gestione del cluster *mps* ed *mtop*.

Questi ultimi comandi possono essere eseguiti da un qualsiasi utente del cluster.

OpenMosix mette inoltre a disposizione il filesystem o*MFS (openMosix File-System)*, un sistema virtuale (agisce in memoria) per accedere ai file memorizzati sui vari nodi.

---

[1] Per nodo si intende una Linux box che concorre a formare il cluster

20.1.1 Installazione di openMosix

Il software openMosix è una patch da applicare al kernel standard di Linux. Dal sito ufficiale *www.openmosix.org* si può prelevare il file *openmosix-kernel-2.4.20-openmosix3.i386.rpm* che contiene il kernel comprensivo della patch; per l'installazione:

```
]# rpm -ivh openmosix-kernel-2.4.20-openmosix3.i386.rpm
```

L'installazione crea nella directory `/boot` i file `vmlinuz-openmosix` e `i-nitrd-openmosix.img`, che devono essere richiamati dal boot loader *GRUB* agendo sul file di configurazione `/boot/grub/grub.conf` nel seguente modo:

```
# grub.conf generated by anaconda
...
...
title Red Hat Linux Mosix (2.4.20)
        root (hd0,0)
        kernel /vmlinuz-2.4.20-openmosix3 ro root=LABEL=/ vga=791
```

con (hd0,0) evidentemente da personalizzare per ciascuna Linux box.

20.1.2 Strumenti di amministrazione

Lo strumento principale per l'amministrazione di openMosix è *openmosix-tools-0.3.4-1-RH80.i386.rpm*, prelevabile dal sito *www.openmosix.org*; per installarlo:

```
]# rpm -ivh openmosix-tools-0.3.4-1-RH80.i386.rpm
```

Il pacchetto in argomento contiene, tra gli altri, anche il package *mps* con le versioni openMosix dei comandi *ps* e *top*.

Un cluster openMosix può essere gestito e monitorato con i comandi:

- ***setpe***: per la mappatura degli indirizzi IP dei nodi partecipanti al cluster e l'inserimento o meno di nodi dal cluster;
- ***mosctl***: per la migrazione dei processi, l'accesso all'oMFS e la lettura di alcuni parametri di configurazione; la sintassi di *mosctl* è la seguente:

```
mosctl { stay | nostay | lstay | nolstay | block | noblock | quiet |
        noquiet | nomfs | mfs | expel | bring | gettune | getyard |
        getdecay }

mosctl whois [ OpenMosix-ID | IP-address | hostname ]

mosctl { getload | getspeed | status | isup | getmem | getfree |
        getutil } [ OpenMosix-ID ]

mosctl setyard [ processor-type | number | this ]
```

```
mosctl setspeed numeric-value

mosctl setdecay interval slow fast
```

Le opzioni più importanti sono:

- *stay*   = evita la migrazione automatica dei processi
- *nostay* = l'inverso del precedente
- *mfs*   = abilita oMFS
- *nomfs*   = disabilita oMFS
- *bring*   = migra tutti i processi verso il nodo che li ha generati
- *whois*   = risolve gli IDmosix, ip-address, hostname
- *getload* = visualizza il carico del nodo
- *getspeed* = visualizza la velocità di calcolo del nodo
- *getmem* = visualizza la memoria logica libera
- *getfree* = visualizza la memoria fisica libera
- *status* = informa sullo stato del mosix (up o down)
- *setspeed* = modifica il valore della velocità calcolo di un nodo

- ***mosrun***: per indirizzare un processo su nodi predeterminati; la sintassi di *mosrun* è la seguente:

```
mosrun  [-{h|OpenMosix_ID|-jID1-ID2[,ID3-ID4]...}  [-F]  ]  -{l|L|k}[-
{c|i|n|s|f  |  ([-d dec]  [-t tt])}  [-{e|E}]  [- {r|R}]  ][-z] prog
[args]...
```

- ***mosmon***: è il tool di monitoring del cluster openMosix. Disegna un grafico a barre in tempo reale, mostrando il carico dei nodi del cluster. Può anche monitorare la quantità di memoria installata, disponibile e utilizzata oltre alla velocità dei processori; la sintassi di *mosmon* è la seguente:

```
mosmon [-v | -w] [-t] [-d]
```

Le opzioni più importanti sono:

- *-t*   = mostra il numero dei nodi attivi
- *-d*   = mostra il numero dei nodi non attivi

Durante l'esecuzione di *mosmon* si possono attivare diverse funzioni premendo i seguenti tasti:

- *[s]*   = mostra la velocità dei processori
- *[m]*   = mostra la memoria utilizzata
- *[r]*   = mostra la memoria libera/utilizzata
- *[l]*   =aggiorna il grafico
- *[d]*   = mostra anche i nodi down
- *[D]*   = non mostra più i nodi down

Un'alternativa a *mosmon*, con nuove potenzialità e con un'accattivante veste grafica è *Mosixview*, il cui eseguibile rpm *openMosixview-1.1-rh72.rpm* è scaricabile dal sito Internet *www.mosixview.com*.

20.1.3 Configurazione dei nodi di un cluster

Finita la fase di installazione dei tools, bisogna inserire nel file */etc/mosix.map* l'elenco degli indirizzi IP delle Linux box partecipanti al cluster (si possono utilizzare per lo stesso scopo, ma con sintassi diversa, anche i file */etc/hpc.map* */etc/openmosix.map* e */etc/cluster.map*): ad esempio, se queste hanno indirizzi IP compresi da 192.168.0.1 a 192.168.0.8, il file di configurazione è il seguente:

```
MOSIX CONFIGURATION

# ====================
#
# Each line should contain 3 fields, mapping IP addresses to MOSIX
# node-numbers:
# 1) first MOSIX node-number in range.
# 2) IP address of the above node (or node-name from /etc/hosts).
# 3) number of nodes in this range.
#
# Example: 10 machines with IP 192.168.1.50 - 192.168.1.59
# 1        192.168.1.50       10
#
# MOSIX-#  IP  number-of-nodes
# ============================
1        192.168.0.1      8
```

Se sulla nella rete non si dispone di alcun DNS server, bisogna inserire nel file */etc/hosts* di ciascun nodo, gli indirizzi IP e i nomi dei nodi partecipanti al clustering. Una volta aggiornati i file */etc/mosix.map* e */etc/hosts* si copiano sui vari sistemi con *scp*.

Per utilizzare il filesysem *oMFS* è necessario creare la directory */mfs* con

```
]# mkdir /mfs
```

e aggiungere nel file */etc/fstab* la direttiva:

```
LABEL=/         /              ext2    defaults            1 1
/dev/cdrom      /mnt/cdrom     iso9660 noauto,owner,ro     0 0
/dev/fd0        /mnt/floppy    auto    noauto,owner        0 0
none            /proc          proc    defaults            0 0
none            /dev/pts       devpts  gid=5,mode=620      0 0
/dev/hda5       swap           swap    defaults            0 0
mfs_mnt         /mfs           mfs     dfsa=1              0 0
```

Con questo particolare filesystem si può disporre dei file memorizzati in ciascun nodo del cluster: ad esempio, se dal nodo *1* (con IP 192.168.0.1) si vuole editare il file */root/file8* presente sul nodo *8* (con IP 192.168.0.8), il comando è:

```
]# vi /mfs/8/root/file8
```

Riavviando la Linux box, il sistema è predisposto per l'inserimento nel cluster, pronto a migrare le proprie elaborazioni e a riceverne da altri nodi. Il tipo di elaborazione che si presta meglio all'utilizzo di openMosix è quella che genera più processi separati; un esempio: generando contemporaneamente, con il comando *sshkeygen,* più chiavi pubbliche/private complesse (con dimensione superiore a 1KB), il sistema, dopo qualche secondo, tende a migrare i processi sulle Linux box disponibili, con tempi di elaborazione decisamente inferiori se paragonati alla singola Linux box.

OpenMosix consente fondamentalmente tre tipi di approccio:

- *single-pool,* tutte le Linux box fanno parte del cluster;
- *adaptive-pool,* le Linux box decidono quando far parte del cluster;
- *server-pool,* occorre accedere in SSH in una Linux box del cluster.

L'accesso dinamico delle Linux box al cluster è previsto con il comando:

```
]# service openmosix start ( o stop)
```

20.2 Cluster LVS

Linux Virtual Server è un sistema di alta affidabilità (*highly available*) che consente la gestione dei servizi dedicati a servizi web, di posta elettronica, etc. attraverso una o più Linux box (con funzioni di *director*) che vanno smistando le varie richieste su più server duplicati (*real server*), bilanciandone il carico e facilitandone il backup. L'architettura del cluster risulta completamente trasparente all'utente, pertanto l'intera batteria di server viene vista come un singolo server. LVS consta di due parti fondamentali: una è relativa alla patch da applicare al kernel (linux-2.4.20-ipvs.1.0.9.patch) per estenderne lo stack TCP/IP, l'altra è relativa alle utilità (*ipvs, ipvsadm e keepalived*) per l'amministrazione.

20.2.1 Patch da applicare al kernel

La patch da applicare al kernel si recupera adl sito ufficiale di LVS http://www.linuxvirtualserver.org. Diamo di seguito i comandi relativi al recupero della patch e alla ricompilazione del kernel:

```
]# cd /usr/src
]# wget http://www.linuxvirtualserver.org/software/\
kernel-2.4/linux-2.4.20-ipvs-1.0.9.patch.gz
]# gzip -d linux-2.4.20-ipvs-1.0.9.patch
]# cd linux-2.4
]# patch -p1 < ../linux-2.4.20-ipvs-1.0.9.patch
]# make xconfig
```

In Fig. 21.1, relativa alla sezione Networking Options, viene indicato come attivare la funzione "Network Packet Filtering".

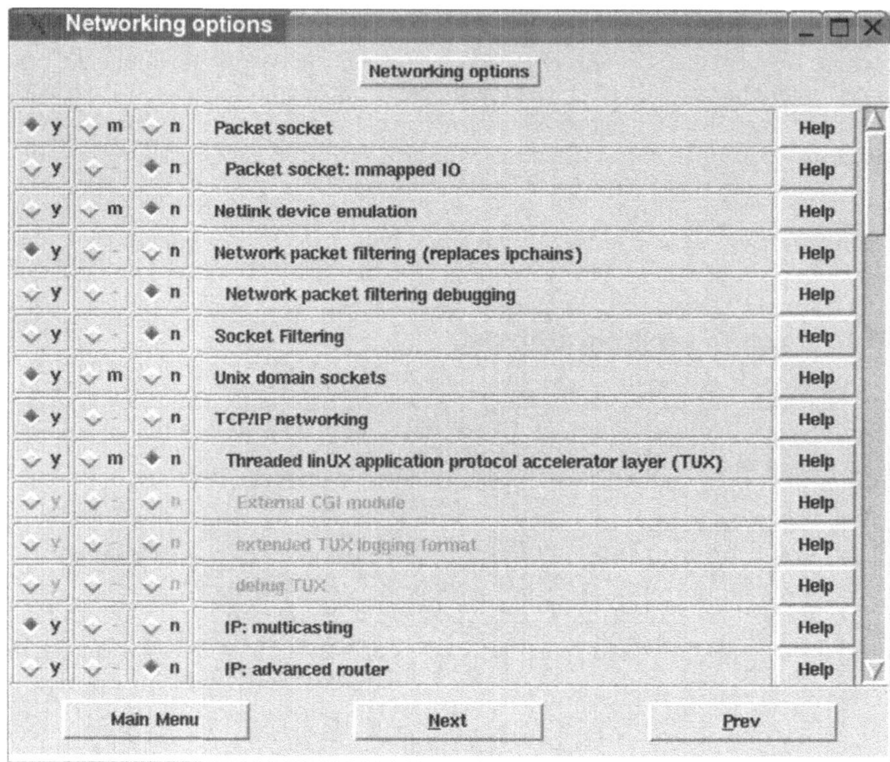

Fig. 20.1 – Opzioni di networking

Dal menu di configurazione principale occorre poi selezionare la sezione "IP: Virtual Server Configuration" e attivare i moduli di LVS come indicato in Fig. 20.2.

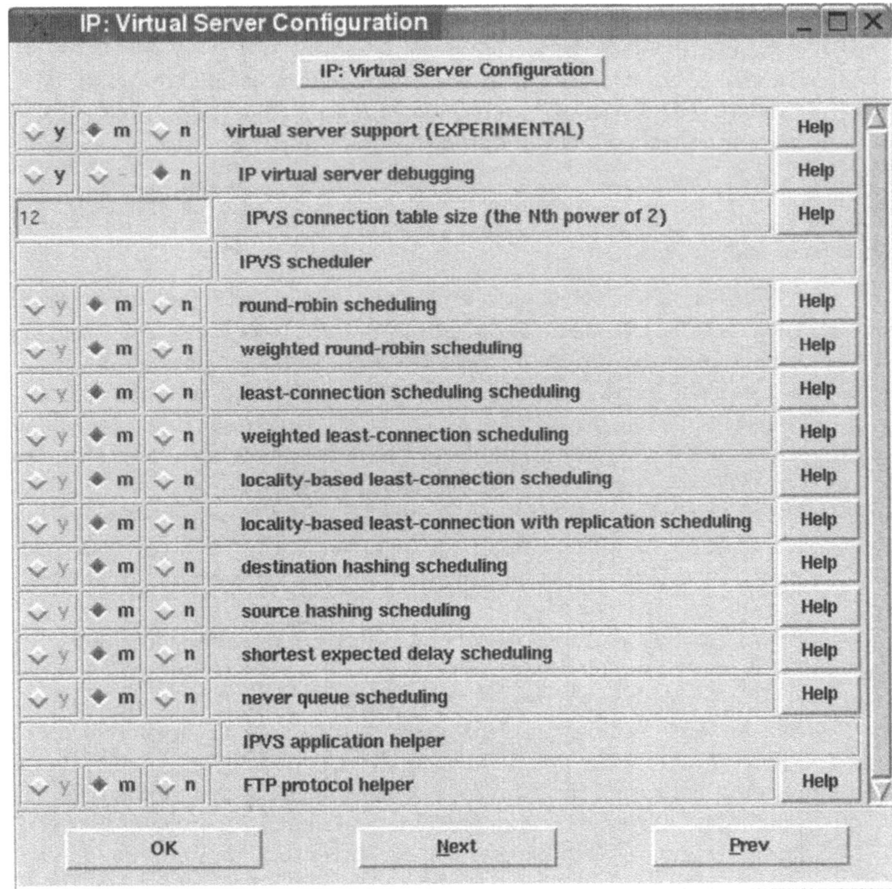

Fig. 20.2 – Configurazione del *Virtual Server*

Esaminiamo quanto indicato in Fig. 20.2.

L'impostazione a 12 (default) per "IPVS connection table size" genera una tabella di *masquerading* pari 4096 voci da 128 Byte che occuperanno 512 KB di memoria RAM; impostare questo parametro a 16 significa generare un tabella di 65536 voci che occuperanno 8 MB di memoria RAM; la scelta di questo parametro dipende dai volumi di traffico previsti.

LVS supporta 6 algoritmi di load balancing di cui i più utilizzati sono:

- *round robin*, il più semplice; se abbiamo tre real server da servire A, B e C, l'ordine di distribuzione sarà prima A, poi B, poi C, poi A, poi B, e così via;

- *weighted round robin,* assegna un peso alle capacità elaborative del real server; se i real server A e C hanno prestazioni superiori a B oppure, a parità di prestazioni, si vuole che i server A e C "lavorino" più di B, allora si assegna "peso 1" al server B e "peso 2" a C e A;
- *least connection,* tiene traccia del numero di connessioni per ciascun real server ma non prende in considerazione, come round robin, l'eventuale potenza elaborativa dei server;
- *weighted least connection,* forse è il migliore in quanto si possono attribuire pesi diversi ai real server, tenere traccia delle connessioni e distribuire in maniera ottimale il traffico.
- *NAT*

Oltre agli algoritmi di load balancing, LVS supporta tre metodi per instradare i pacchetti ai real server:

- *NAT,* i real server non devono avere requisiti particolari (potrebbero avere anche sistemi operativi diversi) e devono essere collegati con un piano d'indirizzamento privato (es. 192.168.x.y); il director (meglio se due Linux box di cui una *hot-swap*) deve avere due schede di rete, una con indirizzo IP sulla rete privata (nell es. di Fig. 20.3 è 192.168.3.3) e l'altra con indirizzo **VIP** (Virtual IP) **pubblico** (nell'esempio di Fig. 20.3 è stato utilizzato l'indirizzo privato 192.168.2.1); i client si collegano all'indirizzo VIP del director e quest'ultimo applica l'algoritmo di load balancing implementato e indirizza il pacchetto a uno dei real server; i pacchetti di ritorno (verso il client che ha richiesto il servizio) attraversano il director e raggiungono il client;
- *Routing diretto,* il director ha una sola scheda di rete con indirizzo VIP e i real server hanno tutti indirizzi pubblici; per evitare conflitti ARP, tutti i real server devono avere impostato come indirizzo di alias di loopback *lo:1* lo stesso indirizzo VIP del director (nell'esempio di riferimento in Fig. 20.3 tutti i real server dovrebbero avere impostato *lo:1 192.168.2.1*); i client si collegano all'indirizzo VIP del director e quest'ultimo applica l'algoritmo di load balancing implementato e invia il pacchetto riscrivendo l'indirizzo MAC di uno dei real server; i pacchetti di ritorno (verso il client che ha richiesto il servizio) non attraversano il director e raggiungono direttamente il client; director e real server devono stare sullo stesso segmento di LAN (stesso switch);
- *Tunneling,* funziona come il precedente ma con l'overhead della funzione di tunnel, director e real server possono stare su diversi segmenti di LAN (diversi switch), comunque non in ambito geografico.

Attraverso i seguenti comandi si procede con la compilazione del kernel e dei moduli:

```
]# make dep
]# make modules
]# make modules_install
]# make install
```

Al prossimo riavvio, la Linux box è predisposta alle funzioni di director LVS.

20.2.2 I tool ipvs, ipvsadm e keepalived

Prima di procedere con la configurazione, è necessario installare gli applicativi
ipvs, *ipvsadm* e *keepalived*: nella parte che segue verranno prelevati dai siti ufficiali complilati e installati i relativi programmi disponibili in formato sorgente e scritti
in linguaggio di programmazione C. Diamo di seguito i passi da seguire.
Per ipvs:

```
]# wget http://www.linuxvirtualserver.org/software\
/kernel-2.4/ipvs-1.0.9.tar.gz
]# tar xzf ipvs-1.0.9.tar.gz
]# cd ipvs-1.0.9
]# make installsource
```

per ipvsadm:

```
]# wget http://www.linuxvirtualserver.org/software\
/kernel-2.4/ipvsadm-1.21-7.src.rpm
]# rpm -i ipvsadm-1.21-7.src.rpm
]# cd /usr/src/redhat
]# rpmbuild -bb SPEC/ipvsadm.spec
]# cd RPMS/i386
]# rpm -ivh ipvsadm-1.21-7.i386.rpm
```

per keepalived:

```
]# wget http://keepalived.sourceforge.net/software/
]# tar xzf keepalived-1.1.2.tar.gz
]# cd keepalived-1.1.2
]# ./configure
]# make
]# make install
```

Il sistema è pronto per un corretto funzionamento.

20.2.3 Implementazione pratica di un sistema LVS

Per entrare nel merito del funzionamento di LVS, faremo riferimento all'esempio indicato in Fig. 20.3 in cui si dispone di una Linux box con funzioni di web e ssh director (indirizzo VIP 192.168.2.1 su interfaccia eth2 – da intendere come pubblico - e su rete privata 192.168.3.3 su interfaccia eth1), due Linux box con funzioni di real server web e SSH (con indirizzi IP privati 192.168.3.1 e 192.168.3.2) e una terza Linux box, con funzioni di mail server, con indirizzo 192.168.2.2 (– da intendere come pubblico -) posizionata al di fuori dell'area d'intervento di LVS, quindi direttamente raggiungibile.

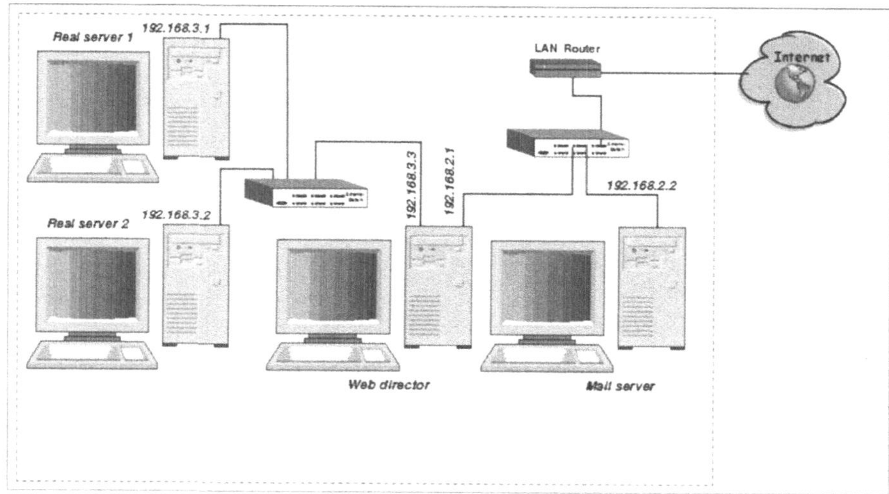

Fig. 20.3 – Esempio di virtual server

L'obiettivo è quello di bilanciare il traffico web sui due real server utilizzando l'algoritmo di load balancing round-robin e il routing NAT; il mail server entra in gioco solo come mail server di riferimento fuori da LVS. Analizziamo la configurazione relativa al file `/etc/keepalive/keepalived.conf` per l'implementazione del sistema LVS indicato in Fig. 20.3:

```
! La parte global_defs contiene alcune informazioni relative
! all'amministratore di LVS necessarie per la notifica di eventi
! si assume che il sistema proflinux.net abbia indirizzo IP 192.168.2.2
global_defs {
notification_email {
amministratore@proflinux.net
}
notification_email_from LVS@proflinux.net
smtp_server 192.168.2.2
smtp_connect_timeout 30
LVS_id LVS_DEVEL
}
```

```
! Nel vrrp_sync_group si inseriscono le due "istanze" del director
! LVS:
! una di accesso alla rete esterna, denominata LVS_EXT;
! una di accesso ai real server interni, denominata LVS_INT;
vrrp_sync_group G1 {
group {
LVS_EXT
LVS_INT
}
}
! Definito il gruppo e' necessario configurare:
! il processo di routing, individuato con il numero 51,
! l'interfaccia ethernet eth2 con indirizzo IP 192.168.2.1;
! il processo di routing, individuato con il numero 52,
! l'interfaccia ethernet eth1 con indirizzo IP 192.168.3.3.
vrrp_instance LVS_EXT {
state MASTER
interface eth2
virtual_router_id 51
priority 100
advert_int 1
virtual_ipaddress {
192.168.2.1
}
}
vrrp_instance LVS_INT {
state MASTER
interface eth1
virtual_router_id 52
priority 100
advert_int 1
virtual_ipaddress {
192.168.3.3
}
}
! Definiamo quale, tra le due interfacce, è VIP(192.168.2.1),
! quale protocollo s'intende gestire in LVS (http porta TCP 80),
! quale algoritmo di load balancing adottare (round robin - rr);
! quale metodo di routing adottare(NAT).
virtual_server 192.168.2.1 80 {
lb_algo rr
lb_kind NAT
nat_mask 255.255.255.0
protocol TCP
! In questa sezione si definiscono gli indirizzi IP dei real server,
! la porta del servizio da bilanciare (80), il peso (round robin, 1)
! da assegnare ai real server,
! la procedura di controllo dello stato dei real server (TCP_CHECK)
! effettuando una connessione ogni 3 secondi;
real_server 192.168.3.2 80 {
weight 1
TCP_CHECK {
connect_port 80
connect_timeout 3
nb_get_retry 3
delay_before_retry 10
}
}
real_server 192.168.3.3 80 {
weight 1
TCP_CHECK {
```

```
connect_port 80
connect_timeout 3
nb_get_retry 3
delay_before_retry 10
}
}
}
! analogo discorso per il servizio SSH, porta TCP 22
virtual_server 192.168.2.1 22 {
lb_algo rr
lb_kind NAT
nat_mask 255.255.255.0
protocol TCP
real_server 192.168.3.2 22 {
weight 1
TCP_CHECK {
connect_port 22
connect_timeout 3
nb_get_retry 3
delay_before_retry 10
}
}
real_server 192.168.3.3 22 {
weight 1
TCP_CHECK {
connect_port 22
connect_timeout 3
nb_get_retry 3
delay_before_retry 10
}
}
}
```

Da notare che, la direttiva weight, relativa al peso, è uguale a 1 per ciascun real server; cambiando peso si attiva l'algoritmo round robin pesato.

Per attivare le funzioni di director LVS si invia il comando:

```
]# keepalived -d
```

Per visualizzare le informazioni relative al sistema implementato:

```
]# ipvsadm -L -n
IP Virtual Server version 1.0.7 (size=4096)
Prot LocalAddress:Port Scheduler Flags
  -> RemoteAddress:Port           Forward Weight ActiveConn InActConn
TCP  192.168.2.1:22 rr
  -> 192.168.3.1:22               Masq    1      0          2
  -> 192.168.3.2:22               Masq    1      0          0
TCP  192.168.2.1:80 rr persistent 50
  -> 192.168.3.1:80               Masq    1      12         93
  -> 192.168.3.2:80               Masq    1      20         73
```

20.2.4 Gestione del director e dei real server in SSH

Nel paragrafo precedente si è fatto riferimento ai servizi web e SSH; il primo perché è un tipico servizio da cluster, il secondo perché consente la gestione dei real server da remoto.

Per amministrare da remoto il director occorre variare la porta di ascolto di SSH da 22 a, per esempio, 122 (sulla porta di default 22 si raggiungerebbero soltanto i real server). Per cambiare il numero della porta SSH sul director occorre agire sul file */etc/ssh/sshd_config* e specificare la direttiva:

```
port 122
```

e riavviare il servizio

```
]# service sshd restart
```

Da una qualsiasi Linux box il director si raggiunge in SSH con il comando:

```
]# sshd 192.168.2.1 -p 122
```

Nella gestione dei real server in SSH, essendo più d'uno, la *key fingerprint* (letteralmente chiave digitale) SSH cambia in base al real server che si raggiunge; per uniformare le key fingerprint, sul director e sui real server, si consiglia di copiare, sui real server, le chiavi pubbliche e private del daemon SSH del director contenute in /etc/ssh; pertanto, dai real server 192.168.3.1 e 192.168.3.2, si copiano le chiavi e si riavvia il daemon con i seguenti comandi:

```
]# scp -P 192.168.3.3:/etc/ssh/ssh_host* /etc/ssh
]# service sshd restart
```

20.3 Conclusioni

In questo capitolo è stato spiegato come sia possibile realizzare dei *"super server"* attraverso macchine Linux, per ottenere quindi elevate potenze di calcolo attraverso i cluster *Mosix*, oppure realizzare sistemi di ridondanza su real server attraverso director con *LVS*.

Con questo capitolo si conclude la panoramica dedicata all'amministrazione di sistemi Linux esposta in questo manuale. Sperando di essere stati abbastanza esaurienti, gli autori ringraziano ancora una volta tutti coloro che hanno reso possibile la scrittura di questo libro, tutti coloro che leggendolo si affacceranno con fiducia al mondo Linux e tutti coloro che grazie al nostro piccolo contributo potranno migliorare le loro conoscenze di Linux.

Appendice: Elementi di trasmissione dati in ambiente TCP/IP

In questa appendice si vuole offrire una panoramica sui protocolli TCP/IP (Transmission Control Protocol / Internet Protocol). Essi sono stati proposti da due ricercatori dell'University of California di Berkeley, Robert Kahn e Vin Cerf, nel 1974 e sono attualmente i protocolli adottatati sulla rete Internet. Lo sviluppo, oggi, è stato affidato allo IETF (Internet Engineering Task Force – www.ietf.org) coadiuvato da IESG (Internet Engineering Steering Group), per la gestione tecnica delle attività, ed è coordinato da IAB (Internet Activities Board – www.iab.org), il gruppo di lavoro che provvede a far convergere e coordinare le attività di ricerca e sviluppo che stanno alla base dei protocolli TCP/IP e quindi di Internet.

La ISOC (Internet SOCiety – www.isoc.org), da invece le linee guida da seguire in Internet e supervisiona altre aree di sviluppo tra cui IANA (Internet Assigned Numbers Authority – www.iana.org), che si occupa di assegnare gli indirizzi IP pubblici alle varie organizzazioni che ne fanno richiesta. Da ottobre 1998 IANA è stata sostituita da ICANN (Internet Corporation for Assigned Names and Numbers), una commissione privata senza scopo di lucro; nel prosieguo ci riferiremo ad essa come IAN/ICANN.

Tutte le documentazioni ufficiali che gravitano intorno al mondo Internet sono denominate RFC (Requests For Comments) e sono recuperabili all'indirizzo *www.ietf.org/rfc*; chiunque può sottoporre una nuova RFC.

Un breve riferimento è fatto anche al modello di riferimento OSI (Open System Interconnection) dell'ISO (International Standard Organization) per ragioni strettamente didattiche.

1 Lo standard de jure ISO/OSI

Il modello OSI è stato sviluppato dall'ISO nel 1977 per promuovere l'interoperabilità in ambiente multivendor. Il modello OSI deve essere visto solo ed esclusivamente come modello didattico per comprendere la stratificazione in livelli funzionali di un'architettura di rete in generale e la comunicazione tra i livelli sulla base di protocolli ovvero di insiemi di regole e convenzioni utilizzate per la comunicazione.

Esso non specifica un protocollo di comunicazione ma offre le linee guida relative ai vari aspetti che intervengono nella trasmissione dati.

Il modello architetturale ISO/OSI è lo standard *"de jure"* per l'interconnessione di sistemi eterogenei e divide un sistema di trasmissione dati in 7 livelli funzionali. Ciascun livello esegue delle specifiche funzioni. Il livello rete utilizza, ad esempio, i servizi del livello collegamento e fornisce servizi al livello di trasporto.

L'organizzazione è gerarchica nel senso che, nell'ambito di una comunicazione tra due elaboratori si ha:

- una comunicazione tra ciascun livello (nell'ambito dello stesso elaboratore) sulla base di *interfacce* tra i livelli funzionali;
- una comunicazione tra ciascun livello (nell'ambito dei due elaboratori in comunicazione) sulla base di *protocolli*

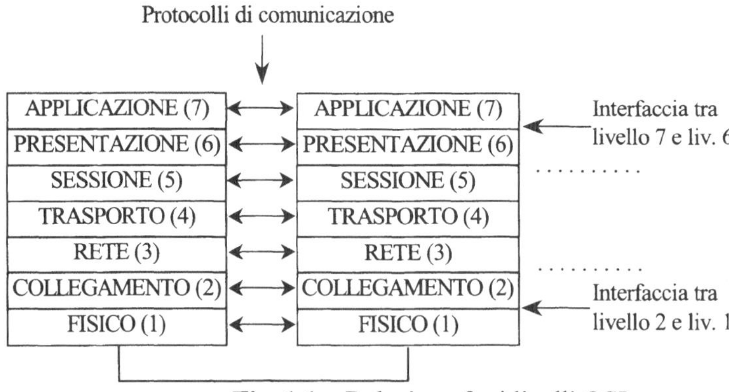

Fig. 1.1 – Relazione fra i livelli OSI

Ai 7 livelli vengono assegnate le seguenti funzioni:

Livello fisico

Ha a che fare con la trasmissione dei bit su un canale di comunicazione (cavo di rete, linea telefonica, onda radio, ...). Il ruolo di questo livello è quello di garantire che se parte un bit a "1", arrivi effettivamente un bit a "1" e non un bit a "0".Il livello fisico abbraccia le problematiche riguardanti le caratteristiche meccaniche, elettriche e procedurali delle **interfacce di rete** (componenti che connettono l'elaboratore al mezzo fisico di trasmissione: cavo in rame, fibra ottica, onda elettromagnetica, etc.) e le caratteristiche del mezzo fisico. Peculiarità del livello fisico sono:

- le tensioni scelte per rappresentare il bit *0* e il bit *1*;
- la durata (in microsecondi) di un bit;
- la trasmissione bidirezionale simultanea o meno (*full duplex* o *half duplex*);
- le piedinature dei connettori;
- le modulazioni utilizzate.

I dispositivi che intervengono a questo livello sono i ripetitori di segnali; nel caso di una LAN (Local Area Network) sono multiporta e si chiamano *hub*.

Livello collegamento

Il livello di collegamento, detto livello logico, fa sì che il mezzo fisico trasmissivo adoperato appaia, per il livello superiore, come una linea di trasmissione esente da errori di trasmissione. Normalmente si occupa di:

- frammentare i dati provenienti dal livello superiore in frame (tipicamente in pacchetti da 1500 byte);
- inviare i frame in sequenza;
- svolgere le operazioni necessarie affinché il canale trasmissivo venga utilizzato da un sistema per volta;
- svolgere le operazioni necessarie per verificare l'integrità dei dati

In ambito di rete locale il livello collegamento è ulteriormente suddiviso in LLC (Logical Link Controllo) e MAC (Media Access Control): il primo si occupa di creare il frame logico da trasmettere sul mezzo trasmissivo, l'altro si occupa di trasmettere il frame sul mezzo trasmissivo. L'indirizzo hardware della scheda di rete, tipicamente di 6 byte, viene chiamato anche MAC address.

I dispositivi afferenti a questo livello sono i *bridge* e gli *switch* la cui funzionalità è svolta:
- a livello di MAC, per mantenere separato logicamente il traffico tra più segmenti di LAN, e consentire il transito dei pacchetti solo a quelli destinati da un segmento a un altro (gli hub invece propagano i pacchetti che ricevono verso tutte le connessioni cui sono collegati);
- a livello LLC, per la traduzione dei frame da una LAN con una determinata architettura (per es. ethernet) a un'altra (per esempio token ring).

Livello rete

Consente l'instradamento dei pacchetti di dati attraverso la rete attraverso un servizio di tipo *connectionless* ovvero senza connessione (best effort). I compiti che possono essere svolti da questo livello sono:

- *routing*, cioé scelta del percorso da utilizzare, e può essere:
  - statico, ovvero fissato una volta per tutte;
  - dinamico, ovvero aggiornato da programmi di *routing*;
- *gestione della congestione*: a volte troppi pacchetti arrivano ad un dispositivo di instradamento (es.: da molte linee in ingresso ad un unica linea di uscita);
- *accounting*: gli operatori della rete possono far pagare l'uso agli utenti sulla base del traffico generato;
- *conversione di dati* nel passaggio fra una rete ed un'altra (diversa):
  - NAT (Network Address Translator) ovvero rimappaggio di indirizzi;
  - pacchetti di dati da frammentare;
  - protocolli diversi da gestire.

I dispositivi che intervengono a questo livello sono i *router* (multiporta) e gestiscono l'instradamento delle informazioni dal sistema sorgente al sistema di destinazione sotto forma di pacchetti di dati (in IP denominati *datagram*). È opportuno tenere presente che i datagram relativi ad una determinata connessione tra sistemi possono seguire percorsi diversi dal mittente al destinatario e ciò può dipendere da tanti fattori tra cui più percorsi possibili, traffico di una linea in un determinato istante, etc.

Livello trasporto

Lo scopo di questo livello è accettare dati dal livello superiore, frammentarli in pacchetti, passarli al livello rete ed assicurarsi che arrivino all'entità di pari livello (peer entity) che si trova all'altra estremità della connessione. E ciò isolando i livelli superiori dai cambiamenti della tecnologia di rete sottostante.

Il livello trasporto è il primo livello realmente **end-to-end**, cioè da sistema sorgente a sistema destinatario. Da notare che alcune problematiche end-to-end sono le stesse che il livello collegamento ha nell'ambito di una singola linea di comunicazione; le soluzioni, evidentemente, sono diverse. Le attività del livello in argomento sono:

- *creazione di connessioni di livello rete* (attraverso i servizi del livello rete) per ogni connessione di livello trasporto richiesta:
  - una connessione rete per ciascuna connessione trasporto;
  - molte connessioni rete per una singola connessione trasporto, per aumentare le prestazioni;
  - se il "costo" di una connessione rete è alto, con meccanismi di multiplexing può essere utilizzata una sola connessione rete per molte connessioni trasporto;
- *offerta di vari servizi* al livello superiore:

- canale end-to-end affidabile, orientato alla connessione (connection oriented) con consegna dei dati nello stesso ordine di partenza e senza errori;
- invio di messaggi senza garanzia di consegna (connectionless);
- broadcasting di messaggi a molti destinatari (tipicamente connectionless).

Il livello trasporto prescinde quindi dal tipo di rete utilizzata ed ha la responsabilità di formare una connessione affidabile tra gli elaboratori in comunicazione. Contiene la logica necessaria per frazionare un messaggio in più parti (segmentation) per essere gestito dai livelli inferiori (che tipicamente gestiscono pacchetti di dati non superiori a 1500 Byte) ed assicura che il messaggio pervenga integro, senza errori e/o duplicazioni, al destinatario.

Livello sessione

Gestisce i meccanismi per controllare il dialogo tra computer in connessione: per esempio stabilisce se la comunicazione deve essere bidirezionale (full-duplex) o monodirezionale (half-duplex). Il livello sessione stabilisce dei *check-point* (punti di controllo) in modo tale che, se dovesse accadere qualche errore di trasmissione, è in grado di ritrasmettere tutti i pacchetti trasmessi dall'ultimo check-point.

Livello presentazione

Riguarda la sintassi e la semantica delle informazioni che intervengono nel trasferimento dati. Definisce il formato dei dati che devono essere scambiati dalle applicazioni fornendo ad esse un insieme di servizi per la trasformazione dei dati, per esempio: da codice ASCII (American Standard Code for Information Interchange) ad EBCDIC (Extended Binary Code Digital Interchange Code) o viceversa; da dati normali a dati compressi; da dati in chiaro a dati cifrati; etc.

Livello applicazione

Questo livello è l'unico livello funzionale con cui l'utente finale interagisce. Utilizza in maniera trasparente la rete cioè consente all'utente di vedere tutte le risorse di rete interessate nella sessione di lavoro (data base, dischi remoti, stampanti di rete, funzioni di supporto, etc.) come se queste fossero disponibili localmente.

2 Lo standard de facto TCP/IP

Allo standard de jure OSI si contrappone lo standard de facto TCP/IP (Transmission Control Protocol / Internet Protocol). Esso non è un modello nel senso stretto del termine, in quanto include i protocolli effettivi, specificati per mezzo di documenti detti **RFC** (**Request For Comments**) e che trovano una immediata implementazione sul mercato. I livelli OSI e TCP/IP hanno la relazione indicata in Fig. 2.1.

<table>
<tr><td align="center">OSI</td><td align="center">Tcp/Ip</td></tr>
<tr><td>

Applicazione
Presentazione
Sessione
Trasporto
Rete
Collegamento
Fisico

</td><td>

Applicazione: http, ftp, smtp, pop, imap, ssh, telnet, dns, smb, ntp, tftp, dhcp, nfs, snmp, etc.
Trasporto: TCP e UDP
Rete: IP, ARP, ICMP, IGMP
Accesso alla rete: Ethernet, PPP, ...

</td></tr>
</table>

Fig. 2.1 – Relazione fra i livelli OSI e TCP/IP

I requisiti di progetto stabiliti fin dall'inizio (estrema affidabilità e tolleranza ai guasti, possibilità di interconnessione di più reti) portarono alla scelta di una rete:

- a commutazione di pacchetto (packet-switched);

basata su un livello connectionless (senza connessione) di internetwork.

2.1 Il livello applicazione

Per quanto concerne il livello applicazione è di fondamentale importanza tenere presente che ogni servizio è di tipo client/server. Ad esempio: volendo visualizzare le pagine web del sito *www.proflinux.net* è necessario avviare un browser (Microsoft Internet Explorer, konqueror, etc.) il quale, nel caso specifico, svolge le funzioni di *http client* che chiede servizi alla controparte, detta *http server*, residente nel sistema *www.proflinux.net*. Ogni servizio server, quando è attivo su un sistema, è "in ascolto" su una ben determinata "porta" (tipicamente è un numero compreso tra 0 e 1023) e questo concetto è strettamente legato ai protocolli di trasporto TCP e UDP; anche i client, per direzionare le loro richieste, utilizzano un numero di porta (tipicamente compreso tra 1024 e 65535) scelto a caso.

Diamo adesso un insieme di applicativi tipici di TCP/IP facendo riferimento, ove possibile, alla RFC che ne sancisce la standardizzazione, al numero di porta di ascolto e a come si attivano i relativi daemon in ambiente Red Hat Linux (a prescindere dai file di configurazione che, nella maggior parte dei casi, bisogna personalizzare):

- SMTP (Simple Mail Transfer Protocol - RFC 821, porta TCP 25)
- ESMTP (Extended Simple Mail Transfer Protocol - RFC 1869, 1870, 1891 e 1985, porta TCP 25)
- POP3 (Post Office Protocol – RFC 1725 porta TCP 110)
- IMAP4 (Internet Mail Access Protocol – RFC 1730 porta TCP 143)
- DNS (Domain Name System - RFC 1032,1034, 1035 , porta TCP 53)
- HTTP (HyperText Transfer Protocol, RFC 1945 porta TCP 80)
- Telnet (RFC 854, porta TCP 23)
- SSH (Secure Shell, porta TCP 22)
- FTP (File Transfer Protocol, RFC 959 - porte TCP 21 e 20)
- TFTP (Trivial File Transfer Protocol - RFC 783, porta UDP 69)
- DHCP (Dynamic Host Configuration Protocol, RFC 2131 porta UDP 67),
- NTP (Network Time Protocol, RFC 1305, porta UDP 123)
- SNMP (Simple Network Management Protocol - RFC 1157, porta UDP 161)
- NFS (Network File System, RFC 1094, porta TCP e UDP 2049)
- SMB (Service Message Block , RFC 1001 e 1002, porte UDP 137 e 138, TCP 139 e 445)

SMTP e ESMTP

I protocolli SMTP/ESMTP fanno parte della famiglia di applicativi denominati MTA (Mail Transport Agent) e consentono l'invio (e la ricezione su mail server) della posta elettronica sotto forma di messaggi che possono contenere solo caratteri ASCII stampabili: il client invia i relativi comandi al server sulla porta standard 25; il server, a sua volta, invia risposte al client che iniziano con un codice a tre cifre seguito da un testo specifico.

Gli allegati (programmi, documenti .doc, .xls, etc.), per poter essere trasferiti con la posta elettronica, devono essere prima convertiti in formato MIME (Multipurpose Internet Mail Extension). I comandi principali di SMTP/ESMTP sono indicati in Tabella 1.

Tabella 1 – Comandi del protocollo SMTP/ESMTP

comando	descrizione
ehlo sistema_mittente	identifica il FQDN del client SMTP
mail from:indirizzo_email	Indirizzo di posta elettronica del mittente
rcpt to:indirizzo_email	indirizzo di posta elettronica del destinatario
subject	oggetto della mail
data	da qui comincia il messaggio
rset	annulla la scrittura del messaggio
vrfy < stringa >	verifica un nome utente
expn < stringa >	espande una lista di distribuzione
help	richiede aiuto on line
.	Chiude la scrittura dei dati
quit	chiude la connessione

In una Linux box, il servizio SMTP/ESMTP è attivo di default all'avvio e si gestisce con il comando

```
]# service sendmail azione
```

dove *azione* può essere: *start* (avvio), *stop* (spegnimento), *restart* (riavvio), *reload* (ricaricamento configurazione) e *status* (per il controllo dello stato).
I file di configurazione di SMTP/ESMTP sono localizzati nella directory `/etc/mail` e, normalmente, vanno modificati: `/etc/mail/sendmail.mc`, `/etc/mail/local-host-names` e `/etc/mail/access`.
La posta viene consegnata nella directory `/var/spool/mail` dal programma di Delivery Agent *procmail.*

POP3

Il protocollo POP3 fa parte della famiglia degli *access agent* e serve per scaricare la posta elettronica pervenuta e memorizzata presso un server SMTP. Tipicamente i client POP3 sono implementati da applicazioni come Eudora, Microsoft Outlook, Outlook Express, kmail, etc. e consentono, eventualmente, di lasciare una copia delle mail sul server. I comandi del protocollo POP3 sono riportati in Tabella 2.

Tabella 2 – Comandi del protocollo POP3

comando	descrizione
user username	richiede un nome che identifichi l'utente
pass password	richiede una password per l'utente
Stat	richiede il numero di messaggi/byte non letti
List	visualizza l'insieme di messaggi
Retr n	recupera il messaggio numero n dalla casella postale

- segue -

Dele n	cancella il messaggio numero n dalla casella postale
Top m n	Stampa l'intestazione e le prime n righe del messaggio numero n
Last	richiede il numero dell'ultimo messaggio aperto in lettura
List [m]	richiede la dimensione del messaggio m o di tutti i messaggi
Rset	ripristina tutti i messaggi e riordina il numero di messaggio a 1
Noop	non fa alcuna operazione
Quit	chiude la connessione

In una Linux box, il servizio POP3 si attiva (automaticamente anche al prossimo riavvio del sistema) con

```
]# chkconfig ipop3 on
```

Il file di configurazione di POP3 è */etc/xinetd.d/ipop3* e, normalmente, non va modificato. Esiste anche la versione *secure* del protocollo ed è indicato in Tabella 7.

IMAP4

IMAP4 fa parte, come POP3, della famiglia degli *access agent*, ed offre in più la possibilità di gestire la posta elettronica direttamente sul sistema dove questa è pervenuta; questo protocollo può risultare molto comodo quando si cambia spesso stazione di lavoro e per la gestione di allegati di grossa dimensione (se no n interessano, possono essere cancellati direttamente sul server). I comandi utilizzati da IMAP4 sono indicati in Tabella 3.

Tabella 3 – Comandi del protocollo IMAP4

comando	descrizione
login	richiede un nome e una password in chiaro che identifichi l'utente
authenticate	richiede un metodo di autenticazione alternativo
Select	apre una mailbox
examine	apre una mailbox in sola lettura
create	crea una nuova mailbox
capability	Elenca le caratteristiche supportate da server
delete	rimuove una mailbox
rename	Cambia nome ad una mailbox
subscribe	richiede la dimensione del messaggio m o di tutti i messaggi
unsubscribe	cancella il nome di una mailbox dalla lista delle mailbox attive
list	visualizza i nomi delle mailbox prendendoli dall'insieme completo di tutte le maibox attive
lsub	visualizza i nomi delle mailbox prendendoli dall'insieme delle maibox attive

- segue -

status	richiede lo stato di una mailbox
append	aggiunge un messaggio alla fine della mailbox specificata
check	forza un punto di controllo nella mailbox corrente
close	Chiude la mailbox e cancella tutti i messaggi contrassegnati per la cancellazione
expunge	cancella dalla mailbox corrente tutti i messaggi contrassegnati per la cancellazione
search	visualizza tutti i messaggi nella mailbox che soddisfano i criteri di ricerca specificati
fetch	prende un messaggio dalla mailbox
store	memorizza una modifica su un messaggio nella mailbox chiude la mailbox e cancella tutti i messaggi contrassegnati per la cancellazione
copy	copia i messaggi selezionati alla fine della mailbox selezionata
uid	ricerca o prende i messaggi che si basano sull'identificatore univoco di messaggio
noop	qualche volta è usato per verificare la presenza di nuovi messaggi
A000n logout	chiude la connessione. Ogni comando deve essere preceduto dal tag A000x; per cui, se il logout è il decimo comando inviato, occorre dare A00010 logout

In una Linux box, il servizio IMAP4 si attiva (automaticamente anche al prossimo riavvio del sistema) con

```
]# chkconfig imap on
```

Il file di configurazione dell'applicazione IMAP è */etc/xinetd.d/imap* e, normalmente, non va modificato. Esiste anche la versione *secure* del protocollo ed è indicato in Tabella 7.

DNS

Il servizio DNS serve per tradurre gli indirizzi mnemonici in numerici e viceversa. È inoltre di fondamentale importanza per la consegna della posta elettronica (record *MX*). Il dominio dei nomi è, a livello internazionale, un database distribuito organizzato, da un punto di vista logico, secondo una struttura ad albero. Il DNS fa riferimento a tre funzionalità:

- Name Server, ovvero il server DNS cui si fa riferimento per la traduzione dei nomi mnemonici in indirizzi IP numerici;
- Domain Name Space, ovvero il dominio vero e proprio, per esempio *proflinux.net*;
- Revolver, ovvero il client DNS che può fare riferimento a uno o più server.

Nella gerarchia ad albero, al livello più alto sono definiti i seguenti domini:

- *com*, associato alle organizzazioni commerciali, ora liberalizzato;
- *edu*, associato alle università USA;
- *gov*, associato agli organismi militari USA;
- *net*, associato ai centri di supporto rete, ora liberalizzato;
- *int*, organizzazioni internazionali;
- *org*, associato ad organizzazioni nonprofit USA, ora liberalizzato;
- *mil*, associato ad agenzie militari del governo USA
- *arp,* anchor per l'albero di indirizzi IP
- *xx*, associato alla nazione, per es. **it** per l'Italia, **fr** per la francia, etc.; ogni nazione ha il proprio ISO country code.

In una Linux box, il servizio DNS non è attivo di default all'avvio e si gestisce con il comando

```
]# service named azione
```

Per renderlo attivo all'avvio del sistema

```
]# chkconfig named on
```

I file di configurazione del DNS sono:

- `/etc/named.conf`, da modificare;
- `/var/named/SOA.dominio.zone`, da creare ex novo (nome di fantasia);
- `/var/named/SOA.dominio.reverse`, da creare ex novo (nome di fantasia);
- `/etc/resolv.conf`, dove inserire il dominio e il DNS di riferimento.

Qualsiasi mail server, per poter funzionare, deve fare riferimento ai protocolli sopra indicati. Per la fruizione della posta elettronica via web deve essere attivo anche il server http.

HTTP

Le operazioni relative al web si basano sul protocollo HTTP. Una transazione HTTP passa da quattro stadi: una connessione, una richiesta, una risposta ed una chiusura. Un browser HTTP (client) stabilisce la connessione sulla porta TCP 80 del server HTTP e, dopo che quest'ultimo ha inviato la risposta, viene chiusa la transazione. La maggior parte dei documenti web è scritta in HTML (HyperText Markup Language); per i documenti web dinamici si usano soprattutto CGI (Common Gateway Interface), ASP (Active Server Page), JSP (Java Server Page) PHP (*Personal Home Page* o *PHP Hypertext Preprocessor*) e ColdFusion. In una Linux box, il servizio HTTP non è attivo di default all'avvio e si gestisce con il comando

```
]# service httpd azione
```

Per renderlo attivo all'avvio

```
]# chkconfig httpd on
```

Il principale file di configurazione di HTTP è */etc/httpd/conf/httpd.conf*.
La directory di lavoro di default è */var/www/html*. Esiste anche la versione *secure* del protocollo ed è indicato in Tabella 7.

Telnet

Telnet consente all'utente di un computer il collegamento in emulazione terminale
(tipicamente vt100, vt220, vt320, IBM 3270 e IBM 5250) ad un sistema remoto,
stabilendo con esso una sessione interattiva sulla porta standard TCP 23. Evidentemente il sistema remoto deve essere un sistema multiutente. Al termine della sessione interattiva con il sistema remoto l'applicazione riporta nell'ambiente di partenza. Il protocollo telnet, prima dell'avvento di SSH, era l'unico protocollo con il
quale era possibile prendere il controllo di un sistema remoto. Esso è inoltre utile
per verificare la funzionalità di altri servizi come HTTP (*telnet sistema 80*), SMTP
(*telnet sistema 25*), POP3 (*telnet sistema 110*), IMAP4 (*telnet sistema 143*), etc. In
una Linux box, il servizio telnet si attiva (automaticamente anche al prossimo riavvio del sistema) con

```
]# chkconfig telnet on
```

Il file di configurazione dell'applicazione telnet è */etc/xinetd.d/telnet* e,
normalmente, non va modificato. Esiste anche la versione *secure* del protocollo ed
è indicato in Tabella 7.

SSH

Il protocollo SSH come il protocollo telnet, consente di accedere in emulazione
terminale utilizzando una connessione "sicura" ovvero una connessione in cui i dati viaggiano crittografati. SSH è di fondamentale importanza ed è in assoluto il protocollo più usato nella gestione remota di sistemi Linux anche perché, oltre alla
semplice emulazione di terminale, consente il tunnelling dell'output grafico (dal sistema remoto si lancia ad esempio il programma *konqueror* e l'output è visualizzato sul server X della propria stazione di lavoro). Consente inoltre il trasferimento
di file tra un sistema e un altro (*scp*) e la realizzazione di tunnel per la creazione di
VPN e la gestione di Linux box in LAN (Local Area Network) con numerazione
privata. In una Linux box, il servizio SSH è attivo di default all'avvio (in ascolto
sulla porta TCP 22) e si gestisce con il comando

```
]# service sshd azione
```

In ambiente Windows si può utilizzare l'ottimo programma client SSH non commerciale denominato SSHSecureShellClient-3.2.3 e recuperabile all'indirizzo
www.ssh.com.

FTP

Il protocollo FTP consente di inviare e ricevere file interattivamente, visualizzare il contenuto di directory, riassegnare nomi ai file prelevati, etc. FTP gestisce automaticamente la conversione dei formati (ad es. traduzione da formato ASCII ad EDCDIC e viceversa) e consente il trasferimento di immagini binarie (utili per il trasferimento di programmi eseguibili, directory compresse, etc.). FTP prevede l'autenticazione con nome utente e password; i server FTP di dominio pubblico consentono un accesso di tipo anonimo (nome_utente=*anonymous* e password=*qualsiasi*). Una sessione FTP si sviluppa in quattro stadi: il client si collega al server sulla porta standard TCP 21; l'utente si autentica con nome utente e password; server e client si scambiano comandi e messaggi di replica sulla porta TCP 20; il client termina la sessione. In una Linux box, il servizio FTP non è attivo di default all'avvio e si gestisce con il comando

```
]# service vsftpd azione
```

Per renderlo attivo ad ogni avvio

```
]# chkconfig vsftpd on
```

Il file di configurazione dell'applicazione FTP è `/etc/vsftpd/vsftpd.conf` e, normalmente, va modificato. La directory di lavoro per l'accesso anonimo è `/var/ftp/pub`. Esiste anche la versione *secure* del protocollo ed è indicato in Tabella 7.

TFTP

Il TFTP viene utilizzato soprattutto per il trasferimento di file di configurazione e sistemi operativi di apparecchiature tipo router e switch. Il protocollo non prevede autenticazione ed è in ascolto sulla porta UDP 69. In una Linux box, il servizio TFTP si attiva (automaticamente anche al prossimo riavvio del sistema) con

```
]# chkconfig tftp on
```

Il file di configurazione dell'applicazione TFTP è `/etc/xinetd.d/tftp` e, normalmente, non va modificato. La directory di lavoro è `/tftpboot`.

DHCP

È il protocollo che consente l'assegnazione automatica di tutti i parametri necessari ai sistemi in rete per collegarsi; tra questi elenchiamo: l'indirizzo IP, la maschera di rete, l'indirizzo di broadcast, l'indirizzo IP del default gateway, l'indirizzo IP del DNS, l'indirizzo IP del WINS server, l'indirizzo IP del NTP server, il nome del dominio, l'assegnazione statica sulla base del MAC address della scheda di rete, etc. I protocolli utilizzati sono bootps (porta UDP 67) lato server e bootpc (porta

UDP 68, caso forse unico in quanto minore di 1024) lato client. In una Linux box, il servizio DHCP non è attivo di default all'avvio e si gestisce con il comando

```
]# service dhcpd azione
```

Per renderlo attivo all'avvio

```
]# chkconfig dhcpd on
```

Il file di configurazione dell'applicazione DHCP è `/etc/dhcpd.conf` e, normalmente, non esiste e va opportunamente creato.

NTP

Il protocollo NTP consente la sincronizzazione dell'orario dei sistemi. Il fatto che i sistemi siano correttamente sincronizzati è molto importante per stabilire con precisione quando si è verificato un evento (vedi log di sistema, attacchi al sistema, etc.). Un NTP server di riferimento italiano è *time.ien.it*. Una Linux box sincronizza l'orario con il comando

```
]# ntpdate -u time.ien.it
```

Se a sua volta, una Linux box con l'orario aggiornato vuole fungere da NTP server bisogna attivare il relativo servizio (in ascolto sulla porta UDP 123). Il servizio NTP non è attivo di default all'avvio e si gestisce con il comando

```
]# service ntpd azione
```

Per renderlo attivo all'avvio

```
]# chkconfig ntpd on
```

Il file di configurazione dell'applicazione NTP è `/etc/ntp.conf` e va opportunamente modificato.

SNMP

SNMP è Il protocollo di gestione più comunemente usato. Le entità gestite (*agent*) ovvero switch, router, Linux box, etc. svolgono funzioni di server (in ascolto sulla porta UDP 161) e inviano messaggi di notifica (*trap*) alle stazioni con il software di gestione SNMP, che a loro volta svolgono funzioni di client. I dati sono organizzati in una gerarchia standardizzata, denominata MIB (Management Information Base), che contiene le descrizioni di variabili di dati cui ci si riferisce attraverso gli OID (Object Identifier). I tipi di dato possono essere *numeri interi, stringhe* e *null*. I client variano da semplici strumenti a linea di comando a complessi sistemi che visualizzano graficamente le apparecchiature gestite e la topologia di rete. In una

Linux box, il servizio SNMP non è attivo di default all'avvio e si gestisce con il comando

```
]# service snmpd azione
```

Per renderlo attivo all'avvio

```
]# chkconfig snmpd on
```

Il file di configurazione di SNMP è `/etc/snmp/snmpd.conf`.

NFS

Il servizio NFS, sviluppato inizialmente da Sun Microsystems, consente la condivisione di file e directory in rete. Il server deve esportare le directory che intende condividere in rete (nei sistemi Linux il file di riferimento per la condivisione di directory è `/etc/exports`) e il client le monta sui propri mountpoint (tipicamente directory come `/mnt/cdrom`) e ne dispone (in base ai permessi) come partizioni locali. Il protocollo NFS utilizza la porta UDP 2049 tramite il *portmapper* in ascolto sulla porta UDP 111 (attivo di default all'avvio). In una Linux box, il servizio NFS non è attivo di default all'avvio e si gestisce con il comando

```
]# service nfs azione
```

Per renderlo attivo all'avvio del sistema

```
]# chkconfig nfs on
```

Il file di configurazione di NFS è `/etc/exports` e, normalmente, esiste ma è vuoto.

SMB

Le reti Microsoft utilizzano il NetBios (Network Basic Input/Output System) come protocollo di trasporto per la condivisione di file e stampanti. I sistemi Linux utilizzano l'applicativo samba che ne implementa quasi ogni direttiva per inserirsi in un contesto di rete dove i sistemi Windows vogliono condividere spazio disco e stampanti. In Tabella 4 si riportano le porte che intervengono in una rete Microsoft.

Tabella 4 – Porte utilizzate tipicamente su sistemi Microsoft

funzione	porte
File sharing	TCP: 139
Printing	UDP: 137,138; TCP: 139
Browsing	UDP: 137, 138
WINS replication	TCP: 42
WINS manager	TCP: 135
DHCP Manager	TCP: 135
WINS registration	TCP: 137
NT User Manager	TCP: 139
NT Server Manager	TCP: 139
NT Event Viewer	TCP: 139
NT Registry Editor	TCP: 139
NT Performance Monitor	TCP: 139
DNS Administration	TCP: 139
DNS Resolution	UDP: 53
NT Directory Replication	UDP: 138; TCP 139
NT Trusts	UDP: 137,138; TCP 139
NT Secure Channel	UDP: 137,138; TCP 139
Logon Sequenze	UDP: 137,138; TCP 139
Netlogon	UDP: 138
Pass Through validation	UDP: 137,138; TCP 139
LDAP for W2000	UDP e TCP 389
LDAP SSL for W2000	TCP: 636
SMB without NetBios (CIFS) for W2000	TCP: 445
Terminal Server for W2000 e XP	TCP: 3389

In una Linux box, il servizio SMB non è attivo di default all'avvio e si gestisce con il comando

```
]# service smb azione
```

Per renderlo attivo all'avvio del sistema

```
]# chkconfig smb on
```

I file di riferimento di SMB sono `/etc/samba/smb.conf` e `/etc/samba/smbpasswd` utilizzati da *samba* rispettivamente per impostare la configurazione e per la gestione delle password delle utenze Windows. Un buon link da consultare per impostare una Linux box come PDC (Primary Domain Controller) per sistemi Windows è:

http://openskills.info/view/boxdetail.php?IDbox=552&boxtype=description

2.2 Il livello Trasporto

I protocolli relativi al livello Trasporto sono lo zoccolo duro dell'architettura di trasmissione dati in ambiente TCP/IP. Tratteremo i meccanismi di base dei protocolli:

- TCP (Transmission Control Protocol – RFC 793, 1122 e 1323)
- UDP (User Datagram Protocol – RFC 768 e 1122)

TCP offre un servizio di trasporto dati *connection oriented* (affidabile); UDP è invece un servizio di trasporto *connectionless* (non affidabile) ma che può risultare molto efficace. La letteratura moderna specializzata spende poche righe su questo protocollo di trasporto.

Entrambi i protocolli utilizzano lo stesso servizio di consegna, il protocollo IP del livello Rete che è, come UDP, connectionless.

Se un'applicazione utilizza il protocollo di trasporto TCP (vedi SSH, HTTP, etc.) allora i pacchetti di dati prendono i seguenti nomi:

A livello Applicazione	-->	STREAM
A livello Trasporto	-->	SEGMENT
A livello Rete	-->	DATAGRAM
A livello Accesso alla Rete	-->	FRAME

Se l'applicazione utilizza il protocollo di trasporto UDP (vedi DHCP, TFTP, etc.) allora i pacchetti di dati prendono i seguenti nomi:

A livello Applicazione	-->	MESSAGE
A livello Trasporto	-->	PACKET
A livello Rete	-->	DATAGRAM
A livello Accesso alla Rete	-->	FRAME

TCP frammenta lo *stream* (flusso di dati) in arrivo dal livello Applicazione in *segment* (messaggi separati), li passa al livello Rete (IP) che li trasporta, in modalità connessionless, come *datagram* attraversando la rete da sistema sorgente a sistema destinatario. Nel sistema di destinatario, i segment vengono riassemblati e passati in stream al livello Applicazione. Il protocollo TCP aggiunge ai dati tipicamente 20 Byte.

UDP frammenta i *message* (messaggi) in arrivo dal livello Applicazione in *packet* (pacchetti), li passa al livello Rete (IP) che li trasporta in modalità connessionless come datagram attraversando la rete da sistema sorgente a sistema destinatario. Nel sistema di destinatario, i packet vengono riassemblati in message per il livello Applicazione. Il protocollo UDP aggiunge ai dati tipicamente 8 Byte.

2.2.1 Il protocollo TCP

La trasmissione dati in TCP è:

- *connection oriented*, le applicazioni devono richiedere una connessione con il destinatario prima di poter inviare dati;
- *point-to-point*, ogni connessione TCP coinvolge solo due applicazioni;
- *affidabile*, ovvero garantisce che i dati trasmessi arrivino al destinatario senza perdite, duplicazioni e nello stesso ordine di partenza;
- *full-duplex*, ogni connessione è bidirezionale ed entrambe le applicazioni possono ricevere e trasmettere contemporaneamente;
- *di tipo stream*, ovvero a "flusso" in quanto un'applicazione può trasmettere flussi di byte senza preoccuparsi di strutturarli in campi o altro;
- *con instaurazione della connessione*, ovvero il TCP richiede, secondo un meccanismo denominato *handshaking* (stretta di mano), l'esplicito assenso delle applicazioni coinvolte;
- *con chiusura della connessione*, ovvero TCP garantisce di chiudere l'applicazione solo dopo che l'ultimo pacchetto della transazione in atto è stato consegnato.

Un segmento TCP è formato da un header, a sua volta costituito da una parte fissa di 20 byte e una parte opzionale, e i dati da trasportare, come indicato in Fig. 2.2.

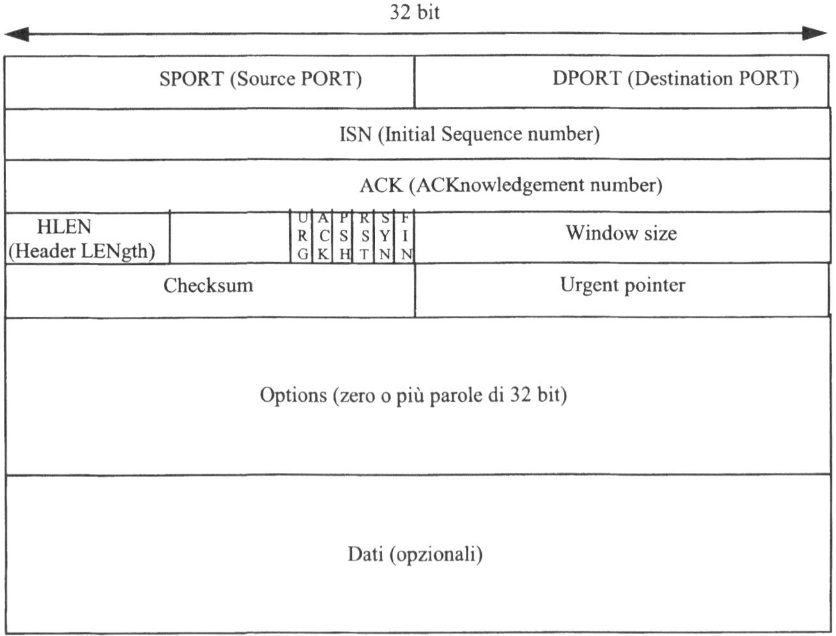

Fig. 2.2 – Formato del segmento TCP

Il significato dei campi dell'header TCP sono indicati in Tabella 5.

Tabella 5 – I campi e i flag del segmento TCP

campi e flag	descrizione
Campi SPORT e DPORT 16 bit entrambi	Rispettivamente numero di porta sorgente e numero di porta destinatario relative ad un determinato servizio: identificano univocamente le applicazioni che hanno generato il segmento TCP all'interno del sistema sorgente e il segmento TCP all'interno del sistema destinatario.
Campo ISN 32 bit	Identifica la posizione dei dati all'interno del flusso dati binario; il valore assegnato a ISN viene scelto dall'applicazione in modo casuale.
Campo ACK 32 bit	Identifica la posizione dei dati riscontrati con successo dalla stazione ricevente consentendo di inviare acknoledgement utilizzando come veicolo regolari segmenti TCP spediti dalle applicazioni, nella direzione opposta a quelli da riscontrare
Campo HLEN 4 bit	Indica quante parole di 32 bit ci sono nell'intestazione del segmento TCP ed è necessario perché il campo options è di dimensione variabile
flag URG 1 bit	Indica che il segmento trasporta dati urgenti: il varore del bit è 1 se urgent pointer è usato, 0 altrimenti.
flag ACK 1 bit	Indica che il segmento trasporta un acknoledgement number valido: il valore del bit è 1 se l'ack number è valido 0 altrimenti.
flag PSH 1 bit	dati urgenti (pushed data); indica che il ricevente dovrebbe passare al più presto i dati contenuti nel segmento all'applicazione del livello superiore senza aspettare che il buffer si riempia.
flag RST 1 bit	Richiede la chiusura incondizionata (reset) della sessione TCP (ci sono problemi nella connessione).
flag SYN 1 bit	È usato nella fase di attivazione della connessione; il primo segmento di una nuova sessione TCP deve avere: SYN=1 e ACK=0 (gli altri bit posti a 0); la controparte che accetta la connessione deve avere: SYN=1 e ACK=1.

- segue -

flag FIN - 1 bit	Usato per terminare una connessione.
campo Window Size 16 bit	Indica il livello di fiducia nelle capacità di consegna dei dati della rete IP; il controllo di flusso è di tipo sliding window di dimensione variabile; Window Size indica quanti byte, a partire da quello indicato nel campo ACK, che il trasmittente è disposto ad accettare; il valore zero significa: fermati per un pò e riprendi quando ti spedisco un segment con campo ack uguale e con un valore di Window Size diverso da zero.
campo Checksum 16 bit	Consente di rilevare eventuali errori sull'intero segmento TCP (intestazione e dati dell'applicazione)
campo Urgent pointer 16 bit	È significativo solo se URG=1 e consente di indicare la posizione dei dati urgenti in modo da consentirne il corretto inserimento all'interno del normale flusso di dati.
campo Options (numero variabile di bit) + PAD	Consente di indicare una serie di opzioni relative alla sessione TCP corrente tra cui la dimensione massima dei segmenti TCP; il PAD consente di adattare la lunghezza complessiva dell'intestazione TCP in modo che risulti esattamente multiplo di 32 bit

Nel calcolo del checksum entra in gioco anche uno ***pseudoheader***, in aperta violazione della gerarchia, dato che il livello TCP in questo calcolo opera su indirizzi IP. Lo pseudoheader è una parte dell'header del pacchetto IP ed è indicato in Fig.2.3.

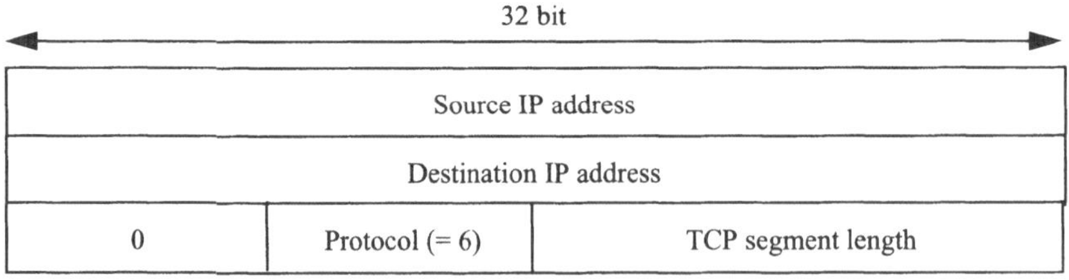

Fig. 2.3 – Formato dello pseudoheader TCP

I campi relativi allo pseudoheader sono spiegati in Tabella 6.

Tabella 6 – I campi dello pseudoheader TCP

Source IP address, destination IP address	indirizzi IP (a 32 bit) di sorgente e destinatario.
Protocol	il codice numerico del protocollo TCP (pari a 6).
TCP segment length	il numero di byte del segmento TCP, header compreso.

Relativamente ai campi SPORT e DPORT si fa presente che, utilizzando 16 bit la loro rappresentazione decimale spazia da 0 a 64535 (2^{16}- 1). I numeri minori di 1023, i cosidetti **well-known port** (DPORT), sono riservati ai servizi (server) standard e alcuni di questi sono riportati in Tabella 7. I numeri compresi tra 1024 e 65535 sono utilizzati come SPORT.

Tabella 7 – Well known port relative ai servizi TCP più diffusi

DPORT	servizio
20	FTP (connessione dati)
21	FTP (connessione di controllo)
22	SSH
23	Telnet
25	SMTP
80	http
110	POP3
135	Tipico di Windows NT/2000/XP
137	Netbios Name Service (WINS)
138	Netbios Datagram Services
139	Netbios Session services
143	IMAP
179	BGP (Border Gateway Protocol)
389	LDAP (Lightweight Directory Access Protocol)
443	HTTPs (HTTP secure)
445	CIFS (Common Internet File System)
465	SMTPs (SMTP secure)
631	CUPS (Common Unix Printing System)
636	LDAPs (LDAP secure)
989	FTPs connessione dati (FTP secure)
990	FTPs connessione di controllo (FTP secure)
992	Telnets (telnet secure)
993	IMAPs (IMAP secure)
995	POP3s (POP3 secure)

L'apertura di una connessione TCP è strutturata in tre momenti ed è chiamata *handshaking* (letteralmente stretta di mano) a tre vie:

1. *client*: sceglie un numero *SPORT* (tipicamente compreso tra 1024 e 65535 e scelto sequenzialmente a caso) e invia un pacchetto con il flag SYN=1, ACK=0 e gli altri *flag* a 0 al numero *DPORT* del servizio server con cui intende attivare la sessione (per esempio una di quelle indicate in Tabella 7 e tipicamente comprese tra 1 e 1024);
2. *server*: risponde sulla porta *SPORT* del client con i propri flag SYN=1 e ACK=1 e gli altri flag a 0;
3. *client*: risponde a DPORT con ACK=1 e gli altri flag a 0.

La chiusura di una connessione TCP è strutturata in quattro momenti:

1.   server: invia al client un pacchetto con il flag SYN=1;
2.   client: risponde al server con un pacchetto con flag ACK=1;
3.   client: invia al server un pacchetto con flag FIN=1;
4.   server: risponde con un pacchetto con flag ACK=1.

In una Linux box, le applicazioni attive che utilizzano il protocollo di trasporto TCP sono visualizzate con il comando:

```
]# netstat -avntp
```

e precisamente, possono trovarsi in uno degli stati indicati in Tabella 8.

Tabella 8 – Stati relativi ad applicazioni TCP

comando	azione
LISTEN	il sistema attende una richiesta di connessione da parte di un qualsiasi sistema remoto
SYN_SENT	il sistema ha inviato una richiesta di connessione al sistema destinatario e sta aspettando la risposta per instaurare una connessione full-duplex
SYN_RECEIVED	è lo stato del sistema che ha ricevuto, ed inviato a sua volta, una richiesta di conferma per la connessione e sta aspettando la conferma
ESTABLISHED	la connessione tra i due sistemi è attiva
FIN_WAIT1	è lo stato di attesa di una richiesta di fine sessione o di conferma di una richiesta di fine sessione
FIN_WAIT2	è lo stato di attesa per una richiesta di fine sessione proveniente dal sistema remoto
CLOSE_WAIT	è lo stato in cui la connessione TCP attende la richiesta di fine sessione da parte dell'applicazione
CLOSING	è lo stato di attesa della conferma della richiesta di fine sessione del sistema remoto
LAST_ACK	è lo stato di attesa conferma della richiesta di fine sessione che il sistema ha inviato al sistema remoto
TIME_WAIT	il sistema è in attesa di chiudere la sessione, dopo l'invio della conferma della propria richiesta di fine sessione
CLOSED	la connessione tra i due sistemi è terminata

2.2.2 Il protocollo UDP

L'header di un segmento UDP è riportato in Fig. 2.4.

32 bit

SPORT	DPORT
UDP length	UDP checksum

Fig. 2.4 – Formato dell' header UDP

Il campo checksum è opzionale e, se non è usato, viene posto a zero; ciò può essere molto utile nel caso di traffico dati di voce e video, per i quali è importante mantenere alte prestazioni. Sostanzialmente UDP aggiunge a IP una capacità di indirizzamento tramite numero di porte SPORT/DPORT. In Tabella 9 si elencano alcuni servizi UDP e le relative porte di riferimento.

Tabella 9 – Well known port relative ai servizi UDP più diffusi

DPORT	servizio
53	DNS
67	DHCP (bootps)
69	TFTP
111	RPC (Remote Procedure Call)
123	NTP
161	SNMP
162	SNMPTRAP
177	XDMCP (X Display Manager Control Protocol)
514	Syslog (SYStem LOGging)
520	RIP (Routing Information Protocol)

2.3 Il livello rete

IP è un protocollo connectionless e quindi non affidabile, che opera come segue;
in partenza:

- riceve i dati dal livello trasporto e li incapsula in pacchetti di dimensione
  massima pari a 64 Kbyte (normalmente non più di 1.500 byte);
- instrada i datagram in rete, eventualmente frammentandoli lungo il percorso;

a destinazione:

- riassembla (se necessario) i frammenti;
- riforma i dati per passarli al livello trasporto nell'ordine in cui li ha rice-
  vuti (che non è necessariamente lo stesso di quando sono stati spediti).

Un pacchetto IP è costituito da un *header* seguito da una parte dati.
L'header ha una parte fissa di 20 byte e una parte, opzionale, di lunghezza variabile, come indicato in Fig. 2.5.

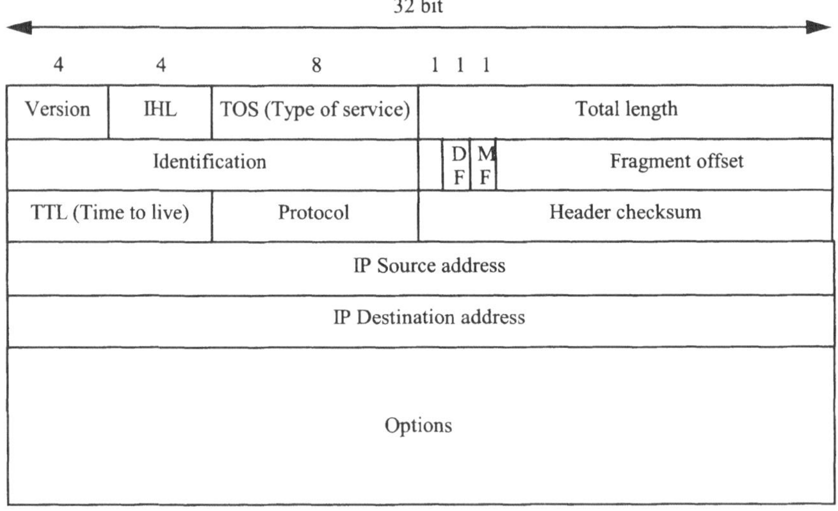

Fig. 2.5 – Formato dell'header IP

I campi dell'header hanno le funzioni indicate in Tabella 10.

Tabella 10 – I campi dell'header IP

campi e flag	descrizione
Campo Version 4 bit	Identifica il tipo di versione del protocollo IP; oggi è Ipv4 ma è in fase di standardizzazione IPv6
Campo IHL (IP Header Length) 4 bit	Indica la lunghezza dell'header IP in multipli di 4 byte e può essere minimo 5 (ovvero 5*4=20 byte) e massimo 15 (ovvero 15*4=60 byte)
Campo TOS (Type Of Service) 8 bit	Viene indicato anche come campo "IP precedence" e viene trattato solo dai router o da Linux box con tali funzionalità
Campo Total Length 16 bit	Indica la lunghezza del pacchetto (inclusi dati) e quindi un pacchetto IP può essere al massimo 65.535 byte (limite teorico perché poi bisogna tenere conto che le MTU - Maximum Transfer Unit - che può essere trasmessa dal livello sottostante è tipicamente inferiore o uguale a 1500 byte); i frammenti IP generati dalla suddivisione imposta dalla MTU sono datagrammi IP completi
Campo Identification 16 bit	Riporta un numero identificativo univoco che contraddistingue ogni datagram IP; tutti i frammenti di uno stesso pacchetto hanno lo stesso valore; solo il sistema destinatario del datagram IP provvede al riassemblaggio finale dei frammenti via via prodotti durate il percorso
flag DF (Don't Fragment) 1 bit	Se DF=1, non si deve frammentare il datagram a costo di scegliere un percorso meno veloce
flag MF (More Fragments) 1 bit	Se MF=1, il pacchetto non è ancora finito.
Campo FO (Fragment Offset) 13 bit	Indica lo scostamento del frammento del datagram IP misurato in multipli di 8 byte rispetto all'origine del datagram IP da cui il frammento ha avuto origine; offset vale 0 se il datagram IP non ha subito frammentazione o se si tratta del primo frammento
Campo TTL (Time To Live) 8 bit	Contatore inizializzato a 255 che viene decrementato di uno ad ogni attraversamento di un router; quando arriva a zero, il pacchetto viene scartato

- segue -

Campo Protocol 8 bit	Identifica il protocollo trasportato dal protocollo IP a cui devono essere consegnati i dati contenuti nel corpo del datagram; i codici sono definiti in RFC 1700: 1: ICMP 2: IGMP 6: TCP 17: UDP 46: RSVP (Resource reservation Protocol) 50: incapsulation security payload (Ipsec) 51: authentication header 54: next hop resolution protocol 89: OSPF 94: IP within IP encapsultation
Campo Header Checksum 16 bit	Trasporta la checksum relativa al solo header IP e viene calcolato dalla stazione sorgente; la stazione destinataria lo ricalcola e, se i due valori non coincidono, elimina il datagram IP senza notificarlo ai livelli superiori
Campi IP Source Address e IP Destination Address 32 bit entrambi	Contengono gli indirizzi IP del mittente e del destinatario
Campo Options + PAD	È opzionale e tipicamente sono definite, ad oggi, solo cinque opzioni: security, quanto è segreto il pacchetto; strict source routing, cammino da seguire; loose source routing, lista di router da non mancare; record route, ogni router appende il suo indirizzo; timestamp, ogni router appende il suo indirizzo più un orario. Quando il campo non risulta essere un multiplo di 32 bit intervengono i bit di riempimento del PAD

2.3.1 Indirizzi IP e maschere di rete

In indirizzo IP è formato da 32 bit e codifica due cose:

- *network number*, cioé il numero assegnato alla rete su cui si trova l'elaboratore; in questo contesto una network è caratterizzata dal fatto di essere costituita da un unico canale di comunicazione cui sono connessi tutti i sistemi della rete stessa (e quindi, ad esempio, una LAN oppure una linea punto punto fra due router);
- *host number*, cioé il numero assegnato al sistema sulla network.

La combinazione è unica: non possono esistere in Internet due indirizzi IP uguali; i formati possibili degli indirizzi sono indicati in Fig. 2.6.

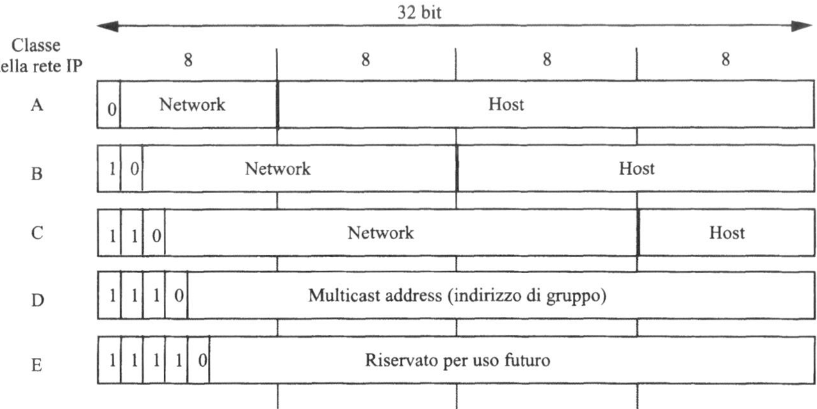

Fig. 2.6 – Formati degli indirizzi IP

Affrontiamo l'argomento più dettagliatamente. Ogni elemento connesso alla rete è identificabile con un indirizzo numerico univoco ed è rappresentato da 32 bit (4 byte, ciascuno dei quali separato da un "." e con valore compreso tra 0 e 255 – derivante da 2^8). Gli indirizzi IP vengono assegnati dalla commissione internazionale IANA/ICANN.

Abbiamo visto che esistono 5 tipi di classi di indirizzo IP e cioè:

- **classe A:** è identificata con un indirizzo in cui il primo byte è un numero compreso tra 0 e 127 ed è utilizzata per grandi reti (7 bit per l'identificazione della rete e 24 bit per l'elaboratore); complessivamente si possono utilizzare 127 reti ciascuna con al più 16.777.219 elaboratori (2^{24});

0	7	15	23	31	
0	network ID		host ID		**classe A**

Esempio:

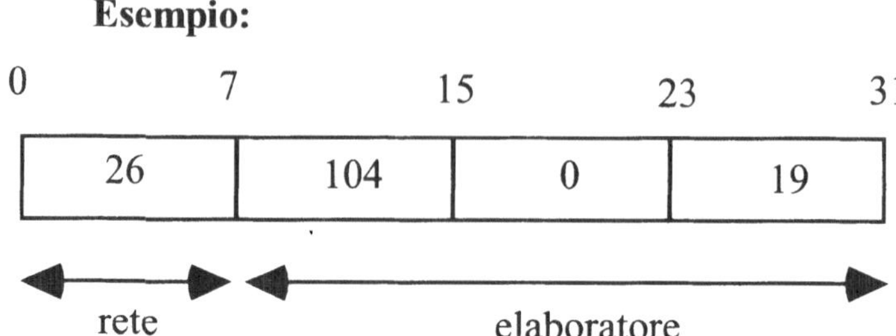

Ci sono 2 particolari indirizzi di classe A che vengono utilizzati per scopi ben precisi e sono quelli il cui primo byte è 0 o 127: in questo momento è sufficiente associare la rete 0.0.0.0 alla cosidetta "default route" e l'indirizzo 127.0.0.1 al "loopback address" che è l'indirizzo utilizzato dai sistemi IP per indirizzare le trasmissioni dati a se stessi. Quando si utilizza il *loopback*, il pacchetto non viene inviato sulla rete ma viene elaborato come se fosse in arrivo: questo è molto utile, ad esempio, per effettuare localmente dei test su un software di rete in fase di sviluppo.

La rete 10.0.0.0 con netmask 255.0.0.0 è la rete di classe A non instradabile in Internet e di utilizzo privato senza alcuna coordinazione (libera), secondo quanto stabilito dalla IANA/ICANN (RFC 1918).

Esempio:

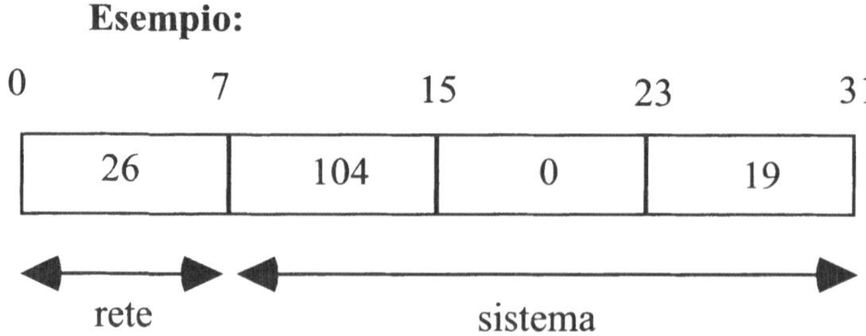

- **classe B:** è identificata con un indirizzo in cui il primo byte è un numero compreso tra 128 e 191 ed è utilizzata per reti di media dimensione (14 bit per l'identificazione della rete e 16 bit per l'elaboratore); complessivamente si possono utilizzare 16383 reti (2^{14}) ciascuna con al più 65.536 elaboratori (2^{16});

Esempio:

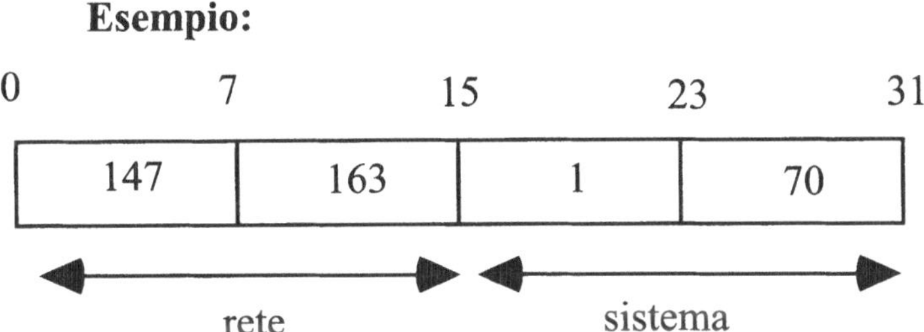

Le reti da 172.16.0.0 a 172.31.0.0 (16 reti) con netmask 255.255.0.0 sono le reti di classe B non instradabili in Internet e di utilizzo privato senza alcuna coordinazione, secondo quanto stabilito da IANA/ICANN (RFC 1918).

- **classe C:** è identificata con un indirizzo in cui il primo byte è un numero compreso tra 192 e 223 ed è utilizzata per reti di piccola dimensione (21 bit per l'identificazione della rete e 8 bit per l'elaboratore); complessivamente si possono utilizzare 2.097.152 reti (2^{21}) ciascuna con al più 256 elaboratori (2^8);

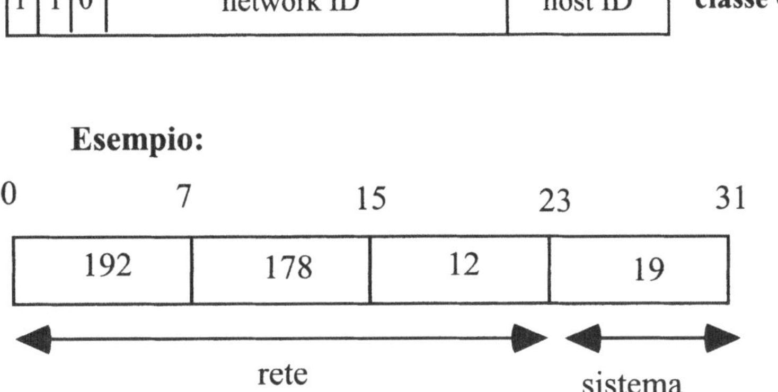

Esempio:

Le reti da 192.168.0.0 a 192.168.255.0 con netmask 255.255.0.0 sono le reti di classe C non instradabili in Internet e di utilizzo privato senza alcuna coordinazione, secondo quanto stabilito dalla IANA/ICANN (RFC 1918).

- **classe D:** parte con un indirizzo da 224 a 239, ed è utilizzata per multicasting (IGMP) ad un gruppo di calcolatori;

| 1 | 1 | 1 | 0 | host group |

classe D

- **classe E:** parte con un indirizzo da 240 a 255, ed é utilizzata per scopi di ricerca.

Sia la classe D che E vengono considerati indirizzi riservati e quindi in questo ambito possono essere trascurati.

2.3.2 Il mascheramento personalizzato e indirizzi CIDR

Nel paragrafo precedente abbiamo visto che gli indirizzi IP sono raggruppati in classi (A, B, C, D ed E) e quindi è possibile fare il routing di gruppi di indirizzi IP raggruppati per classi. Volendo aggregare più indirizzi di rete, a prescindere dalla classe di appartenenza si usa la convenzione CIDR (Classless InterDomain Routing) definita dalla RFC 1817. Per esempio, volendo aggregare gli indirizzi di rete di classe C da 199.0.0.0 a 199.255.255.0 (255*255 reti) l'entità CIDR di riferimento è 199.0.0.0/8.

La struttura di un indirizzo IP (rete, sistema sulla rete) può essere modificata localmente utilizzando la "netmask" ovvero spostando la "linea di divisione" tra i bit che consentono l'**identificazione della rete (bit a 1)** e i bit che consentono l'**identificazione del sistema sulla rete (bit a 0)**, nell'ambito dei 32 bit (4 byte) che costituiscono l'indirizzo IP.

Come esempio, supponiamo che IANA/ICANN abbia assegnato, ad una struttura che intenda collegarsi ad Internet, l'indirizzo di rete di classe C: 195.120.87.0 con netmask 255.255.255.0. Per assegnare ad una Linux box l'indirizzo IP 195.120.87.64 con netmask 255.255.255.0 dobbiamo conoscere qual è la rete di riferimento e il relativo indirizzo di broadcast. Il procedimento da seguire è: tradurre in bit indirizzo IP e netmask e porre le due stringhe una sull'altra:

    11000011.01111000.01010111.01000000 (195.120.87.64)
    11111111.11111111.11111111.00000000 (255.255.255.0)

Per capire la rete di afferenza e il relativo indirizzo di broadcast, il sistema fa un'operazione di "*AND logico*" tra i due sopra indicati indirizzi binari: (si ricorda che l'operazione di AND torna il risultato "1" solo se gli operandi sono due "1").

    11000011.01111000.01010111.01000000
    11111111.11111111.11111111.00000000   (i bit a "1" sono 24)
    ─────────────────────────────────────

    11000011.01111000.01010111.00000000   (in decimale **195.120.87.0**)

ovvero la rete è 195.120.87.0 e, poiché i bit a "1" nella netmask sono 24, ci riferiremo ad essa come **195.120.87.0/24.**

L'indirizzo di broadcast è quello della rete con tutti i bit riservati all'indirizzabilità degli elementi sulla rete (le posizioni occupate dai bit a "0") posti a "1", cioè:

11000011.01111000.01010111.**1111111** (in decimale 195.120.87.**255**)

L'indirizzo di broadcast, in questo caso 195.120.87.**255**, consente l'invio di un pacchetto di dati a tutti gli elementi attivi presenti in rete.

Lo spazio di indirizzabilità della rete in argomento è dunque di 254 (2^8=256 $-$ 2) elementi in quanto non possono essere conteggiati "195.120.87.**0**", che identifica l'indirizzo della rete, e "195.120.87.**255**", che identifica l'indirizzo di broadcast della rete. Da questo esempio si evince la seguente regola: se lo spazio d'indirizzabilità è costituito da n elementi, gli elementi effettivamente indirizzabili sono n-2.

Se dallo spazio di indirizzabilità (nel nostro caso di complessivi 256 indirizzi) si volessero ricavare più reti (evidentemente con un numero inferiore di elementi indirizzabili) è necessario "spostare la linea di divisione" della netmask verso "destra".

Supponiamo di voler utilizzare due reti: la netmask da utilizzare è:

11111111.11111111.11111111.10000000 (i bit a "1" sono 25) e corrisponde in decimale a 255.255.255.128 .
Questo ulteriore bit a "1" consente la suddivisione in due reti (2^1, l'elevamento a potenza "1" è relativo alla presenza di un solo bit a "1" nell'ultimo byte) ciascuna costituita da 126 elementi (2^7 -2, 7 è il numero dei bit a 0 nell'ultimo byte). Dal precedente ragionamento si evince la seguente regola: "nell'ambito dell'ultimo byte, 2 elevato al numero di bit a "1" indica il numero delle reti e 2 elevato al numero di bit a "0" -2 indica il numero degli elementi indirizzabili sulle reti ottenute".
Precisamente, nel nostro caso, le reti in formato CIDR sono 195.120.87.0/25 e 195.120.87.128/25 cioè quelle discriminate dal 25° bit a "1" relativo alla netmask 255.255.255.128; vediamo ora di individuare gli indirizzi di broadcast. Per quanto riguarda la rete 195.120.87.0/25 si ha:

rete	11000011.01111000.01010111.00000000
subnet mask	11111111.11111111.11111111.10000000
operazione di AND	
indirizzo di broadcast	11000011.01111000.01010111.**01111111**
che corrisponde a	195. 120. 87. **127**

per quanto riguarda la rete 195.120.87.128/25 con netmask 255.255.255.128 si ha:

rete	11000011.01111000.01010111.10000000
subnet mask	11111111.11111111.11111111.10000000
operazione di AND	
indirizzo di broadcast	11000011.01111000.01010111.**11111111**
che corrisponde a	195. 120. 87. **255**

Da questo esempio si evince la seguente regola: "L'indirizzo di broadcast è quello della rete con tutti i bit riservati all'indirizzabilità degli elementi sulla rete (le posizioni occupate dai bit a "0") impostati a "1", Per quattro reti distinte; la netmask è:

11111111.11111111.11111111.11000000 (i bit a "1" sono 26) e corrisponde a 255.255.255.192

Nell'ambito dell'ultimo byte i bit a "1" sono due per cui si hanno a disposizione 2^2 (4) reti costituite da $2^6 - 2$ (62) elementi; precisamente le reti in formato CIDR sono: 195.120.87.0/26, 195.120.87.64/26, 195.120.87.128/26 e 195.120.87.192/26.

Per otto reti distinte; la netmask è:

11111111.11111111.11111111.11100000 (i bit a "1" sono 27) e corrisponde a 255.255.255.224

Nell'ambito dell'ultimo byte i bit a "1" sono tre per cui si hanno a disposizione 2^3 (8) reti costituite da $2^5 - 2$ (30) elementi; precisamente le reti in formato CIDR sono: 195.120.87.0/27, 195.120.87.32/27, 195.120.87.64/27, 195.120.87.96/27, 195.120.87.128/27, 195.120.87.160/27, 195.120.87.192/27 e 195.120.87.224/27.

Per 16 reti distinte; la netmask è:

11111111.11111111.11111111.11110000 (i bit a "1" sono 28) e corrisponde a 255.255.255.240

Nell'ambito dell'ultimo byte i bit a "1" sono quattro per cui si hanno a disposizione 2^4 (16) reti costituite da $2^4 - 2$ (14) elementi.
Con questo tipo di maschera si hanno a disposizione 16 reti (byte finale 0, 16, 32, .., 240).

Per 32 reti distinte; la netmask è:

11111111.11111111.11111111.11111000 (i bit a "1" sono 29) e corrisponde a 255.255.255.248

Nell'ambito dell'ultimo byte i bit a "1" sono cinque per cui si hanno a disposizione 2^5 (32) reti tutte da $2^3 - 2$ (6) elementi.
Con questo tipo di maschera si hanno a disposizione 32 reti (byte finale 0, 8, 16, 24, .., 248).

Per 64 reti distinte; la netmask è:

11111111.11111111.11111111.11111100 (i bit a "1" sono 30) e corrisponde a 255.255.255.252

I bit a "1" sono sei per cui si hanno a disposizione 2^6 (64) reti tutte da $2^2 - 2$ (2) elementi. Con questo tipo di maschera si hanno a disposizione 64 reti (byte finale 0, 4, 8, .., 252).

Finora abbiamo lavorato con una netmask che agisce solo sull'ultimo byte dell'indirizzo IP e consente la frammentazioni in reti sempre più numerose e costituite da un numero sempre inferiore di elementi.

Se però l'esigenza è quella di avere uno spazio di indirizzabilità superiore a 254, allora si procede nel seguente modo. Supponiamo di avere la rete 147.163.0.0 con netmask 255.255.0.0 (quindi con grado di libertà sugli ultimi 2 byte) e vogliamo una rete con uno spazio di indirizzabilità da 500 elementi. Che maschera di rete si dovrà assegnare per ottenerla a partire dalla rete 147.163.0.0/16?

Se per gli esempi precedenti valeva la regola che, spostando la linea divisoria della netmask verso destra, si dimezzava il numero degli elementi indirizzabili sulla rete, spostandola verso sinistra si ottiene il contrario, cioè si raddoppiano. Quindi, se a partire dalla rete 147.163.0.0/24 si possono indirizzare 254 elementi

11111111.11111111.11111111.**00000000** (i bit a "0" sono 8 da cui $2^8 - 2 = 254$)

ritraendo la fila di bit a "1" da 24 a 23 posizioni otteniamo

11111111.11111111.1111111**0.00000000** (i bit a "0" sono 9 da cui $2^9 - 2 = 510$)

che corrisponde alla netmask **255.255.254.0**; con questa netmask possiamo indirizzare fino a 510 elementi sulla stessa rete; vediamo quali sono gli indirizzi IP della rete 147.163.0.0/23:

   1.   147.163.0.1
   2.   147.163.0.2
   ....
   ....
255. 147.163.0.255
256. 147.163.1.0
257. 147.163.1.1
258. 147.163.1.2
   ....
   ....
509. 147.163.1.253
510. 147.163.1.254

L'indirizzo di broadcast si ottiene a partire dalla rete 147.163.0.0 (in binario 10010011.10100011.00000000.**00000000**) impostandone tutti i bit relativi all'indirizzamento degli elementi sulla rete a 1; l'indirizzo di broadcast è quindi:

    10010011.10100011.0000000**1.11111111** in binario
      147.   163.   **1.**   **255** in decimale

È interessantante constatare che non sempre gli indirizzi IP che finiscono con 255 (nel caso dell'esempio precedente il 255° elemento della rete) o con 0 (nell'esempio precedente il 256° elemento della rete) sono indirizzi di broadcast o di rete; in questo caso sono indirizzi IP a tutti gli effetti; è sempre la netmask a dettare le regole del gioco.

Le reti successive a 147.163.0.0/23 sempre con 510 elementi sono: 147.163.2.0/23, 147.163.4.0/23, 147.163.6.0/23 e così via.

Sulla base degli esempi sopraindicati, ad esempio, per riferirsi alle 16 reti di classe B definite libere (private) ovvero dalla 172.16.0.0 alla 172.31.0.0 si scrive: 172.16.0.0 con netmask 255.240.0.0 ovvero, in notazione CIDR, 172.16.0.0/12.

Facciamo riferimento al caso reale indicato in Fig. 2.7; la network di classe B 147.163.0.0/16 è stata assegnata da IANA/ICANN tramite GARR all'Università degli studi di Palermo ed è stata suddivisa in diverse network, ciascuna relativa ad una particolare struttura: ad esempio 147.163.1.0/24 (sede A) e 147.163.15.0/24 (sede B); le sedi A e B sono collegate da un CDN (Circuito Diretto Numerico) ovvero da una linea dedicata punto-punto che collega le interfacce seriali di due router rispettivamente aventi indirizzo IP 147.163.127.1/30 (porta seriale sul router della sede A) e 147.163.127.2/30 (porta seriale sul router della sede B).

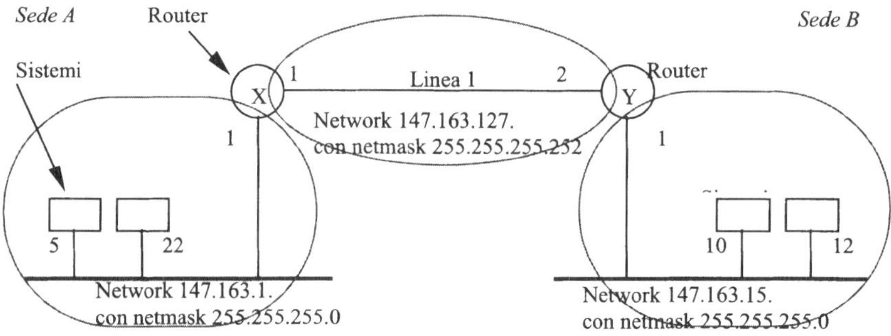

Fig. 2.7 – Esempio di suddivisione di network in produzione

A partire da un indirizzo CIDR, per esempio 147.163.1.69/26, si ottengono le informazioni su rete di afferenza, broadcast e netmask con il comando:

```
]# ipcalc -b -n -m 147.163.1.69/26
```

2.3.3 Routing IP

Nell'esempio indicato in Fig. 2.7 si fa riferimento all'interconnessione di due reti per mezzo di una terza rete costituita da due elementi. Ciascun router, nel nostro caso i router X e Y, mantiene una tabella, costruita staticamente e/o dinamicamente dal protocollo di routing utilizzato, che contiene elementi del tipo:

- *indirizzo di rete-indirizzo dell'elemento sulla rete*, per ciascun sistema sulla rete a cui il router è direttamente collegato;
- *indirizzo di rete 0.0.0.0 con maschera 0.0.0.0*, per il raggiungimento di sistemi non direttamente connessi al router.

Le informazioni di routing per il corretto instradamento dei pacchetti fino a destinazione può essere:

- *statico*, e bisogna indicare attraverso quale indirizzo IP direttamente connesso al router si raggiunge una determinata rete;
- *dinamico,* e bisogna attivare i protocolli di routing per lo scambio degli aggiornamenti dell'instradamento in modo dinamico.

I protocolli di routing che esamineremo brevemente sono RIP (Routing Information Protocol, utilizza il trasporto UDP), OSPF (Open Shortest Path First, utilizza IP direttamente) e BGP (Border Gateway Protocol, utilizza il trasporto TCP).

Per affrontare il tema del routing è opportuno introdurre il concetto di AS (Authonomus System) che fa riferimento a un insieme di router e reti entro un'unica autorità amministrativa.

RIP si usa nell'ambito di un AS e adotta una metrica *hop-count*, cioè indica con un "salto" ciascuna rete posta tra mittente e destinatario: una rete direttamente connessa al route ha *hop-count*=1; per l'instradamento usa l'algoritmo del *vettore-distanza*.

Analizziamo la modalità di funzionamento dell'algoritmo *vettore-distanza*: ogni router invia a quello direttamente connesso una tabella costituita da una coppia di elementi, la rete raggiungibile e la metrica; per instradare un datagram viene utilizzato il percorso disponibile più breve; la tabella viene aggiornata quando viene meno un collegamento o un router invia una tabella aggiornata. Qualora si dispone di più connessioni a velocità diverse si aumenta il numero degli *hop-count* per quelle più lente. Il processo RIP occupa parecchi cicli di CPU e funziona egregiamente con pochi router ma abbassa pesantemente le prestazioni su reti di medio-grande dimensione.Per soddisfare l'esigenza di adottare un protocollo di routing anche su reti di medio-grande dimensione, l'IETF ha progettato OSPF, contraddistinto dalle seguenti peculiarità: supporta la gestione di classi di indirizzo IP di tipo CIDR, consente ai router di importare informazioni di routing da altri sistemi (per esempio BGP); per l'instradamento usa l'algoritmo basato sulla *ricerca-del-cammino-minimo* (SPF, Short Path First, ideato da Dijkstra).

Modalità di funzionamento dell'algoritmo basato sullo *ricerca-del-cammino-minimo*: ogni messaggio scambiato dai router non riguarda direttamente le tabelle di routing ma contiene informazioni sullo *stato-del-collegamento* (*link state*) tra due router adiacenti (che può essere funzionante o meno); ciascun router si costruisce il grafo che rappresenta la rete sulla base delle informazioni ricevute. OSPF consente inoltre la suddivisione di un AS in sottoreti denominate *aree* e, grazie a questa gerarchizzazione, si presta benissimo nelle reti di grande dimensione.

Infine il BGP si presta per l'instradamento tra AS consentendo la configurazione di "politiche" (si può decidere che determinati instradamenti non vengano annunciati), assegna le funzionalità di *transito*, per AS che consentono il passaggio verso altri AS, e di *arresto* in caso contrario. Il protocollo BGP utilizza come protocollo di trasporto il TCP ed è quindi affidabile ed utilizzato dai più importanti provider internazionali tra cui il GARR.In una Linux box, tramite l'applicativo Zebra, si possono attivare diversi protolli di routing. Per visualizzare i percorsi si utilizza il comando:

```
]# netstat -rn
```

2.3.4 Protocollo di controllo: ICMP

A livello rete, il meccanismo utilizzato per la notifica degli errori è implementato nel protocollo ICMP (Internet Control Message Protocol, RFC 792); i suoi messaggi vengono comunque inseriti in un datagram IP. In ICMP troviamo due categorie di messaggi, *messaggi di errore* e *messaggi informativi*.

I messaggi di errore sono:

- *Destination Unreachable – destinatario irraggiungibile - ICMP 3*
  Non appena il router si rende conto che non può raggiungere una rete o un sistema sulla stessa distinguendo il problema (rete o sistema); è relativo a qualsiasi tipo di traffico TCP e UDP;

- *Source quench (prosciuga la sorgente) - mittente rallentato - ICMP 4*
  Quando un router si trova in difficoltà perché gli arrivano tanti messaggi chiede all'interlocutore di "prosciugare la sorgente" ovvero di diminuire il tasso di trasmissione;

- *Redirect - reindirizzamento - ICMP 5*
  Se un router si rende conto che il mittente ha scelto il percorso sbagliato trasmette questo ICMP chiedendo di ritrasmettere il datagram ad un altro router; interviene quando nella Linux box non è attivo alcun protocollo di routine;

- *Time exceeded – tempo scaduto - ICMP 11*
  È generato in due condizioni: quando il campo TTL di un datagram è 0 (scaduto) oppure quando è scaduto il tempo di attesa di un sistema per l'arrivo di tutti i frammenti di un datagram; viene utilizzato dal comando *traceroute*;

- *Parameter problem – errore nei parametri - ICMP 12*
  Uno o più parametri nel datagram sono errati;
I messaggi informativi sono:

- *Echo request/reply – richiesta/risposta di eco - ICMP 8/0*
  Un sistema chiede a un altro una richiesta di eco (tramite comando *ping*); se il sistema destinatario riceve questo datagram risponde con un datagram analogo (cioè con un eco); vengono utilizzati dal comando *ping*;

- *Router selection/router advertising - sollecito e notifica di router – ICMP 10/ 9*
  Quando un sistema deve raggiungere in rete un altro sistema manda un messaggio in broadcast ai router della rete locale; questo/i router rispondono in broadcast con le informazioni relative all'instradamento fino ai router ad esso/i conosciuti;

- *Timestamp/timestamp reply - richiesta e risposta orario - ICMP13/14*
  Possono essere utilizzati per misurare il tempo di andata e ritorno di un datagram tra due sistemi in rete, anche se i loro orologi non sono sincronizzati;

- *Address mask request/reply - richiesta della maschera di rete e relativa risposta ICMP 17/18*
  Un sistema genera una richiesta di questo tipo all'avvio e il router che la riceve invia un datagram con la maschera richiesta.

I codici di errore per l'ICMP di tipo 3 sono 16 e precisamente:

- codice 0: la rete è irraggiungibile
- codice 1: il sistema è irraggiungibile
- codice 2: il protocollo non è raggiungibile
- codice 3: porta irraggiungibile
- codice 4: è necessaria la frammentazione di un pacchetto non frammentato
- codice 5: la route specificata è inesatta
- codice 6: rete di destinazione sconosciuta
- codice 7: sistema di destinazione sconosciuto
- codice 8: sistema di origine isolato (non più usato)
- codice 9: l'accesso alla rete di destinazione è riservato
- codice 10: sistema di destinazione vietato dall'amministrazione
- codice 11: la rete non offre il servizio richiesto
- codice 12: sistema irraggiungibile per il tipo di servizio (TOS)
- codice 13: comunicazione proibita dall'amministrazione tramite filtri
- codice 14: violazione della precedenza da parte del sistema
- codice 15: scorciatoia in vigore

I codici di errore per gli ICMP di tipo 5 sono 4:

- codice 0: reindirizzamento per rete
- codice 1: reindirizzamento per sistema
- codice 2: reindirizzamento per tipo di servizio (TOS) e rete
- codice 3: reindirizzamento per tipo di servizio (TOS) e sistema

Sicuramente i comandi utente che sfruttano ICMP più frequentemente utilizzati in una Linux box sono *ping* e *traceroute*. Per quanto riguarda il comando ping, programma principe per verificare la connessione in rete si hanno tipicamente tre modi di utilizzazione:
- senza parametri, per verificare semplicemente la raggiungibilità del sistema, in questo caso, con indirizzo IP 192.168.1.250:

```
]# ping 192.168.0.250
PING 192.168.0.250 (192.168.0.250) 56(84) bytes of data.
64 bytes from 192.168.0.250: icmp_seq=1 ttl=128 time=0.183 ms
64 bytes from 192.168.0.250: icmp_seq=2 ttl=128 time=0.389 ms
64 bytes from 192.168.0.250: icmp_seq=3 ttl=128 time=0.262 ms

--- 192.168.0.250 ping statistics ---
3 packets transmitted, 3 received, 0% packet loss, time 1998ms
rtt min/avg/max/mdev = 0.183/0.278/0.389/0.084 ms
```

- senza parametri, per verificare la risoluzione di un nome mnemonico in numerico,in questo caso, con indirizzo mnemonico www.proflinux.net:

```
]# ping www.proflinux.net
PING www.proflinux.net (192.168.0.250) 56(84) bytes of data.
64 bytes from www.proflinux.net(192.168.0.250): icmp_seq=1 \
ttl=128 time=0.293 ms
64 bytes from www.proflinux.net (192.168.0.250): icmp_seq=2 \
ttl=128 time=0.197 ms
64 bytes from www.proflinux.net (192.168.0.250): icmp_seq=3 \
ttl=128 time=0.202 ms

--- www.proflinux.net ping statistics ---
3 packets transmitted, 3 received, 0% packet loss, time 2011ms
rtt min/avg/max/mdev = 0.197/0.230/0.293/0.047 ms
```

- con il parametro *–f*, per stressare la rete (*flood*) e quindi verificare se si perdono pacchetti:

```
]# ping -f 192.168.0.250
PING 192.168.0.250 (192.168.0.250) 56(84) bytes of data.
.^
--- 192.168.0.250 ping statistics ---
4236 packets transmitted, 4236 received, 0% packet loss, \
time 2120ms
rtt min/avg/max/mdev = 0.125/0.146/0.898/0.024 ms, \
ipg/ewma 0.500/0.143 ms
```

il sopra indicato output, con un solo ".", indica un'ottima connessione;

```
]# ping -f 192.168.0.250
PING 192.168.0.250 (192.168.0.250) 56(84) bytes of data.
.............................^
--- 192.168.0.250 ping statistics ---
4236 packets transmitted, 2118 received, 50% packet loss, \
time 2120ms
rtt min/avg/max/mdev = 10.125/10.146/10.898/10.024 ms, \
ipg/ewma \ 10.500/10.143 ms
```

il sopra indicato output, con tanti "." indica una pessima connessione;

- con il parametro *–s*, per assegnare al datagram di ping una taglia (*size*) in byte e stressare la rete in termini di trasporto pacchetti di grandi dimensioni; la massima dimensione è 65535:

```
]# ping -s 65535 192.168.0.250
PING 192.168.0.250 (192.168.0.250) 64535(64563) bytes of data.
64543 bytes from 192.168.0.250: icmp_seq=1 ttl=128 time=11.6 ms
64543 bytes from 192.168.0.250: icmp_seq=2 ttl=128 time=12.2 ms
64543 bytes from 192.168.0.250: icmp_seq=3 ttl=128 time=12.1 ms
64543 bytes from 192.168.0.250: icmp_seq=4 ttl=128 time=12.0 ms

--- 192.168.0.250 ping statistics ---
4 packets transmitted, 4 received, 0% packet loss, time 3034ms
rtt min/avg/max/mdev = 11.638/12.032/12.288/0.264 ms
```

A tale proposito si ricorda che il DoS Ping of the Death che nel 1998 bloccava sia sistemi Unix che Windows sfruttava il sopra indicato comando e il sistema destinatario, nell'operazione di riassemblaggio del datagram frammentato, superava le dimensioni di memoria del buffer e si bloccava.

Per quanto concerne il comando *traceroute*, ideato da Van Jacobson, è utilizzato per verificare i percorsi di routing seguiti da un datagram tra mittente e destinatario indicando i vari router attraversati durante il percorso e anche il tempo di andata e ritorno. *traceroute* utilizza il trasporto UDP e il campo TTL di IP: i primi datagram inviati hanno TTL=1 e il primo router che lo riceve manda al mittente un messaggio di errore ICMP di tipo 11con l'informazione relativa all'indirizzo IP del primo router attraversato; per individuare il secondo router vengono inviati gli altri datagram con TTL=2: il primo router, nell'attraversamento, ne riduce il TTL di una unità e quindi si presenta al secondo router con TTL=1 il quale manda al mittente il proprio indirizzo IP tramite ICMP di tipo 11, e così via. Un esempio:

```
]# traceroute -n 192.168.0.250
traceroute to 192.168.0.250 (192.168.0.250),30 hops \
max,40Byte packet
1 192.168.3.1 (192.168.3.1 ) 1.0 ms 1.5 ms 2.0 ms
2 192.168.4.25 (192.168.4.25)5.0 ms 6.0 ms 7.0 ms
...
...
7 192.168.0.250 (192.168.0.250)20.0 ms 22.5 ms 25.0 ms
```

dove l'opzione *-n* evita di richiedere al DNS la risoluzione in nomi e quindi risulta più efficiente. I comandi *ping* e *traceroute* si interrompono con la combinazione di tasti *[CTRL]-[C]*.

2.3.5 Il protocollo per la gestione del multicast: IGMP

Gli indirizzi IP si distinguono in *unicast* (indirizzi di classe A, B e C) e multicast (indirizzi di classe D). Quando i pacchetti inviati da un sistema mittente devono raggiungere più sistema destinatari, si possono utilizzare due metodi di trasmissione: la trasmissione *broadcasting* e la trasmissione *multicasting*.

Il metodo broadcasting comporta che il pacchetto di dati venga analizzato da tutti i sistemi della rete, i quali verificheranno che esso non sia destinato a loro. Il problema è che diversi router sono configurati per non inoltrare i pacchetti con la modalità broadcasting.

Il metodo di trasmissione multicasting permette invece di specificare, come destinatario, uno specifico gruppo di sistemi e evita che i datagram vengano analizzati dai router della rete. Il protocollo IGMP (Internet Group Management Protocol, RFC 1112) si occupa del trasporto di trasmissioni multicast; i dati multicast vengono trasmessi mediante datagram UDP. I sistemi possono afferire dinamicamente a questi gruppi multicast. Quando ne fanno parte, assumono indirizzi IP di classe D che vanno da 224.0.0.1 a 239.255.255.255. Se viene indicato come destinazione l'indirizzo IP 224.0.0.1 significa che il gruppo multicast è formato da tutti i sistemi sulla rete; se si usa come IP 224.0.0.2 il multicast è diretto a tutti i router che sono sulla rete. È sempre la IANA/ICANN ad assegnare gli indirizzi e, per esempio, *224.0.1.7* corrisponde ad *audionews*, *224.0.1.16* a *music-service*, etc.

Il datagram IGMP usa due soli tipi di messaggi: *rapporto*, inviato da un sistema a un router, e *richiesta*, da un router a un sistema; esso è formato da 8 byte suddivisi nei seguenti cinque campi:

- *Version (4 bit)*, campo che indica la versione del protocollo utilizzato ed è impostato a *1*;
- *Type (4 bit)*, può assumere due valori: *1* per le *richieste* e *2* per i *rapporti*;
- Non usato (8 bit);
- *Checksum (16 bit)*, campo per il controllo sugli 8 byte del messaggio;
- *Group address (32 bit)*, può assumere due valori: *0* nelle richieste e IP address del gruppo nei rapporti.

2.3.6 Il protocollo ARP

Il protocollo ARP (Address Resolution Protocol, RFC 826) consente di derivare, a partire dall'indirizzo IP del sistema di destinazione, l'indirizzo hardware della sua scheda di rete (detto MAC address - 6 byte), necessario per potere instaurare una connessione.

Esso opera utilizzando direttamente il livello Accesso alla Rete inviando a tutti i sistemi della LAN, (in broadcast, all'indirizzo *FF:FF:FF:FF:FF:FF*), una richiesta del tipo: "chi ha l'indirizzo IP *x.y.z.k* ?". Solo il sistema con indirizzo IP *x.y.z.k* risponde e inserisce nella risposta il proprio MAC address. Quando riceve la risposta, il sistema richiedente la mantiene in memoria per circa 10 minuti.

Se l'indirizzo IP appartiene ad un'altra rete la soluzione più semplice è quella di mandare il pacchetto ARP come prima, configurando però il router in modo che risponda alle richieste ARP relative ad altre reti fornendo il proprio indirizzo ethernet (*proxy ARP*); il router farà poi da tramite nella conversazione IP fra il mittente e il destinatario, inviando di volta in volta all'uno i pacchetti IP che gli giungono dall'altro; alternativamente, si può impostare il sistema a trasmettere le richieste, destinate a indirizzi IP di altre reti, all'indirizzo ethernet del router di default; anche in questo caso il router deve fare da tramite nella conversazione IP tra mittente e destinatario.

Il datagram ARP è formato da 28 byte suddivisi nei seguenti 9 campi:

- *Hardware type (16 bit)*, indica il tipo di tecnologia LAN: il valore è *1* se la LAN è di tipo ethernet;
- *Protocol type (16 bit)*, indica il tipo di protocollo: per IP il valore in esadecimale è 0x0800;
- *Hardware address lenght (8 bit)*, indica la lunghezza in byte del MAC address;
- *Protocol Address Lenght (8 bit)*, indica la lunghezza in byte del protocollo;
- *Op code (16 bit)*, indica se il pacchetto è una richiesta (valore *1*) od una risposta (valore *2*) ARP;
- *Sender's hardware Address (48 bit)*, indica il MAC address del sistema mittente;

- *Sender's Protocol Address (32 bit)*, indica l'indirizzo IP del sistema mittente;
- *Target's Hardware Address (48 bit)*, indica il MAC address del sistema destinatario;
- *Target's Protocol Addres (32 bit)*, indica l'indirizzo IP del destinatario;

In una Linux box, la visualizzazione della tabella *arp* si ottiene con il comando:

```
]# arp -n
Address         HWtype   HWaddress           Flags Mask       Iface
147.163.1.22    ether    00:02:A5:45:79:3A   C                eth0
147.163.1.18    ether    00:10:DC:F7:0A:E1   C                eth0
```

2.3.7 Il protocollo RARP

Il protocollo RARP (Reverse Address Resolution Protocol, RFC 903) risolve il problema inverso ad ARP, cioè consente di trovare quale indirizzo IP corrisponda a un determinato MAC address. Esso è utile nel caso di sistemi senza disco che, all'avvio, caricano l'immagine del codice binario del sistema operativo da un altro sistema. Il formato del pacchetto RARP è identico a quello ARP; varia solo il campo *Op code (16 bit)*:

- *Op code (16 bit)*, in cui, se il pacchetto è una richiesta il valore è 3 mentre se è una risposta è 4;

2.4 Il livello rete

Nel seguito prenderemo come riferimento i protocolli di Accesso alla Rete più comuni e cioè:

- Ethernet, in rete locale o LAN (Local Area Network)
- PPP (Point to Point Protocol), in rete geografica o WAN (Wide Area Network)

2.4.1 Il protocollo Ethernet

Le LAN Ethernet, inventata nel 1972 da Robert M. Metcalfe quando lavorava presso la Xerox in California, utilizzano una tecnica di trasmissione in banda base (usano tutta la banda a disposizione del mezzo trasmissivo) e un metodo di accesso al canale trasmisivo denominato CSMA/CD (*Carrier Sense Multiple Access/Collision Detection*): ogni dispositivo connesso alla rete è in continuo ascolto del canale (*carrier sense*) e tutti possono accedervi contemporaneamente (*multiple access*). Quando un sistema ha qualcosa da trasmettere, immette sul mezzo trasmissivo un *frame* (frame = *header* + *dati* + *trailer*) inviandolo in modalità connection-less. Il recupero di eventuali errori di trasmissione è demandato ai livelli superiori. Quando due o più sistemi in rete sentono il canale libero sul mezzo trasmissivo e inviano i frame contemporaneamente, sulla linea avviene una *collisione* e questa viene avvertita (*collision detection*) da tutte le stazioni attive. In particolare, le due stazioni trasmittenti, dovranno ritrasmettere i loro dati. La tecnica di trasmissione utilizzata su reti di tipo Ethernet è quindi di tipo probabilistico.

Alla fine degli anni '70, la tecnologia Ethernet fu standardizzata da Digital, Intel e Xerox e ci si riferiva ad essa come standard DIX. Nel 1980 entrò a far parte degli standard sviluppati dallo IEEE (Institute of Electrical and Electronic Engineering) e da quel momento ci si riferisce alle LAN Ethernet come IEEE 802.3.

Di seguito diamo una breve cronistoria di Ethernet e delle varie standardizzazioni ad opera dello IEEE:

- *Ethernet V.1.0*: velocità 2,94 Mbps ;

- *Ethernet V. 2.0*: velocità 10 Mbps;

- *IEEE 802.3 10Base2*: velocità 10 Mbps, topologia a bus su cavo coassiale RG58 a 50 Ohm, 200 metri di cavo come lunghezza massima e stazioni di lavoro minimo ogni 0,5 metri e interfacce di rete con porta *BNC*;

- *IEEE 802.3 10Base5*: velocità 10 Mbps, topologia a bus su cavo coassiale RG213 a 50 Ohm, 500 metri di cavo come lunghezza massima e stazioni di lavoro minimo ogni 2,5 metri, cavo drop non superiore a 50 metri e interfacce di rete con porta *AUI*;

- *IEEE 802.3 10BaseT*: velocità 10 Mbps, topologia a stella su cavo UTP di categoria 3/5/5E/6, 100 metri di cavo come lunghezza massima e stazioni di lavoro con connettore di rete RJ45;

- *IEEE 802.3u 100BaseTX*: velocità 100 Mbps, topologia a stella su cavo UTP di categoria 5/5E/6, 100 metri di cavo come lunghezza massima e stazioni di lavoro con connettore di rete RJ45;

- *IEEE 802.3ab 1000BaseT*: velocità 1000 Mbps, topologia a stella su cavo UTP di categoria 5/5E/6, 100 metri di cavo come lunghezza massima e stazioni di lavoro con connettore di rete RJ45;

- *IEEE 802.3j 10BaseF*: velocità 10 Mbps, topologia a stella su cavo in fibra ottica multimodale 62.5/125 μ o 50/125 μ, 2.000 metri di cavo come lunghezza massima e connettori ST o SC;

- *IEEE 802.3u 100BaseFX*: velocità 100 Mbps, topologia a stella su cavo in fibra ottica multimodale 62.5/125 μ o 50/125 μ, 2.000 metri di cavo come lunghezza massima e connettori ST o SC;

- *IEEE 802.3z 1000BaseSX*: velocità 1000 Mbps, topologia a stella su cavo in fibra ottica multimodale 62.5/125 μ o 50/125 μ, 270 metri di cavo come lunghezza massima e connettori ST o SC;

In ambito wireless abbiamo:

- *IEEE 802.11a (WiFi5)*: velocità 54 Mbps (22 Mbps continui), banda a 5 GHz di cui si attende la liberalizzazione in Europa;

- *IEEE 802.11b (WiFi)*: velocità 11 Mbps (4 Mbps continui), banda a 2,4 GHz liberalizzata in Italia nel 2002;

- *IEEE 802.11g*: velocità 54 Mbps, banda a 2,4 GHz.

2.4.2 Il frame Ethernet e IEEE 802.3

La struttura della frame ethernet è la seguente:

Byte:	8	6	6	2	64 - 1500	4
	Preamble	Indirizzo destinaz.	Indirizzo sorgente	tipo dei dati	Dati con ev. pad	FCS

Fig. 2.8 – Frame Ethernet

Il significato di ciascun campo del frame Ethernet è riportato in Tabella 11.

Tabella 11 – Campi del frame Ethernet

Preamble (8 byte)	8 byte tutti uguali a 10101010. Producono, a 10 Mbps, un'onda quadra a 10 Mhz per 5,6 microsecondi, che consente al ricevitore di sincronizzare il suo clock con quello del trasmettitore
Indirizzi (6 byte)	sono i MAC address delle schede di rete e sono univoci a livello mondiale; è possibile specificare un singolo destinatario, un gruppo di destinatari (multicast) oppure un invio in broadcast a tutte le stazioni (indirizzo costituito da una sequenza di bit a "1")
Tipo dei dati (2 byte)	0x0800 indica il trasporto di dati TCP/IP 0x0806 indica il trasporto di dati ARP 0x8035 indica il trasporto di dati RARP 0x809B indica il trasporto di dati Ethertalk (Apple) 0x86DD indica il trasporto di frame IPV6 (Indirizzamento IP a 6 Byte) .... se tale valore esadecimale è compreso tra 0x0000 e 0x05DC (da 0 a 1500 in decimale) il frame è di tipo IEEE 802.3
Dati (64 – 1500 byte)	contiene i dati passati dal livello superiore
Pad (se il campo dati è inferiore a 46 byte)	Se il frame (escluso preamble) è inferiore a 64 byte, con questo campo di riempimento lo si porta alla sua dimensione minima pari a 64 byte
FCS (4 byte)	Frame Check Sequenze: su questo campo viene memorizzato il resto di una operazione aritmetica volta al rilevamento di eventuali errori di trasmissione

Il formato del frame IEEE 802.3 è riportato in Fig. 3.2.

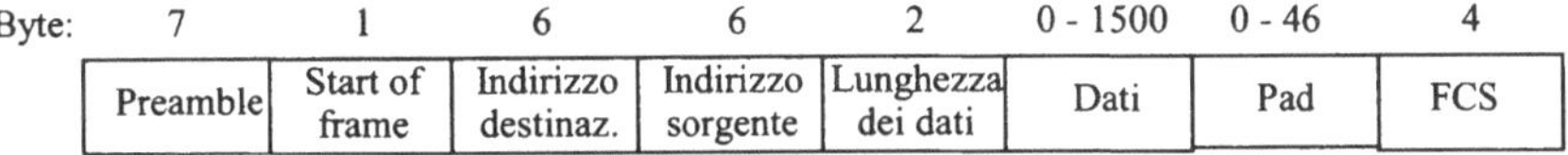

Fig. 3.2 – Frame IEEE 802.3

Il significato di ciascun campo del frame IEEE 802.3 è riportato in Tabella 12.

Tabella 12 – Campi del frame IEEE 802.3

Preamble 7 byte	7 byte tutti uguali a 10101010. Producono, a 10 Mbps, un'onda quadra a 10 Mhz per 5,6 microsecondi, che consente al ricevitore di sincronizzare il suo clock con quello del trasmettitore.
Start of frame 1 byte	un byte delimitatore, uguale a 10101011.
Indirizzi 6 byte	sono i MAC address delle schede di rete
Lunghezza del campo dati	in esadecimale da 0x0000 a 0x05DC (in decimale da 0 a 1500) ovvero indica quanti byte ci sono nel campo dati.
Dati	contiene i dati forniti dai livelli superiori.
PAD (se il campo dati è inferiore a 46 byte)	Se il frame (esclusi preambolo e delimiter) è inferiore a 64 byte, con questo campo di riempimento lo si porta alla sua dimensione minima pari a 64 byte
FCS	Frame Check Sequenze: su questo campo viene memorizzato il resto di una operazione aritmetica volta al rilevamento di eventuali errori di trasmissione

2.4.3 Il protocollo PPP

L'IETF ha prodotto uno standard ufficiale, il Point to Point Protocol (RFC 1661, 1662 e 1663) sia per la connessione dei sistemi attraverso la normale linea telefonica o ISDN, quindi con trasmissione asincrona Start/Stop, che per le connessioni tra router in CDN.

Il formato del frame PPP è riportato in Fig. 3.3.

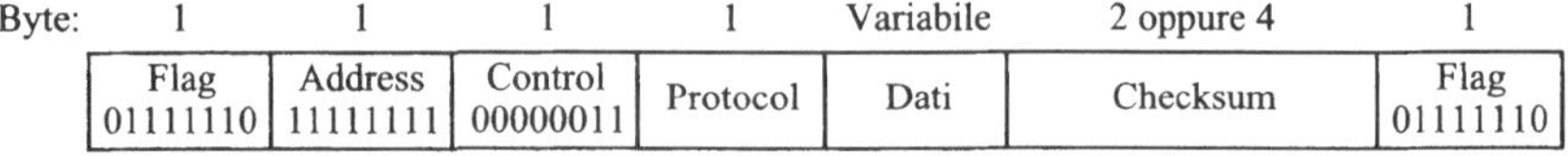

Fig. 2.9 – Frame PPP

Il significato di ciascun campo del frame PPP è riportato in Tabella 13.

Tabella 13 – Campi del frame PPP

1° Flag (1 byte)	inizio frame: configurazione 01111110
Address (1 byte)	sempre 11111111: di fatto non ci sono indirizzi, in quanto non c'è più l'idea di gestire linee multipunto
Control (1 byte)	il default (00000011) indica un unnumbered frame, quindi relativo ad un servizio non affidabile
Protocol (1 byte)	indica il protocollo relativo al pacchetto che si trova nel campo dati (LCP, NCP, IP, IPX, Appletalk, ecc.)
Dati (max 1500 byte)	è di lunghezza variabile e negoziabile, il default è 1500 byte
Checksum (2 byte)	normalmente è di due byte (quattro sono negoziabili)
2° Flag (1 byte)	fine frame: configurazione 01111110

Il protocollo PAP (Password Authentication Protocol) consente di stabilire l'identità del chiamante attraverso una procedura di handshake a 2 sensi e ciò avviene soltanto nel momento in cui si stabilisce il collegamento. La password viene trasmessa in chiaro.

Il protocollo CHAP (Challenge-Handshake Aauthentication Protocol) consente di verificare periodicamente l'identità di un utente attraverso una procedura di handshake a 3 vie: viene effettuato all'inizio del collegamento e può essere ripetuto in qualsiasi momento a connessione avvenuta. Il richiedente e il server di autenticazione condividono un testo semplice segreto che non viene mai trasmesso durante la connessione.

Bibliografia

1. AICA gruppo di sviluppo M4, *Uso avanzato delle reti*, Mc Graw Hill, ISBN88-386-4290-7
2. AICA gruppo di sviluppo M5, *Sicurezza Informatica*, Mc Graw Hill, ISBN88-386-4333-4
3. Albitz P. e Cricket L., *DNS and BIND*, O'Reilly & Associates, Inc., ISBN 0-596-00158-4
4. Ball B. e Smoogen S., *Teach Yourself Linux in 24 hours*, SAMS Publishing and Red Hat press, ISBN 0-672-31162-3
5. Bauer D.M., *Server Linux Sicuri*, O'Reilly/HOPS, ISBN 88-8378-075-2
6. Behrouz A. F., *I protocolli TCP/IP*, McGraw-Hill, ISBN 88-386-6005-0
7. Bongiorno G., *Appunti del corso di Sistemi di elaborazione: "Reti I"*, Università di Roma
8. Breyer R. e Riley S., *Switched, Fast and Gigabit Ethernet*, Mac Millan, ISBN 1-57870-073-6
9. Carter, G. LDAP System Administration, O'Reilly, ISBN 1-56592-491-6
10. Chapman Brent D., Elizabeth D. Zwicky, *Building Internet Firewalls*, O'Reilly & Associates, Inc., ISBN 1-56592-871-7
11. Chapman, D.Brent and Elizabeth D. Zwicky, *Building Internet Firewalls*, O'Reilly & Associates, Inc., ISBN 1-56592-124-0
12. Cinotti M., *Internet Security: reti e dati a prova di hacker*, Hoeply Informatica ISBN 88-203-3045-8
13. Comer E. D., *Internetworking with TCP/IP*, Prentice Hall, ISBN 0-130-18380-6
14. Comer E. D., *Internet e reti di Calcolatori*, Pearson Education Italia, ISBN 88-7192-167-4
15. Costales B., Allman E. e N. Rickert, *Sendmail*, O'Reilly ISBN 1-56592-056-2
16. Bandel A. D., *Linux Security Toolkit*, M&T Books, ISBN 0-7645-4690-2
17. Dean J., *LPI Linux Certification in a Nutshell*, O'Reilly – 1-56592-748-6
18. DuBois P. e Widenius M., *MySQL*, New Riders, ISBN 0-7357-0921-1
19. Flickenger R., *Linux Server hacks*, O'Reilly, ISBN 0-596-00461-3
20. Frisch Æ., *Essential System Administration*, O'Reilly & associates, Inc., ISBN 0-596-00343-9
21. Huitema C., *Routing in the Internet*, Prentice Hall, ISBN 0-13-132192-7
22. Hunt C., *Linux Network Server*, Jackson Libri, ISBN 88-256-1710-0
23. Hunt C., *TCP/IP network administration*, O'Reilly & associates, Inc., ISBN 1-56592-322-7
24. Jang M., *Red Hat Certified Engineer Linux*, Osborne, ISBN 0-07-222485-1
25. Kabir M. J., *Linux Red Hat guida per l'amministratore*, Jackson Libri, ISBN 88-256-1757-7

26. Kirch O.,Dawson T., *Linux Network Administrator's Guide*, O'Reilly, ISBN 1-56592-400-2

27. Kolesnikov O. e Hatch B., *Building Linux Virtual Private Networks*, New Riders, ISBN 1-57870-266-6

28. Kurose J. e Ross K., *Internet e reti di calcolatori*, McGraw Hill, ISBN 88-386-6011-5

29. Laurie B. e Laurie P., *Apache: The Definitive Guide*, O'Reilly & Associates, ISBN 0-59600-203-3

30. LeBlanc D.A., *General Linux I*, Coriolis ISBN 1-57610-567-9

31. Lerdof R. e Tatroe K., Programming PHP, O'Reilly & Associates, ISBN 1-56592-610-2

32. Mancill T., *Linux Routers second edition*, Prentice Hall, ISBN 0-13-009026-3

33. Marsh G. M., *Policy Routing Using Linux*, SAMS, ISBN 0-672-32052-5

34. Negus C., Red Hat Linux 8 Bible, Wiley, ISBN 0-7645-4968-5

35. Negus C., *Red Hat Linux*, Tecniche Nuove, ISBN 88-481-1034-7

36. Nemeth E., et *altri, Unix: Manuale per l'amministratore di sistema terza edizione*, Pearson Education Italia, ISBN 88-7192-152-6

37. Odom, W., Cisco CCNA Exam #640-607 certification Guide, Cisco Press, ISBN 1-58720-055-4

38. Parker T, *Linux Tutto & Oltre*, SAMS Publishing - Apogeo, ISBN 88-7303-512-4

39. Petersen L. R., Red Hat Linux 8, McGraw Hill – Osborne, ISBN 007222646-3

40. Petersen L. R., Linux – La guida completa, McGraw Hill, ISBN 88-386-4310-5

41. Red Hat Documentation, *Red Hat Linux 8.0: Official Red Hat Linux x86 Installation Guide*, © 2002 Red Hat, Inc.

42. Red Hat Documentation, *Red Hat Linux 8.0: Official Red Hat Linux Getting Started Guide*, © 2002 Red Hat, Inc.

43. Red Hat Documentation, *Red Hat Linux 8.0: Official Red Hat Linux Reference Guide*, © 2002 Red Hat, Inc.

44. Red Hat Documentation, *Red Hat Linux 8.0: Official Red Hat Linux Customization Guide*, © 2002 Red Hat, Inc.

45. Red Hat Documentation, *Red Hat Linux 8.0: The Official Red Hat Linux Security Guide*, © 2002 Red Hat, Inc.

46. RedHat Press, *Red Hat Linux Firewalls*, Wiley, ISBN 0-7645-2463-1

47. RedHat Press, *Red Hat Linux Networking and System Administration*, Wiley, ISBN 0-7645-3632-X

48. RedHat Press, *Red Hat Linux Security and Optimization*, Wiley, ISBN 0-7645-4754-2

49. RedHat Press, *Red Hat Linux Administrator's Guide*, Wiley, ISBN 0-7645-1695-7

50. RedHat Press, *Red Hat Linux Internet Server*, Wiley, ISBN 0-7645-4788-7

51. Rose T. M., *The Simple Book: an introduction to Internet Management II ed.*, ISBN 0-13-177254-6

52. Schenk T., *Open Source Strumenti di sviluppo per siti web*, Jackson Libri, ISBN 88-2562049-7
53. Scott M. and Mitchell E. N., *La sicurezza dei sistemi Linux*, Mondadori Informatica, ISBN 88-8331-075-6
54. Spector, David HM, *Building Linux Clusters*, O'Reilly, ISBN 1-56592-625-0
55. Stallings W., *Trasmissioni dati e Reti di Computer*, Jackson Libri, ISBN 88-256-1656-2
56. Stanger J., Lane T. P., Danileyan E., *Hack Prrofing per Linux*, McGraw Hill, ISBN 88-386-4172-2
57. Stern H., *Managing NFS and NIS*, O'Reilly & Associates, Inc., ISBN 0-937175-75-7
58. Strebe, Matthew and Charles Perkins, *Firewalls*, Jackson Libri, ISBN 88-256-1711-9
59. Toxen B., *Real World Linux Security second edition*, ISBN 0-13-046456-2
60. Vacca, John, *The cabling handbook*, , Prentice Hall, ISBN 0-13-080531-9
61. Welling L. e Thomson L., *PHP and MySQL Web Development*, SAMS, ISBN 0-672-31784-2
62. Welsh, Matthew e Kaufman, *Running Linux*, O'Reilly & Associates, Inc., ISBN 1- 56592-100-3
63. Ziegler R., *Linux Firewalls second edition*, ISBN 0-7357-1099-6

Indice analitico

account, 32
acid, 356, 357
alias, 104
antivirus, 153
apache, 208, 216, 232, 283, 284, 308
apropos, 88
at, 120
atalk, 204
atq, 120
atrm, 120
autenticazione
    scelta del metodo, 33
awk, 115

backup, 161, 162, 166, 168, 170, 171
    differenziale, 162
    full, 162, 166, 168
    incrementale, 162, 166
    singolo, 162
bash, 101, 109
bash_profile, 104
bashrc, 104
BIOS, 4
BLOB, 260
boot, 4, 16
boot loader, 4, 14, 25
bridge, 316, 336

campo chiave, 234
cat, 95, 96, 102, 103, 107, 199
cd, 74, 86, 125, 167, 176, 180, 203,
    216, 223, 353, 354, 356, 395, 399
cfgmaker, 345
chage, 50
CHAP, 450
chattr, 83
chcase, 203
chgrp, 79, 82, 200
chiave primaria, 236, 239
chiave remota, 239

Chiave Remota, 237
chkconfig, 59, 175, 191, 204, 216,
    228, 413, 414, 415, 416, 417, 418,
    419, 420
chmod, 74, 78, 79, 80, 81, 82, 109,
    113, 114, 137, 170, 200, 223, 355
chown, 79, 198
cilindro, 7
cluster, 389, 390, 391, 392, 393, 394,
    395, 404
CMD, 52
colonne, 233
configure, 119, 223, 353, 399
cp, 92, 93, 124, 153, 170, 228, 355,
    356
createdb, 355
cron, 120
crontab, 120, 151, 170, 177, 219,
    224, 345
CUPS, 359, 373

daemon, 59
Data Definition Languages, 243
Data Manipulation Languages, 243
database, 234
Dati di tipo alfanumerico, 260
Dati di tipo numerico, 259
dd, 62, 70, 72
DDL, 243
df, 68
DHCP, 27, 134, 135, 417
directory, 46
    init.d, 59
dischi, 8
Disk Druid, 15, 22
DML, 243
DNS, 28, 141, 145, 174, 209, 393,
    414
domainname, 174, 178
dominio, 134, 174, 210
du, 68
dump, 68, 166, 167, 168, 171

echo, 334
edquota, 74, 75, 76
eject, 72
env, 104, 105, 107, 364
ESMTP, 411
Ethernet, 448
etrn.pl, 148
expect, 112
export, 364, 365
ext3, 10

fdisk, 7, 15, 69
fetchmail, 151
filesystem, 4, 10, 63, 65, 66, 68, 71,
    72, 74, 85, 86, 166
    FHS, 66
find, 80, 81, 86, 87
fips, 7
firewall, 29, 220, 318, 324, 336
floramail, 157
Foreign Key, 237
ftp, 138
FTP, 225, 227, 417

gateway, 128, 134, 311
GNOME, 359
grep, 68, 97, 107, 364
groupadd, 49, 82
grpck, 51
GRUB, 4, 25, 45, 61, 66
grub.conf, 61
GUI, 359
gzip, 395

head, 94
htdbm, 213
htdig, 219
HTTP, 415
httpd, 59, 208, 209, 212, 214, 221
hub, 352

ICMP, 440
IDE, 4, 23
IDS, 352
ifconfig, 129, 311, 338, 339, 342
IGMP, 443
imap, 138
IMAP4, 413
imapd, 216
indexmaker, 345
init, 46, 52
inittab, 46, 47, 59
insmod, 338, 339
installazione, 3, 13, 14, 15, 16, 20,
    21, 34, 36, 38, 43
interfaccia
    di rete, 27
    grafica, 42
interrupt, 53
IP, 405, 410, 417, 421, 424, 426,
    428, 429, 430, 431, 432, 434, 435,
    436, 437, 438, 443, 444, 445, 448,
    450
iptables, 29, 220, 326, 329, 336, 351,
    386
    ACCEPT, 325, 326, 327, 331,
        332, 386
    chain, 324, 325
    DNAT, 329, 330, 333, 386
    dport, 325, 326, 327, 329, 330,
        332, 386
    DROP, 320, 323, 324, 326, 331
    FORWARD, 312, 320, 323, 324,
        325, 326, 327, 330, 332, 386
    POSTROUTING, 328, 329, 330,
        331
    PREROUTING, 329, 330, 386
    REJECT, 331
    SNAT, 328, 333
ipvsadm, 402

KDE, 359
keepalived, 402
kernel, 14, 26, 45, 52, 66, 338, 391,
    395, 398, 399
kill, 53, 278

LAN, 283
LDAP, 171, 173, 181, 182, 184, 187
ldapadd, 181, 183
ldapdelete, 181
ldapmodify, 181, 183
ldapsearch, 184
less, 94
lingua, 17, 30
livelli di rete
    applicazione, 409, 411
    collegamento, 407
    fisico, 406
    rete, 408, 428, 446
    sessione, 409
    trasporto, 408, 421
ll, 89, 91, 97
ln, 79, 97, 216
locate, 87
login, 43, 48
logout, 355
logrotate, 230, 231
logrotate.conf, 230
lpr, 107
ls, 77, 78, 80, 81, 89, 90, 91, 95, 97,
    102, 107
LVM, 9
LVS, 395, 399, 400, 403

mail, 107, 150
make, 119, 147, 177, 180, 223, 354,
    395, 399
makewhatis, 88
man, 53, 85, 88, 94
Managment System, 234
MBR, 4, 26
MD5, 33
mkbootdisk, 62
mkdir, 71, 72, 82, 91, 92, 179, 192,
    198, 199, 200, 354
mkfs, 70, 167
mkisofs, 73
mkswap, 70
more, 94
mount, 72, 167, 179, 192, 199
mountpoint, 10, 22, 71, 72, 192

mouse, 19
mrtg, 344
mv, 92, 179, 228, 353, 356
MySQL, 212, 214, 232, 233, 236,
    243, 245, 246, 251, 258, 259, 260,
    263, 264, 265, 269, 276, 278, 279,
    281, 283, 297, 306
mysql, 245, 246, 248, 251, 279, 280
mysql monitor, 245
mysqladmin, 247, 278
mysqld, 245
mysqldump, 279, 280
mysqlshow, 245

named, 59, 141, 143, 144, 145
NAT, 408
nbdatagram, 193
nbname, 193
nbsession, 193
netstat, 367
newaliases, 148
NFS, 168, 179, 190, 192, 419
NIS, 33, 171, 173, 178, 180, 184,
    187
nmap, 348
nmbd, 193
NTP, 136, 418
ntpdate, 121, 136

openmosix, 391
OpenWebMail, 216
OSI, 405, 406, 410

PAM, 186
PAP, 450
partizionamento, 4, 22
partizione, 7, 10, 14, 23, 24
    /, 14, 24
    /boot, 14
    /home, 14
    /var, 14
    swap, 14, 24
partizioni, 4, 22, 25

passwd, 49, 61, 340
password, 33, 48, 49
    di root, 48
paste, 96
patch, 395
PHP, 283, 284, 285, 286, 287, 288,
    294, 297, 303, 308
PID, 52, 54
POP3, 138, 412
portmap, 178
portsentry, 350, 351
PPID, 52
PPP, 334, 340, 450
PPP over SSH, 340
Primary Key, 236
procmail, 149, 153
proxy, 220, 232, 329
ps, 52
psql, 355
pwck, 51
pwconv, 51
pwd, 86
pwunconv, 51

query, 233
quota, 74
quotacheck, 74
quotaoff, 74
quotaon, 74

RAID, 7, 8, 22, 161
RAID 0, 8, 9
RAID 0+1, 8
RAID 1, 8, 9
RAID 5, 8
RAM, 14, 45, 53
RARP, 445
RAS, 334
RDBMS, 234, 283, 300, 303
record, 234
redhat-config-printer, 368
redhat-config-printer-tui, 371
redhat-config-xfree86, 360
redhat-switch-printer, 372
relazione molti-a-molti, 239

relazione uno-a-molti, 239
relazione uno-a-uno, 239
repquota, 74, 76
restore, 167
rete, 134
    interfaccia. Vedi interfaccia di rete
    parametri, 27
RFB, 381
righe, 233
rm, 92, 354, 356
ROM, 4
route, 312, 313, 338, 439
router, 220, 310, 315, 324, 336, 338,
    344, 345, 352
routing, 408
rpcinfo, 176, 178, 179
rpm, 122, 125, 152, 316, 350, 377,
    391, 394, 399
rpmbuild, 123, 125, 399
rsync, 163
rundig, 219
runlevel, 46, 47, 48, 59, 62

samba, 193, 200, 202, 203
sarg, 223
scp, 131
sendmail, 59, 147, 153, 157
service, 60, 175, 182, 191, 204, 228,
    245, 312, 314, 340, 355, 356, 412,
    415, 416, 417, 418, 419, 420, 429,
    444
setup, 59
sgid, 80
shadow, 33
shell, 52, 99, 102, 109, 179
showmount, 191
shutdown, 48
slapcat, 182
smbd, 193
smbpasswd, 195, 198, 199
SMTP, 147
snort, 352, 353, 356
sort, 68
SQL, 300, 303, 306
squid, 220, 223
squidGuard, 221
squirrelmail, 216

ssh, 131, 132, 336, 341, 343, 358, 375, 416
ssh-keygen, 132, 340, 394
standard error, 102
standard input, 102
standard output, 102
startkde, 365
startx, 42, 48, 363, 364
stderr, 85
stdin, 85
stdout, 85
sticky, 80
STIME, 52
su, 119, 354, 355
subnet, 434
sudo, 340
suid, 80
supernet, 434
swap, 53
swapon, 70
switch, 352
switchdesk, 362
sync, 70
sysctl, 231, 310, 350
sysctl.conf, 231
syslog, 231
syslog.conf, 229

tabelle, 234
tac, 96
tail, 94
tar, 106, 124, 164, 165, 223, 353, 354, 356, 399
tastiera, 18
TCP, 405, 410, 411, 420, 421, 422, 423, 424, 426, 430, 448
tcpdump, 346
telnet, 113, 138, 314, 315, 416
TFTP, 417, 418
TIME, 52
top, 53
touch, 74, 91, 92, 113, 114
TTY, 52
tunnel, 338, 339, 340

UDP, 411, 417, 420, 421, 427, 430, 443
UID, 52
umount, 192
uname, 316
updatedb, 87
useradd, 49, 82, 340, 354
userdel, 49
usermod, 50, 82
utenti, 14

vacation, 152
vi, 55, 57, 75, 94, 113, 114, 124, 219, 224, 353, 394
VNC, 373, 375, 376, 377, 379, 381, 382, 384, 385, 386, 387
vpn, 338, 340
vsftpd, 225, 227

wc, 107
web, 208, 329
WebDisk, 216
wget, 124, 316, 353, 354, 356, 395, 399
whatis, 88
whereis, 87, 88
WINS, 202

X, 359, 360, 362, 363, 365
X Window, 359, 373
X11, 359
xclock, 363
XDM, 366
XFree86, 359
xhost, 365
xinetd, 138, 225, 227

ypbind, 174, 178
ypcat, 178
ypinit, 176, 177

yppasswd, 174
ypserv, 174
ypwich, 176

zebra, 314
zless, 94